高等院校金融学专业精品教材

Offshore Finance

离岸金融

景建国　祝宇航 ◎ 编著

上海财经大学出版社

图书在版编目(CIP)数据

离岸金融/景建国,祝宇航编著.—上海:上海财经大学出版社,2023.5
高等院校金融学专业精品教材
ISBN 978-7-5642-4150-6/F·4150

Ⅰ.①离… Ⅱ.①景…②祝… Ⅲ.①离岸金融-高等学校-教材 Ⅳ.①F831

中国国家版本馆 CIP 数据核字(2023)第 050801 号

□ 责任编辑　廖沛昕
□ 封面设计　张克瑶

离 岸 金 融

景建国　祝宇航　编著

上海财经大学出版社出版发行
(上海市中山北一路 369 号　邮编 200083)
网　　址:http://www.sufep.com
电子邮箱:webmaster@sufep.com
全国新华书店经销
上海叶大印务发展有限公司印刷装订
2023 年 5 月第 1 版　2023 年 5 月第 1 次印刷

787mm×1092mm　1/16　17.75 印张　432 千字
定价:68.00 元

推 荐 辞

本书认为在世界范围内实行"共同申报准则"和全球最低15％税率等政策后，离岸金融已不再是传统上人们所认为的逃税、漏税和洗钱的工具，而是合规和有序的现代金融活动。这个观点十分重要，可以让所有离岸金融从业者放心大胆地开展离岸金融活动了。

张燕生

国家发展和改革委员会学术委员会研究员

本书分析了离岸金融与我国建设国际金融中心的关系，阐述了离岸金融在国际金融中心中的作用和地位。尤其是指出了我国国际金融中心在离岸金融方面的短板，对于我国进一步加快国际金融中心建设具有重要的启发意义。

孙立坚

复旦大学金融研究中心主任，复旦大学教授

本书对我国离岸金融的理论和实务进行的分析，十分贴近我国离岸金融现状和未来的发展方向，可能是今年最值得一读的金融类图书。

孙立行

上海社会科学院世界经济研究所国际投资研究室主任、博士生导师，
中国人民政治协商会议上海市第十四届委员会委员

书中提出了将自贸试验区作为我国开展离岸金融试验田的观点，具有很好的现实意义。本书认为可从"先行先试"的角度，在自贸试验区这个监管沙盒内，开展离岸金融所涵盖的离岸信贷、离岸保险、离岸证券、离岸债券、离岸租赁、离岸信托和离岸基金等业务。这为我国相关自贸试验区提供了新的发展途径。

卢 华

复旦大学上海自贸试验区综合研究院院长助理

本书从中国离岸金融的实践视角出发，尤其是用商业银行的离岸创新业务案例分析了中国继续扩大开放与风险防范的有机统一。本书系统地梳理了各地自贸试验区的离岸银行业务类别，这对从事离岸业务的人员提供了参考便利。书中强调了把人民币作为离岸金融的结算和投融资货币，这才是有中国特色的离岸金融的根本，否则离岸金融就是"替他人做嫁衣裳"。

丁剑平
上海财经大学教授

本书指出了离岸金融的发展必须利用好我国自贸试验区所特有的"试验"和"容错"这两个功能，以达到离岸金融和自贸试验区的相互促进和共同发展。

吕　巍
上海交通大学安泰经济与管理学院教授、博士生导师

在离岸金融界，这本书完全是"教科书"式的存在。由在岸思维拓展到离岸思维，看"老法师"如何解密离岸金融。

朱小能
上海财经大学教务处处长，
上海国际金融与经济研究院研究员、副院长

本书指出了我国离岸金融发展的具体途径，就是必须首先解决目前我国离岸金融存在的三个问题，即办理离岸金融业务的机构太少、离岸金融没有居民企业的参与和离岸金融没有本币的参与。

帅　师
上海金融业联合会常务副秘书长

本书提出了我国要充分利用好国际仲裁体制来改善我国的营商环境，当出现跨境金融与离岸金融、跨境贸易与离岸贸易等纠纷时，建议涉事主体优先通过国际仲裁的方式解决纠纷，这为我国如何与适用普通法的发达国家经济进一步有效对接提供了全新视角。

殷德生
华东师范大学经济与管理学部副主任，华东师范大学经济学院院长、教授、博士生导师

本书对我国如何开展离岸保险、离岸证券、离岸债券（特别是我国自贸试验区债券）、离岸租赁、离岸信托和离岸基金业务，提出了循序渐进的发展设想与方案，并指出了我国离岸金融的发展方向。

应尚军

上海对外经贸大学金融管理学院副院长

本书作者以独特的视角提出，通过开展离岸金融业务让国际社会逐步了解我国的政治、经济和法律制度，让全世界能更多地了解我国在国际经济事务中是负责任的大国。

邵　宇

东方证券首席经济学家、中国首席经济学家论坛理事

离岸金融是每个国际金融中心的重要金融业务类别，在我国当下是一个热门却不易准确把握的概念。本书作者以一本教材形式全方位地讨论离岸金融，无疑是难能可贵的。

鲁政委

兴业银行首席经济学家、华福证券首席经济学家、中国首席经济学家论坛理事

2035年上海将建成具有全球重要影响力的国际金融中心，为此，需要在岸金融与离岸金融"两条腿"走路，统筹发展。长期以来，国家出于金融安全的考虑，外汇管制放松、节奏缓慢，资本项目可兑换至今未实现，离岸金融渐成"短板"，对国际金融中心的能级提升及人民币国际化的推进形成阻碍。随着浦东引领区和临港新片区建设的加速推进，离岸金融的发展迎来了契机，未来对离岸金融人才的需求将呈井喷之势。本书作为离岸金融理论与实践研究的集大成者，对离岸金融领域的从业者、求职者与研究者来说，将在不同层面发挥参考、指导作用。

谈儒勇

上海财经大学上海国际金融中心研究院副院长

序　言

作为我国离岸金融问题的早期研究者,当我看到由景建国和祝宇航合作编写的《离岸金融》书稿后,感到由衷的高兴。很长一个时期以来,有关离岸金融方面的研究成果,尤其是专业著作,可以用尚付阙如来形容。

景建国和祝宇航都是我所熟悉的,对离岸金融理论有着专业爱好和深入研究,也是具有多年离岸金融实际业务经验的从业者。综观他们的研究和实践,可以说他们既是我国离岸金融从业者中的佼佼者,又是我国离岸金融研究者中的领先者。再次看到他们的专业成果,我当然是发自内心地感到宽慰。一个时期以来,包括我在内的一些学者比较多地是从理论角度来研究离岸金融,本书则是在离岸金融实务操作的基础上对我国离岸金融进行理论研究。所以,这本书的很多观点、分析和判断十分贴近现实,具有很强的务实性和可操作性。

本书指出,离岸金融是金融创新与金融自由化的产物,也是全球金融一体化的产物,更是现代技术与金融结合的产物,这一观点我很赞同。我们经常听到有关离岸金融是偶然存在的观点,事实上,作为金融自由化和全球金融一体化产物的离岸金融的存在与发展,是不以人的意志为转移的。人们可以在主观上不认同,但无法抹杀其客观存在。在世界范围内实行"共同申报准则"和全球最低15％税率等政策后,离岸金融已"面目一新",不再是传统上人们所认为的逃税、漏税和洗钱的工具,而是合规和有序的金融活动。因此,本书认为,离岸金融的研究不能仅仅从金融本身来进行,而是要从经济发展的角度来看离岸金融对人类社会发展的积极作用。从这一点来看,本书给读者提供了有关世界经济发展的更为宽广的视角。

本书就一系列与离岸金融相关的重要领域之间的关系进行了探讨。首先分析了离岸金融与我国建设国际金融中心的关系,阐述了离岸金融在国际金融中心的作用和地位。尤其指出了我国国际金融中心在离岸金融方面的短板,对于我国进一步加快国际金融中心建设,具有重要的启发意义。

本书对人民币国际化与离岸金融的相互关系展开了分析,阐述了人民币国际化对我国开展离岸金融的重要意义。特别是提出了我国人民币国际化要从维护国家金融安全的角度,允许我国离岸金融能够开展人民币的即远期结售汇业务和成为我国人民币汇率的原始报价行的观点,以及通过我国自贸试验区来探索人民币国际化途径的观点,均具有较好的参考价值。

书中提出了将自贸试验区作为我国开展离岸金融试验田的观点,具有很强的现实意义。本书认为,既可从"先行先试"的角度,在自贸试验区这个监管沙盒内,开展离岸金融所涵盖的离岸信贷、离岸保险、离岸证券、离岸债券、离岸租赁、离岸信托和离岸基金等业务;也可以通过这一监管沙盒来获取风险防范方面的经验。离岸金融的发展必须利用好我国自贸试验区所特有的"试验"和"容错"两个功能,以达到离岸金融和自贸试验区相互促进、共同发展的目标。

本书从离岸金融的发展脉络、离岸金融市场、离岸金融业务和产品等着手,提出了我国要发展离岸金融业务,就必须首先解决目前我国离岸金融存在的三个问题,即参与金融机构太少、离岸金融没有居民企业的参与和离岸金融没有本币的参与,这指出了我国离岸金融发展的具体途径。

本书对我国如何开展离岸保险、离岸证券、离岸债券(特别是我国自贸试验区债券)、离岸租赁、离岸信托和离岸基金业务,提出了循序渐进的发展设想与方案。本书还对我国离岸银行的跨境特色产品做了详细介绍,使得有类似需求的境内外企业可以"按书索骥"地在我国离岸金融机构办理这些特色业务,这有助于推广我国离岸金融产品。

尤其值得关注的是,作者以独特的视角提出通过开展离岸金融业务来让国际社会逐步了解我国的政治、经济和法律制度,让全世界能更多地了解我国是在国际经济事务中负责任的大国。我国要充分利用好国际仲裁体制来改善我国的营商环境,当出现跨境金融与离岸金融、跨境贸易与离岸贸易等纠纷时,建议涉事主体优先通过国际仲裁的方式解决纠纷,这为我国如何与适用普通法的发达国家经济进一步有效对接提供了全新视角。

总之,本书采用理论与实务相结合的方式探讨了我国离岸金融问题,包括离岸金融市场、业务、产品和政策,为我国离岸金融发展提供了较为务实和具有参考价值的思路。本书不仅值得我国金融界同仁品读,还值得我国监管部门、司法部门、自贸试验区的工作人员和具有跨境金融需求的企业界人士参考。

连 平

2023 年 4 月 12 日

前　言

我们写《离岸金融》这本书,主要源于以下六个原因:

一是党的二十大明确发出了"必须完整、准确、全面贯彻新发展理念,坚持社会主义市场经济改革方向,坚持高水平对外开放,加快构建以国内大循环为主体、国内国际双循环相互促进的新发展格局"的号召,而离岸金融是我国构建"国内国际双循环相互促进的新发展格局"的重要工具。本书通过介绍离岸金融相关知识并提出我国发展离岸金融的建议作为落实二十大精神的响应。

二是我们从理论和实务结合的角度撰写的《我国离岸银行业务精析》一书,得到了国内离岸金融界的前辈和离岸银行业界同仁的高度肯定。

三是我国为进一步提升贸易自由化、便利化水平,促进外贸新业态、新模式的持续创新发展,中国人民银行、国家外汇管理局于2021年12月审时度势地联合发布了《关于支持新型离岸国际贸易发展有关问题的通知》。这个通知的核心是放开了对商业银行开展离岸银行业务的限制,允许居民企业开展新型离岸国际贸易,特别是将人民币纳入了新型离岸国际贸易的结算货币。并且从优化跨境资金结算、完善银行内部管理、强化跨境资金风险监测等方面,全力支持在我国推进新型离岸国际贸易的发展。积极开展新型离岸国际贸易是落实党的二十大报告中要求的"依托我国超大规模市场优势,以国内大循环吸引全球资源要素,增强国内国际两个市场两种资源联动效应,提升贸易投资合作质量和水平"的重要抓手。这也意味着我国离岸银行业务在助推我国贸易便利化的同时,也能将离岸银行业务的结算规模和资金留存不断扩大,并将极大地促进我国离岸银行业务的快速发展。

四是在我国离岸银行业务高速发展的当下,考虑到我国上海和深圳等城市正处于全力建设"国际金融中心"的关键时期,离岸金融作为连接居民企业与非居民企业的桥梁,将为我国建设国际金融中心增添重要的支撑力量。而从世界上成熟的纽约、伦敦、中国香港和新加坡等国际金融中心的发展历程来看,它们都是在把离岸金融作为最重要的发展内容后才成为全球著名的国际金融中心的。

五是上海财经大学金融学院对"离岸金融"具有非同寻常的超前敏感度,为了解决我国国际金融中心建设十分缺乏的具备离岸金融知识的高端人才储备的问题,特意为研究生开设了"离岸金融"课程,我们也因此被上海财经大学聘为硕士研究生导师,在我国高校中率先讲授了"离岸金融"课程,并且得到了学校和学生们的积极肯定。

六是我们在实际业务中遇到很多案例,感到必须提醒我国离岸金融活动的各参与方,一定要以十分谨慎的态度来开展离岸金融业务。举其中两个案例加以说明:

案例一 我国有一家非常著名的民营房地产公司,这家公司的老板在我国一线城市成功开发了多个高档楼盘,并且赚得钵满盆满。事业上的成功使得该老板产生了走出国门、闯荡海外的豪情,有一次他偶然听说东南亚有家廉价航空公司需要出售,他信心满满地找到我们,开口就是他的这家房地产公司肯定能够获得国家部委对其收购这家廉价航空公司的支持,而且以他的实力在境外融资也是完全没问题的。这让我们产生了极大的兴趣,从职业习惯出发,我们问了他三个问题:一是作为房地产公司的老板,你准备收购的航空公司能为房地产公司带来什么协同效应?二是收购后如何管理航空公司?三是航空公司的未来客源在哪里?他热情地回答我,他能高薪请来国内航空公司的顶尖人才为他工作,那些购买他所开发楼盘的业主今后将是这家廉价航空公司的主要客户。但据我们所知,那些购买楼盘的业主几乎都是各个行业的成功人士,这些人不太可能在凌晨坐"红眼航班"去国外旅游,这让我们强烈感受到他的定位非常不准,于是客气地婉拒了与他的融资合作。最后的结果也证实了我们的判断:这位老板最终未能收购这家廉价航空公司,并且后来这家房地产公司也陷入巨大的负债漩涡中,老板本人也因涉及多起诉讼而入狱。

案例二 我们遇到过一个华侨,他向我们透露了一个"大秘密":他成功地"搞定了"境外某国的一个省长。该省长特批让他开发一个海岛,这个海岛上的礁石是世界上顶级的铁矿石,而且这里的铁矿石还含有多种稀有金属。他想把这个岛买下后抵押给我们的离岸银行,以获得8 000万美元的贷款开采岛上的礁石并全部卖给我国的钢厂。这个华侨遇到的最大问题是,按照该国的法律,这个岛确实可以由私人购买,但要挖掘矿石还需要考虑原住民、环境、社区等各种复杂问题,其中蕴含着巨大风险,所以我们也客气地婉拒了与他的融资合作,后来我们也未再听说该华侨参与买岛挖矿的信息了。

以上两个案例是我们职业生涯中所碰到的各种有趣案例中的一小部分,这些丰富多彩的案例让我们感到撰写本书的必要性,也为我们的撰写工作提供了丰富的素材。

目前,我国上海、深圳等城市都在全力建设国际金融中心,根据《第31期全球金融中心指数报告(GFCI 31)》,上海、深圳的世界排名已分别达到第四位、第十位。尽管我国的这些国际金融中心已经取得了傲人的进步,但这些国际金融中心仍存在先天性的缺憾,那就是我们没有充分开展离岸金融和人民币的资本账户开放。而我国要建设真正的、让全世界认可的国际金融中心,就必须将开展离岸金融作为最优先、最重要的事项来抓,尽快发展离岸证券、离岸债券、离岸保险和离岸租赁等业务,同时一定要把人民币作为离岸金融的结算和投融资货币,这样我国人民币资本项目的开放才会水到渠成。只有做到这两点,才能让全世界认可我国开展的离岸业务是在世界通行的离岸金融法律规范内推进的,才能吸引更多的境外机构、企业来我国的国际金融中心开展业务。

综观全书的整体架构,分为三篇,共八章。

第一篇是理论知识,共三章,即第一章至第三章。第一章重点介绍了离岸与离岸金融的相关概念,并对离岸、离岸公司、离岸业务、离岸税收、离岸业务参与主体、离岸金融和离岸金融市场的基本知识进行了介绍,特别对我国离岸金融对我国中央银行货币政策的影响进行了分析。第二章重点介绍了离岸金融的分类,主要阐释了离岸金融的范围,并对离岸保险、离岸债券、离岸证券、离岸信托、离岸租赁、离岸基金进行了介绍。第三章重点介绍了离岸金融的监管和法律,对离岸金融监管的必要性及特殊性进行了介绍,并且对国际上与离岸金融相关的监管及服务机构、离岸金融的避税、反洗钱、共同申报准则、离岸金融的法律和法律关系进行了研究,特别是分析了建立我国离岸金融法律体系的制度安排。

第二篇是离岸银行业务和风险防范,共两章,即第四章至第五章。第四章重点分析了离岸银行业务的相关概念,并对我国离岸银行业务的基本概念、我国金融机构开展离岸银行业务的情况、我国对离岸银行业务的监管、我国开展离岸银行业务的积极作用、我国离岸银行业务的客户需求、我国离岸银行业务的主要问题及解决方案和我国非居民账户体系进行了介绍。第五章重点介绍了我国离岸金融业务的风险控制,并对我国离岸金融业务的风险类型及经验教训、我国"走出去"企业的风险防范方式和我国离岸金融业务风险防范的方式进行了介绍。

第三篇是相关业务,共三章,即第六章至第八章。主要对我国自贸试验区、境内外商业银行办理离岸银行业务、我国离岸金融的重点产品进行了详细介绍。第六章主要介绍了我国自贸试验区对发展我国离岸金融业务的重大意义,并对自贸试验区的生命周期理论、国外自贸港的情况及对我国自贸试验区的借鉴意义、《区域全面经济伙伴关系协定》与我国自贸试验区和离岸金融的联动、我国自贸试验区与国际金融中心的关系和我国人民币国际化的发展对策进行了重点分析。第七章重点介绍了外资银行的离岸银行业务和境外办理离岸银行业务案例,特别是对外资银行办理离岸业务的概况、中国香港银行办理离岸银行业务的情况和美国等国家办理离岸银行业务和中介公司注册境外公司的情况进行了介绍。第八章重点介绍了我国离岸银行的特色产品,并对跨境融资的相关概念、离岸银行的贷款业务、跨境投融资业务、境内企业境外放款、境内企业境外直接投资的前期费用问题、境内企业的境外发债的相关内容、全口径融资业务、跨境担保业务、外商投资企业境外母公司的融资、招商引资中的境外融资、中国出口信用保险公司保险项下的离岸融资、跨国公司境内外资金的集中管理进行了介绍。

需要特别说明的是,依据国家教材委员会办公室《关于做好党的二十大精神进教材工作的通知》(国教材办〔2022〕3号)的要求,推动党的二十大精神进教材、进课堂、进头脑,在本书中"润物细无声"地嵌入了思政元素与二十大报告精神内容,提高学生的思想认知水平,培养学生的家国情怀和道路自信。同时,为了与时俱进地增补与本书相关的思政案例与二十大精神内容,笔者与出版社共同建设新媒体动态服务窗口,使用本书的教师可以通过手机微信扫描二维码,获取相关最新内容。

  我们是从离岸金融从业者角度来写作本书的。由于我国还没有真正开展除离岸银行业务以外的离岸金融业务,特别是离岸金融涉及的法律和监管等相关内容还有很多空白,而这些内容在世界范围内也是在不断探索、不断更新和不断完善的,因此,书中难免有不足之处,敬请各位读者谅解,如有不当之处也请批评指正,以便今后进一步完善。

景建国 祝宇航
2023 年 4 月 16 日

目 录

第一篇 理论知识

第一章 离岸与离岸金融/3

学习目的/3

第一节 离岸及其相关概念/3

第二节 离岸公司的相关概念/6

第三节 离岸业务/6

第四节 离岸税收/8

第五节 离岸金融/11

第六节 离岸金融市场/16

第七节 离岸金融对我国中央银行货币政策的影响/30

 本章小结/33

 关键词/33

 思考题/33

第二章 离岸金融的分类/35

学习目的/35

第一节 离岸金融的范围/35

第二节 离岸保险/35

第三节 离岸债券/38

第四节 离岸证券/42

第五节 离岸信托/48

第六节 离岸租赁/51

第七节 离岸基金/54

 本章小结/56

 关键词/56

 思考题/56

第三章　离岸金融的监管和法律/57

学习目的/57

第一节　离岸金融监管概述/57

第二节　离岸金融的税收监管/61

第三节　离岸金融的反洗钱问题/64

第四节　关于全球正在推行的共同申报准则问题/69

第五节　国际上与离岸金融相关的监管及服务机构/70

第六节　离岸金融法律概述/76

第七节　离岸金融的法律关系/78

第八节　高度重视离岸金融法律的必要性/80

第九节　建立我国离岸金融法律体系的制度安排/83

　本章小结/87

　关键词/87

　思考题/87

第二篇　离岸银行业务和风险防范

第四章　离岸银行/91

学习目的/91

第一节　离岸银行业务的基本概念/91

第二节　我国金融机构开展离岸银行业务的情况/94

第三节　我国对离岸银行业务的监管/96

第四节　离岸银行业务对中国经济发展的作用/98

第五节　离岸银行业务对我国商业银行发展的促进作用/101

第六节　离岸银行业务的客户需求分析/103

第七节　我国开办离岸金融业务过程中存在的主要问题/106

第八节　我国加快发展离岸银行业务的建议/107

第九节　我国非居民账户体系概述/108

　本章小结/111

　关键词/112

　思考题/112

第五章　我国离岸金融业务的风险控制/113

学习目的/113

第一节　离岸金融业务的风险案例/113

第二节　我国离岸金融业务的经验教训/114

第三节　我国离岸金融业务的风险类型/118

第四节　我国"走出去"企业（包括我国实施"一带一路"倡议的境外企业）的风险防范/126

第五节　我国离岸金融业务的风险防范/131

本章小结/133

关键词/133

思考题/134

第三篇　相关业务

第六章　我国自贸试验区对发展我国离岸金融业务的重大意义/137

学习目的/137

第一节　我国自贸试验区概述/137

第二节　自贸试验区的生命周期/139

第三节　中国香港自贸港和新加坡自贸港概述/142

第四节　我国自贸试验区开办离岸金融业务的建议/143

第五节　中国（上海）自贸试验区和海南自贸港概述/146

第六节　《区域全面经济伙伴关系协定》与我国自贸试验区和离岸金融的联动/150

第七节　我国自贸试验区与国际金融中心的关系/152

第八节　我国人民币国际化的发展对策/159

本章小结/172

关键词/172

思考题/172

第七章　外资银行的离岸银行业务和境外办理离岸银行业务案例/173

学习目的/173

第一节　外资银行在我国办理离岸银行业务的介绍/173

第二节　中国香港银行办理离岸银行业务的介绍/176

第三节　美国等国家办理离岸银行业务和中介公司注册境外公司的介绍/177

本章小结/184

关键词/184

思考题/184

第八章 我国离岸银行的特色产品/186
学习目的/186
第一节 跨境融资/186
第二节 离岸银行贷款业务/190
第三节 跨境投融资业务/192
第四节 境内企业境外放款/197
第五节 我国境内企业境外直接投资的前期费用/199
第六节 境内企业的境外发债/204
第七节 发行境外债券的国际信用评级/208
第八节 发行境外债券的增信/211
第九节 全口径跨境融资/212
第十节 跨境担保业务/217
第十一节 外商投资企业境外母公司的融资/221
第十二节 招商引资中的境外融资/223
第十三节 中国出口信用保险公司保险项下的离岸融资/225
第十四节 境内企业做好境外融资工作的相关建议/228
第十五节 跨国公司境内外资金的集中管理/231
  本章小结/239
  关键词/239
  思考题/239

附录/241
附录一 国际银团贷款协议条款简介/241
附录二 沃尔夫斯堡防止代理银行清洗黑钱原则/254
附录三 1989—2010年,国际反洗钱的工作历程/257
附录四 RegS条例与144A规则的简介/259
附录五 避免双重税收协定的介绍/261

参考文献/265

后记/267

第一篇

理论知识

第一段

見出くだれ

第一章 离岸与离岸金融

学习目的

1. 了解离岸及其相关概念
2. 了解离岸公司的相关概念
3. 了解离岸业务的相关概念
4. 了解离岸业务的参与主体
5. 了解离岸税收的基本情况
6. 了解离岸金融的相关内容
7. 了解离岸金融市场的相关内容
8. 了解离岸金融对我国中央银行货币政策的影响

第一节 离岸及其相关概念

一、"离岸"理论上是指非驻在国的或驻在国以外的一切

在实践活动中,一般将"离岸"理解为"居住地以外"。这里所强调的"以外",是法律概念上的不同居住地。例如,一国境内可按适用法律的不同分为不同的地区,而这几个地区之间也构成了相对的离岸关系。比如纳闽岛,是马来西亚境内的一个岛屿,但其适用的法律与马来西亚其他地区适用的法律不同,因此,马来西亚的其他地区就将其视作"离岸";而对纳闽岛来说,马来西亚的其他地区和马来西亚以外的其他国家一样,都是"离岸"。

(一)离岸与在岸的分界线

离岸与在岸的分界线,除了按照法律体系的不同划分外,也可以按照国境线划分,如日本和澳大利亚互为"离岸";也可按照不同经济区域划分,如中国香港与中国内地互为"离岸"。

从离岸公司的角度,"离岸"是指一国投资人为某种特定目的,将公司注册在离岸管辖区,离岸管辖区政府允许投资人不用亲临公司注册当地,其业务运作可在离岸管辖区以外的世界各地直接开展。

(二)母国和东道国的概念

对跨国公司而言,母国是指公司原注册地及公司总部所在地的国家;东道国是指跨国公

司业务扩展地所在地区的国家。对金融机构、个人或企业而言，母国是指金融机构的总部所在地，或者指在金融机构办理存款和贷款的个人或企业的居住地以及该个人或企业支付税款的地方；东道国是指金融机构在境外设立分行的所在地，也指个人或企业在金融机构办理具体业务的所在地。

作者感悟 1

第一次听说"离岸"还是在 1998 年 10 月，记得当时陪同我们的美国化学银行的印度裔员工指着纽约曼哈顿的大楼，用调侃的语气说："这些大楼里藏着世界各地的钱，包括那些离岸的钱。"当时我听得一头雾水，根本不知道他说的到底是什么意思。2005 年我开始接触离岸银行业务后，才顿悟"离岸的钱"是什么意思。

二、离岸地和离岸中心

离岸地是对离岸中心（Offshore Center）的习惯称呼。从 20 世纪中后期起，一些国家和地区为了吸引外国资本的流入来繁荣本国或本地区的经济，纷纷以立法的形式，颁布了一些特别宽松的公司法规及税收法规，允许非本国或本地区居民在当地注册成立公司，并在其领土之外的地区经营和运作，这些国家和地区被称为离岸地或离岸中心。因此，离岸地就是以特别法对公司、信托、私人基金、投资、租税、银行、财产等进行规范的国家或地区。

（一）离岸地的起源

离岸地最早出现在 19 世纪美国的特拉华州，起初的主要特征是允许合法避税，是美国资本家降低公司税赋的理想选择。1927 年，巴拿马共和国通过《巴拿马公司法》（即 1927 年 32 号法案），由此，现代意义上的离岸地法律产生了，而巴拿马则成为全球第一个真正意义上的离岸地。很多离岸地都是离岸金融中心（Offshore Finance Center）。英属维尔京群岛、开曼群岛、百慕大群岛并称为三大离岸金融中心。数据显示，以往每年大约有几十万家离岸公司在各个离岸管辖区内成立。随着全球化的日益发展，离岸业务量也突飞猛进。据估计，如今全世界一半以上的资产是由在离岸管辖区内注册的公司所控制的。如泽西岛是英国的海外领地，有自己独立的立法以及税收系统，因此泽西岛成为欧洲有名的"避税天堂"。据统计，泽西岛上注册的公司所管理的基金规模高达 1 967 亿英镑，约为人民币 2 万亿元。[①]

（二）全球著名的离岸金融中心

按照离岸金融中心的标准进行粗略统计，目前全球有超过 60 个离岸金融中心，为世界各国金融机构和企业普遍接受的有超过 30 个。国际货币基金组织（IMF）在 2000 年公布了由国际清算银行（BIS）、国际货币基金组织、经济合作与发展组织（OECD）和世界银行（World Bank）4 家国际机构根据外部债务的统计数据联合共同认定的 14 个典型的离岸金融中心，它们分别是利比里亚、新加坡、瓦鲁阿图、中国香港、巴林、黎巴嫩、阿鲁巴岛、巴哈马、巴巴多斯、开曼群岛、百慕大群岛、巴拿马、荷属安地列斯群岛和西印度群岛联邦（实际上

---

① 欧阳梦雪．神秘家族信托：富豪财富传承[N]．理财周报，2012-06．

这 14 个离岸金融中心并不是完整的离岸金融中心,因为这其中没有包括英属维尔京群岛)。这些著名的离岸地因具备完善的法律制度、宽松的监管体系和现代化的金融服务体系,为世界范围内的投资和跨国贸易起到了较好的推动作用。

(三)离岸地的分类

从税收上,可将离岸地分为避税港型、内外一体型(内外渗透型)及内外分离型三种类型。

三、离岸地(离岸中心)的基本特征

在离岸地注册的公司,其注册地址与经营地址是可以分离的,即公司在离岸地注册,不在离岸地经营,只在离岸地以外的地区经营。

(一)离岸中心的特征

严格意义上的离岸中心必须是免征直接税的国家或地区。其主要特征包括以下两个方面:一是免征直接税,即免征个人和公司所得税、资本利得税、遗产继承税和财产赠与税等;二是这些国家和地区一般未同第三国或地区签署避免双重征税协议。如英属维尔京群岛、巴哈马、巴拿马、贝利兹和开曼群岛等,都符合上述两个特征。

IMF 将中国香港、新加坡等地区或国家视作离岸金融中心,从上述特征来分析,我们认为中国香港、新加坡是离岸金融中心,但并不是离岸中心。因为中国香港和新加坡仍然征收所得税和其他税赋,同时中国香港和新加坡也与第三国签署了避免双重征税协议。但是,由于中国香港和新加坡具有自由的金融政策和优惠的税收政策,并允许非居民参与资金融通,因此它们仍然是国际金融中心。

(二)离岸监管呈现愈发严格的趋势

随着世界经济合作与发展组织和欧美一些国家对各离岸中心的施压,自 2008 年以来,部分离岸中心也同一些国家签订了旨在交换离岸公司信息的"避免双重征税"协议。同时,为了防止离岸公司被滥用于非法目的,离岸地政府与一些国家和国际组织签订了反洗钱及遏制其他犯罪行为的双边或多边协议。国际上著名的商业银行、私人银行、投资银行等,在积极开展离岸银行业务的同时,也针对客户的准入和提供相关服务制定了非常严格的要求及程序。

作者感悟 2

我也是在从事离岸银行业务后,才逐渐知道离岸中心的作用。当我看到我的离岸业务老师之一的张晓东先生在百慕大拍摄的风光旖旎的照片后,对百慕大这个位于北大西洋,面积仅有 71 平方千米、人口不到 7 万人,但人均收入超过 9 万美元的岛屿产生了浓厚兴趣。这个英国的海外领地仅仅靠离岸公司的注册、没有外汇管制、严格遵守金融保密法,就成为世界上最大的境外金融和商业中心之一;百慕大的离岸保险业相当发达,体量约占世界意外险种再投保量的 1/3;百慕大还是世界第五大船舶注册地。

第二节 离岸公司的相关概念

一、离岸公司的含义

理论上,离岸公司是指主要从事驻在国以外业务的公司。从实践来看,我们把离岸公司定义为在离岸地注册而不在离岸地实际运作,不与当地居民发生任何交易的公司。这里的"公司"泛指在离岸法区内成立的有限责任公司或股份有限公司,同时在登记、监管、信息披露、税务、管理和国际义务方面,享有注册地法律规定的特殊政策。

注册在离岸中心的商业公司并不都是离岸公司,因为一部分公司也在离岸地当地开展商业活动,这类公司就属于在岸公司。例如,注册在香港的公司并不都是离岸公司,但是从离岸公司的操作实务来分析,注册在香港的公司,只要它的管理、控制与操作均不在香港,就可以被视为离岸公司。

二、离岸公司的主要特点

从经营情况来看,离岸公司在保密性、税收、年检和运作等方面具有一些特点。

(1)保密性,即离岸公司的股东及董事的资料一般是保密的,但中国香港、新加坡、英国的公司股东和董事资料是可以公开查询的。

(2)税制优惠,一般来说,离岸公司无须向注册地政府报税、缴税。例如,英属维尔京群岛的在岸公司必须向当地税务机关报税及缴税,而离岸公司在未与当地企业或金融机构等发生业务往来的情况下无须向当地税务机关报税及缴税。

(3)年检特别,即离岸公司每年无须进行周年申报,无须财务审计,无须递交财务报表;而中国香港、新加坡、英国的公司每年必须进行周年申报,并需制作财务报表。

(4)离岸公司不可以在当地运作,仅适合作为境外投资、贸易的工具,而中国香港、新加坡和英国的离岸公司可以在当地实际运作。

需要特别说明的是,所有离岸公司必须每年办理"企业延续证书"(Certificate of Incumbency 或 Certificate of Goodstanding),以表明该公司是合法存续及运营的。目前有不少离岸公司在注册以后,没有办理企业延续的相关手续,因此这种公司实际上已经停业,是不能办理任何离岸业务的。

(5)离岸公司的营业范围。一般而言,离岸公司除对特许行业的业务有所限制外,没有特别的营业范围限制。这里的"特许行业"是指银行、证券、基金、信托、保险和行业协会等按照持牌管理的行业,经营特许行业需要注册地政府的特别批准。

第三节 离岸业务

一、离岸业务的定义

离岸业务是指在离岸公司注册地以外开展的业务。离岸业务有广义和狭义之分。广义上,离岸业务是离岸公司的设立、离岸信托、离岸基金、离岸投融资和离岸贸易等相关的活动,以及在这类活动中所涉及的法律、银行、会计、财务、金融和商业等全部服务的统称。而诸如离岸银行业务、离岸公司和离岸贸易等,是狭义上的概念。在国际上还有一种观点认为,离岸业务就是低成本和高收益的业务,但我们认为这种观点是不准确的,主要是这里所谓的"低成本"和"高收益"并没有可供计量的工具,也没有明确指出这种离岸业务是采取何种途径获得"低成本""高收益"的。

二、离岸业务的特点

离岸业务的特点主要包括:一是没有外汇管制,二是优惠的税收政策,三是周全的保密安排,四是授权资本制(即没有实收资本的要求),五是便捷的全球融资,六是盈利较高的业务。

三、我国离岸业务发展情况

(一)我国离岸业务发展现状

我国离岸业务发源较早,但发展速度较为缓慢。根据我们掌握的四家离岸银行的内部数据,我国离岸银行业务总规模到2020年末还不到700亿美元;2020年上海的离岸贸易额刚刚突破3 000亿元人民币,而中国香港在2017年就超过5 700亿美元,新加坡在2015年就超过6 800亿美元。[①] 此外,我国离岸保险、离岸信托、离岸证券等业务仍处于探索阶段。

(二)我国"走出去"企业开展离岸业务的优势

1. 能够帮助企业降低运营成本

企业在"走出去"的初期,离岸业务能够帮助企业合理有效地控制各项成本,方便其充分利用境内关联公司的人力资源和资信实力,有效降低境外公司的财务和运营成本。

2. 能够帮助企业控制风险

通过开展离岸业务,能够规避我国企业在境外投资而遭遇当地政局不稳的风险,也能规避外国对中国企业的歧视政策和行为,还能规避外国政府对我国"走出去"企业的利润回流的外汇管制等非关税贸易壁垒。

3. 使我国"走出去"企业得到融资的便利

通过利用境内银行的离岸银行服务,解决我国"走出去"企业境外公司的融资需求。我国"走出去"企业的境外公司在发展初期的规模较小,因其在境外银行无授信记录,较难获得融资支持,这时其采用境内外投融资联动可以较快地获得离岸银行的资金支持。

4. 为我国"走出去"企业提供合理的税务安排

利用境外的定价转移,合理进行利润的境外留存,利用注册地低税或免税政策进行合理避税;还可以利用注册地与投资或贸易目的地之间的税务及投资的双边优惠协议来合理避税。

5. 方便我国"走出去"企业进行境内外投资

可利用境内公司持有的境外公司作为投资平台,投资境内外项目及进行境外的融资和资本市场运作。企业还可以利用离岸地法律宽松的特点,使用离岸公司进行战略投资和风险投资,以期达到投资收益最大化的目的。

---

① 刘叶琳. 为离岸贸易发展提供可预期环境[N]. 国际商报,2022-01.

6. 方便我国"走出去"企业进行集团的资金财务管理

通过离岸账户管理境外资金，可避免因境内外账户的独立开设而出现信息不对称问题。集团总部可以通过境外公司在我国离岸银行开设的离岸账户实时了解境外企业账户变动信息，从而帮助集团高效、集中地结算、融资和财务管理等。如通过同一家银行集中管理境内外账户，还可以实现资金的及时调动，提高资金清算效率。

作者感悟 3

当我从我的另一位离岸业务老师杨耀辉先生那里得知香港公司的运作特点后，才对离岸公司有了完整的了解，这使我对香港这种离岸公司的特殊作用产生了极大的兴趣。由于香港欢迎世界各地的机构和企业及个人赴港设立公司，并且针对香港公司的不同运作模式实施不同的税收政策，每年仅新设立的香港公司就高达 10 万家以上，这为香港带来了巨大的发展机会并增加了经济发展的动力。虽然新设的香港公司可能因从事离岸业务而没有给香港特区政府带来税收收入，但还是会给香港居民每年带来稳定的收入。原因如下：

一是新设香港公司必须雇用一名香港居民担任秘书，这保障了香港的就业率。

二是香港公司每年必须进行年检和办理公司的延续证书及验证是否需要向香港特区政府进行报税，所以每年会给香港的会计师、律师和税务师带来稳定的收入。

三是香港每年会吸引大量的金融机构和企业进行各种投融资活动，这也为香港的金融机构带来巨大的业务机会，并为香港带来大量的赋税。

第四节 离岸税收

一、离岸税收的含义

离岸税收是指一个主体（含公司或个人）在两个及以上不同国家或地区开展经营活动时，从这些国家或地区分别获得收入，该主体所在国或地区政府除了向其征收其在本国或地区所获收入对应的税收外（即在岸税收），也会征收其在境外获得收入的税收（即离岸税收）。由于所有国家都希望本国居民或企业能够积极支持本国经济的发展，在国内缴税，因此，当这些主体决定在国外开展业务时，本国政府都会向其征收离岸税收。当然这些主体有意缴纳离岸税收，根本原因是其将相关业务放在境外不同国家或地区经营所缴纳的离岸税款，仍然比将相关业务都在本国或地区缴纳的税收更少或综合效益最大。

常见的离岸税收包括所得税、增值税、资本利得税、利息或股息预扣税等。世界上主要的离岸地均采用了低税率甚至零税率的政策，如新加坡、中国香港免征增值税，公司所得税较为优惠，资本利得税实行多种优惠减免甚至免征等；开曼群岛、巴哈马等国更是免征一切直接税，仅征收关税、印花税等间接税。

我国目前并未对离岸税收做相应规定，但与离岸金融税收性质相近的跨境金融税收基本上采用与境内同等的税收安排。根据我国相关税法规定，我国目前实行的主要税种和税率包括：企业所得税 25%，增值税 6%（加上附加税后实际为 6.66%），贷款合同金额 0.005%、财产保险合同金额 0.1% 的印花税，预提所得税 10%。与一些知名离岸地或国际金融中心相比，我国的离岸金融税收水平相对偏高。

世界税收体系是指不管居民的收入和资金来源何处，该居民的母国都对其征税。而国际税收有四种形式：一是只在收入者的居住国征税，二是只在收入的来源国征税，三是既在收入者的居住国征税也在收入的来源国征税，四是以个人最终的居住国为主的征税。

(一)离岸账户的税收

离岸税收实际上分为离岸公司的注册地和离岸公司的账户开立地的两地税收。需要指出以下几点：一是离岸公司的税收与离岸账户内存款产生的利息收入是否缴税，是两个截然不同的问题。一般离岸公司的税收是指其缴纳的资本利得税或印花税等，而离岸账户的存款税收仅指离岸账户内存款产生的利息收入是否缴税的问题。二是离岸账户内存款产生的利息收入，在离岸账户的开立地是不产生税收的。如在香港注册成立的公司，在我国的离岸银行开立的账户内产生的利息收入，是不用向我国的税务部门缴纳税款的。三是离岸账户内存款产生的利息收入是否需向公司注册地政府缴税，应依照注册地的法律规定办理，一般也是不需要缴税的。

(二)关于母公司、子公司和分公司纳税的简单介绍

母公司是真正的法人实体，它在注册地被视为当然的纳税人。子公司也是独立的法人实体，在投资东道国被视为居民纳税人，通常要承担与该国其他公司相同的全面纳税义务。分公司不是独立的法人实体，在设立分公司的所在国被视为非居民纳税人，只承担有限的纳税责任。子公司和分公司的核算和纳税形式不同：子公司是独立核算并独立申报纳税，而分公司不是独立法人，不能进行独立核算和申报纳税，由母公司进行核算盈亏和统一纳税。如有盈亏，分公司和母公司可以相互抵扣和缴纳所得税，分公司产生的利润和亏损要由母公司合并计算。

(三)香港公司的纳税案例介绍

例如，我国雄安新区某企业在香港设立一家公司，该公司从事国际贸易业务，其上家是我国上海某新能源汽车公司，下家是新西兰某汽车销售商。如果这家公司没有使用香港金融机构的贷款，而仅仅是办理了结算业务，那么这家香港公司就本笔业务而言，是可以按照"零税率"向香港特区政府报税的。

二、全球离岸税收安排

从全球范围看，离岸金融市场分为内外一体型（或内外渗透型）、内外分离型及避税港型三种模式，其税收安排涉及的主要税种包括企业所得税、资本利得税、印花税、预提税、增值税等。一般而言，内外分离型和内外一体型的税收优惠程度相对较低，避税港型的税收优惠程度则较高。从国际金融中心的发展程度来看，越是排名靠前的国际金融中心，税收优惠程度越低；从开展离岸金融业务的时间来看，越是后发的离岸金融中心，税收优惠程度越高。

目前全球离岸中心（离岸地）的税收安排大致有以下三类：

(一)避税港型的税收安排

这类税收安排主要以避税港型离岸金融市场为主，这些离岸金融中心一般实行零税率或低税率，免征个人所得税、公司所得税、利息预扣税、资本所得税和股息预提税等直接税，但以关税、印花税、消费税等间接税代替,如英属维尔京群岛、百慕大群岛等。

(二)内外一体型的税收安排

这类税收安排对来自公司注册地的所得税按正常利率征税,但对来自公司注册地以外地区的所得税少征或不征,同时也不征流转税,这为那些在当地设立公司并从境外获利的外国人提供了有利条件,如中国香港、新加坡、伦敦、卢森堡等。

(三)内外分离型的税收安排

这类税收安排在国内的金融税收制度的基础上,对基于专门账户开展的离岸金融业务收入给予税收优惠,即对经营离岸金融业务的金融机构,将其在离岸账户内的业务收入与其他收入区分开,分别进行纳税计算,如美国、日本等。

三、预提所得税简介

按照我国2008年制定的所得税实施细则,我国开始对外资企业征收股息预提所得税,税率为20%,一般减按10%征收,对中国香港、中国澳门、新加坡、塞舌尔等与中国签订税收协定或有特殊税务安排的国家或地区实行优惠暂扣税税率,低至5%。

2008年我国新的所得税法实施之前,内资与外资所得税实际税赋差在15%左右,由于我国对在华投资的外资企业实施税收优惠等一系列优惠政策,越来越多的内资公司也会先在英属维尔京群岛等低税区注册,并采取将资金转到境外再投资境内的"返程投资"方式,享受外资企业的所得税优惠。

预提所得税是指预先扣缴的所得税。我国《企业所得税法》第三条和《企业所得税法实施条例》第九十一条规定,外国企业在中国境内未设立机构、场所,而有取得的来源于中国境内的利润(股息、红利)、利息、租金、特许权使用费和其他所得,或者虽设立机构、场所,但上述所得与其机构、场所没有实际联系的,都应当缴纳10%的所得税。外国企业在中国境内未设立机构、场所或者虽设有机构、场所,但与该机构、场所没有实际联系,而有取得的来源中国境内的利润(股息、红利)、利息、租金、财产转让所得、特许权使用费和其他所得,均应就其收入全额(除有关文件和税收协定另有规定外)征收预提所得税。按预提方式,即由所得支付人(付款人)在向所得受益人(收款人)支付所得(款项)时为其代扣代缴的税款,也是课税的一种个人所得税或公司所得税。

代扣代缴预提税是世界各国普遍实行的一种征税办法。在实际操作中,由于受各国间双边税收协定和本国税法不同规定的影响,我国《企业所得税法》对派出股息征税的规定。对不同国家和地区的外资企业的影响也是不同的。在实际业务中经常会遇到需要缴纳预提税的情况,如中国的离岸银行为我国某集团公司设立在新加坡的子公司办理美元融资并收取利息后,就收到了该子公司转来的邮件,要求该离岸银行必须向新加坡税务部门缴纳该笔贷款利息收入的预提税。又如,当我国离岸银行在为美国公司发放美元贷款并收取利息后,美国税务部门也会要求该离岸银行向美国税务部门缴纳贷款利息收入的预提税。考虑到缴税的便利性、安全性等问题,离岸银行往往会与借款人提前商定,由借款人代为向所在国或地区政府缴纳预提税,相关成本在贷款利息中予以扣减。

四、投融资业务的离岸税收

投融资业务的离岸税收,一般是指被收购企业在当地的纳税、融资资金的纳税、投融资企业在盈利后利润返回时的纳税等。

投融资业务的合理税务安排要在设计并购业务的组织架构时就一并考虑,因此既要考虑组织架构设计时的避免双重征税问题,又要考虑如何将境外的盈利直接用在境外的业务上。

五、对于我国离岸税收政策的建议

(一)在上海自贸试验区或海南自贸港内试行离岸税收的安排

国内多个自由贸易试验区在成立之初都提出要积极研究完善适应境外股权投资及离岸业务发展的税收政策,但相关政策至今尚未落地。建议考虑在上海自贸试验区或海南自贸港内率先试点离岸税收政策,采用美国、日本的内外分离型的税收安排,为上海自贸试验区、海南自贸港的进一步开发开放及建立我国的离岸金融中心打好基础。

(二)对通过离岸账户开展的业务实行特殊的优惠税率

目前,国内开展的离岸业务主要是基于离岸账户(Offshore Account,简称 OSA 或 OSA 账户,下同)项下的离岸银行业务,监管政策对于离岸银行业务的税收安排并不明确。对于境外机构自由贸易账户(Free Trade Non-resident,简称 FTN 或 FTN 账户,下同)、境外机构境内账户(Non-resident Account,简称 NRA 或 NRA 账户,下同)等境内非居民账户的税收安排,则主要适用于境内的税收政策。建议优先对 OSA 账户、FTN 账户或 NRA 账户等外币账户实行特殊的优惠税率,优惠标准可借鉴新加坡或中国香港的税收安排。

(三)对于"一带一路"项目实行特殊的优惠税率

"一带一路"国家是我国长期的合作伙伴,"一带一路"项目也有助于国内企业"走出去"及人民币国际化。建议对参与"一带一路"项目建设的我国企业的所得税、增值税及资本利得税等进行减免,对于支持此类企业及项目的金融机构也给予相应的所得税、印花税及增值税的税收优惠。

(四)对于外国投资者在我国的投资给予更大力度的优惠措施

目前,国内对于外商投资企业已有一定力度的税收优惠机制,包括基础产业税收优惠、再投资退税优惠、所得税地区投资优惠、鼓励兴办出口企业和先进技术企业的优惠,以及对能源、交通、港口、码头和其他重要生产性项目等的税收优惠,但距离全球离岸金融中心的税制与税率尚有较大差距。建议借鉴离岸金融中心的部分税收安排,制定出更具竞争力的税收优惠政策,以吸引更多外国资本和企业来我国进行投资。

第五节 离岸金融

离岸金融作为最"国际化"的金融活动,一直受到世界范围内所有开展及准备开展离岸金融活动的国家和地区的高度关注。这与离岸金融所特别具有的以下发展趋势和特点紧密相连:

(1)离岸金融活动覆盖的区域十分广阔,目前全球知名的离岸地数量占世界上所有国家的三分之一以上,并几乎覆盖除南极洲外的所有大洲。

(2)离岸金融活动的内容十分丰富,包括离岸地、离岸公司、离岸贸易、离岸税收、离岸法律、离岸基金、离岸信托、离岸租赁、离岸银行、离岸证券、离岸保险等相关概念。到目前为止,尚未找到一部能够涵盖离岸金融全部内容的著作。所以,离岸金融仍属于金融知识的"蓝海",值得我们花更大的精力努力探索和研究。

(3)离岸金融为整个人类活动的开展提供了一个新的思考方法,即我们如何从传统的金融活动转向更加开放的、更为全球化的金融活动。如果我们从人类以物物交易产生灵感,从而探索发明了货币和与货币借贷活动相关的传统金融活动,那么整个离岸金融就是我们的前辈和同业从如何把原认为不可能的事变成可能,并且做得越来越好的过程,因此,离岸金融活动是在传统金融活动的基础上通过逆向思维而产生的金融活动。

(4)由于共同申报准则(Common Reporting Standard,CRS)和全球最低15%的税收等政策的实行,想通过离岸金融进行逃税、漏税和洗钱都变得愈加困难,但离岸金融的发展趋势越来越好。这就说明所有离岸金融的参与方都会从开展离岸金融活动中得到更有价值的收益,所以离岸金融并不是我们过去认为的只是逃税、漏税和洗钱的工具。以上这些都让我们期待离岸金融的未来会发展得更好,因此我们对离岸金融的研究和分析应该不仅从金融的维度来思考,还要从人类不断克服困难、挑战自我和逆向思维的角度来分析离岸金融对人类社会发展整个过程的促进与互动关系。

一、离岸金融的定义

离岸金融(Offshore Finance)一般是指不具有金融市场所在国国籍的当事人,在金融市场上从事的货币或证券交易行为。离岸金融也指在高度自由化和国际化的金融管理体制及优惠税收体制下,主要以自由兑换货币为工具,由非居民参与进行的资金融通。

离岸金融活动是指设在某国(地区)境内的主体,在与该国金融制度没有联系且不受该国金融法规管制的金融机构之间所进行的资金融通活动。从严格意义上讲,离岸金融活动就是无论金融活动发生在某国境内还是在境外,都不受该国(地区)管制、也不按照该国(地区)的金融法规进行监管的资金融通活动。如果一家信托公司将总部设在英国的泽西群岛,但是其办理的信托业务是从欧洲居民或其他非美国居民那里吸收美元资金,再将这些资金投放于欧洲居民或非美国居民中,那么这家公司便是在从事离岸金融活动。

二、离岸不等同于逃税——我们要为离岸金融正名

在传统上,离岸金融活动的开展依托于一个国家(地区)具备优于在岸业务的离岸业务政策,这种优势往往突出体现在税收政策上,绝大多数离岸地的税收政策往往比非离岸地更优惠。因而随着离岸金融活动的发展,便出现了一种观点:离岸金融就是商务活动转移到更低成本或获利更大的地区开展的业务,甚至出现了一种舆论,直接将离岸金融与避税、逃税等同起来。

但我们有不同观点:首先,离岸金融在推动国际贸易、跨国投资方面起着重要的促进作用。离岸金融活动不是在帮机构、企业和个人进行逃税或洗钱,而是在极大促进并推动那些开展离岸金融活动的国家(地区)成为值得信赖的离岸金融中心。离岸金融对于像新加坡、中国香港这样的国际金融中心,以及巴哈马、毛里求斯、巴巴多斯这样的岛国都起到了举足轻重的作用。同时,离岸金融对于那些致力于推动"走出去"和全球化的传统国家(地区)也有着积极的正面影响。根据资料显示,加拿大对巴巴多斯投资的激增对自身产生了许多积极影响,包括扩大市场准入、增加了其在国外市场的存在从而促进了出口,而出口的增加又

促进了加拿大的就业和资本的形成。国内外众多学者都认可离岸金融对实体经济和全球经济有相当大的益处,离岸金融对于推动金融、贸易的国际化和自由化都具有重要作用。其次,自20世纪90年代以来,越来越多的国家加强了对离岸金融的监管。美国于1991年通过了《加强对国外银行监管法》,规定外国银行在进入美国市场开展业务时,须事先获得联邦的批准和审查。马来西亚在1990年相继颁布了《离岸银行法令》《离岸银行业务法》《离岸保险法》和《离岸公司法》,明确了离岸金融的监管规则。我国也在1997年颁布了《离岸银行业务管理办法》,对离岸金融的监管做出了规定。因此,在世界范围内,对离岸金融的监管在日趋成熟与完善。

因此,我们没必要纠结于离岸金融活动是否带来洗钱和逃税的问题,而应该把重点放在既要促进离岸金融业务的发展,又要加强对离岸金融业务的监管,更要努力防范离岸金融的风险上面。

我们应避免过度的和无谓的争论。离岸金融对于一国经济的正面影响总是大于负面影响,这是被大多数人所接受的结论,也已被许多离岸地国家证实过。我们应该聚焦于如何发展好我国的离岸金融,同时做好应对风险的体制、机制建设,将离岸金融作为我国经济发展内外"双循环"的重要工具。

三、离岸金融的发展历程

(一)离岸金融的萌芽期(1930—1960年)

离岸金融发端于离岸银行业务。离岸银行业务起源于20世纪30年代左右,瑞士银行为帮助犹太人逃避德国法西斯的迫害,协助犹太人将资产转移到境外,并为其提供匿名的存款服务。离岸银行起源的主要标志是1934年瑞士为存款客户的信息保密而制定的《银行保密法》,这一立法不仅产生了私人银行业务,也出现了离岸银行业务的萌芽。随后,欧洲富人们发现这一形式具有保护个人资产、减少税赋等特殊功能,大量的欧洲富人开始在瑞士开立存款账户,使得这本来作为第一次世界大战时援助犹太人的特殊做法[①],在战后成为当时富人们最热衷的一项财富管理业务。

(二)离岸金融的成长期(1960—1980年)

现代国际金融中心和离岸银行的大量形成,是在20世纪六七十年代。其主要驱动力是:第二次世界大战后,美国对欧洲的援助计划和因此产生的大幅贸易逆差使得大量美元由美国外流到欧洲各国;而在冷战时期,以苏联为首的东欧国家阵营为了免遭美国政府的资本监管和掠夺,不愿把自己国家的美元存于美国的银行,从而转存欧洲的银行。同时,美国国内的一些企业和资本家为了逃避美国政府对银行业日益严格的监管,纷纷将自己的财富从本国银行转投到欧洲的银行或欧洲的货币市场,这使得美国本土的美元外流加剧。而这时美国的银行也不甘于自己原来稳定的存款流失到欧洲,因而想方设法地追随原来合作的企业客户的足迹到欧洲大陆设立分支机构,从而在具有相对宽松监管环境和优惠经营条件的欧洲形成了专门为这些非居民企业服务、经营境外美元的离岸银行业务。而离岸银行业务的快速发展形成了一个巨大的"欧洲美元市场",随后欧洲美元市场又吸引了欧洲本土企业和资本家的参与。为满足欧洲本土企业和资本家的需求,欧洲美元市场从原来仅有的美元

---

① 这里指第一次世界大战期间留下来的做法。

币种逐步扩大到英镑、西德马克、瑞士法郎等货币,进而真正形成了独特的欧洲货币市场。这就给了我们一个启示,一个国家如果要真正开展离岸金融业务,就必须解决好如何将本币作为离岸金融的结算和投融资货币的问题。

相同时期,中东产油国因出售原油而获得了大量美元收入,而以巴西、智利、哥伦比亚、墨西哥、沙特阿拉伯、埃及、印度、印度尼西亚、马来西亚、南非、土耳其等为代表的新兴市场国家,也需要更多的美元来发展本国的经济,由此又形成了以石油美元市场为主的离岸美元市场。随后,位于浩瀚大西洋、太平洋地区的巴拿马、开曼、百慕大、巴哈马等缺少资源的众多岛屿国家或地区,为了促进本国(地区)的经济发展,也从欧洲等发达国家的离岸银行发展中得到启发。它们为了快速发展经济,吸引外国银行和企业来设立分支机构,制定了比欧洲国家更加宽松的监管政策和低税或免税的税收优惠政策,成为延续至今的全球著名的"避税天堂"。从1964年到1973年,短短十年内,美国各商业银行在境外地区开设了699家离岸银行机构,其中位于加勒比地区的有181家、位于欧洲地区的有156家。而从1964年到1970年,美国商业银行的境外总资产便从70亿美元快速上升到530亿美元。[①]

(三)离岸金融的高速扩张期(1980—1990年)

从1980年开始,更多的欧美发达国家为了加强本国银行在国际市场上的竞争力和对外国银行的吸引力,也开始建立自己的离岸银行制度并积极倡导开展本国的离岸金融活动,并逐渐发展成为离岸金融中心。如美国在本土建立了国际银行设施(International Banking Facilities, IBFs),这是一种以特殊形式运作的离岸金融市场机制,也是由美国的本土银行或外资银行专门为非美国居民服务而设立的一种特殊机构。在IBFs成立之前,美国的离岸金融发展模式是通过地理位置上的不同而区分为离岸银行和在岸银行的,美国国内的金融机构主要开展在岸金融活动,国外的金融机构主要开展离岸金融活动。IBFs为了在美国本土更好地服务于美国的非居民企业,同时又不影响美国本土商业银行的正常运作,开创性地采用了一种特殊的运作方式,即不再从地理位置上对离岸银行与在岸银行进行隔离和区分,而仅通过对离岸账户与在岸账户的隔离和区分,实现对资金、人员和风险的隔离。这是一种更简便、高效、便于管理的运作方式,从而加速了美国离岸金融市场的发展。与此同时,善于学习的日本看到美国IBFs的成功运作,也如法炮制设立了日本的离岸金融市场(Japan Offshore Market, JOM)。由于美国、日本的货币本身就是自由兑换的主要国际货币,因而在美国的离岸金融市场和日本的离岸金融市场上经营的不仅仅是外币,还包括本币,且本币的交易规模还超过了外币。这实际上也是离岸金融市场的巨大突破,打破了离岸金融业务一般不包括本币交易这样一种不成文的传统理念。由于美国的离岸金融市场和日本的离岸金融市场都是设立在本土的离岸金融市场,实际上就是一种在岸的离岸金融市场,这样就很方便地让本国的商业银行及外资银行可以在本国境内直接开展离岸业务。更有意义的是,由于美国和日本的离岸金融市场的成功设立和运作,使得世界上金融从业者都接受了一个新的观点:离岸金融中心和离岸银行是完全可以在一国(地区)境内设立金融机构和经营本币业务的。美国和日本的成功经验为全球主要发达国家树立了一个典范,全球主要发达国家均逐步建立了离岸金融中心。根据公开资料统计发现,1985—1990年,世界离岸金融市场的年均资产增长率达到26.09%,离岸金融也进入了高速扩张阶段。

[①] 吴清扬. 深度研究美国储贷危机及商业银行并购史资产配置[OL]. 雪球网,2019-08.

(四)离岸金融的调整期(1990—2000年)

全球离岸金融中心的快递发展,特别是避税型离岸金融市场的崛起,使得许多金融活动游离在本国监管之外,对很多国家的金融监管和经济发展形成了挑战,各国政府都觉得必须要加强对离岸金融的监管。这也印证了一句老话,"发展过快就会加速死亡。"从20世纪90年代以来,国际社会逐渐出现一种舆论,认为离岸金融已成为国际金融市场上的一个"毒瘤",离岸金融是一个通过逃税、漏税来躲避监管、快速致富的违法金融活动。这类舆论的发酵引起了国际社会对离岸金融活动某些特殊作用的高度关注,很多饱受离岸金融对本国经济活动冲击的国家都开始制定或完善相关的监管措施,或联合其他国家采用国际合作的方式来对离岸金融活动进行限制和实行严格的监管。这些国家还联合起来向联合国、经济合作与发展组织、国际货币基金组织、世界贸易组织、世界银行等国际组织施压来对离岸金融活动进行更为强力的监管,特别是欧洲一些国家的司法部门对利用离岸金融活动的逃税、漏税、洗钱等行为进行了多起严厉处罚。一时间,离岸金融的声誉不仅被严重质疑,更是被国际社会认同为非法的金融活动,这导致离岸金融活动受到了极大制约。同时许多发达国家从20世纪80年代末以后放松了对在岸金融活动的监管,出台了很多更具灵活性和自由度的金融政策,使得在岸金融业务和离岸金融业务之间原有的部分政策差距不断缩小,金融机构、企业对开展离岸金融活动的积极性受到严重影响,这也导致了离岸金融市场的各种业务出现萎缩。雪上加霜的是,受到20世纪90年代末期亚洲金融危机的影响,东南亚一些国家的离岸金融活动出现了巨大的风险,特别是泰国由于对离岸银行业务的监管漏洞,导致了严重的金融危机。同时,我国监管部门也果断出手,叫停了国内刚刚起步不久的离岸银行业务。这都为全球范围内离岸金融业务的调整和降温提供了鲜活的案例。

(五)离岸金融的高速发展期(2000年至今)

历史总是会惊人地重复,随着1997年亚洲金融危机的惨痛教训被人逐渐遗忘,全球化趋势不断增强,加上离岸金融本身的特点和具有的独特优势,进入21世纪后,离岸金融又被很多国家、机构、企业及个人重新认识,各国(地区)在建立了更为成熟的离岸金融风险监管体系后,离岸金融"重新出发"并很快呈现出更加蓬勃的发展态势。随着全球科技发展浪潮的席卷,更为丰富、复杂的金融工具被频繁使用在离岸金融活动的多个领域,更多高杠杆的结构化产品如"雨后春笋"般地遍地开花,加上更多的离岸公司都在各国际金融中心注册成立,由此开启了新的一波离岸金融的高速发展期。

四、我国离岸金融的发展历程

(一)我国离岸金融的起步

我国离岸金融是从离岸银行业务起步的,我国离岸银行的发展历程就是我国离岸金融的发展历程。这是因为我国在刚开始考虑开办离岸金融业务时,也是学习美国通过试水离岸银行来进行试点的。深圳作为我国改革开放的"试验田",一开始就肩负着改革探路的历史使命。作为改革开放的总设计师,邓小平于1984年到深圳视察,他对当时深圳的发展非常满意,视察结束后他还题词"深圳的发展和经验证明,我们建立经济特区的政策是正确的"。深圳作为我国首个经济特区引领了中国经济的高速发展,在经济发展到了一定高度后,深圳当地金融市场便产生了开展离岸金融业务的迫切要求,于是深圳的金融机构和深圳市政府联合向中国人民银行提出了在深圳开展离岸银行业务的请求,并得到了党中央和国务院的高度重视,中国人民银行也对此做出了快速反应。1989年5月,招商银行获准在深圳开办离岸银行业务,成为我国第一家开展离岸银行业务的商业银行。其后,深圳发展银行(即现在的平安银行)、广东发展银行及其深圳分行、工商银行深圳分行和农业银行深圳分行相继获得经营离岸银行业务的牌照。

(二)我国离岸银行被迫叫停的惨痛经历

因遭遇亚洲金融危机,我国深圳开办离岸银行业务的银行都出现了巨大的风险,随后中国人民银行于1999年"一刀切"地全部叫停了离岸银行业务,使得这些离岸银行原来发放的贷款都无法续期,从而引发了离岸银行资产业务的巨大风险,致使当时的离岸银行遭受了灭顶之灾。

(三)我国离岸银行的重新起步

直到2002年6月,中国人民银行总行发文批准总部位于深圳的招商银行和深圳发展银行全面恢复离岸银行业务,同时允许总行设在上海的交通银行和浦东发展银行开办离岸银行业务。我国离岸银行业务在深圳和上海两地又重新起步了。

中国人民银行和国家外汇管理局只对上述四家中资银行发放了离岸银行业务经营许可,而且在管理上均是按"试点"和"试验"的标准进行审慎监管的。

遗憾的是,尽管我国的离岸金融近年来随着我国政府更重视经济开放和金融自由,伴随大批国内"走出去"企业的步伐而得到了一些发展,但迟迟没有迎来发展高峰。这主要有两个原因:一是对离岸银行的监管政策迟迟没有突破。尽管各地兴起"自贸试验区热",每个自贸试验区都推出了很多创新政策,但涉及资金汇划便利以及离岸金融开放的很多措施仍停留在简化流程、优化服务等流程操作层面,从实质上突破当前监管束缚的创新政策较少。二是金融机构的金融服务能力不足,离岸金融仍然以离岸银行业务为主角,离岸证券、离岸信托、离岸保险等其他离岸金融业务发展缓慢,产品种类有限,从业人员的专业能力也有很大的不足。

作者感悟4

我真正接触的第一笔离岸银行业务,是有关我国一家船厂出口到中东地区的特种工程船,为购买方提供的融资业务。由于这个购买方是我国一个商人在香港设立的一家公司,我以境内公司信贷的思路来看,感到特别别扭,但随着融资业务的不断深入,我竟然发现这家香港公司很有钱,而且有着特别的营销渠道,这家香港公司不仅能够通过第三方担保而获得融资,攒了购买船的钱,而且省了钱(香港公司这笔业务的盈利居然可以不缴纳税款)。

第六节 离岸金融市场

知识专栏

金融市场简介

1. 金融市场的概述

金融市场是指资金供应者和资金需求者双方通过信用工具或撮合进行交易而实现资金

融通的市场,金融市场也是实现货币借贷和资金融通、办理各种票据和有价证券交易活动的市场。更被普遍接受的金融市场定义是:金融市场是交易金融资产并确定金融资产价格的场所。

金融市场又称为资金市场,包括货币市场和资本市场,是资金融通的市场。资金融通简称融资,是指在经济运行过程中,资金供求双方运用各种金融工具调节资金盈余的活动,是所有金融交易活动的总称。在金融市场上交易的是各种金融工具,如股票、债券、有价票据、各类资金凭证等。资金融通一般分为直接融资和间接融资两种。直接融资是资金供求双方直接进行资金融通的活动,也就是资金需求者直接通过金融市场向社会上有资金盈余的机构和个人进行筹资;间接融资则是指通过银行所进行的资金融通活动,也就是资金需求者采取向银行等金融中介机构获得资金的方式。所有经济活动的参与方都会通过金融市场进行资金的融通,因此,金融市场对我国经济社会有着长期的、直接的、深刻的影响。

金融市场的参与方涉及整个经济活动的方方面面,金融市场又是由许多不同的市场组成的一个完整和不断完善的金融体系。根据金融市场上交易工具的期限,我们把金融市场又分为货币市场和资本市场两大类。简单来说,货币市场是融通短期资金的市场,资本市场是融通长期资金的市场,但是这里的短期资金和长期资金是随着经济活动方式的变化和金融市场参与方的风险偏好而不断变化的。货币市场包括同业拆借市场、票据市场、短期债券市场、大面额可转让存单市场等。资本市场包括中长期信贷市场、长期债券市场和证券市场。中长期信贷市场是金融机构与工商企业之间的贷款市场;长期债券市场是指政府、企业和金融机构等募集长期资金的主要场所;证券市场是通过证券的发行与交易进行融资的市场,包括债券市场、股票市场、基金市场、保险市场、融资租赁市场等。

金融市场是商业信用发展的产物。但是,由于商业信用的局限性,这些信用工具只能存在于商品买卖双方,并不具有广泛的流动性。随着商品经济的进一步发展,在商业信用的基础上,产生了银行信用和金融市场。银行信用和金融市场的产生和发展反过来又促进了商业信用的发展,使信用工具成为金融市场上的交易工具,激发了信用工具潜在的重要性。在现代金融市场上,信用工具虽然仍是主要的交易工具,但具有广泛流动性的还有反映股权或所有权关系的股票以及其他金融衍生商品,它们都是市场金融交易的工具,因而统称为金融工具。

金融市场的形态有两种:一种是有形市场,即交易者集中在有固定地点和交易设施的场所内进行交易的市场,证券交易所就是典型的有形市场;另一种是无形市场,即交易者分散在不同地点(机构)或采用科技手段进行交易的市场,如场外交易市场和全球外汇市场就属于无形市场。

2. 金融市场的分类

(1)按地理范围可分为:①国际金融市场,由经营国际上货币业务的金融机构组成,其经营内容包括资金借贷、外汇买卖、证券买卖、资金交易等;②国内金融市场,由国内金融机构组成,办理各种货币、证券等业务活动。它又分为城市金融市场和农村金融市场,或者分为全国性金融市场、区域性金融市场、地方性金融市场。

(2)按经营场所可分为:①有形金融市场,是指有固定场所和操作设施的金融市场;②无形金融市场,是指以营运网络形式存在的市场,通过电子电信手段达成交易。

(3)按融资交易期限可分为:①长期资金市场(资本市场),主要供应一年以上的中长期资金,如股票与长期债券的发行与流通;②短期资金市场(货币市场),是一年以下的短期资金的融通市场,如同业拆借、票据贴现、短期债券及可转让存单的买卖。

(4)按交易性质可分为:①发行市场,也称一级市场,是新证券发行的市场;②流通市场,也称二级市场,是已经发行、处在流通中的证券的买卖市场。

(5)按交易对象可分为:拆借市场、贴现市场、大额定期存单市场、证券市场(包括股票市场和债券市场)、外汇市场、黄金市场和保险市场。

(6)按交割期限可分为:①金融现货市场,融资活动成交后立即付款交割;②金融期货市场,投融资活动成交后按合约规定在指定日期付款交割。

按照上述各内在联系对金融市场进行科学系统的划分,是进行金融市场有效管理的基础。

3. 金融市场的作用

(1)融通资金的"媒介器"。通过金融市场使资金供应者和需求者在更大范围内自主地进行资金融通,把多渠道的小额货币资金聚集成大额资金来源。

(2)资金供求的"调节器"。中央银行可以通过公开市场业务,调剂货币供应量,有利于国家控制信贷规模,并有利于使市场利率由资金供求关系决定,促进利率作用的发挥。

(3)经济发展的"润滑剂"。金融市场有利于促进地区间的资金协作,有利于开展资金融通方面的竞争,提高资金使用效率。

4. 金融市场的基本要素

(1)资金供应者和资金需求者。这主要包括政府、金融机构、企业事业单位、居民、外商等,既能向金融市场提供资金,也能从金融市场筹措资金。这是金融市场得以形成和发展的一项基本因素。

(2)信用工具。这是借贷资本在金融市场上交易的对象。如各种债券、股票、票据、可转让存单、借款合同、抵押契约等,是金融市场上实现投资、融资活动必须依赖的标的。

(3)信用中介。这是指一些充当资金供求双方的中介人,起着联系、媒介和代客买卖作用的机构,如银行、投资公司、证券交易所、证券商和经纪人等。

(4)价格。金融市场的价格是指它所代表的价值,即规定的货币资金及其所代表的利率或收益率的总和。

一、离岸金融市场概述

(一)离岸金融市场的定义

离岸金融市场(Offshore Finance Market)是指主要为非居民提供境外货币借贷服务、提供境外金融资产买卖的国际金融市场,也称境外金融市场、欧洲货币市场等。

欧洲美元市场是欧洲货币市场中的重要分支。欧洲美元市场是指在美国境外的银行(主要在欧洲)为非居民提供的吸收存款和发放美元贷款的服务。欧洲美元市场主要提供三个方面的服务:一是进行境外货币的借贷业务;二是发行各种以境外货币表示的债券;三是各种境外货币之间的兑换。

(二)离岸金融市场的功能

离岸金融市场所履行的最基本功能是从国际上其他国家或地区的政府、公司和居民手上,将其持有的盈余资金引导调节到世界上其他国家或地区内那些资金短缺的经济主体手上。在经济社会中,离岸金融市场能够在不同国家或地区中,让资金从没有生产性用途的人那里流向有生产性用途的人。因此,离岸金融市场有助于资本在全球范围内的合理配置,从而为全球经济增加生产和提高效率做出了贡献。

(三)离岸金融市场的范围

世界离岸金融市场范围,主要包括英国伦敦、美国纽约、日本东京、瑞士、中国香港、新加坡、卢森堡以及众多的岛屿国家或地区(如英属维尔京群岛、开曼群岛、百慕大等)。

(四)离岸金融市场的特点

离岸金融市场的特点主要有以下几个方面:一是离岸金融市场基本不受所在国金融监管机构的管制,并可享受税收方面的优惠待遇,资金出入境自由;二是离岸金融市场是一种无形市场。从广义来看,它确实在某一国家或地区内存在,但并不在某个固定的交易场所出现,而是通过所在地金融机构与金融资产的跨境交易、清算、支付、融资等形式存在。三是离岸金融市场有其独特的利率形成机制。四是离岸金融市场内产生的离岸金融活动一般按照国际惯例办理和操作。

二、离岸金融市场的分类

离岸金融市场根据市场中参与主体及交易标的物的不同,可以分为离岸银行市场、离岸证券市场、离岸保险市场、离岸租赁市场、离岸信托市场等;根据交易中介作用的不同,分为直接金融市场和间接金融市场;根据金融工具的交易阶段不同,可以分为发行市场和流通市场。

除了类似传统金融市场的分类方式外,离岸金融市场还可以按照离岸金融中心的不同类型,分为内外混合型、内外分离型、渗透型和避税港型四个种类。

(一)内外混合型离岸金融市场

该类型是指离岸金融业务与在岸金融业务不分离,资本流动高度自由化的金融市场。这是离岸金融市场的高级形态,它主要依托部分国家的殖民历史而自然形成。内外混合型离岸金融市场以英国伦敦为代表,是打破传统国际金融业务的发展"瓶颈",从国际金融业务的发展创新和不断突破原有的壁垒从而形成的新型市场。英国的离岸金融市场始于20世纪50年代末,也是从经营离岸银行业务开始,逐渐发展到经营离岸证券业务等其他离岸金融业务。英国离岸金融的发端之初,离岸金融业务因受外汇管制等限制,而与英国的在岸金融业务截然分开,但自从1979年10月英国取消外汇管制后,对伦敦的外汇金融业务的管理与国内金融业务同等对待,这时"离岸"本身的含义便发生了根本性的变异,此时英国的离岸金融市场实际上已经成为兼具境内和离岸业务的"内外混合型"金融市场,英国伦敦也成为该模式的典型代表。这是各国发展离岸金融业务的首选模式,在这种模式下离岸金融市场与在岸金融市场合为一体,两类业务相互交融,但也对本国金融管理能力的要求很高。

内外混合型离岸金融市场的主要特点是:离岸账户与在岸账户并账操作,不单独设立离岸账户,非居民的存贷款业务与居民的存贷款业务在同一账户上运作,享受相同的政策与监管,资金的出入境不受限制等。

(二)内外分离型离岸金融市场

该类型是指离岸金融业务与在岸金融业务严格分离,一般是所在国政府专门为非居民交易而人为创设的国际金融交易平台。这种模式实行严格的境内外分离,即一般通过离岸账户和在岸账户实施隔离,居民的存贷款业务与非居民的存贷款业务分开,在岸交易与离岸交易分开,严格禁止资金在境内外市场间流动。内外分离型的离岸金融市场是以美国纽约为代表。在英国开办离岸金融业务后,美国也出现了巨大的市场需求,因而也开设了离岸金融市场。纽约与伦敦的离岸金融市场的最大不同是:纽约的离岸金融市场仅仅设立了离岸银行,没有证券买卖,而且特别实行内外分离的离岸金融市场与在岸金融市场。1981年12月,美国联邦储备委员会同意设立IBFs,纽约的离岸金融市场得到了快速发展。IBFs设立之后,其离岸金融业务不限于外国银行,任何美国的存款机构、公司和外国银行在美国的分行皆可申请开办。同时,纽约离岸银行的存款不受美国国内银行法规关于准备金比率和存贷款比率的限制,但离岸银行的贷款必须在美国境外使用。特别是美国的离岸银行可对包括美元在内的任何一种货币进行计价,由于美元是全球最主要的国际通用货币,而该离岸金融市场的主要交易货币也是欧洲美元,所以纽约离岸金融市场以本国货币作为主要交易货币。我国的OSA账户体系下的离岸金融活动,就是对内外分离型离岸金融市场的再一次试验。

(三)渗透型离岸金融市场

该类型是指以内外分离型为基础,离岸账户与在岸账户分离,居民交易和非居民交易基本分开,但允许离岸账户与在岸账户之间有一定程度的互相渗透。这种渗透是在离岸和在岸两个市场之间进行的有条件的渗透,包括允许非居民账户所吸收的非居民存款向在岸账户贷款,但禁止资金从在岸账户直接流入离岸账户,如印度尼西亚、泰国曼谷、马来西亚纳闽岛的离岸金融市场及新加坡的亚洲货币单位(Asian Currency Unit,ACU)建立初期的那样;或者取消资金从境内流出的限制,允许在岸账户资金向离岸账户流动,但禁止通过离岸账户向境内机构或实体发放贷款,如日本开设了离岸金融市场;或者允许离岸账户与在岸账户之间相互渗透,即居民可以用离岸账户投资,也可以用在岸账户获得贷款,如新加坡政府正式批准美洲银行新加坡分行设立亚洲货币单位,经营亚洲美元那样。我国的自由贸易账户(Free Trade账户,简称FT账户)体系下的离岸金融活动与在岸金融活动,就是对渗透型离岸金融市场的再一次试验。

(四)避税港型离岸金融市场

该类型的离岸金融市场是指通常不在离岸金融中心设立经营实体,实际业务仍在母国进行,只是通过注册的机构在避税港型的岛屿国家或地区的金融机构账簿上记录金融交易,以达到享受该地区税收优惠的目的。它是经济全球化和自由化的产物,为资本摆脱国家管制而形成自由资本提供平台。这种模式是国际商业银行等机构为了避税并享受市场提供的优惠条件,在"避税天堂"的岛屿国家的某一城市设立机构,在其账户上处理境外交易,作为记账结算中心,也称为"账面上的离岸金融市场"。这类离岸金融市场一般是设立在群岛的离岸金融市场,如开曼群岛、百慕大、泽西群岛等。这类离岸金融市场一般只有簿记功能,而没有实质性的业务,所以又被称为"避税型"离岸金融市场。这类离岸金融市场可以减少银行的利润税等,且这些岛屿国家(地区)开办的离岸银行的成本与费用也远较伦敦等国际金融中心更低。

三、离岸金融市场的作用

离岸金融市场能够有效推动经济的全球化发展,其作用主要表现为:

（1）离岸金融市场能在国际范围内聚集大量资金，并且可以把这些资金直接用于各国最亟须的地区和领域，以此来满足这些急缺资金的国家的经济发展和开展国际贸易的需要，有力地推动了生产与资本的国际化。

（2）离岸金融市场的发展又助推了跨国公司的兴起，为跨国公司在国与国间进行资金存储与借贷、资本的频繁调动创造了条件，促进了跨国公司经营资本的循环与周转，由此推动了世界经济全球化的巨大发展。

（3）离岸金融市场能够为促进世界经济的发展提供充足的资金。离岸金融市场往往是全球资金的集散中心，亟须资金的国家可以充分利用这一国际性的公共资金池，获得发展本国经济亟须的大量资金。这对过去在开展本国经济活动时很难获得国际市场的资金的这些国家来说，只要能支付在离岸金融市场上筹措资金的利息，就能获得离岸金融市场上大量稳定的长期资金来推动本国的经济发展。

（4）离岸金融市场的蓬勃发展直接促进了欧洲货币市场在更高水平上的发展，这恰巧给了当时欧洲最缺资金的国家一个难得的历史机遇，有力地支持了如联邦德国、荷兰等国经济的快速发展。同时，亚洲美元市场也对亚太地区的经济建设起到了极大的推动作用，也给当时的日本、新加坡等国家和香港地区的经济发展注入了大量的紧缺资金，很好地满足了这些国家和地区在经济腾飞时对资金的巨大需求。

（5）离岸金融市场也给大多数发展中国家提供了难得的发展机会，这是因为发展中国家充分利用了离岸金融市场的资金，为本国的经济发展打了一支特效的"强心剂"。

（6）离岸金融市场能够较好地改善各国的国际收支状况。离岸金融市场的产生与发展，为国际收支逆差国提供了一条调节国际收支的渠道，即逆差国可到离岸金融市场上举债或筹资，在更灵活地规划本国经济发展的同时，还能有效解决在离岸金融市场的大量举债从而导致本国国际收支严重失衡的巨大风险。

（7）离岸金融市场能够加速引导国际资本的无边界自由流动。离岸金融市场便利、自由的环境，能够吸引更多的国际资本参与到离岸金融活动中来，以实现这些国际资本对资金的安全性、流动性和营利性的更好平衡。

作者感悟 5

实事求是地说，虽然我算是中国离岸金融的实务工作者和理论研究者，但我也是一直到 2008 年美国次贷危机后，才开始真正地了解离岸金融业务。随着我从事的离岸银行业务越来越多，特别是与香港的保险公司、我国内地大型证券公司在香港的全资子公司，以及与到香港发行和购买美元债券的机构及企业的接触越来越多，我才真正了解了离岸金融内涵的多样性。

四、离岸金融市场的参与主体

离岸金融市场的参与主体是指参与离岸金融市场开展业务活动的经济主体，包括商业银行、非银行金融机构（证券公司、保险公司、基金公司等）、公司、政府部门、国际性组织、中介机构、以非居民为主的个人等。

(一)商业银行

离岸金融市场以银行间市场交易为主,80%以上是银行间同业往来业务,大批商业银行在全球各大国际金融中心开设了分支机构,这些分支机构遵循当地特殊的法律与管理规定,办理离岸存贷款业务和其他离岸金融业务。这些商业银行既是资金的供应者,又是资金的需求者。

离岸金融市场中的商业银行的服务内容主要是围绕银行离岸账户和非居民账户开展的,其业务以银行间短期资金交易为主。

离岸银行大规模的资金筹集与运用,使国际离岸金融市场连为一体,为跨国界筹集资金提供了极大的便利。

(二)非银行金融机构

非银行金融机构包括保险公司、证券公司、基金公司、金融租赁公司、信托公司和财务公司等。

证券公司通常较为活跃,其常见的离岸业务包括发行及交易离岸证券、离岸债券等。

信托公司也是离岸金融市场的主要组成部分,在加勒比地区的巴哈马、地中海的塞浦路斯等离岸金融中心,还专门制定了相关的信托法规,如巴哈马的《1989年信托法》和塞浦路斯的《国际信托法》等。

(三)非居民企业

非居民企业是离岸金融市场重要的资金提供者和需求者。从离岸金融的角度,非居民企业主要包括国内"走出去"企业和纯粹的境外企业。"走出去"企业主要是国内企业为发展境外投资、融资、贸易、建厂、对外承包工程等目的在境外设立的分支机构、控股平台、投融资平台或贸易平台等。境外企业一般是与本国企业有商业往来或潜在合作意向的企业,它们也是离岸金融的重要参与者。

大型的跨国企业也是离岸金融市场的主要参与者。跨国企业是指对在一个以上国家的增值财产拥有全部或部分所有权,并进行控制和管理的公司。跨国公司有两个法律特征:一是集合体,依照两个以上国家(地区)法律组建或有固定经营场所;二是内部成员之间以国际关联的形式联结起来。跨国企业利用其全球化经营的优势,一般会将其总部与资金运营中心相分离,将资金运营中心设置在卢森堡、中国香港、新加坡等离岸金融中心内,而其投融资活动也常常是通过离岸金融市场完成的。

(四)各国政府

各国政府是离岸金融市场的重要参与者,其参与离岸金融市场的活跃程度依据其经济、财政和国际收支状况而有所不同。

各国中央银行是离岸金融市场的主要参与者之一。一是中央银行会在离岸金融市场进行交易外汇以调剂外汇储备的盈缺;二是通过公开市场操作来调节汇率、利率等。

部分国家的财政部以及基础建设的职能部门(如电力部、交通运输部等),也会在离岸金融市场上融资,以完成本国的财政收支计划、基础设施建设等。

(五)国际性组织

全球性及区域性的国际组织,如世界银行、经济合作与发展组织、亚洲开发银行等,也经常参与离岸金融市场活动。

世界银行、欧洲投资银行以及欧共体的某些机构等,都是离岸金融市场的重要借款人或融资协调人。

(六)中介机构

离岸金融市场的中介机构分为两类：一类是直接从事离岸金融资金交易的金融中介机构，另一类是从事离岸金融交易所需要的配套服务的市场中介机构。

金融中介机构对离岸金融的发展起着十分重要的作用，它起着催化剂和黏合剂的作用。金融中介机构从有资金盈余的金融机构或企业手中借入资金，之后再将这些资金放贷给其他金融机构或企业。通过金融中介机构进行的间接融资过程一般称为"金融中介化"，这是实现资金在借贷双方转移的主要途径。金融中介机构包括存款机构、商业银行、保险公司、信用社、互助储蓄银行、人寿保险公司、养老基金、政府基金、财务公司、资产管理公司、共同基金和货币市场等。

市场中介机构主要是为离岸金融活动提供公司注册、年检、法律咨询、尽职调查、会计审计等配套支持服务，参与主体包括会计师事务所、律师事务所、咨询顾问公司、审计师事务所和数据处理公司等。

在离岸金融活动发展过程中，金融中介机构和市场中介机构有着密切的合作关系。如商业银行会将有"走出去"意向的企业，推介给负责离岸公司注册的中介公司；商业银行将部分非主营但专业性很强的业务外包给有关中介公司，先是会计和法律事务，后是非资本性的表外业务。

离岸金融的中介机构还有一个重大的贡献，就是能够配合离岸金融的参与方进行有效的风险控制。他们通过产品设计、资源调配，能以较低的交易成本来降低投资者的风险及资产收益的不确定性。

(七)非居民个人

随着投资多元化和个人财富的急剧增长，许多国家与地区的富人阶层出现了避税、移民、财富增值、家族传承的需求，他们通过参与离岸金融市场来满足相关需求。随着离岸金融市场上金融工具的品种日益增多、灵活性增强，个人参与离岸金融市场的积极性及参与度也有了较大提高。

五、离岸金融市场迅速发展的主要原因

(一)离岸金融市场是一个能够自由吸纳和调配国际范围内剩余资本和资金的场所

离岸金融市场是一个高度自由化和国际化的金融市场，其中的资金流动和交易活动行为一般不受离岸金融市场参与各方所在国(地区)的金融法规及监管管制。由于离岸金融市场上的交易行为是完全市场化的，因此参与双方只要有意愿，理论上可以完全不论这种市场交易的资金量大小、期限长短和交易品种等条件，都可以通过离岸金融市场进行交易。

理论上，离岸金融市场上并没有一套需要参与各方必须完全遵照执行的价格体系，参与方可以选择固定利率，也可以在浮动利率中选择伦敦同业拆借利率(London Inter Bank Offered Rate，LIBOR)或者其他利率基准进行定价。但在伦敦，同业拆借利率已经开始逐渐退出历史舞台，新的可供离岸金融市场参考的基准利率体系正在全球范围内探索和建立，更使得在离岸金融市场上资金的价格体系可以完全不必参照任何标准来制定。尽管如此，离岸金融市场的参与方也必须按照风险控制能力、资金来源的成本、资金使用期限所必须考虑的风险溢价等综合因素，根据每笔离岸金融业务的资金情况来设定离岸金融市场的资金价

格。这种完全按照市场情况和业务风险来确定资金价格的方式,因更契合离岸金融市场的特点,从而更能助推离岸金融市场的快速发展。

(二)离岸金融市场内开展金融业务的成本较低

离岸金融市场的所有资金价格是完全按照国际市场的供需关系,由参与各方自行商议来定价的。由于开展离岸金融所使用的各种资源在世界范围内都更有竞争力,因而离岸金融参与方自然而然地会将成本最低、性价比最优作为主要考虑因素。这也从离岸银行相对于在岸银行而言,机构或企业的存款利息收入较高、贷款利率较低这一现象中再次得到了验证。

由于离岸银行不实行存款准备金制度,这使得离岸银行的经营成本远低于在岸银行。此外,开展离岸金融的各国(地区)普遍推出特殊的税收优惠政策,吸引着世界上众多国家(地区)的机构或企业把相关金融业务转移到离岸金融市场上。

(三)商业银行日益强大的经营能力

离岸金融市场迅速发展,主要得益于开展离岸金融业务的各国商业银行本身就有强大的离岸银行经营能力,这种能力是确保离岸金融市场正常运行、蓬勃发展的关键原因。这也从我国离岸金融是从离岸银行起步,并在我国快速发展中再次得到了验证。

作者感悟 6

我是通过一次偶然机会才了解中介公司对离岸金融的促进作用的。一个偶然机会,我结识了一位朋友,他是香港市场上的资金掮客,有着非比寻常的信息和客户资源。有一次,他直接打电话给我,说他帮我们联系到一家香港保险公司购买我们某个客户准备发行的美元债券,这对于我们当然是大好事,聊着聊着,我才明白金融中介公司的大能耐和他能赚钱的真正原因。

六、国际金融市场与离岸金融市场的区别

从概念和性质等维度来分析国际金融市场和离岸金融市场,我们不难得出一个结论:国际金融市场的外延要大于离岸金融市场,离岸金融市场仅仅是国际金融市场的组成部分。

从本质来看,国际金融市场是一个跨越国境的市场,包含市场所在国的国内市场和国际市场两个部分。要特别提醒的是:一是国际金融市场经营的既有市场所在国的货币,也可以包含国际金融市场参与方能够接受的其他国家的货币。二是国际金融市场既要接受市场所在国(地区)的监管,也要接受市场参与方国家(地区)的监管,还要接受市场所使用货币所在国的监管。

从离岸金融市场与国际金融市场的交易行为来看,传统国际金融市场的交易行为一般发生在本国机构和企业与外国机构和企业之间。而离岸金融市场的交易行为既是在外国机构和企业之间,也是在本国机构和企业与外国机构和企业之间(前提是该离岸金融市场所在国允许本国居民企业直接参与离岸金融活动,如英国伦敦等),还可以是本国的非居民机构和企业与外国的机构和企业之间。

七、关于离岸金融市场中"国际惯例"的理解

离岸金融活动一般是按照国际惯例开展的,这是为了区别离岸金融活动与在岸金融活动的不同开展方式及监管要求。例如,我国《离岸银行业务管理办法》中就明确要求"银行应当参照国际惯例为客户提供服务"。

国际惯例是指在国际交往中逐渐形成的不成文的原则和规则。具体来说,国际惯例一般指那些未经法律规范的,但经过众多国与国间的实际案例证明,且被市场活动参与方普遍接受或视作惯例执行的习惯做法或常例。例如,国际贸易中作为国际惯例使用的 UCP 和 ISBP 等文件。[①] 一般来说,构成国际惯例须具备两个因素:一是物质因素,即有可重复的类似行为;二是心理因素,即人们普遍认为有约束力。因此,国际惯例一般要经过相当长的时间才能逐步形成和被普遍接受。

国际惯例具有如下特点:一是国际惯例源于国际交往的实践活动,是在长期反复实践中逐步形成的某一特定领域内的习惯性做法或通行案例,一般不具有严格的约束力。二是这种习惯性做法或通行案例是在各国法律所许可的范围内,经由参与各方在实践中发展起来和得到普遍认可的。三是国际惯例是跟随国际交往的实践活动不断变化而变化的。随着世界经济活动的蓬勃兴起、科技手段的不断完善和社会伦理的不断发展,原有的国际惯例也会进行事实上的调整和有机完善,在国际交往实践中得到充分认可后形成新的国际惯例。

举例来说,传统上的离岸贸易是非居民在一国开展的跨境贸易活动。这个跨境贸易活动的信息流是在该国得到留存和传送的,而资金流和货物流则是完全在该国以外、完全不进入该国任何机构的。但是随着新型离岸国际贸易的不断发展,特别是我国率先承认这种信息流、资金流和货物流都可能全部或部分进入我国的跨境贸易业务属于离岸贸易的组成部分,则已被全世界逐渐公认为是"离岸贸易"。这充分说明了国际惯例是会随着跨境贸易活动的实践变化而变化的。

八、我国建立离岸金融市场的困难和对策

(一)我国建立离岸金融市场的困难

从目前看,我国离岸金融市场的建立仍面临着很大的困难与障碍。

1. 我国建设离岸金融市场面临困难的原因

(1)离岸金融市场的建立是把"双刃剑",我国政府对此仍持谨慎态度。不可否认的是,半个世纪以来,世界上许多离岸金融中心在促进国际资本的流动、推动国家的金融管理体制改革,乃至全世界资本流动模式的发展演变等方面都扮演了非常重要的角色。但是,这些离岸金融中心的快速发展,客观上给我国带来了相当大的负面影响和潜在风险。离岸金融中心一度成为腐败分子、不法商人侵吞及转移国有资产和公众财产的有效途径,成为中国资本外逃的"中转站"。借道离岸金融中心,不法企业可以通过虚增资产和虚增经营业绩进行欺诈,外资企业可以转嫁金融风险。此外,离岸金融活动还对人民币汇率制度和货币政策的运

[①] 跟单信用证统一惯例(Uniform Customs and Practice for Documentary Credits,UCP),关于审核跟单信用证项下单据的国际标准银行实务(International Standard Banking Practice for the Examination of Documents under Documentary Credits,ISBP)。UCP 和 ISBP 均由国际商会起草制定,是国际贸易项下针对跟单信用证业务的国际惯例。

作产生了较大压力。加上我国的金融业走上国际舞台的时间较短、缺乏经验,我国政府从金融体系的安全考虑,对建立离岸金融市场仍持谨慎态度。

(2)我国离岸金融的政策法规方面还不够成熟。开展离岸银行业务需要有相关法规的配合和支持,我国比较正式的法规主要有中国人民银行1997年10月颁布的《离岸银行业务管理办法》,以及国家外汇管理局1998年5月配套制定的《离岸银行业务管理办法实施细则》。这些法规对离岸银行业务应具备的条件、申报程序、经营范围、账户管理及风险控制等做出了规定,但在发展离岸银行业务所需的银行信息保密等方面还缺乏完备的法规和政策支持。

(3)离岸金融业务迅速发展的一个很重要的原因是离岸中心所在地的税收优惠。但我国仍属于高税收国家,如在税种上,我国依然广泛征收直接税;在税率上,离岸业务与在岸业务并没有太大区别,这对我国离岸金融市场的发展产生了不利影响。

(4)现有的离岸金融业务还有很大局限性。我国离岸金融业务局限于离岸银行的存贷款及结算业务,产品单一、人才匮乏,服务能力较为不足,限制了我国离岸金融的发展速度。从服务对象看,我国离岸金融客户群体比较单一,主要为港澳地区企业和海外的中资企业,其中90%左右的客户集中在香港地区,欧美经济发达地区的客户太少。

2. 我国建设离岸金融市场必须具备的条件

一个国家要建设离岸金融市场的前提条件,并非一定要像美国、英国和日本那样的已是非常发达的国家。按照我们对国际上比较成功的离岸金融市场的分析研究,实际上很多离岸金融市场所在国都是原来经济比较落后、自然资源比较缺乏、工业基础薄弱、人口较少的国家,如毛里求斯、开曼群岛、百慕大等岛屿国家(地区)。这就充分说明一点,我国要建设离岸金融市场,确实需要一定的经济基础,但是更加重要的是需要坚定的决心、坚韧的意志、宽广的思维和特殊的政策。

3. 我国建设离岸金融市场需要解决的问题

(1)需要制定吸引金融机构开办离岸金融业务的配套监管政策,这是非常重要的前提。如降低对设立离岸金融机构的准入要求,放宽离岸银行展业的限制条件,创造宽松的金融监管环境,逐步放开跨境资本的自由流动等。

(2)在全球实行15%最低税率的情况下,我国也要适时推出更为优惠的税收政策。如完全豁免预提税,减免所得税、利得税和印花税等。

(3)我国需要加强金融基础设施建设,吸引更多的金融机构到我国开展业务,培养更多的离岸金融行业的专业从业人员,为非居民提供更多样化、更高效率的金融服务。

(4)我国办理离岸金融业务的机构应配置稳定、可靠、先进的国际通信设备,能够具有稳定可靠连接全球的国际金融市场网络和软件。

(5)我国各级政府和监管部门,特别是想要发展离岸金融业务的各地政府应该要了解离岸金融的相关知识,并具有开放和支持的态度。

(6)我国要有建设离岸金融市场所必需的金融法律制度,并能够最大限度地保护离岸金融市场参与各方的切身利益。

(7)我国要为办理离岸金融业务的金融机构提供国际前沿的反洗钱支持,充分保障离岸金融市场参与方的商业秘密。

4. 我国建设离岸金融市场参与方的主体资格

我国要明确离岸金融参与方的主体资格。这里主要指参与离岸金融业务的主体的准入资格认定问题。目前,我国的居民企业也可以有条件地开立离岸银行账户。因此,除了非居民以外,我国的居民企业也应是离岸金融的参与方。我们建议监管部门应明确我国的居民企业(含个人独资企业)也是离岸金融的参与方,同时明确居民企业开展离岸金融业务具体需要具备何种条件。此外,还建议我国的监管部门应允许我国具有外汇业务资格的商业银行也可以是离岸金融业务的参与方,同时为确保我国的离岸金融业务在安全、可靠和风险可控的前提下办理,就必须要求这些商业银行也必须坚持"三个分离"的原则,即坚持"离岸账户和在岸账户的分离""办理离岸金融业务的系统与办理在岸金融业务的系统必须分离"和"办理离岸金融业务的人员与办理在岸金融业务的人员必须分离";要求开办离岸金融业务的商业银行的资本充足率必须始终高于标准,建立完善的内控制度、最高标准的人员要求等。此外,建议由监管部门和行业团体对申请办理离岸金融业务的商业银行进行定期检查,对办理离岸金融业务的人员进行定期培训和评估,以确保商业银行始终以"安全、可靠"为准则办理离岸金融业务。

按照我国离岸金融的监管规定,目前我国只开展了离岸银行业务。我国离岸银行的参与方主要有两类:一类是经过我国监管部门批准的招商银行、平安银行、交通银行和浦东发展银行四家离岸银行,另一类是参与离岸银行业务的非居民。

按照1997年中国人民银行制定的《离岸银行业务管理办法》的规定,能够参与离岸银行业务的非居民是指在境外(含港澳台地区)的自然人、法人(含在境外注册的中国境外投资企业)、政府机构、国际组织及其他经济组织,包括中资金融机构的海外分支机构,但不包括境内机构的境外代表机构和办事机构。

(二)我国建立离岸金融市场的对策

为了促进上海浦东新区的经济发展,国家外汇管理局出台了《关于推动浦东新区跨国公司外汇管理改革试点有关问题的批复》(汇复〔2005〕300号),其中第二条规定:同意在浦东新区设立财务中心或者资金中心的跨国公司在境内银行开立离岸账户用于集中管理境外成员公司的外汇资金。参加试点的跨国公司和银行应当制定内部管理制度和操作规程,做好对资金收付的有效管理。离岸账户收入范围为境外成员公司汇入的外汇资金和境内成员公司经外汇局批准用于境外放款的外汇资金;支出范围为向境外成员公司汇款。跨国公司利用离岸账户吸收的境外成员公司的资金,应当纳入外债统计。境内成员公司不得将离岸账户资金调入境内使用,对离岸账户向境内其他账户汇入资金,视同从境外汇入资金管理。境内银行吸收境外存款所涉外汇管理事宜,总局另行规定。该文件是我国监管部门首次有条件地允许在我国注册成立的居民企业开立离岸账户,这在当时无疑具有革命性和划时代的重大意义。当时交通银行离岸中心为注册在上海浦东新区的某跨国公司,开立了我国第一个居民企业的离岸银行账户。

随着我国经济的高速发展,特别是我国出口贸易的快速增长导致我国的外汇储备迅速增加,我国政府产生了"藏汇于民"的想法,并由我国外汇管理局于2010年出台了《货物贸易出口收入存放境外管理暂行办法》(汇发〔2010〕67号)。该办法的第二条规定:境内企业可依据本办法将具有真实、合法交易背景的货物贸易出口收入存放境外(含港澳台地区)。第五条规定:境内企业开立用于存放出口收入的境外账户(以下简称"境外账户")前,应当选定境外开户行,与其签订《账户收支信息报送协议》,并到所在地国家外汇管理局分支局办理开户登记。第十一条规定:境外账户的收入范围包括出口收入、账户资金孳息、外汇管理局批准的其他收入;支出范围包括:货物贸易项下支出,境外承包工程、佣金、运保费项下的费用支出,与境外账户相关的境外银行费用支出,经外汇管理局核准或登记的资本项目支出,调回境内,符合国家外汇管理局规定的其他支出。第二十条规定:依法取得离岸银行业务经营资格的境内银行离岸业务部视同境外银行,适用本办法。该文件再次明确了境内居民企业可以有条件地开立离岸账户。尽管汇发〔2010〕67号文已废止,但原来居民企业已开立的OSA账户仍可以继续使用。

随着我国服务贸易规模的不断增加,国家外汇管理局出台了《国家外汇管理局关于印发服务贸易外汇管理法规的通知》(汇发〔2013〕30号),其中附件二"服务贸易外汇管理指引实施细则"的第十五条规定,境内机构服务贸易外汇收入存放境外应当具备下列条件:具有服务贸易外汇收入且在境外有持续的支付结算需求;近两年无违反外汇管理规定行为;具有完备的存放境外内部管理制度;从事与货物贸易有关的服务贸易;境内企业集团存放境外且实行集中收付的,其境内外汇资金应已实行集中运营管理;外汇管理局规定的其他条件。境内企业集团实行集中收付的,可指定一家境内成员企业(包括财务公司)作为主办企业,负责对所有参与存放境外业务的境内成员企业的境外服务贸易外汇收入实行集中收付。第十六条规定:境内机构存放境外,应开立存放境外外汇账户(以下简称"境外存放账户")。境内机构存放境外资金规模,即境外存放账户的账户余额,不得高于其上年度服务贸易外汇收入总规模的50%;境内企业集团存放境外资金规模,即主办企业境外存放账户的账户余额,不得高于其所有境内成员企业上年度服务贸易外汇收入总规模的50%。第十七条规定:境外存放账户的收入范围包括服务贸易收入,以及经外汇管理局批准的其他收入;支出范围包括经常项目支出、调回境内,以及符合外汇管理局规定的其他支出。汇发〔2013〕30号文目前也已废止,但原来居民企业已开立的OSA账户也仍然可以继续使用。

"三个分离"原则中"离岸账户和在岸账户的分离"是指在岸外汇的资金不能与离岸的资金相互混用和抵补。按照《离岸银行业务管理办法》第二十七条以及《离岸银行业务管理办法实施细则》第十五条的规定,离岸银行的资金与在岸银行的外汇资金是完全可以相互抵补的,但不得超过上年离岸总资产月平均余额的10%。但在2002年《中国人民银行关于深圳发展银行开办离岸银行业务的批复》中,却明确不允许离岸头寸与在岸头寸相抵(特别注明:这里所述的离岸银行资金,即头寸)。但这个规定只是中国人民银行对深圳发展银行办理离岸银行业务的规定,这是基于深圳发展银行的经营情况而做出的特别规定,并不代表中国人民银行对离岸头寸与在岸头寸抵补的规定上有了变化。事实上,深圳招商银行对离岸头寸与在岸头寸的抵补,是一直在监管规定的范围内进行的。

九、我国离岸金融业务的监管问题

我国离岸金融业务是从离岸银行业务起步的,我国离岸银行业务是在相对宽松的监管制度下起步的,这也是我国的离岸金融在遭遇1997年亚洲金融危机时出现了极大的风险,几乎使得刚刚起步不久的离岸银行业务陷入"灭顶之灾"的原因之一。因此,我们要明确地指出,我国离岸金融的健康发展离不开有力和完善的监管制度。此外,由于离岸金融具有更广泛的国际参与性,被称为真正意义上的国际金融,离岸金融业务具有高度的风险性,更需要办理离岸金融业务的金融机构以更加严肃的态度在严格的监管制度下小心谨慎地办理各类离岸金融业务。目前,我国的离岸监管仍存在一些问题,这制约着我国离岸金融长远和稳健的发展。

(一)必须尽快修改、完善我国离岸金融监管规定

从我们掌握的资料来看,我国监管部门制定的对离岸金融的监管文件只有两个,即1997年中国人民银行制定的《离岸银行业务管理办法》和1998年国家外汇管理局制定的《离岸银行业务管理办法实施细则》。其他与离岸金融有部分关联的监管规定包括:国务院于1996年1月29日发布并于2008年8月1日修订的《中华人民共和国外汇管理条例》、中国银监会于2015年6月5日公布的《中资商业银行行政许可事项实施办法》、中国银监会于2006年1月12日公布的《合作金融机构行政许可事项实施办法》。可以看出,我国离岸金融的两个文件制定时间已较为久远,且其中并无修订与完善的过程,这些过时的制度与实际业务之间存在着较大的脱节。因此,建议由中国人民银行牵头,尽快对《离岸银行业务管理办法》和《离岸银行业务管理办法实施细则》进行修改,并对其他与离岸金融有关的政策制度进行同步的更新。

(二)建议放宽我国离岸银行的准入条件

根据离岸银行发展的历史脉络,中国人民银行于2002年6月批准我国的四家银行开办离岸银行业务,而中国银监会(现称"国家金融监督管理总局")成立于2003年4月25日。国家金融监督管理总局的职责包括依法依规对银行业和保险业机构及其业务范围实行准入管理,因此对金融机构开办离岸金融业务的准入无疑是国家金融监督管理总局的重要职责。鉴于我国离岸金融发展较为平稳,国家进一步扩大开放的需求与日俱增,建议由国家金融监督管理总局研究考虑放宽对我国离岸银行的准入条件,增加离岸银行持牌机构的数量。

(三)加强离岸金融监管的国际合作

建议加强同离岸货币发行国、离岸银行所属国、投资者母国和筹资者母国在信息披露、经验交流、监管措施协调方面的合作,共同维护离岸金融市场的稳定。积极借鉴他国的监管经验,努力营造离岸金融市场良好发展的法治环境。

十、我国亟须培养大量的离岸金融人才

我国离岸金融从业者的人员数量和质量不尽如人意。由于我国离岸金融只开展了离岸银行业务,而且目前仅四家银行获批开展离岸银行业务,真正从事离岸银行业务的人员合计不超过200人,在这200人中还有部分人员仅是操作人员或支持保障人员,对于离岸金融知识了解有限。

我国缺乏对离岸金融的理论研究。目前,国内开展的离岸金融的理论和实务方面的研究相当有限。这其中仅有少数专家学者自发地开展了理论研究并取得了突出的研究成果,如连平的《离岸金融研究》、罗国强的《离岸金融法研究》、巴曙松的《离岸金融市场发展研究——国际趋势与中国路径》和景建国的《离岸银行业务精析》等。

我国高校尚未建立离岸金融人才的培养体系。我们仔细梳理了我国综合性大学的课程,发现基本上没有形成离岸金融或离岸银行的相关课程体系,目前仅有包括上海财经大学在内的少数高等院校开设了离岸金融的相关课程。

我国要推动离岸金融中心建设、开设更多的离岸金融机构,就亟须培养大量的离岸金融人才。具备离岸金融知识和实务能力的高素质金融人才,将对我国相关省市建设离岸金融中心

起到关键的促进作用。对当前我国在上海、深圳建设离岸金融中心的情况进行分析，我国缺乏大量具备初步离岸银行业务知识和实务能力的从业人员，更不要说具有从事离岸金融业务（如离岸保险、离岸租赁、离岸证券、离岸信托、离岸基金、离岸债券）的高端专业人才了。

我们提出如下办法来解决我国离岸金融人才紧缺的问题：一是要在国家外汇管理局的指导下，由银行业、保险业、证券业、租赁业、信托业、基金业等行业协会，制订出有关离岸金融的培训计划。二是由四家离岸银行协助制订有关离岸银行的培训计划，并授权四家离岸银行采用"分片包区"的方式对准备开办离岸银行业务的商业银行员工进行培训，建议这些商业银行挑选出具有国际业务和市场营销工作经历的人员参加离岸银行业务的培训。三是由国家外汇管理局和其他相关行业协会，制订本行业的离岸业务的培训计划，邀请国内外具有离岸业务经验的专家型人才作为授课老师，由相关金融机构挑选出具有国际业务和市场营销工作经历的人员参加培训。四是要鼓励和支持更多的国内学者开展对离岸金融的研究，并由我国政府和科研院所出台资助政策。五是我国的高等院校特别是金融类院校要将为本科生开设"离岸银行"课程、为研究生开设"离岸金融"课程作为当务之急。六是要通过"国外名师'请进来'、国内学员'走出去'"的方式，加快离岸金融专业人才队伍的培养。

第七节 离岸金融对我国中央银行货币政策的影响

一、我国中央银行的货币政策

(一)中央银行货币政策的介绍

1. 货币政策的概念

货币政策是指一个主权国家的中央银行为实现其特定的经济目标而采用的各种控制和调节货币供应量和信用量的方针、政策和措施的总称。

货币政策还分为广义货币政策和狭义货币政策。广义货币政策一般是指政府、中央银行或其他有关部门制定的所有货币方面的规定和所采取的能够控制或影响金融变量的政策和措施。狭义货币政策一般是指中央银行为实现阶段性的经济发展目标而采用的各种控制和调节货币供应量或信用货币供应量的政策和措施(包括该国的信贷政策、利率政策和外汇政策等)。

广义货币政策和狭义货币政策的不同点，主要体现在：一是广义货币政策是中央银行按照监管理念和经济形势的变化趋势，主动调整金融机构的贴现率、准备金率、公开市场操作等，从而达到改变该国的存贷款利率和货币供给量的目标。二是狭义货币政策是中央银行和其他政府部门按照一个时间段内的经济发展指标和现实情况下经济发展的过热或萎缩情况，适时改变投资发展方向、信贷发放的规模和其他政策工具的使用频度。

2. 货币政策的性质

货币政策的性质实际上就是中央银行控制货币供应总量，以及按照货币、产出和通货膨胀三者之间的相互关系和影响来制定最符合该国当下的最佳货币政策。货币政策总是随着经济发展的现状、通货膨胀率、主要大宗商品价格的变化趋势以及对民众影响最大的商品（特别是食品等消费品）价格变化的趋势而调整。

3. 货币政策的调节对象

货币政策的调节对象就是该国的货币供应总量,而货币供应总量主要体现在全社会总购买力上,具体表现在各种流通中的现金和个人、企事业单位及机构在银行的存款。

(二)我国中央银行货币政策的介绍

进入 2022 年后,我国中央政府明确了要实施积极的财政政策和稳健的货币政策。在当前经济形势下,我国的积极财政政策就是要保证财政支出强度、加快支出进度,不断推出新的减税降费政策来强化对中小微企业、个体工商户、制造业等机构和企业的支持力度,适度超前开展基础设施投资。我国目前实行的稳健的货币政策是指根据我国的经济形势变化来调整货币政策,从而达到保持物价基本稳定的目标。我国执行稳健的货币政策的手段是简单而实用的:每当我国经济出现衰退迹象时,我国的货币政策偏向宽松来达到扩张的效果;每当我国经济出现过热时,我国的货币政策偏向紧缩来达到压低经济过热的效果。

我国最近三年的宏观经济形势并不乐观,主要是受到世界经济形势和俄乌战争及新冠疫情的影响,加上我国经济一直处于高速发展期,因而既要面临国际经济形势向下趋势的挤压,又要始终保持中高速发展速度不下降,这实际上是很难达到的经济发展目标。因此,我国货币政策要保持稳健中性,2022 年广义货币 M2 和社会融资规模余额预期增长均为 12% 左右,还要综合运用好各种货币政策工具,维护市场的流动性基本稳定,合理引导市场利率水平,疏通传导机制,促进金融资源更多流向实体经济,特别是支持"三农"和小微企业。此外,我国在不断推进人民币国际化的进程,就必须要坚持我国人民币的汇率市场化改革方向,保持人民币在全球货币体系中的稳定地位。

二、离岸金融对我国货币政策的影响

(一)离岸金融对我国货币政策的影响途径

目前我国开展的离岸金融业务并未直接影响我国的货币政策。这是因为目前我国离岸金融业务的币种是自由兑换货币,并不包括人民币。此外,我国离岸金融的整体规模不到 5 000 亿元,不足以对我国的货币政策造成显著影响。但我们仍须注意以下几点:一是近年来我国大力发展跨境投融资业务,NRA、FTN 等非居民账户项下的跨境业务迅猛发展,境外融资规模快速增长,如果将此类跨境业务也计算在内,那么可能对货币政策也会产生一定的影响。二是我国新型离岸国际贸易刚刚起步,这种离岸贸易涉及本外币,虽然我们尚无法准确预测这类贸易的规模和带动的结算量会有多大,但以此类业务的发展潜力,未来势必会对我国的货币政策产生影响。

我国离岸金融业务可能影响我国货币政策的途径。随着我国离岸金融业务的规模不断增长、我国金融开放的力度不断增强以及我国离岸金融的监管政策不断与国际接轨,我国离岸金融业务未来势必会影响我国货币政策的制定和效果。

我们认为,目前我国离岸金融业务对我国货币政策的影响主要有以下几条途径:一是我国离岸金融业务所产生的资金结余是可以通过投资这个渠道进入我国的,如通过合格的境外机构投资者(Qualified Foreign Institutional Investor,QFII)、合格境外有限合伙人(Qualified Foreign Limited Partner,QFLP)、外国直接投资(Foreign Direcl Investment,FDI)等渠道直接将这些自由兑换货币的资金合法进入到我国,一旦这些自由兑换货币结汇成人民币使用,就会增加我国金融市场人民币投放量,进而影响我国货币市场人民币交易量,最终会影响我国货币政策的效果。二是如果用我国离岸金融业务所产生的资金结余直接购买我国各种产品,那么这些产品的出口商就会自由兑换货币,并将其结汇成人民币,这就等同于增加了我国基础货币的投放量和我国货币市场的本外币兑换的交易量,进而影响我国货币政策的效果。三是如果我国"走出去"企业开展离岸金融业务所产生的大量本外币资金结余按照我国跨国公司资金集中管理的方式操作,这些境外公司的境内母公司就可以通过跨国公司资金集中管理这个渠道,将境外子公司的本外币资金合法合规地转移到我国境内,这也会增加我国基础货币的投放量,进而影响到我国货币政策的效果。

(二)提前做好离岸金融对我国货币政策影响的应对准备

(1)我国的离岸金融不仅要放开对人民币的限制,而且要鼓励离岸金融业务的各参与方更多地使用人民币。比如,我们要研究能否将离岸金融用在目前的热点——原油交易上。众所周知,目前国际市场上的原油交易无论是在纽约商业交易所(The New York Mercantile Exchange,NYMEX)通过公开竞价交易上市的原油,还是英国伦敦商品期货市场中交易的布伦特原油,都采用美元来定价。沙特等中东产油国向美国出售石油后,这些国家用出售石油换到的美元来购买美国国债,美元又回流到美国,从而实现美元的大循环。我国也是同样的操作模式,国内企业出口商品后收到美元,企业将收到的美元结汇成人民币来使用,此时这些美元就成为我国的外汇储备,而目前我国外汇储备中不少美元都通过购买美国国债又回流到美国。因此,我们强烈呼吁我国监管部门一定要尽快修改《离岸银行业务管理办法》,明确人民币也是离岸银行的结算货币。同时,要增加我国在与其他亚洲国家、非洲国家及俄罗斯等合作伙伴开展大宗商品贸易时使用人民币结算的比例。首先,鼓励这些国家出售大宗商品而获得的人民币资金从中国购买产品,这样既能达到我国商品出口数量的大幅增加,又能促进这些国家将人民币回流到我国。其次,也要鼓励这些国家将人民币收入在欧洲、中东或美国等进行投资与消费,主动创造人民币投资与消费渠道。这样就能更好地推动我国人民币的国际化。

(2)我们要开通更多的离岸人民币的回流渠道,来抵御对我国货币政策的负面影响。在我国目前已有多种离岸人民币回流渠道的同时,我国还要充分利用好现有的自贸试验区和自由贸易港(以下简称"自贸港"),允许境外机构和企业在我国的自贸试验区和自贸港内直接用人民币来购房、投资证券、收购股权以及开展各项经营活动,允许这些境外机构和企业在获得资本性的收入以后可以自由地将收益以人民币形式或购汇成外币返回其境外母国或实际经营地。鼓励在自贸试验区和自贸港内发行离岸人民币债券,由于离岸人民币债券的收益率较好,人民币债券市场可以吸引更多的境外投资者。同时,离岸金融机构还可以提供其他的离岸金融服务。

(3)降低离岸人民币业务对我国货币政策可能的负面影响。建议做好如下工作:一是建立离岸人民币的发行机制,即要建立由我国政府主导、国内外金融机构共同推动的人民币国际化途径,以便我国政府在境外人民币汇率波动时能进行直接干预。二是我国"走出去"企业在开展离岸人民币业务时应首选我国金融机构来办理(类似日本企业与日本银行在境内外的长期良好合作关系),这样既能更好地服务于我国"走出去"企业的人民币国际化,又能使这些"走出去"企业得到我国金融机构的高效和优质的服务。三是我国要建立一套离岸人民币的监控体系来监控离岸人民币市场的运作情况,以判断离岸人民币对境内人民币市场的各种影响,并在制定货币政策时将此类因素考虑在内。四是要对国内使用跨国公司资金集中管理的企业进行限额管理。比如跨国公司凡有超过 10 亿美元或 100 亿元人民币资金头寸从境外到境内进行资金集中管理时,均应由境内公司的收款银行向监管部门主动报备,以便监管部门提前做好可能的各种风险防范准备。五是要在我国所有对外商业活动中,引导与鼓励金融机构和企业制定提高人民币在境外的支付比例的时间进度表(即能让更多的国家使用人民币),并由政府部门给予一定的政策支持和物质奖励(类似于政府发展"绿色经济"时对企业实现可持续发展目标后给予奖励的机制)。六是要让持有离岸人民币的国家能够自由、及时、足额地将人民币兑换成该国货币(如启动两国货币互换协议等)和其他自由兑换货币,同时建立离岸人民币保持盈利及控制风险的渠道。七是一旦我国离岸金融的资产规模达到我国广义货币 M2 的 5%时(按照中国人民银行公布的数据,2021 年我国广义货币M2 是 238.29 万亿元,因此我们把离岸金融规模的监控点设置在不到 M2 的 5%以内是恰当和稳妥的),我国就要立即考虑防范离岸金融对我国货币政策的可能影响,因此有必要建立相应的运作机制和搭建一个数据监控平台。这里特别要说明的是:尽管整个世界各国央行都没有全球范围内所开展的离岸金融规模的统计数据,但是出于安全和风险防范的需要,我们还是应该本着做好自己事情的原则,摸清我国离岸金融的底子,这时这个平台建设就显得十分重要和必须了。同时,我们可以将离岸金融的资产规模控制在 M2 的 5%以内,实际上这是与我国经济发展情况、我国广义货币总量、我国离岸金融所处发展阶段及我国对离岸金融风险控制能力紧密相关的,因此 5%应该是动态的,可以按照我国所处发展阶段进行相应调整。

本章小结

本章主要对离岸金融的相关概念进行了解释,包括离岸、母国和东道国、离岸地、离岸业务、离岸税收、离岸市场、国际惯例等概念,并对离岸金融市场的参与主体进行了介绍。本章简述了我国离岸金融业务的发展现状与我国"走出去"企业开展离岸业务的优势,分析了我国建立离岸金融市场的困难和对策。

本章还详细阐释了离岸金融对我国中央银行货币政策的影响途径,提出了发展离岸金融,发挥货币政策更优效果的相关建议。

关键词

离岸　离岸地(离岸中心)　离岸金融中心　离岸公司　离岸业务　离岸税收
离岸金融　国际惯例　货币政策

思考题

1. 简述离岸中心的基本特征。
2. 简述离岸中心的三种类型。

3. 区分离岸中心和离岸金融中心的异同。
4. 简述离岸业务的特点。
5. 简述预提所得税的概念。
6. 举例说明中介机构对离岸金融业务的作用。
7. 如何完善我国离岸金融的监管政策?
8. 什么是"国际惯例"?
9. 简述离岸金融对货币政策的影响。

第二章　离岸金融的分类

学习目的

1. 了解离岸金融的范围
2. 了解离岸保险
3. 了解离岸债券
4. 了解离岸证券
5. 了解离岸信托
6. 了解离岸租赁
7. 了解离岸基金

第一节　离岸金融的范围

一、离岸金融的范围

离岸金融包括离岸银行、离岸证券、离岸保险、离岸债券、离岸基金、离岸租赁、离岸信托等业务。

与离岸金融业务相关联的内容还包括离岸公司、离岸贸易、离岸税收、离岸法律等。

二、离岸银行

由于离岸银行是离岸金融最重要的组成部分，因此本书会有专门章节对离岸银行进行介绍。

第二节　离岸保险

一、离岸保险的概念

离岸保险是指主要为非本国居民或企业提供境外保险服务的一种国际保险。一般采用可自由兑换货币开展业务，且业务受到本国金融法规的管辖较少。

二、离岸保险的主要特征

(一)离岸保险具有离岸属性

离岸属性主要是指保险公司的服务对象为非居民,以及离岸保险使用的货币一般为非本国货币。

(二)离岸保险的监管较为松散

从百慕大、新加坡、中国香港等国际保险中心的形成来看,离岸保险业务的自由度较高,且具有较低税率、较低成本的特征。

(三)离岸保险具有险种丰富,投保灵活等特点

相较国内保险市场,离岸保险的可保险品种十分丰富,且自保业务和再保险业务的比率较高。投保方式上,可以通过柜台或线上等特殊方式投保,更为灵活。

三、离岸保险业务的历史沿革

国际上的离岸保险于20世纪40年代起步,到六七十年代初具规模,经过几十年的发展,已经成为国际金融领域不可或缺的重要组成部分。最早建立离岸保险市场的伦敦、百慕大,以及后起之秀新加坡、中国香港,均已成长为区域性甚至国际性的离岸保险中心。

我国离岸保险业务起步较晚,直到21世纪初期才开始出现。根据公开报道的数据,2013年我国离岸保险保费收入仅约为98亿元人民币。在我国开展离岸保险业务的主要是外资保险公司在国内的分支机构,以及在上海、福建、天津、广东等自贸试验区内设立的保险公司。在自贸试验区内设立的保险公司为当地港口开展的船舶险和货运险的保险服务,都是典型的离岸保险业务。同时,国家金融监督管理总局也积极支持各自贸试验区的保险机构开展境外投资的试点,以及在区内设立外资专业健康保险公司、再保险中心等。

四、开展离岸保险业务对建设国际金融中心的促进作用

我们分析香港国际金融中心的发展历程,不难得出一个结论:香港国际金融中心的发展历程,实际上也是香港国际保险中心的发展历程,两者高度同步且相互促进和激励。

开展离岸保险对建设国际金融中心是十分重要的,主要是因为保险公司开展的财产保险和人寿保险所获得的资金都是金额较大、相对稳定和长期的。一般来说,购买财产保险和人寿保险的企业及个人都非常认可保险的理念:买保险但祈祷不要用到保险。世界范围内保险公司每年会预收大量的保险费,而其保险的赔付比例一般较低,因此保险公司每年有大量的保险资金需要选择投资方向,这些资金是国际金融中心建设过程中的重要资金来源。

五、保险公司是我国经济建设亟须的股权投资的主力军

(一)我国保险资金的使用规定

按照我国银保监会2018年1号文《保险资金运用管理办法》第六条的规定,保险资金的运用限于下列形式:一是银行存款,二是买卖债券、股票、证券投资基金份额等有价证券,三是投资不动产,四是投资股权,五是国务院规定的其他资金运用形式。《保险资金运用管理办法》第十五条规定,保险资金可以投资资产证券化产品。该条所称的"资产证券化产品"是

指金融机构以可特定化的基础资产所产生的现金流为偿付支持,通过结构化等方式进行信用增级,在此基础上发行的金融产品。《保险资金运用管理办法》第十六条规定,保险资金可以投资创业投资基金等私募基金。该条所称的"创业投资基金"是指依法设立并由符合条件的基金管理机构管理,主要投资创业企业普通股或者依法可转换为普通股的优先股、可转换债券等权益的股权投资基金。《保险资金运用管理办法》第十七条规定,保险资金可以投资设立不动产、基础设施、养老等专业保险资产管理机构,专业保险资产管理机构可以设立符合条件的保险私募基金,具体办法由中国银保监会制定。

(二)保险公司已成为国内股权投资的重要力量

国家金融监督管理总局已明确将保险投资资产划分为流动性资产、固定收益类资产、权益类资产、不动产类资产和其他金融资产五大类资产,其中规定权益类资产、不动产类资产、其他金融资产和境外投资余额分别不得超过公司上季末总资产的30%、30%、20%和15%。我国主要的保险公司资产规模均已超过万亿元人民币,因而其可投资于上述资产的规模也至少达到了上千万亿元人民币的级别。此外,保险公司投资的标的物,没有明确限制投资比例的上限。这给予了保险公司的资金用于股权投资等投资类业务较为自由、灵活的政策,极大鼓励了保险公司开展我国经济活动中企业最需要的股权投资等活动,也使得保险公司成为我国整个经济活动中最受欢迎的股权投资者之一。

在不断做大、做强我国保险公司的同时,还要允许更多有条件的境内机构成立自己的保险公司,更要引进更多的全球著名国际保险公司在我国设立分支公司或附属机构。特别重要的是,我国需要积极开展离岸保险业务,以此来集聚更多的离岸资金投资于我国的经济建设,并促使我国的保险业务发展更加开放、完善与成熟。

六、我国出口信用保险公司开展的离岸保险业务

出口信用保险(Export Credit Insurance)也称出口信贷保险,是各国政府为提高本国产品的国际竞争力、推动本国出口贸易、保障出口商的收汇安全和银行的信贷安全、促进经济发展,以国家财政为后盾为企业在出口贸易、对外投资、对外工程承包等经济活动中提供风险保障的一项政策性支持措施。出口信用保险属于非营利性的保险业务,是政府对市场经济的一种间接调控手段和补充。这也是世界贸易组织(World Trade Organization,WTO)补贴和反补贴协议原则上允许的支持出口的政策手段。据统计,全球贸易额的12%~15%是在出口信用保险的支持下实现的,有的国家出口信用保险机构提供的各种出口信用保险保额甚至超过该国当年出口总额的三分之一。[①]

中国出口信用保险公司已对企业投保的出口货物、服务、技术和资本的出口应收账款,提供了各类出口保险产品。这些出口保险产品是以出口贸易业务的国外买方信用风险为保险标的,保险人承保国内出口商在出口业务中因出现进口商方面的商业风险或进口国方面的政治风险而导致的付款违约所遭受的损失。这实际上就是我国出口信用保险公司所开展的离岸保险业务。

---

① 荣旭媚. 出口信用保险简介[OL]. 深蓝保,2021-03.

七、我国发展离岸保险业务的思路

(一)颁布离岸保险法规

目前国内尚未形成专门的离岸保险方面的法律法规,因而我国的保险公司既无开展离岸保险业务的授权,又无开展离岸保险业务的依据。这非常不利于我国离岸保险市场的形成以及国内保险公司的"走出去"。

(二)明确离岸保险监管模式

在我国尚未形成成熟的离岸保险市场之前,可参照新加坡发展离岸保险业务的模式,按照内外分离型的账户管理模式,隔离在岸与离岸保险市场。要特别说明的是,尽管新加坡在离岸金融市场采用的是渗透型管理模式,但并不妨碍新加坡在离岸保险上采取分离型管理模式。这就给了我们一个启示,就是在具体开展的离岸金融业务上,具体采取何种监管模式应该根据该种离岸金融业务的特点、业务发展成熟度以及风险防范的需求来选择,不应强求采用统一的监管模式。

(三)充分发挥我国自贸试验区的试验性质,加快离岸保险业务的发展

一是要明确允许我国的保险公司在自贸试验区开展离岸保险业务并给予优惠政策。二是建议优先在自贸试验区内发展离岸再保险业务以尽快对接离岸保险市场,引进国际上领先的保险机制、险种和业务模式等。三是鼓励更多大型国际保险公司到我国自贸试验区来设立分支机构,并允许这些公司可以销售境外的保险产品。另外,若能允许自贸试验区将区内工作人员的个人所得税返还部分购买境外保险公司的保险产品,这也是我国离岸保险业务的一个突破。

(四)我国应加大保险人才的培养和保险产品的开发

目前我国国内保险业务之所以不尽如人意,除了保险公司的数量和质量亟须提高外,关键还由于保险人才的缺乏和优质保险产品的不足。因此,我们在培养自己的保险人才的同时,也要在国际上招募一批我国稀缺的保险人才。并且要组织监管部门和保险公司对离岸保险产品进行认真梳理,凡是不会影响我国金融安全的保险产品,要允许保险公司在我国指定区域内进行引进或开发试点,待条件成熟时再推广到全国各地。

作者感悟1

我所了解的离岸保险,实际上来源于香港保险公司通过有关渠道在我国境内销售的产品。香港保险公司开展的离岸保险业务,对我国境内的机构和企业及个人来说是耳目一新的。特别是香港保险公司开展的保单融资和用保险资金进行的股权投资,让我脑洞大开,不由心生敬意和佩服。

第三节 离岸债券

离岸债券又称欧洲债券,是由一国的政府部门、金融机构或企业等参与,在离岸金融市场上面向非居民发行的以自由兑换货币为面值的借款凭证。

一、离岸债券的概念

离岸债券是指借款人在本国境外市场发行的、不以发行市场所在国货币为面值的国际债券。因此,离岸债券的特点是债券发行者、债券发行地点、债券购买者和债券面值所使用的货币,可以分别属于不同的国家。如我国企业在香港发行的美元债券就是离岸债券(欧洲债券)。世界上第一只离岸债券于1963年在卢森堡发行。其发源于美国企业的融资成本,因美国政府在1963年推出的利息平衡税而大大增加,迫使美国企业不得不到其他融资成本更低的地区发行债券。可以说,是市场的力量创造出了最早的离岸债券。

二、离岸债券的特点

离岸债券一般不受任何国家资本市场的监管限制且免缴税,是境内发行人在境外市场或境外发行人在境内市场发行的以发行人本国货币计价的债券。简单来说,离岸债券就相当于A国在B国发行的,以A国货币计价的债券。

离岸债券一般以公募的形式来发行(当然也可以私募形式发行,但私募发行的数量较小)。

离岸债券一般有评级要求。所有待发行的债券一般要通过国际上权威的证券评级机构的评级(如香港市场上发行的离岸债券一般由国际三大评级公司进行评级)。如果债券评级不够高(如未达到投资级),则还需由政府或大型金融机构或企业为这些债券的发行提供担保。

债券发行一般会由银行、券商、保险公司等具备发行、承销资质的机构担任承销商,债券的发行一般由承销商通过多种渠道进行分销。发行主体资质特别好、金额特别大的债券有时会由几家机构组成国际性的银团进行包销,再由包销银团组织一个更大的松散型的认购集团,联合各国的银行、经纪人公司和证券交易公司在更大范围内进行销售。

离岸债券有多种分类方法。按债券的货币划分,可分为欧洲美元、欧洲日元、欧洲英镑和欧洲瑞士法郎债券等多种形式,目前债券市场上欧洲美元债券的份额最大。按计息方式,可分为固定利率债券、浮动利率债券、可转换债券、多种货币债券等。按是否公开上市募集,可分为公募债券和私募债券等。

离岸债券快速发展的主要原因包括:一是离岸债券市场是一个完全自由的市场,债券发行较为自由灵活,既不需要向任何监督机关登记注册,又无利率管制和发行数额的限制,还可以选择多种货币来发行债券。二是离岸债券一般发行金额大、期限长,而且发行主体的财务信息要公开、透明,方便债券投资者进行选择。三是离岸债券通常由几家大的跨国金融机构办理发行,发行面广、手续简便、发行费用较低。四是离岸债券的利息收入通常免缴所得税。五是离岸债券以不记名方式发行并可以保存在国外,对一些希望信息保密的投资者尤其具有吸引力。六是离岸债券的安全性和收益率较高。离岸债券的发行者多为大型公司、各国政府和国际组织,它们一般有较高的信誉,对投资者来说是比较可靠的。此外,由于投资人对发行人的认可度以及内部收益率要求不同,离岸债券也会照顾到那些具有较高收益要求的投资者。

在岸债券与离岸债券特点比较如表2—1所示。

表 2—1　　在岸债券与离岸债券特点比较

特点	在岸债券		离岸债券
	境内债券	外国债券	
债券发行人	境内借款人	境外借款人	国际借款人（不限）
债券流通市场/基础设施	境内市场	境外市场	国际市场
债券的承销商	境内银行	境内外银行、券商或国际承销团	境内外银行、券商或国际承销团
债券的币种	本币	外币	任何国际货币
发行债券的监管	境内监管	境内监管	不受特定国家监管
示例	我国境内银行间市场、交易所市场债券等 美国国内债券市场 日本国内债券市场	熊猫债 洋基债 武士债	RegS 债券（包括大部分中资境外债、点心债） 欧洲非美元债券

资料来源：由作者整理所得。

三、我国离岸债券情况

（一）我国已具备进一步开展离岸债券业务的基础

我国离岸债券业务已开展多年，国内很多机构（含金融机构，下同）和企业已在中国香港、新加坡、伦敦等地发行和购买了大量的离岸债券，取得了很好的政治、经济和市场反响及实际效果。

我国离岸债券市场的发行规模年均增速已连续多年超过 30%。根据万得数据，我国离岸债券的新增发行规模在 2017 年首次超过 2 000 亿美元，目前存续期内境外债券总市值接近 9 000 亿美元。我国离岸债券市场的融资总量自 2012 年起就超过了国内企业在美股和港股上市的融资总量之和，过去十年累计融资规模更是达到股权融资规模的约 2.5 倍。这主要是由于我国经济的快速发展使企业对于资金的需求大幅增加，特别是我国监管部门对金融机构和企业在离岸债券市场所筹得的资金可以作为资本金的规定，更使得亟须资本金的房地产企业趋之若鹜。

我国境内主体的离岸债券发行量已占整个亚洲离岸债券市场的半壁江山。根据彭博公布的数据，截至 2019 年底，我国参与承销和购买中资美元债的中资券商及银行多达 133 家，中资券商已连续多年稳居香港离岸债券一级市场承销业务的第一名。

（二）我国离岸债券业务的具体情况

离岸债券业务的发行人主要是我国各类机构、房地产公司、城投企业和制造型企业等。

根据久期财经 2020 年 12 月的报道，截至 2020 年末，中资离岸债发行规模总额折合约 2 820 亿美元，其中地产债约 821 亿美元、城投债约 235 亿美元、产业债约 748 亿美元、金融债约 829 亿美元、主权债约 185 亿美元。地产、城投、产业及金融四大板块发行的美元债合计超过 2 600 亿美元；且由于政策调控，地产和城投板块的融资规模同比有所下降，金融板块较 2019 年发行大幅增加 7 个百分点。从和实体经济紧密相关的制造业大口径来看，包括公用设施、工业、勘探及生产、机械制造、化工产品等板块，合计占 15%，同比上升 2 个百分点;而 2019 年占比排在第三的政府融资平台,较去年下降 5 个百分点至 11%;科技板块发行同比则增加 3 个百分点至 6%。①

我国离岸债券的发行期限契合国内企业偏重中短期融资的偏好。根据中银研究的结果显示,从 2020 年末的总体发行数据看,5 年期以内的离岸债券的占比达到 62%。从我国离岸债券的投资方来看,主要投资者来自中国内地、香港和澳门,香港和澳门的投资者很多是国内企业在这些地区的分支机构。根据市场公布的中资美元债一级市场的认购数据,2020 年投资资金中,亚太地区占比高达 85%,其中来自中国内地、香港和澳门的占比合计达到 75%。②

我国离岸债券市场之所以受到更多的市场关注和追捧,主要是因为我国对离岸债券的风险控制能力更强,主要体现在对汇率波动和境外流动性风险的抗衡能力更强。我国离岸债券市场已成为我国离岸人民币的重要力量。

四、我国离岸债券市场的发展思路

(1) 为吸引更多的境外投资人投资我国发行人所发行的离岸债券,繁荣我国的离岸债券市场,建议参照离岸债券发行地所通行的法律,对我国离岸债券市场的债权人保护机制进行不断的完善。

(2) 在中资企业存在较大境外融资需求的当下,要紧紧抓住国内、国与国间的经济联动,鼓励中资企业"走出去",以便充分利用境内、境外两个市场的资源和优势。我国企业一定要将防范发行离岸债券可能遇到的风险作为第一要务,在此前提下选择合适的发行主体、发行地点、发行币种、发行时间窗口、债券期限、发行价格、适用法律、法律团队、承销团队作为发行离岸债券的必要条件。

(3) 充分重视境内外市场的宏观影响因素差异、市场周期节奏变化、行业分析方法差异等因素对我国金融机构和企业发行离岸债券的影响。例如,自从全球新冠疫情发生以来,美国国债收益率不断走高及中资美元债的收益持续收窄,离岸债券的融资成本不断变化,这虽然为我国金融机构和企业拓宽融资渠道、降低融资成本和改善融资结构提供了有利的条件,但也给我国各类机构和企业发行离岸债券造成了更多的风险。因此要提醒我国各类机构和企业,在境外发行离岸债券时不能仅以价格的高低作为主要的考量因素。

(4) 要将在我国上海发行的自贸试验区本外币债券作为我国开展离岸债券的重要载体,积极鼓励我国境内企业到上海自贸试验区发行离岸债券。一方面这将进一步拓宽企业境外发债的渠道,另一方面也有利于促进上海自贸试验区离岸债券市场的发展,并提升国内清算所、律所、投资人对接境外市场的能力。

(5) 根据我国的监管规定,在境外发行债券所获得的资金虽然在企业的资产负债表中记在负债端,但是这些资金可用于股权投资。这就吸引了我国众多房地产企业及部分民营企业发行离岸债券。这对于我国众多的高新科技企业起到了积极的样板作用,促使我国更多的企业到境外发行本外币债券。同时,也应该看到,近年来我国企业的离岸债券违约事件频

---

① 久期财经编辑. 2020 年中资离岸债发行总规模超 2 800 亿美元[OL]. 久期财经,https://baijiahao.baidu.com/s?id=16887601645846180048&wfr=spider&for=pc. 2021-01-13.

② 中国银行离岸债券市场研究课题组、香港分行、伦敦分行. 离岸债券市场 2020 年回顾与 2021 年展望[R]. 中银研究,2021-01.

发,因此不管是发行或是投资离岸债券,都应充分注意风险控制。

作者感悟 2

  我原来就职的交通银行基层经营单位所在的大楼是由某房地产集团开发的,因此我对该房地产集团和国内众多具有一定市场影响力的房地产集团在香港发行的人民币债券和美元债券一直十分好奇。经过认真的学习和研究,我发现我国房地产集团在香港发行本外币债券的原因,就是源于我国监管部门明确规定这些债券所募集的资金是可以作为资本金使用的。而在我国房地产行业快速发展的一段时间内,房地产集团最缺的就是资本金。这因此引起了我对发行和购买离岸债券业务的强烈兴趣,也是促使我对离岸金融有更深了解和学习的真正动因。同时,我们还要提醒的是,一家机构或企业持有一笔离岸债券时,如果这家机构或企业想要一直持有直至债券兑付,就不需要对持有债券的市值进行每日评估;但这家机构或企业若想在合适的时间中途出售债券,则需要对持有债券的市值进行每日评估。

第四节 离岸证券

一、离岸证券的概念

  离岸证券是指发行人在本国境外市场采用公开或非公开的方式募集资金,发行以非本国货币计价的有价证券。

  离岸证券不等同于在不同国家之间的证券交易。以日本为例,日本的基金公司可以在日本本土买卖美国、英国、中国香港、大洋洲等国(地区)市场上发行的股票,但这并不属于离岸证券。又如我国已开通的沪港通、沪伦通等,即我国股民可以买卖中国香港和伦敦上市的股票,这也不是离岸证券。同理,我国企业在美国、中国香港和伦敦上市所发行的股票也不是离岸证券。因此,此前国内曾有不少地方官员呼吁建立我国的离岸证券交易中心,但实际上他们是在呼吁建立上海证券交易所或深圳证券交易所的国际板,而非严格意义上的离岸证券市场。当然,我国建立上海证券交易所或深圳证券交易所的国际板是完全必要和急迫的,但这与我国建设离岸证券交易中心是两个概念。

  离岸证券不是离岸资产的证券化。离岸资产证券化是资产证券化的一种涉外形式,它与资产证券化的最大不同之处在于特殊目的机构或公司是否设立在离岸金融中心,以达到规避本国法律和享受税收优惠政策的目的。

二、离岸证券的特点

  (1)没有一个集中的交易场所,交易双方可分散于全球各地,交易主要通过计算机系统线上完成。

  (2)交易对象以未上市的证券为主,也对部分上市证券进行交易。此外,还包括债券买卖及企业的股权兼并交易。

(3)未上市证券也称未登记证券、无限制证券或无挂牌证券。在企业发行的内部股票尚未被列入可在证券交易所进行交易的各类证券之前,这些证券仍可以进行公开或私下交易,这就是离岸证券中最重要的功能——对未上市证券开展场外交易。

三、证券的场外交易

离岸证券也称证券的场外交易。

(一)场外交易市场

场外交易市场是一个分散的无形市场,场外交易市场并没有固定的、集中的交易场所,而是由许多各自独立经营的证券经营机构分别进行交易,并且主要依靠电话、电报、传真和计算机网络进行交易。场外交易市场的组织方式采取做市商制。场外交易市场与证券交易所的区别在于不采取经纪制,投资者直接与证券交易商进行交易。

场外交易市场是一个拥有众多证券种类和证券经营机构的市场,交易对象以未能在证券交易所批准上市的股票和债券为主,由于证券种类繁多,每家证券经营机构仅固定地经营若干种证券。

场外交易市场是一个以议价方式进行证券交易的市场,在场外交易市场上,证券买卖采取一对一交易方式,对同一种证券的买卖不可能同时出现众多的买方和卖方,也就不存在公开竞价机制。场外交易市场的价格决定机制不是公开竞价,而是买卖双方的协商议价。具体地说,是证券公司对自己所经营的证券同时挂出买入价和卖出价,并无条件地按买入价买入证券和按卖出价卖出证券,最终的成交价是在牌价基础上经双方协商决定的不含佣金的净价。券商可根据市场情况随时调整所挂的牌价。

场外交易市场的管理比证券交易所宽松。由于场外交易市场分散,缺乏统一的组织和章程,不易管理和监督,其交易效率也不及证券交易所。

(二)证券场外交易的对象

离岸证券场外交易的对象,主要是已上市公司的股票、未上市公司的股票和各种债券(含国债)及公司的股权等。

四、我国曾经建立的离岸股票市场简介

1992年,我国在上海和深圳两地的证券交易所建立了B股市场。2001年2月19日前,B股市场仅限外国投资者买卖。2001年2月19日后,B股市场对国内投资者也开放了交易。目前,内地B股市场正在逐步关闭中。B股市场是世界上也是我国唯一出现过的真正意义上的离岸股票市场。

(一)我国B股市场交易的股票类别

我国B股市场交易的股票共有两个类别:(1)在上海证券交易所挂牌、以美元计价的股票;(2)在深圳证券交易所挂牌、以港币计价的股票。B股市场的IPO标准、股票定价、交易规则、登记结算等均不受美国和中国香港等货币发行国或地区政策的干预和管制,也不受国内A股市场交易规则的限制。

在我国内地建立离岸美元股票市场和离岸港币股票市场的主要目的是为了解决当初企业外汇资金短缺的现实问题,但整个B股市场高峰时也仅有100多家公司挂牌,而且这些公司都来自我国内地,最终B股市场也没有达到吸引国际资金的目的。

(二)我国 B 股市场的关闭

随着我国外汇储备的快速增长,特别是我国于 2003 年正式实施 QFII 制度后,境外机构可以直接投资我国 A 股市场,此时再通过发行 B 股来获取外汇就显得意义不大了,于是 B 股市场的历史使命就走向了终结。

(三)我国建立 B 股市场的意义

我们应当以历史的眼光来全面和客观地分析我国 B 股市场,并客观地承认 B 股市场为我国实体经济的发展以及对外创汇做出的积极贡献。更重要的是,发行 B 股是我国证券从业者敢想敢干和具有高超开拓能力的体现,这也是我国证券市场能够成为世界上异军突起的重要力量的根本原因。

五、离岸股权交易

按照离岸证券的概念,在一国境内办理境外公司的股权交易也是离岸证券的重要内容。也就是说,如果一家在美国注册成立的公司需要出售它的股权,而这个股权出售的交易地点不在美国,这就构成了离岸股权交易。

(一)离岸股权交易概况

根据公开资料估算,仅我国的企业和个人在境外设立的公司就超过 100 万家。自 1978 年改革开放以来,特别是进入 21 世纪后,我国企业和个人远赴海外开展各种投资活动的数量一直处于高速增长状态。2016 年,我国企业和个人所开展的跨境并购业务的金额已跃居世界第一位。目前,我国仍有众多企业搭乘我国经济国际化进程所带来的强大东风,"不约而同"地选择重新搭建公司的境内外组织架构或向跨国公司进行转型。在这个过程中,它们为拓宽营销渠道、获得便宜的境外资金和增加公司的盈利能力而设置成立了许多境外公司,形成了公司的跨境组织架构。此外,我国越来越多的公司为了迅速成为跨国公司,或者获得境外的资产、技术、人才、渠道等,不断地进行离岸股权交易。

离岸股权交易可能涉及境外的各个国家或地区,交易一般较为复杂,因而我们必须要树立一个基本理念,那就是要最大限度地保护我国参与离岸股权交易的机构和企业的正当权益及防范可能出现的风险。在此,我们提醒参与离岸股权交易的机构和企业,离岸股权交易参与方中只要有一方是在中国境内,就应尽量采用中国法律作为股权交易或收购协议的适用法律,特别是如果被并购的目标公司在中国境内,作为被并购方在签署并购协议时,更应尽量采用中国法律作为适用法律。如果实在不能适用中国法律,那最好适用中国香港法律,同时合同签署地也要选择在中国香港。

(二)离岸股权交易的模式

我国企业在境外并购时开展离岸股权交易的模式,有如下几种:

第一种模式是我们常见的模式,即直接转让出股权的目标公司和直接转让买进股权的真实目标公司均在中国境内。这种模式实际上是境内公司之间的转让,但转出境内公司股权一方的实际控制人和转让买进公司股权的实际控制人都在境外,也就是我们常说的外商投资企业在境内设立的子公司转让给中国境内的另一家外商投资企业的境内子公司(见图 2—1)。

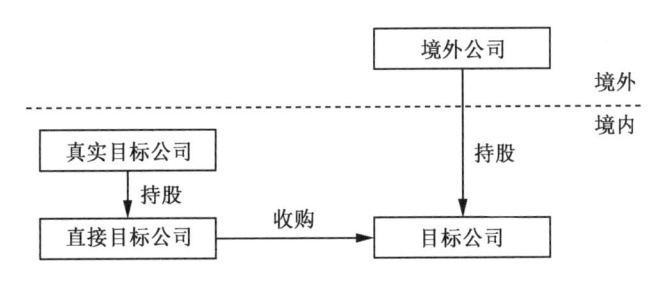

图 2—1　第一种模式示意图

第二种模式,即直接目标公司和最终目标公司均在中国境外,直接转让出股权的目标公司和直接转让买进股权的真实目标公司均在中国境外。这种模式实际上是境外公司之间的转让,但转出境外公司股权一方的实际控制人和转让买进公司股权的实际控制人都在境外,也就是我们常说的境外公司转让给另一家境外公司的模式(见图2—2)。

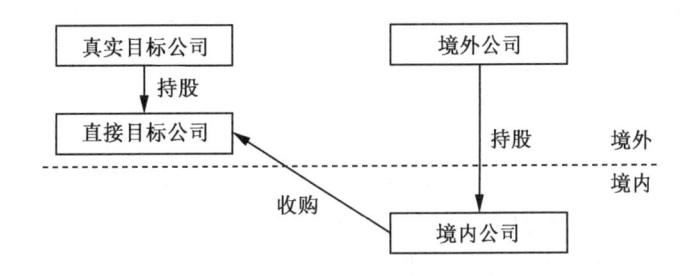

图 2—2　第二种模式示意图

第三种模式,即被并购标的公司及其股东都是境外(或境内)公司,并购交易执行公司是中国境内公司在境外的控股子公司。这种模式实际上是境外(或境内)公司转让给我国企业控股的境外企业,也就是我们常说的境外(或境内)公司转让给中国企业的境外子公司(见图2—3)。

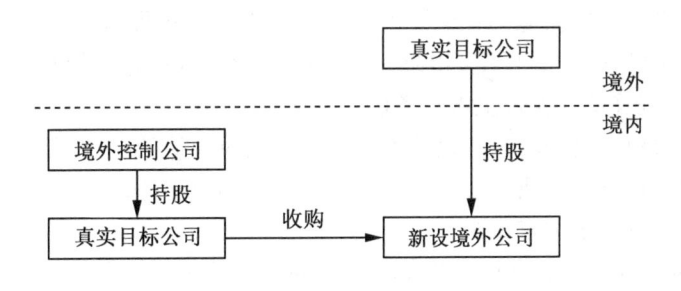

图 2—3　第三种模式示意图

(三)离岸股权交易的参与方需要履行我国政府审批或备案的相关问题

第一种是离岸股权交易参与方的直接目标公司和真实目标公司均在我国境内,但目标公司为我国外商投资企业,根据我国《外商投资法》的规定,外商投资企业实行信息报备。我国投资者直接收购企业性质为外商投资企业的目标公司股权后,如外国投资者仍保持持有部分目标公司股权的,目标公司应通过企业登记系统提交变更报告;但如外国投资者100%转让目标公司股权至我国投资者的,无须另外报送。

第二种是离岸股权交易参与方的直接目标公司和最终目标公司均在中国境外的,但是由我国投资者收购中国境外企业、属于在中国境外投资,根据发改委2017年第11号令《企业境外投资管理办法》、商务部2014年第3号令《境外投资管理办法》的规定,我国投资者需要完成向国家发展和改革委员会或地方发展和改革委员会、商务部或地方商务部门的境外投资核准、备案登记手续。值得注意的是,境外投资证书的有效期为2年,我国投资者需在取得境外投资证书2年内开展境外投资活动,否则需根据规定申请延期或者重新申报。在我国,投资者取得国家发改委和商务部两个部门的备案核准境外投资证书后,根据《国家外汇管理局关于进一步简化和改进直接投资外汇管理政策的通知》(汇发〔2015〕13号),我国投资者需在我国投资主体所在地的商业银行办理外汇登记程序后方可将境外投资的投资资金汇出境。

第三种是离岸股权交易参与方的直接目标公司在中国境外,但真实目标公司在我国境内的模式。在这种离岸股权交易模式下,我国投资者通常通过在境外设立公司来收购中国境外的目标公司。

(四)离岸股权交易参与方的纳税规定

第一种离岸股权交易参与方的最终目标公司在中国境内,转让方需按照中国法律规定缴纳所得税。在离岸股权的转让交易中,转让方为非居民企业的,根据我国《企业所得税法》和《企业所得税法实施条例》的相关规定,非居民企业就其来源于中国境内的所得缴纳企业所得税,减按10%的税率征收企业所得税。在离岸股权的转让交易中,转让方为非居民个人的,根据我国《个人所得税法》和《股权转让所得个人所得税管理办法(试行)》的相关规定,个人转让股权,以股权转让收入减除股权原值和合理费用后的余额为应纳税所得额,按"财产转让所得"缴纳个人所得税,税率按20%计算。

第二种是纳税义务人和扣缴义务人的纳税规定。在离岸股权的转让交易中,转让方是纳税义务人,付款方为扣缴义务人。根据《关于非居民企业所得税源泉扣缴有关问题的公告》(国家税务总局公告2017年第37号)的相关规定,扣缴义务人应当自扣缴义务发生之日起7日内向扣缴义务人所在地主管税务机关申报并代缴代扣税款。根据《股权转让所得个人所得税管理办法(试行)》的规定,扣缴义务人应于股权转让相关协议签订后5个工作日内,将股权转让的有关情况报告主管税务机关。

第三种离岸股权交易的转让方以及直接目标公司所在地的纳税规定。离岸股权交易的转让方需要根据转让方国籍或所在地的法律规定承担纳税义务。

(五)离岸股权交易的注意事项

(1)在离岸股权交易中,我国投资者需注意的是付款方有代扣代缴交易相关税费的义务,建议我国投资者在完成股权收购后及时向税务主管机关申报股权转让的相关事宜。

(2)在离岸股权交易中,不建议在投资协议中直接约定税赋由买方承担。这是因为税务机关可能会根据投资协议的约定,要求将交易价款还原为含税价款后再计算税款,增加整体交易的税收成本。

(3)在离岸股权交易时,必须与境外公司注册地的商业登记机构进行及时联系,确保在我国办理的境外公司的股权交易信息在该境外注册地的商业登记机构的系统进行及时更新。

六、我国开展离岸证券的建议

(一)我国要在上海、深圳等具备一定条件的地区,推出我国证券市场国际板的交易

按照全球著名证券交易所 2021 年 6 月底的排名统计:上海证券交易所(SSE)排名全球第三、深圳证券交易所(SZSE)排名全球第六。上海证券交易所和深圳证券交易所截至 2021 年 6 月的总市值分别为 7.6 万亿美元和 5.7 万亿美元。我国上海、深圳已是国际金融中心,特别上海还是我国的科创中心、国际经济中心、国际贸易中心、国际航运中心,这就为我国推出证券市场国际板奠定了坚实的基础。我国上海、深圳作为国际金融中心的重要体现在于分别设立了上海证券交易所和深圳证券交易所,但是一个真正成熟的国际金融中心,一定要具有向全球开放的证券交易的国际板。推出我国证券市场的国际板,不仅是完善我国资本市场的重要举措,而且是我国始终坚持改革开放不动摇的重要体现,还是我国推进金融全球化的必经之路。

在党中央、国务院的统一领导下,建议尽快全面规划上海证券交易所和深圳证券交易所设立国际板的具体安排,由上海市政府和广东省政府负责具体推进工作,以高标准、快速度、高安全来推出上海证券交易所和深圳证券交易所的国际板。同时要允许我国各自贸试验区(自贸港)内符合上市条件的企业、我国"走出去"的优质企业、"一带一路"沿线国家(地区)比较好的企业到国际板进行挂牌上市及融资。这里要特别强调的是,我们要将我国自贸试验区(自贸港)的企业视为境外企业。把我国自贸试验区(自贸港)内的企业视为境外企业的主要理由是:一是我国自贸试验区在属性上就是我国的境内关外,因此把自贸试验区内的企业视为境外企业在法理上是完全行得通的;二是我国已经推出的上海自贸试验区债券,在法理与业务实践上,我国和国际社会都认同上海自贸试验区债券就是境外债券,所以把自贸试验区(自贸港)内的企业视为境外企业是完全合理的。

(二)我国要在上海、深圳等地尽快设立境外公司的股权交易中心

建议我国从战略高度来重视推动在我国相关地区建立境内外企业的股权交易中心,全国人大要尽快制定出我国境外公司股权交易的管理办法,并且鼓励上海、深圳、广西南宁、内蒙古满洲里、新疆霍尔果斯、雄安新区等地先行进行境内外股权交易的试点工作。

(三)我国应该在指定的场所允许非居民参与买卖其他国家证券市场上的股票交易

同时开设我国场外的证券交易场所,买卖对象以未上市证券为主,兼有部分上市证券的场外交易以及债券买卖(包括所有的政府公债和一些大公司债券)和金融业及保险公司股票的交易。

作者感悟 3

我对离岸证券业务对我国经济发展的作用也是逐步了解的。仔细分析研究后发现,我国目前不少专家学者对离岸证券的认识是不到位的,这导致学界和业界并没有形成在我国如何开展离岸证券业务的共识。我们在与相关证券交易所和券商的沟通过程中,感觉他们最热衷的是开设国际板,但又非常担忧开设国际板后会分流本来就十分紧张的投资证券交易的资金。我们对这种担忧是非常认同的,但要指出的是,我国离岸证券的发展问题,还是应该依靠发展的办法来解决,要允许更多的境外投资者投资我国证券市场。

第五节 离岸信托

一、离岸信托的概念

离岸信托(Offshore Trust)是指在海外离岸地成立的信托。离岸信托在操作上与一般信托类似,它是一个具有法律效力的安排,使委托人合法地把资产的法定权利转让给受托人,但该资产的实质权利并不属于受托人,而是属于受益人(当然也包括委托人本人)。离岸信托一般由本国居民作为信托委托人在境外设立,日常经营管理活动在境外进行,且全部或大部分受托人不是非本国居民的信托。

离岸信托起源于20世纪70年代的离岸金融中心,主要集中在英属维尔京群岛、开曼群岛、百慕大群岛等避税型离岸金融中心。这些国家(地区)普遍采用英国法,因而离岸信托制度与英国普通法制度接近,在税收节约、资产保护、财富传承、公司上市及家族治理等方面优势凸显。此外,由于避税型离岸金融中心简化了对公司注册的管理,特别是不要求注册公司公开股东或董事的详细资料,加上还有信息保密的特点,从而使得离岸信托业务快速兴起。

我国国内开展的传统信托业务与离岸信托是不同的。国内信托业务是经中国人民银行批准的金融信托投资公司经营的业务,这些业务主要包括资金信托、动产信托、不动产信托和其他财产信托四大类信托业务。而离岸信托业务是财产管理的主要方式,应用领域包括家庭财产、共有财产的管理,以及各种慈善基金会、养老基金、共同基金的管理等。因为特定的离岸地对信托的定义或法规有着相对宽松或特别的支持政策,使受益人的利益能够得到更大的保护。

离岸信托还是一个具有特别法律效力的财产收益权转移的安排。如曾经一度拥有7条高速公路的上海某集团的实际控制人,因涉嫌抽逃注册资本金和挪用资金被判刑8年,但在追缴该实际控制人挪用资金时,发现他已将这些资金在香港做了一个离岸信托,这些资金的所有权已不在他的名下,且这个离岸信托的受益人也写成了第三方。依据相关法律制度,除非该实际控制人同意,否则我国司法部门已经没办法取消这个离岸信托或者更改受益人。从这个案子可以看出,离岸信托可以被利用作为某些犯罪分子转移有效资产的途径。

当前我国开展离岸信托的操作方式,通常为境内的信托公司通过设立单一或集合信托计划,将委托人的资产通过QDII通道汇划至信托公司的海外子公司或全资财富管理的子公司,再进行二级市场、债券、基金等项目投资,或者再成立一个新的信托计划进行日常信托管理,受托资产形态通常表现为资金、股权、不动产等权益类资产。我国离岸信托的境外离岸地主要包括中国香港及新加坡。

二、离岸信托的特点

一般来说,离岸信托具有如下特点:一是资产隔离。因为信托是独立财产,可以避免因离婚等问题分割家族财富。二是财产传承。信托本身就是一种理财方式,委托人可以将其财产委托给信托公司,用这种方式替受益人进行财富管理和分配,防止受益人挥霍。离岸信托具有保密性,而且很多离岸金融中心的信托法律相对成熟,可以满足财产所有人对财富管理和传承的需求。三是财产保护。离岸信托成立后就会从个人财产中分割出来,成为独立运作的资产,它不能被用于委托人的抵债、清算等,这样一来就能起到帮助财产受益人有效规避风险的作用。四是离岸信托的委托人可以是机构、企业和个人。

三、中国香港和新加坡的离岸信托业概况

中国香港和新加坡是目前国内较常见的离岸信托设立地,主要基于其离岸信托行业比较发达、信托公司集聚、信托设立普遍、投资门槛较低、信息严格保密等特点。此外,中国香港和新加坡设立离岸信托仅收取设立费和管理费,有较长的信托存续期(中国香港可以设置永续信托,新加坡最长125年固定期限),法庭可以接受中文合同文本等。

(一)中国香港的信托业

香港的信托业可分为企业信托、退休金计划、私人信托、慈善信托四大主要范畴。

企业信托中最重要的产品包括单位信托(契约型证券投资基金)、交易所买卖基金(ETF)和房地产投资信托基金(REITs),其中大部分以零售投资者为基础。

香港退休保障的支柱是强积金制度,即根据信托结构来设立,并由私人管理的强制性供款计划。

私人信托的发展源于香港毗邻全球最大和增长最迅速的私人财富市场,因而对财富和遗产规划服务有着巨大需求。

慈善信托连同法定机构、有限担保公司、社团,成为在香港建立慈善组织的四大主体。

(二)新加坡的信托业

新加坡的信托业是以其发达的私人银行及财富管理产业为基础的,该国对信托公司按照持牌管理,新加坡金管局要求每年进行审计及考核。新加坡是全球信托基金发展的重要基地,信托基金多数是房地产投资信托基金;新加坡还是亚洲第二大的REITs市场。其余为海事信托基金,主要采取公开募集资金方式,吸引各方资本投向航运业,并为投资提供安全的进出渠道。

(三)中国香港和新加坡信托业的异同

1. 税收方面

中国香港和新加坡的税制都经历了由间接税到直接税的转变,并在以直接税为主体的税制结构下趋于稳定。两者均豁免了遗产税和资本收益税,对离岸基金进行的合规交易所得利润免缴利得税,从而吸引了大量外资流入。如中国香港只需缴纳物业税、企业利得税、个人薪俸税三种直接税,不设置销售税、增值税、股息及利息预扣税等。新加坡更是典型的以直接税为主的国家,所得税是税收最重要的组成部分,占比约为45%。新加坡税务署负责国内税务,主要税种包括公司所得税、个人所得税、商品与劳务税、预提税、财产税等,其次是印花税、车船税与博彩税。新加坡以属地原则征收所得税,凡来自本土的一切所得均需纳税,但来自国外的股息、利润或通过国外劳务获得的收入免税。

2. 监管方面

中国香港金融监管实行混业经营、分业监管,秉持以服务消费者为中心的风险监管原则。中国香港没有一家专责管理信托市场的监管机构,负责监管银行及金融服务业的机构

往往兼管信托市场上的产品及服务组合。中国香港的法律不限制外资公司参与当地证券交易。新加坡金融监管的主体是成立于1971年的金融监管局。为适应金融混业经营的需要，金融监管局在资本市场发放通用牌照，机构可以同时进行券商、基金、期货、REITs等业务，而无须单独报批。

中国香港和新加坡金融监管体系健全、自律性强、理念先进、透明度高。首先，从监管体制比较来看，新加坡监管一体化程度要高于中国香港。在市场准入方面，中国香港比新加坡的门槛要低。但无论是新加坡基于风险的监管模式还是中国香港自由宽松的监管模式，都深受英国监管模式的影响，一定程度上依赖行业自律。其次，中国香港和新加坡都是准中央银行制度。中国香港金融管理局和新加坡金融管理局承担了绝大部分的中央银行功能，有效分离了货币发行及金融监管职能，而且都积极借鉴参考美联储CAMEL［美国监管的评级方法共有五大类指标，即资本充足率(Capital Adequacy)、资产质量(Asset Quality)、经营管理水平(Management)、盈利水平(Earning)和流动性(Liquidity)，简称CAMEL］的系统评级法，将风险管理作为重中之重。最后，中国香港和新加坡在审计模式方面略有不同，中国香港采取多次审计模式，而新加坡采取审计加交易结算模式。

中国香港和新加坡都不允许委托人直接管理自己的资产，而必须由受托人（信托公司）担任此职能。同时允许将私人信托公司作为受托人，然后按信托合同条款由私人信托公司的董事会决策和管理信托事务。董事会通常由受信任的金融顾问构成，新加坡还额外规定公司董事中必须有一名新加坡公民。目前，中国香港并无监管私人信托公司的法规，基本参照新加坡规定委任持牌受托人为私人信托公司提供信托管理的服务。

四、离岸信托在我国的发展前景

根据《胡润百富2021中国高净值人群家族安全报告》，中国高净值家庭财富总资产已达到125万亿元，可投资资产约占67%。其中，拥有600万元人民币家庭净资产的"富裕家庭"数量已达501万户，拥有千万元人民币家庭净资产的"高净值家庭"有202万户，拥有亿元人民币家庭净资产的"超高净值家庭"数量达到13万户，拥有亿元人民币可投资资产的"超高净值家庭"有7.7万户，拥有3 000万美元可投资资产的"国际超高净值家庭"数量达到5.4万户。中国高净值人群对于财富管理、财产传承、信息保密等方面的需求日益增强。

离岸信托将越来越受我国高净值人群的追捧，这是因为离岸信托的模式能够使我国一些财产所有人将国内的有效资产或收益权作为标的，到一些离岸金融中心设立信托来进行财富的转移或传承。这种操作虽然与国内信托的做法类似，但因为这种信托是在离岸金融中心办理的，这些离岸金融中心对信托的定义或法律有着相对宽松和特殊的政策，使受益人的利益能够得到更好的保护。

五、我国发展离岸信托的建议

（一）完善立法

允许国内信托公司在境外设立子公司开展离岸信托业务，为境内资本探索境外投资提供新渠道。同时，加强产权管理，保护信托受益人的利益。

（二）进一步推进国内的税收改革

一方面吸引更多高净值外国投资者来华投资，另一方面为在国内试点开展离岸信托而进行税收优惠的准备。

(三)考虑在国内试点离岸信托业务

建立健全业务规则、监管模式，丰富产品种类，创新交易结构，培养专业的离岸信托展业人员，推动国内传统信托业务转型。

(四)完善保险机制

加强保险产品在财富管理、风险对冲、财富传承方面的功能，与信托产品互为补充，满足境内市场的庞大需求。

作者感悟 4

在我国传统观念中，离岸信托的话题似乎是个禁区。我国目前合规的离岸信托产品十分稀少，特别是符合机构和企业投资的离岸信托产品少之又少，而国内持有合法外汇的机构和企业及个人却是非常多的，因此可以用"僧多粥少"来形容。实际问题是我国的监管部门、机构、企业及个人都被"离岸信托是违规产品"的舆论所误导，但误导的原因在于我国不少"大佬"纷纷在境外办理信托业务以规避境内监管。因此，我们建议开展的离岸信托一定是在合规、风险可控和阳光下的产品，这样才能真正给"离岸信托"正本清源。

第六节 离岸租赁

一、离岸租赁的概念

离岸租赁是指某一国家的租赁公司，直接或通过境外设立子公司的方式间接与非居民开展的租赁业务。例如，我国某租赁公司在英国设立子公司，该子公司在英国等其他国家所开展的租赁业务，对我国来说就是离岸租赁业务。

二、离岸租赁是跨境租赁的组成部分

按照我国监管部门对新型离岸国际贸易的定义，离岸租赁是跨境租赁的一个组成部分。

按照离岸租赁的定义，目前租赁业务中境外业务大多数是跨境租赁业务，但跨境租赁业务并不都是离岸租赁业务。按照我国已开展多年的跨境租赁业务进行分析研究，我们梳理出以下几种模式：一是我国企业在境外承接项目或工程时，一般采用由境内的母公司在境外采购设备，然后将设备租赁给境外的项目或施工公司使用。二是我国的企业在境外承接项目或工程时，也可以直接通过向境外的租赁公司租赁其设备供境外的项目或施工公司使用。三是境外的租赁公司直接把境外的设备租赁给我国境内的公司使用。四是境内公司在境外承接项目或工程时，把国内的设备直接租赁到境外的项目公司或工程施工单位使用。五是境内租赁公司采用直接进口境外的设备，再租给需要该设备的境内公司使用。按照离岸租赁的定义来分析，我们认为只有第一种和第二种模式才属于真正的离岸租赁。但是如果由离岸银行参与上述租赁设备的采购融资，那么实际上这几种业务模式都可以被认定为是离

岸租赁。

跨境租赁因为涉及外汇资金的进出境,因此不仅需要符合海关政策,还要符合国家外汇管理局的政策以及我国的涉外税收政策等。

三、离岸租赁的分类

海关认定的与租赁有关的贸易方式有两种:一种是"租赁贸易",另一种是"一般贸易"。租赁贸易的税收基础按照租金计算,一般贸易的税收基础按照设备的完税价格(海关认定的价格)计算。租赁贸易属于跨境租赁;境内外租赁公司到境外或境内采购租赁设备然后租给境内外的企业不属于租赁贸易,进出口只是交易中的一个环节,应属于一般贸易范畴。

(一)租赁贸易的分类

(1)按租赁物的进出境分类,租赁贸易可分为出口贸易和进口贸易。

出口贸易一般由境内的设备所有者把设备出租给境外的承租人,进口贸易一般由境外的出租人把设备出租给境内的承租人。但租赁设备的采购与租赁物的流向可能并不相关,既可能从境内到境外,又可能从境外到境外,还可能从境外到境内。不管是出口贸易还是进口贸易,租赁贸易一定要符合贸易真实性和反洗钱的规定。有些租赁设备还存在项目或工程完工以后是否需要回归原归属地的问题,那么就存在如何核定租赁设备的价格和采购时所使用的外汇资金是否合理等问题。

(2)按租赁期分类,租赁贸易可分为短期贸易和长期贸易。

租赁期短于一年的均属于短期租赁;租赁期超过一年的,则属于长期租赁。

(3)按租赁物的最终使用人分类,租赁贸易可分为直接租赁和转租赁两种形式。

直接租赁就是境外的出租人,把设备直接租赁给境外最终使用的承租人。

转租赁就是境外的出租人通过中间的租赁公司把设备转租赁给境外最终使用的承租人,中间的租赁公司通常是有经营资质的融资租赁公司。采用转租赁这种形式:一方面,受到政策、法律的限制,对于融资租赁经营资质需要行政审批的国家所通常采取的一种对策;另一方面,有些小型的租赁公司需要依靠大中型的租赁公司利用渠道优势来寻找合适的承租人。

(二)租赁设备的其他分类

租赁设备根据不同特性,可分为一般征税货物和减免税货物。按照财政部和国家税务总局《关于部分货物适用增值税低税率和简易办法征收增值税政策的通知》(财税〔2009〕9号)规定,通常情况下,纳税人应该按照一般征税方法计算缴纳增值税,即根据销售额和税率计算销项税额,抵扣当期进项税额后的余额为应纳税额。对于国家鼓励进口的设备,通常可以享受减免税待遇。对于传统租赁,一般由出租人享受减免税待遇。对于融资租赁,由承租人享受减免税待遇。需要注意的是,"经营租赁"也是融资租赁的一类,不能与传统租赁享受同等政策待遇。

四、我国开展离岸租赁的情况介绍

我国香港地区开展离岸租赁业务已有多年。以笔者曾经参与过的一笔离岸租赁业务为例,2008年,我国江苏一家集成电路生产公司A公司办理了一笔集成电路生产设备的离岸租赁业务。当时,A公司需要在欧洲采购集成电路生产设备,但欧洲的设备供应商由于各种原因不愿将设备直接卖给 A 公司,因此 A 公司的实际控制人就找了一家香港的租赁公司,委托该公司代为购买前述的集成电路生产设备,再通过离岸租赁的方式出租给 A 公司使用。该项业务由江苏的一家商业银行向香港这家租赁公司出具了担保函,同时由 A 公司为该商业银行提供反担保,从而最终顺利地解决了问题。

(一)我国离岸租赁的成功案例

在世界范围内,大多数航空公司为了降低公司的资金压力和融资成本、优化财务报表数据,将其持有的全部或大部分飞机的固定资产转为租赁资产,即将飞机的所有权转移给租赁公司,只获得飞机的使用权。此外,采用飞机融资租赁的模式能使许多国家的航空公司得到本国税务部门的税务补贴和其他优惠补助,因此,飞机的融资租赁模式已在全球飞机租赁市场上得到了广泛的使用。进一步研究离岸租赁业务对我国类似航空公司那样具有降低资金压力、优化报表需求但又持有较高价值的固定资产的公司具有强烈的示范作用。我们通过研究发现,我国现在的航空公司中大约 80%~90% 以上的飞机是通过融资租赁形式获得了使用权。而从全球来看,全球航空公司正在飞行的飞机中,大约 60% 的飞机产权都归融资租赁公司所有,因此离岸租赁业务在世界航空业内较为常见。我国不少融资租赁公司也已将民航飞机的融资租赁业务开展到欧洲、南美洲、大洋洲和非洲及亚洲等不少国家,这不仅充分证明了我国的融资租赁公司具有强大的经营能力,更是我国综合国力已位居世界前列的最好证明。举例来说,我国的航空公司 D 公司需要增加航线时,就会根据航线长短、乘客数量等条件选择空客或者波音公司生产的合适机型,随后 D 公司就会与我国的融资租赁公司 F 公司进行业务商谈,明确租赁飞机的机型、期限、租金等具体条件,接着就由 F 公司的爱尔兰子公司 E 公司基于欧盟或美国提供具体的补贴优惠措施(包括保险、培训、油耗、维修等)等条件与空客或波音公司进行购买飞机的商业谈判。一旦双方签订购机合同后,E 公司就会选择我国的离岸银行(或国外的商业银行)进行融资,融资金额一般为购机款的 80%,并提供飞机抵押、公司担保等增信措施。

(二)我国设立融资租赁公司的规定

我国众多城市所在地政府和企业都有开展离岸租赁业务的强烈意愿,但设立融资租赁公司的门槛较高,对自有资金的要求也很高。目前我国对设立融资租赁公司的规定简述如下:

第一类,金融系统的融资租赁公司由国家金融监督管理总局负责审批,注册资本 1 亿元人民币以上。

第二类,外商投资融资租赁公司由商务部负责审批,注册资本 1 000 万美元以上,商务部已把审批权限下放到各省、直辖市的商务主管部门。

第三类,内资试点融资租赁公司由商务部和国税总局联合审批,注册资本 1.7 亿元人民币以上,由各省级商务主管部门受理后上报商务部和国税总局审批。

以上三类公司中较为简便的是外商融资租赁公司的设立。

(三)离岸租赁需要特别明确的几个问题

(1)离岸租赁的合同可在境内(或境外)签订,使用境内(或境外)的法律,租赁设备的安放地一般在境外(也可在境内,但同时设备的抵押登记必须在境外办理),租赁设备的采购、资金、结算和信用可以来自境外(或境内)。

(2)近几年随着中国经济飞速发展并不断地向海外扩张,中国企业接到国外工程时,如果该工程需要使用外商生产的设备,而在国外没有合适的租赁公司进行合作,就只能找我国境内的租赁公司来办理。这时离岸租赁的经营模式改变为:出租人是国内的租赁公司,承租人是国内派到境外的施工公司。租赁合约的交易是在境内,信用也是依靠境内,但租赁设备的采购、使用的资金需在境外。

作者感悟 5

我国各自贸试验区最喜欢引进的就是融资租赁公司了,这充分说明我国的自贸试验区在融资租赁业务上确实存在更大的发展机会。举例来说,我国不少融资租赁公司在办理空客飞机的融资租赁业务时,都是以其在爱尔兰设立的子公司来开展业务的,因此,我国自贸试验区完全可以为离岸租赁公司开展的飞机融资租赁业务提供相关配套优惠措施和金融服务。

第七节　离岸基金

一、离岸基金的概念

离岸基金是指一国的证券基金组织在他国发行证券基金单位,并将募集的资金投资于本国或第三国证券市场的证券投资基金或者其认可的其他亟须资金的投资方向。简单来说,离岸基金是指注册在设立人所在国之外的基金,通常离岸基金大多设立在离岸金融中心。离岸基金对于投资者往往非常具有吸引力,因为它们通常允许来自不同国家的投资人参与投资,且不受设立人、投资人等离岸基金参与方所在国法律法规的管制。离岸基金的主要作用是规避国内单一市场的风险,帮助客户进行全球化的资产配置。

二、离岸基金的分类

(一)按注册地和计价币种的不同分类

根据离岸基金发行公司注册地和计价币种的不同,离岸基金可以分为:

(1)由国外基金公司发行、募集资金,通过在国内成立的投资顾问公司引进,由国内投资者申购的基金,这类基金注册地通常在离岸地,计价币种主要是可自由兑换货币。

(2)由本国基金公司发行、募集资金,专门用于在国外投资的基金。

如果一国的投资者有移民或子女出国留学的打算,或想把部分财产转移到境外,那么离岸基金也是一种非常受欢迎的财务工具。世界上有不少国家的税率高达 40%~50%,这些国家的居民如果考虑移居海外,当他们将移民资金从原居住国汇入国外任何一家银行时,这些资金一般会受到原居住国反洗钱和纳税方面的调查与限制,从而不能很轻松地完成资金跨境汇划。因此,这些考虑移民的居民可以考虑先将资金投入到离岸基金上,从而实现个人、家族和其实际控制企业的全球资金调配以及实现最佳的避税效果。

(二)按设立离岸基金的形式不同分类

离岸基金按照设立形式的不同,可分为私募股权投资基金(Private Equity Fund,PE)与对冲基金(Hedge Fund)两类。而机构、企业和个人都可以成为离岸基金的设立者或离岸基金的资金提供者。

1. 私募股权投资基金

私募股权投资是指投资非上市股权,或者上市公司非公开交易股权的一种投资方式。私募股权投资基金的资金来源,既可以向社会不特定公众募集,又可以采取非公开发行方式,向有风险辨别和承受能力的机构或个人募集资金。由于私募股权投资的风险较大,信息披露不充分,故往往采取非公开募集的形式。

设立PE的多为投资人数较少的群体、个人或家庭,其投资人数为15人,所针对的投资项目或所持有的资产都相对固定。

2. 对冲基金

对冲基金是指把金融期货和金融期权组合后的基金。人们把金融期货和金融期权称为金融衍生工具(Financial Derivatives),它们通常被利用在金融市场中作为套期保值、规避风险的手段。随着时间的推移,在金融市场上,部分基金组织利用金融衍生工具采取多种以盈利为目的投资策略,这些基金组织便被称为对冲基金。对冲基金早已失去风险对冲的内涵,实际是基于投资理论和极其复杂的金融市场操作技巧,组合利用各种金融衍生产品的杠杆效用,承担高风险、追求高收益的投资模式。由于对冲基金对其投资的人数无限制,所以需要申请为注册型基金(Registered Fund)以便投资与管理。

离岸私人基金也是离岸基金的一种形式。离岸私人基金一般以私人基金会的形式存在,是离岸信托及离岸基金的结合体,目的是进行私人财产的运作、保值、管理和投资,为财产所有权的保密及财富管理做有效的安排。私人基金会不同于信托之处,在于它的控制人及管理人的身份是独立的资产拥有人而非信托公司。

三、离岸基金的特点和设立

(一)离岸基金的特点

离岸基金的特点主要表现为以下几个方面:(1)可向有限合伙人实物分配;(2)避免了多次征税;(3)有限合伙企业的存续时间有限制;(4)有限合伙人承担有限责任,普通合伙人则需承担无限责任;(5)离岸基金的操作灵活、便捷。

(二)离岸基金的设立

通常设立离岸基金有两种方式:(1)首先将境内投资者的资金通过合法的渠道转移到境外,用于在境外设立离岸基金,然后寻找合适的投资标的;(2)针对境外合适的投资标的,将募集到的境内投资人的资金通过合法的渠道汇划到境外进行投资。

(三)设立离岸基金的流程

设立离岸基金的流程一般包括:选择、调查投资项目-选定基金管理人-聘请律师撰写法律文件-委托专门机构做登记设立基金-开设"现金账户"与"投资账户"-投资者将资金放入"现金账户"-委托专门机构调查基金管理者。在完成上述步骤后,由基金经理进行具体的投资并对离岸基金进行管理,此外聘请审计机构定期对离岸基金的运行情况进行审计。

本章小结

本章对离岸金融业务中的具体小类业务进行了梳理，分别对离岸保险、离岸债券、离岸证券、离岸信托、离岸租赁和离岸基金的相关概念、特征、历史沿革等做了介绍。这些小类业务尚未在国内发展起来，也没有明确的监管法规允许这些业务在国内发展，但在比较世界范围内发达国家发展离岸金融的过程中这些小类业务的发展情况后，本章也提出了在我国发展这些离岸金融的小类业务的相关建议。

关键词

离岸保险　离岸债券　离岸证券　离岸股权交易　离岸信托　离岸租赁　离岸基金

思考题

1. 举例说明我们身边的离岸保险的实例。
2. 我国企业为什么选择在境外发行离岸债券？
3. 我国发展离岸信托业务应向中国香港和新加坡学习什么？
4. 我国如何发展离岸保险、离岸债券、离岸证券、离岸信托等离岸金融业务？

第三章　离岸金融的监管和法律

学习目的

1. 了解离岸金融监管的必要性及特殊性
2. 了解国际上与离岸金融相关的监管及服务机构
3. 了解离岸金融的避税
4. 了解离岸金融的反洗钱
5. 了解共同申报准则
6. 了解离岸金融的法律
7. 了解离岸金融的法律关系
8. 了解建立我国离岸金融法律体系的制度安排

第一节　离岸金融监管概述

一、离岸金融监管的必要性

离岸金融市场因具有相对自由的市场环境,存在众多风险叠加的问题。离岸金融兴起的重要原因之一就是离岸相较于在岸有着更为宽松的监管环境,因而在离岸金融市场快速发展的过程中也同步集聚了大量风险,主要包括信用风险、市场风险、流动性风险、操作风险、合规风险、法律风险等。

离岸市场与在岸市场的加速融合,使得离岸市场风险向在岸市场传导的概率增大。随着 20 世纪末、21 世纪初金融全球化的发展,越来越多的国家参与到离岸金融市场的建设中,许多国家的离岸金融市场也变得更为开放,各国的离岸金融市场逐渐发展为全球性的金融网络。与此同时,跨境热钱、短期游资逐渐成为离岸金融市场中一股重要力量,并对各国的汇率、利率以及价格形成机制产生了巨大影响。同时,一国发生经济、金融危机对于其他国家的影响,也变得更为迅速和巨大。因而在预防和管理离岸金融风险方面,监管部门仅对国内市场进行防范控制是完全不够的。

随着人们对财富管理需求的多元化发展,高收益、高风险的产品层出不穷。此外,科技的不断发展以及金融自由化的浪潮也使得金融创新层出不穷,越来越多的高杠杆、结构化产品、加密货币等都蕴藏着较高风险。目前，各国都对高风险的金融产品采取严格的监管措施，以防止本国金融市场出现可能的系统性风险。但离岸金融市场由于自由的市场环境，变成了这些产品野蛮生长的沃土，并积累了较大的风险。层出不穷的离岸金融风险事件，对于保持一国或区域性甚至全球的金融稳定都带来了较大挑战。

离岸市场隐藏着较多的违法犯罪交易，不利于离岸市场的可持续发展。在我国现阶段金融犯罪发生的情况很多，根据东方网于2009年9月16日的报道，我国自改革开放至2009年期间，大约有4 000多名腐败官员逃往国外，带走了大约500多亿美元的资金。其中许多大案是通过离岸金融业务发生的。

二、离岸金融监管的特殊性

离岸金融监管的特殊性主要表现在离岸金融活动是非居民与居民之间或非居民之间开展的金融交易，其可能适用于多种、不同的监管体系。主要包括：

（一）离岸市场所在国的监管

某国企业的离岸投融资活动一般会受到该国监管机构的准入监管。这主要包括：一是参与离岸活动的准入，如我国国内企业要开立离岸账户，须经外管局审批同意。二是合法经营离岸业务的准入，如新加坡规定，提供离岸银行业务的商业银行须持牌经营。

（二）离岸货币发行国的监管

离岸货币发行国会对使用本国货币开展的离岸金融活动，进行合规性监管和市场监管。合规性监管主要是对不符合本国反洗钱、反制裁、反恐怖融资活动等合规政策的，不允许使用该国发行的货币开展离岸金融活动。一旦发现违反合规政策的交易，则会通过罚款、停止清算等方式处罚参与交易的金融机构。市场监管则一般通过货币政策传导机制，改变市场利率、汇率、资金供给等方式影响离岸市场活动的开展。

（三）筹资者母国的监管

筹资者母国一般会对筹资者的对外经济活动实行管制或管理，如外汇管制、外债规模管理、借贷期限及利率的管理等。如我国企业赴境外上市，一般需要提前获得商务部、证监会审批。

（四）投资者母国的监管

投资者母国对离岸金融市场影响很大，特别是在离岸金融交易所用货币属于投资者母国货币的情况下。如美元债券市场主要遵循美国《1933年证券法》与《1934年证券交易法》，以及美国证监会（SEC）出台的144A规则和RegS条例（Regulatin S）。

（五）离岸金融机构所在国的监管

离岸金融机构是参与离岸金融活动的重要主体，这些金融机构要受到总部所在地国家的监管。如我国的四家离岸银行，须按照国内的监管要求开展业务，并接受事后检查。

（六）国际监管机构的监管

巴塞尔委员会、国际货币基金组织、经合组织等国际机构，对于离岸业务的不同领域、不同机构，在不同层级上也具备一定的监管权。

三、离岸金融的监管方式

离岸金融的监管方式主要包括行政管制、法律监管以及经济监管等方式。

行政管制常见于外汇管制国家,如我国监管机构于1999年叫停离岸银行业务就属于行政管制手段。随着金融自由化、市场化的不断发展,行政管制手段被运用得越来越少。

法律监管主要通过制定法律法规的方式监管离岸金融活动,这种方式具有规范性和稳定性的优势。

经济监管主要指经济监管机构使用政策工具、制定行业规范等手段开展的监管方式,这种监管主要针对细分行业,具备灵活性、柔和性等特点。

四、当前离岸金融监管的不足

(一)当前离岸金融监管存在较大的监管漏洞

离岸金融活动的参与主体往往涉及不同国家、不同货币、不同法律,离岸金融活动很难完全由单独一个国家进行独立监管,从而容易成为"三不管"地带。

由于离岸监管往往较在岸监管更宽松,容易引发"监管套利",即交易主体为达到某一目的既可采用在岸交易方式、又可采用离岸交易方式操作时,为了规避更为严格的在岸监管,一般会选择离岸交易方式来操作。

(二)国际监管无法实现应有的监管效果

国际监管机构的监管要求由于不具备强制性,其运用效果往往大打折扣。如巴塞尔委员会制定的《巴塞尔协议》仅对巴塞尔委员会的20余个成员国具有约束力,即便世界上多数国家予以承认,但依然无法约束其他国家开展的全部金融活动。

(三)离岸金融监管存在多重监管下监管标准不一致的情况

虽然世界上很多成熟的离岸金融中心一般采用判例法,但判例法的鼻祖英、美法系并没有形成可供全球通用的离岸金融的法律制度,因而当传统法律和离岸金融交易之间发生冲突时,英、美法院对于相似案例进行判决时,有的完全依据传统法律判决,有的根据离岸金融市场的特征与国际惯例对传统法律采取一定的变通,从而产生相似案例存在两种相互矛盾的判例的情况。以英国法院对利比亚阿拉伯对外银行诉银行信托公司案、美国法院对威尔·法柯亚洲有限公司诉花旗银行案的判决为例,两个类似案件的判决结果以及同一案件不同审理法院的判决及其依据大相径庭。

五、离岸金融的法律和监管

(一)全球范围内没有可供各国都普遍适用的对离岸金融使用货币进行规范的法律

离岸金融所使用货币的发行国的法律,对于离岸金融起到非常重要的基础性作用。如中国香港作为离岸债券在亚洲的发行中心,当地发行的离岸债券的票面货币大多是美元。这就会涉及中国香港发行的离岸债券以美元计价而产生的须遵守美国法律的相关问题,即须遵守美国 RegS 条例的问题,而美国 RegS 条例对于非美国地区的离岸投资做出了明确的规定。根据 RegS 条例,如果一个美国公司或外国公司的债券在美国境外发行,则该发行不再受美国证券法信息披露规则的管辖。海外投资者受惠于 RegS 条例提供的豁免,可以参与对美国发行人在经过境外发行的债券、股权及证券的投资,这使得一些资产未达到标准、未被认证为合格投资人的非美国投资者有了投资美国资产的可能。按照 RegS 条例在中国香港发行的离岸债券,仅面向美国境外的机构投资者,主要是亚洲及欧洲地区的投资者。因此,发行人不能直接向美国账户发售或出售此类债券,美国投资者不能直接购买在中国香港发行的离岸债券,但这类债券实际上仍有可能遭受美国的长臂管辖。例如,近年来恒大集团在中国香港发行的离岸债券由于计价货币是美元,其不能兑付的问题惊动了时任美国国务卿布林肯。布林肯曾公开表示,希望中国在处理恒大集团危机潜在影响的问题上采取负责任的行动。这表明货币发行国对离岸金融是有重大影响的,所以我们在此提醒,必须高度重视离岸金融业务中所涉及货币发行国的问题,把可能的风险排除在萌芽期。

(二)欧元区法律对离岸金融的影响

1. 欧洲稳定机制的形成与发展

欧元诞生于20世纪末,由于欧元是在一体化程度极高的区域经济组织欧共体和欧盟的积极倡导和直接组织下,依据许多条约和经济指标的要求而产生的,欧元既具有超国家性和法律强制性,又具有国际法的特性。为化解主权债务危机对欧元乃至欧盟金融稳定构成的威胁,欧元区国家首先创建了一系列应急性的金融稳定机制。鉴于这些救援工具与欧元区债务危机长期化趋势存在结构性矛盾,欧洲决策者们随即决定创设永久性的金融稳定机制——欧洲稳定机制。这一旨在确保整个欧元区及其成员国金融稳定的法律框架,虽一度被认为违反了欧盟法,但欧洲法院凭借对欧盟法的灵活性解释,成功调和了两者在法律上的矛盾。欧洲稳定机制的运行有助于改善欧盟区域治理,促进欧元区国家金融与财政政策一体化乃至全球金融稳定,其彰显的合作精神为维护全球金融稳定提供了思路。欧洲稳定机制是欧元区国家为应对欧洲主权债务危机、维护欧盟金融稳定而创设的永久性法律机制,具有对陷入危机的成员国在严格改革条件下实施危机救助的功能。作为欧洲主权债务危机催生的一项法律机制创新,欧洲稳定机制经历了曲折的探索之路。正式启动的欧洲稳定机制在国际法上具有区域性政府间组织的法律性质,并以特殊的职能身份开始担负起阻止欧洲主权债务危机传染的重任。欧洲稳定机制为欧元区带来了走出主权债务危机的希望,对维护欧盟乃至全球的金融稳定都有着重要意义。然而,欧洲稳定机制所引起的合法性争议与其面临的风险也不容忽视,欧洲稳定机制任重而道远。

2. 关于国家货币主权、区域货币联盟、欧元货币联盟等

(1)货币的主权主要体现在发行独立的国家货币,确定本国的货币制度,确定本国货币同外国货币的关系和独立制定本国的货币政策等几个方面。在具体业务中,国际法也要求国际社会的所有成员,必须遵守各国在通过其国内立法程序确定本国货币的对外汇率、维持本币同外币的合理比价、建立和管理本国外汇市场、繁荣与稳定本国经济等规则,同时也应公平有序地协调货币的国际流动,维护国际货币金融秩序的稳定发展。这是每个主权国家所应承担的国际责任。

(2)区域货币联盟。区域货币联盟是指在货币一体化基础上,在成员国国家之间通过协议形成单一货币,或使用其他几种货币和固定汇率,以此形成一个紧密联系的区域货币联盟。区域货币联盟是经济一体化的组成部分,也是经济一体化发展到一定程度的必要选择。因此,区域货币联盟既是经济一体化过程中的货币一体化,又是货币一体化的一个结果。

(3)欧元货币联盟。欧元货币联盟必须满足三个条件,即保证货币完全不可逆转的自由兑换、完全自由的资本交易,以及银行及其他金融市场的充分一体化,取消汇率波动范围,实行不可变更的固定汇率平价。欧元条例允许合同当事人在其合同中,就有关欧元导入所产生的合同连续性问题做出与欧元条例不相同的约定,且这种约定的效力高于欧元条例的规定。欧元货币联盟的货币政策实际上是各成员国货币政策的聚合,从成员国货币政策的聚

合来分析,欧元区成员国都有可能通过它们本国的政府向欧元区货币联盟提出自己的主张,供欧元区货币联盟采纳。

3. 欧盟各成员国都能对欧元产生各种影响

欧元作为欧盟成员国的单一货币,反映了各参与国政治、经济、文化和军事的情况。这是因为货币不仅仅是一个国家经济的主要组成部分,而且是一个国家政治、文化和军事实力的体现。

(1)欧元的信用来自欧盟成员国的各个国家。欧元的信用是加入欧元货币联盟的多个国家共同信用的结合,其被赋予的货币政策的权力也来自各个国家的主权,欧元的信用是加入欧元货币联盟国家的共同授权,因此各个成员国有责任来维持欧元的信用。

(2)欧元区国家有权对离岸金融活动中使用欧元提出自己的主张。当然这些主张也必须征得欧元区国家的认同,也就是以欧元货币联盟来作为该主张的具体实践方。

作者感悟 1

当我原来工作的离岸中心第一次尝试购买一家境外公司在香港发行的美元债券时,我感到既兴奋,又压力巨大,因为我当初根本不知道如何在风险可控和合规的前提下购买在香港发行的美元债券。我花了很长时间学习其中的关键点,我不仅被前辈们在当时法律规范不健全的情况下,敢于尝试推进我国离岸法律建设的精神深深折服,更为离岸金融所涉及的各种法律制度的缺失而感到存在很大的潜力。所以我们在编写本书时,想要进行离岸法律知识的普及,在此我们呼吁青年学子们要敢于在离岸金融法律制度的建设上进行更积极的努力。

第二节　离岸金融的税收监管

一、避税的概念

避税是指利用一切可行的手段来降低税收支出,但不低于法律允许的最低要求。因此,避税不是逃税、偷税或漏税,它是一种合法行为。避税的核心,就是利用离岸、在岸的不同税收规定,通过双边或多边的税收优惠协议来进行税收的规划和优化。

二、通过离岸金融活动进行避税

(一)离岸金融活动避税的核心

离岸金融活动避税的核心就是减少缴纳税款。传统上利用离岸金融活动进行避税所采取的运作模式多种多样,但具体采取何种模式取决于降低纳税成本的效果和其他成本与费用的大小。

(二)离岸金融活动避税的常见做法

(1)各国政府允许的情况,主要包括:一是利用税收协定减免预提税;二是将本该在一家公司获得的利润分散在交易各环节的不同公司(不同注册地)分散收取,利用各地不同的税率分散缴税；三是将本该在岸收取的利润，转移至离岸地收取，并结合延期入账等方式达到减少税赋的目的；四是通过外资股东控制在离岸地注册的离岸公司，并将其全部（或部分）业务在离岸地开展以实现低税或免税的目的。

(2)各国政府调查和打击的对象，主要包括：离岸公司通过虚增交易环节、增加交易成本来降低税赋；或是离岸公司虚构业务，通过增加经营成本来减少税赋等。

三、利用不同地区的离岸公司缴纳税款

(一)两个国家或地区之间避免双重征税协议和相关税收优惠政策

不同国家或地区之间签订的协调相互间税收分配关系的税收协定，主要目的是为了避免跨境企业在两国或两地开展业务时，两国或两地政府对其同一项经营活动的收入进行双重征税的情况。同时也能达到稳定税收待遇、适当降低税率、防止偷税漏税等目的。

(二)利用离岸公司架构及双边税收协议合理筹划税收

(1)如某国的金融公司通过在境外设立一个金融子公司，利用金融子公司投资一些证券或购置不动产时，可以将资金直接通过该金融子公司来运作，并缴纳符合当地规定的税款。

(2)一国的大型公司往往在海外设立多家子公司，用来进行对不同国家或地区的境外项目的投资和管理。这就使得该国的大型公司，可针对不同国家对不同投资所征收的税种和税率的差异，统筹安排通过在较低税率国家搭建离岸公司架构，并以在当地缴税的方式合理节税。

(3)在与多数国家有双边税收协定的免税或低税司法管辖区设立公司，在开展境外股权投资时可以降低股息预扣税。

(三)防范因离岸税法变化而引起的风险

由于不同国家的税法有不同的规定，而这些规定又在不断更新调整，离岸税收问题就显得较为复杂，而离岸税收又是离岸业务中十分重要的内容。因此，企业开展离岸业务时，特别涉及境外公司的运作时，要从开始时就防范可能出现的税务风险。在搭建公司境外组织架构的过程中，要对能否最大限度地享受各种税收协定的优惠条件，包括对境外不同地区所得税税赋、股息利息预提所得税税赋、退出转让资产和股权相关资本利得税税赋、海外投资项目在海外的利润返回时的税赋等情况进行详细和务实的研究，同时聘请境外公司所在地的专业税务律师提供完善的解决方案。

作者感悟 2

我对离岸税收的了解越多，就越对离岸金融入迷，这实际上是对"金钱至上"观点的批判，也是人性的一种真实反映。我接触离岸金融业务时，世界上就有反洗钱的要求，但对合理避税觉得是一种时代的进步，因此给予了更多的宽容和理解。随着我对离岸金融的深入学习，以及 CRS 和最低 15% 的税率在全球范围内逐渐推行，离岸税收已经不是我们传统思想上的"问题"，而是如何真正发展离岸金融业务的一个重大契机。所以我们了解世界范围内的避税，实际上是为离岸金融的发展奠定更为重要的基础。

四、税基侵蚀和利润转移

税基侵蚀和利润转移(Base Erosion and Profit Shifting,BEPS)是国际税收领域的核心问题。离岸税收的安排存在多种形式的税收减免,因而成为国际税收领域讨论与监管的重点。BEPS是指利用不同税收管辖区的税制差异和规则错配进行税收筹划的策略,其目的是人为造成应税利润"消失"或将利润转移到没有或几乎没有实质经营活动的低税赋国家(地区),从而达到不交或少交企业所得税的目的。2013年,经济合作与发展组织发布了《防止税基侵蚀和利润转移行动计划》,标志着以应对BEPS为主要内容的国际税收改革正式开启。2017年6月,包括中国在内的67个国家和地区成为《实施税收协定相关措施以防止税基侵蚀和利润转移的多边公约》(即《BEPS多边公约》)首批签署国。截至2022年6月30日,签署《BEPS多边公约》的国家和地区数量已达97个。

离岸金融业务以大型跨国企业的批发性业务为主,为应对BEPS,多个离岸中心所在地的国家或地区都签署了《BEPS多边公约》。同时,由于金融市场具有比较高的透明度,存款和贷款的利率都比较清晰,对各类信用等级不同的客户的贷款定价有比较一致的方式,各项金融交易的手续费的公开度也比较高,再加上经合组织《金融账户涉税信息自动交换标准》的实施。截至2022年6月,BEPS包容性框架141个成员中,加入多边共识的成员已达137个。我国已经加入《BEPS多边公约》,正在通过修改国内税收法规来推进公约的相关要求在国内落地,只要我国的离岸金融税收安排不违反公约,就不存在BEPS的问题。

五、全球最低税率

2021年7月1日,经合组织发布了《应对经济数字化下税收挑战的双支柱方案的声明》,其中"支柱二"提出15%的最低税率,并要求2022年完成立法,2023年生效。截至2021年8月末,该声明已经得到134个国家和地区的支持,包括巴哈马、百慕大、维尔京群岛、开曼群岛、泽西岛等避税港型离岸金融中心。全球最低税率是国际税收体系改革的一个革命性的成果,即如果一个集团公司在外国的分公司或子公司的利润,在当地负担的实际税收低于15%,母公司所在国就可以补征该分公司或子公司少于15%的那部分税收。

全球最低税率的即将全面实施,挤压了国际避税空间,受影响较大的是一些以"避税天堂"闻名的岛屿国家和小型经济体,以及部分高度开放的经济体。根据经济合作与发展组织对111个国家和地区公司所得税税率的统计,有23个国家和地区低于15%,其中又有12个国家和地区为零。

六、世界各国对离岸地(中心)反避税措施的介绍

世界主要国家的离岸地(中心)反避税措施基本相同。主要方式包括:
(1)明确税法适用的离岸地(中心);
(2)明确税法适用的纳税人,即明确本国居民设立在离岸地(中心)的离岸公司,适用离岸地(中心)的税制;
(3)明确税法适用的征税对象,即来自离岸公司的消极投资所得;
(4)明确对税法适用对象的制约措施:对作为离岸地(中心)公司的股东的本国居民法人或自然人,其在离岸地(中心)公司按控股比例应取得的所得,不论是否以股息的形式汇回,

一律计入其当年所得向本国纳税,但该部分所得已向外国纳税的可获本国的税收抵免。

(一)对离岸地(中心)的界定

对离岸地(中心)的认定,目前世界上还没有一个统一的规定和判断标准。有的国家采取列举法,直接列举出离岸地(中心)的清单,更多的国家则以是否符合特定的税率为标准来判定是否为离岸地(中心)。如美国国内收入署列举了具有代表性的离岸地(中心),包括百慕大、巴哈马、英属维尔京群岛、中国香港、爱尔兰、利比里亚、列支敦士登、荷兰、荷属安第列斯、巴拿马、新加坡和瑞士等。而日本将离岸地(中心)定义为公司的全部所得或特定类型所得的税收负担大大低于日本国内公司所得的税收负担的国家或地区。

(二)税法所适用的征税对象

一般来说,各国离岸地(中心)所规定的课税所得是指受控外国公司的消极投资所得。但在实际认定中,往往还要考虑受控外国公司所从事的营业活动的性质。丹麦、日本、韩国、葡萄牙和英国将特许权使用所得、租金等一律看作是消极投资所得。而意大利、西班牙和美国则规定要根据具体的情况和事实来决定是否属于消极投资所得。如美国规定来源于非关联方以及虽然来源于关联方,但因使用位于受控外国公司同意的财产而发生的特许权使用费和租金,不属于消极投资所得。多数国家将出售有价证券而获得的资本利得列为消极投资所得,将出售积极经营活动的财产获得的资本利得排除在消极投资所得之外。

(三)一国居民利用离岸地(中心)进行避税

为了防止本国纳税人利用在国外无税或低税条件下对所得和财产进行避税,一些国家制定了一些法律条文进行监管。如美国对个人控股公司除征收正常公司税以外,还对其应分配而未分配的"累积盈余"比照个人所得税最高税率征收一次性惩罚所得税;当一家外国公司符合美国个人控股公司的相关规定时,也适用该条款。日本对拥有特定外国子公司10%以上股份或者同族关系者共同拥有10%以上股份的国内法人的所得要求在日本申报纳税,而不论相关所得是汇回境内还是继续留在境外。

第三节 离岸金融的反洗钱问题

由于离岸金融的特殊性,全球范围内都对离岸金融业务的反洗钱给予了高度关注。因此,我们必须更好地重视离岸金融的反洗钱问题,并以十分谨慎的态度认真做好每一笔离岸金融业务的反洗钱工作。

一、反洗钱的概念

(一)《维也纳公约》对洗钱的规定

洗钱是一种财产转换形式,这类财产必须是来自任何犯罪活动或参与这种犯罪活动的行为。洗钱的目的在于隐藏或者遮掩非法来源,或者协助那些参与了这种犯罪活动的人逃脱法律制裁。洗钱是对该财产的真实性质、来源、地点、构成、流动、相关权利及资产所有权的隐藏或者遮掩,其财产必须是来自对犯罪活动的直接参与或者协助。洗钱是对该财产的获得、持有或者使用。

(二)反洗钱的概念

反洗钱是指预防通过各种方式掩饰、隐瞒毒品犯罪、黑社会性质的组织犯罪、恐怖活动犯罪、走私犯罪、贪污贿赂犯罪、破坏金融管理秩序犯罪等犯罪活动所得及其收益的来源和性质的洗钱活动的措施。

二、反洗钱法律法规的发展

离岸金融市场已是洗钱的重灾区,因此,开办离岸金融业务的机构既要严格遵守国际惯例和相关国际组织对反洗钱工作的各项规定,又要严格遵守我国监管部门对反洗钱工作的各项规定。

(一)国际反洗钱法律法规的发展

以发布时间来看,美国于1970年通过的《银行保密法》《货币和金融交易报告法》是最早的反洗钱规定。巴塞尔银行监管委员会成立后,于1988年发表了关于防范洗钱的声明,并于1998年12月发表了一份关于防止银行体系被利用于洗钱的犯罪行为的声明,这是国际组织最早的反洗钱规定。

(二)我国反洗钱法律法规的发展

我国于2006年颁布了《反洗钱法》,明确了反洗钱监督管理、金融机构相关职责、反洗钱调查、反洗钱国际合作等方面的要求。我国银保监会2019年制定的《银行业金融机构反洗钱和反恐怖融资管理办法》,从完善银行业金融机构内控制度、健全监管机制、明确市场准入标准、建立银行业反洗钱工作的基本框架等方面做出了详细和严格的规定。

1. 我国已有反洗钱的相关监管规定

我国于1995年3月18日制定的《中国人民银行法》中的中国人民银行的职责第十条就明确提出了反洗钱的内容,2003年中国人民银行制定的《金融机构反洗钱规定》《人民币大额和可疑支付交易管理办法》《金融机构大额和可疑外汇资金交易报告管理办法》以及《个人存款账户实名制》等规定中也都有反洗钱的具体内容,这为我国金融机构开展反洗钱管理提供了监管依据。

2. 我国反洗钱监管规定的法律位阶较低

我国已公布仍有效的预防监控洗钱活动的监管规定,其法律层级和法律效力较低。而且这些监管规定的适用范围较窄,对金融机构开展反洗钱管理也是存在先天性缺陷的。

3. 我国亟须建设一个我国自己的反洗钱监控平台

为有效做好反洗钱工作,及早发现反洗钱的犯罪线索,保护我国机构和公民的合法权益及共享全球范围内的反洗钱信息,我国应立即着手建设一套反洗钱国际平台,修订既有利于加强国际合作又符合我国国情的《反洗钱法》。

三、我国亟待出台与国际接轨的具有中国特色的反制裁及反洗钱法律

1. 做好反洗钱工作的意义

离岸金融机构做好反洗钱工作,首先有助于我国在国际上树立负责任大国的形象;其次有助于确保我国经济活动的正常开展和社会秩序的稳定;最后有助于维护我国离岸金融市场的安全和离岸金融机构的信誉。

2. 我国制定与国际接轨的反制裁及反洗钱法律的意义

我们之所以提出要制定与国际接轨的反制裁及反洗钱法律,主要是因为反制裁及反洗钱不仅仅是我国的现实需要,更是我国融入国际社会的迫切需要。目前,全球范围内的反制

裁及反洗钱行动,需要世界各国政府和金融机构之间的通力合作。

我们之所以提出要制定有中国特色的反制裁及反洗钱法,是因为想让中国制定的反制裁及反洗钱法能够成为国际反制裁及反洗钱的标准之一。

我们在实际工作中遇到过一个特殊的案例。我国一家跨国公司 A 于 2012 年初从 B 国一家企业购买了优质的无烟煤,并转卖给亟须这种无烟煤的 C 国。在此特别提醒,A 公司仅是做了一笔业务,但在 2018 年 D 国突然宣布要对 B 国进行贸易调查和制裁(调查时间从 2013 年开始购买 A 国煤炭开始)。于是我国这家 A 公司被 D 国以反洗钱的名义进行了处罚,同时 D 国通过国际组织以反洗钱名义停止了国际金融机构对 A 公司所办理的国际贸易的收付款业务。从该案例中,我们可以看到 D 国政府不按照反洗钱法规中明确的适用时间而滥用反洗钱名义,打压 B 国和我国跨国公司所进行国际贸易的一些端倪。如果我国也有国际上都认可的反洗钱法,那么在反洗钱领域就能掌握一定的话语权。特别是国际制裁一般有较强的政治因素,对于不同政治主张下由某些国家强制执行的反制裁措施,不应该在所有的国际金融贸易活动中被普遍执行。我国金融机构及企业更应该在我国反制裁及反洗钱的法规范围内,开展国际金融活动。

四、反洗钱的具体要求

(一)反洗钱的三项基本制度

建立健全客户身份识别制度、大额交易和可疑交易报告制度、客户身份资料和交易记录保存制度,这是反洗钱工作的三项基本制度。

(1)客户身份识别制度。反洗钱业务主体在与客户建立业务关系或者与其进行交易时,应当根据真实有效的身份证件或者其他身份证明文件,核实和记录其客户的身份,并在业务关系存续期间及时更新客户的身份信息资料。

(2)大额交易和可疑交易报告制度。非法资金流动一般具有数额巨大、交易异常等特点,因此法律规定了大额交易和可疑交易报告制度,要求金融机构、特定非金融机构对数额达到一定标准、缺乏明显经济活动等合法目的异常交易,应当及时向反洗钱行政主管部门报告,以作为发现和追查违法犯罪行为的线索。

(3)客户身份资料和交易记录保存制度。金融机构依法采取必要措施将客户身份资料和交易信息保存一定期限。

(二)反洗钱的"三原则"

(1)合法审慎原则。金融机构应当依法并且审慎地识别可疑交易,做到不枉不纵,不得从事不正当竞争以妨碍反洗钱规定的履行。

(2)保密原则。金融机构及其工作人员应当保守反洗钱工作的秘密,不得违反规定将有关反洗钱的信息泄露给客户和其他人员。

(3)与司法机关、行政执法机关全面合作原则。金融机构应当依法协助、配合司法机关和行政执法机关打击洗钱活动,依照法律、行政法规等有关规定协助司法机关、海关、税务等部门查询、冻结、扣划客户的存款。

五、我国离岸金融业务反洗钱的国际借鉴

虽然我国还没有真正意义上的离岸金融中心,但我国目前实行的就是内外分离型的离

岸金融体系。由于离岸金融市场与在岸金融市场进行分离，进入离岸金融市场的金融机构必须开设离岸业务的专门账户，所有离岸交易均须通过该账户进行，这类金融中心还包括纽约、东京、巴林等。我国对于离岸账户的反洗钱管理可以借鉴其他内外分离型离岸金融中心的做法。下面以美国为例，对美国反洗钱情况进行简要的介绍。

(一)美国反洗钱组织的介绍

美国反洗钱组织是一个多头监管、各司其职和相互沟通的基本架构。联邦政府和州政府都承担着反洗钱职责。在联邦层面上，主要有五个部门具有反洗钱功能，分别是司法部、国务院、财政部、联邦存款保险公司和美联储。美国司法部和财政部是反洗钱职能的主要承担者。美国金融犯罪执法网络局归美国财政部管辖，该局负责收集和分析金融交易信息、防范国内和国际洗钱、打击恐怖主义融资和其他金融犯罪，是美国的金融犯罪情报中心，也是美国反洗钱工作的神经中枢。

美国反洗钱的监管特点主要有以下几个方面：

(1)坚守"了解你的客户"的原则。美国银行业在预防客户洗钱犯罪方面，建立了包括识别客户身份、交易报告、记录保存等多项制度。

(2)严守"大额现金交易"报告制度。

(3)及时进行"双重报告"制度。这里的"双重"就是以大额现金交易报告为主、可疑交易资金报告为辅的交易报告制度。

(4)建立强大的"信息收集和分析系统"。美国反洗钱执法机构的信息，主要来源于三大信息库，即金融信息库、执法信息库、商业信息库。

(5)坚持"突出重点"的合作协助机制。在反洗钱工作中，美国的基本策略是重点打击和全面防范相结合，但是反洗钱的核心工作被放在银行，银行在反洗钱中肩负着重要职责。

(二)我国借鉴和学习美国反洗钱的具体做法

洗钱风险是指因金融机构工作人员或者其他金融交易主体的洗钱犯罪行为而导致金融交易主体蒙受的直接损失和间接损失，而洗钱风险是离岸金融市场上最大的违法风险。我国应做好对离岸金融机构和离岸金融从业者的反洗钱检查。虽然反洗钱可能涉及所有离岸金融的参与方，但目前金融机构和金融从业者是防范洗钱风险的最后防线。

我们必须高度重视对离岸金融洗钱风险的防范。一是要对离岸金融的洗钱风险进行专门立法，并根据国际监管要求的变化动态进行及时的更新；二是要在全社会进行反洗钱的有力宣传；三是要进行更为高效和完备的国际合作；四是要建立强大的反洗钱平台；五是要建立全覆盖的反洗钱网络；六是要强化金融机构反洗钱的责任担当；七是金融机构必须制定完善的反洗钱措施；八是要对金融机构从业者进行有效的24小时的全面监控；九是要完善我国的离岸金融法律法规。

我们在开展离岸金融的实际业务中，还要小心谨慎地参照美国、欧盟等主要国家和国际组织的反洗钱规定来做好我们自己的反洗钱工作。比如我们在开展离岸金融活动时，就要以十分警惕的态度来杜绝与美国财政部公布的特别指定国民清单(SDN)上所列的客户进行任何形式的交易。特别指定国民清单由美国财政部海外资产控制办公室发布并管理，包含美国一系列经济贸易制裁对象的个人、实体和船舶。一旦个人、实体和船舶被列入特别指定国民清单，实际上就被切断了与美国的相关业务或金融交易。这是因为我们在使用美元这个货币进行任何交易时,都会通过美国纽约的 CHIPS 系统进行清算[①],在通过美国金融系统进行清算的交易中,作为交易一方的非美国个人或实体,如果存在违反海外资产控制办公室制裁的情况,相关交易就会被 CHIPS 系统阻断,同时可能引起美国政府的调查。因此我们必须严格遵守美国、国际组织等的反洗钱规定,建议所有开展跨境金融业务的机构和企业,都要抱着十分谨慎的态度,高度重视美国、国际组织反洗钱规定演变成的"国际惯例"对我们的影响。

目前要做好以下几点:

(1)特别关注美国财政部海外资产控制办公室所列出的特别指定国民名单,这个制裁包括:禁止提供特定服务,禁止投资、支付和资本流动,禁止为目标实体集资,封锁(冻结资产)个人或实体的任何资金或其他资产,禁止美国人与其交易,禁止入境。

(2)高度关注美国财政部海外资产控制办公室所列出的代理行和通汇账户制裁(CAP-TA)名单,这个制裁包括禁止美国金融机构为列入该名单的实体开立或维护代理行账户和通汇账户。

(3)积极关注美国国防部、美国财政部海外资产控制办公室的非 SDN 中国军事公司名单(NS-CCMC List),这个制裁包括由国务院发布、财政部实施投资限制,要求被纳入 60~360 天后剥离与其相关的投资。

(4)认真关注美国财政部海外资产控制办公室的外国制裁规避者(FSE)名单,这个制裁包括被认定侵犯、企图侵犯、串谋违反或违反美国对叙利亚或伊朗制裁的外国人和实体,以及促成欺骗交易,或代表受美国制裁的个人的外国人,禁止与其交易。

(5)特别关注美国财政部海外资产控制办公室的美国人禁止与在俄罗斯经济产业部门从事业务的个人进行有关融资或处理期满超过 90 天债务的交易。

六、反洗钱的国际合作

为加强反洗钱的国际合作,履行我国已加入的国际公约规定的义务,维护我国负责任的大国形象,我国制定的《反洗钱法》确立了根据我国缔结或者参加的国际条约或者按照平等互惠的原则,积极开展反洗钱的国际合作,并对人民银行在国际合作中的职责等做了授权性规定,以便反洗钱国际合作的组织协调。同时,反洗钱法规定的内容也充分考虑吸收了其他国家、国际条约的有关规定,为反洗钱国际合作、联合打击洗钱犯罪提供了一个平台。

(一)特定非金融机构的反洗钱要求

反洗钱的义务范围不仅限于金融机构,还包括非金融机构。对于非金融机构,具体应当包括哪些非金融机构或者从事哪些业务的机构应当履行反洗钱义务,还存在不同意见。另外,中国人民银行正在组织证监会、国家金融监督管理总局等制定非金融机构的反洗钱规定。

(二)做好离岸金融机构和离岸金融从业者的反洗钱检查工作

虽然反洗钱可能涉及所有离岸金融的参与方,但目前金融机构和金融从业者是防范洗钱风险的最后防线,因此,离岸金融机构和离岸金融的从业者必须对每一笔离岸金融交易进

---

① CHIPS 是美国纽约清算所银行同业支付系统(Clearing House Interbank Payment System)的简称,主要进行跨国美元交易的清算。

行反洗钱的各种审查,要坚决防范离岸金融交易主体可能出现的任何洗钱风险,这样就能杜绝可能的直接损失和间接损失。

作者感悟 3

自我 1993 年进入交通银行从事国际业务工作后,反洗钱就是悬在我国商业银行国际业务每个从业者头上的"达摩克利斯之剑"。随着国际金融活动不断在国际和我国更加频繁地开展,国际金融特别是离岸金融在反洗钱方面出现的危害越来越严重,使得反洗钱不仅仅是对金融从业者的要求,更是对全社会涉及国际金融活动的基本要求。我们在本书中花了不少篇幅对国际反洗钱进行介绍和分析,主要提醒大家,必须在未来的工作中高度重视反洗钱工作,要将反洗钱规定作为刻在全社会每个人身上的行为准则。

第四节 关于全球正在推行的共同申报准则问题

一、共同申报准则

共同申报准则(Common Reporting Standars,CRS)的提出者是经济合作与发展组织,而这个理念来自美国的海外账户税收遵从法(FATCA)。CRS 旨在推动国与国之间税务信息自动交换,当前正循序渐进地在各国实施,已在 2018 年完全覆盖所有的成员国。虽然不具有法律强制力,但发起 CRS 的经济合作与发展组织仍在全力倡导各成员国应按照要求签署公民信息交换的协议。

(一)共同申报准则的内容

共同申报准则的内容主要包括:

(1)海外机构账户,包括几乎所有的海外金融机构,如银行、信托、券商、律所、会计师事务所、提供各种金融投资产品的投资实体、特定的保险机构等。

(2)资产信息,如存款账户、托管账户、有现金的基金或者保险合同、年金合约,都要被交换。

(3)个人信息,包括账户、账户余额、姓名、出生日期、年龄、性别、居住地,都要被交换。

(二)共同申报准则的运作特点

举例来说,我国上海的 A 跨国公司由于开展全球离岸贸易业务的需要,在香港设立了一家子公司,那么这家香港子公司开立过结算账户的所有银行,都会按规定在每年指定日期向香港的税务部门报送公司的账户信息和资金结算情况,香港的税务部门会按照 CRS 的规定向我国的税务部门发送该香港公司的相关信息,我国的税务部门会将上述信息转送到 A 公司所在的上海的税务部门。基于 CRS 这一机制,我国税务部门能够及时掌握我国居民在海外的资金变化情况。

二、CRS 与对外投资申请的关系

对外直接投资(Outbound Direct Investment,ODI)是指我国企业、团体在国外及港澳

台地区以现金、实物、无形资产等方式投资或控制境外企业的经济活动。对外直接投资是我国"走出去"战略的重要组成部分,也是我国企业主动参与国际分工,利用好境内、境外两种资源、两个市场,规避外国贸易壁垒,吸收国外的先进技术和管理经验以及及时掌握外部信息的积极举措。

CRS将对我国对外投资活动中所开设的所有海外账户进行资金流向的汇总。要特别指出的是,几乎所有的境外机构,包括企业、银行、信托、券商等经营实体,只要这些境外机构在其他金融机构内有资金流动记录,这些记录就会被完整留存并按照CRS的规定定期报送给这些境外机构所在地的税务部门,这些记录包括:存款账户、托管账户、基金账户、保险账户、年金合约,以及个人账户的所有人或相关方的姓名、出生日期、年龄、性别、居住地以及账户余额等。

第五节　国际上与离岸金融相关的监管及服务机构

一、国际清算银行

国际清算银行(Bank for International Settlements)是于1930年由英国、法国、德国、意大利、比利时、日本等国的中央银行与代表美国银行界利益的摩根银行、纽约和芝加哥的花旗银行组成的银团,主要负责所有成员机构之间的清算业务。国际清算银行是依照海牙国际协定成立,最初为处理第一次世界大战后德国战争赔款问题而设立,后演变为一家各国中央银行合作的国际金融机构。它是世界上历史最悠久的国际金融组织,总部设在瑞士巴塞尔。刚成立时只有7个成员国,现已发展至60家中央银行或货币当局。我国于1996年11月正式加入国际清算银行。

国际清算银行的任务是促进各国中央银行之间的合作,为国际金融业务提供便利,并作为国际清算的受让人或代理人。扩大各国中央银行之间的合作,始终是促进国际金融稳定的重要方式之一。因此,国际清算银行便成了各国中央银行领导人的会晤场所,接受各国中央银行的委托开展业务。根据国际清算银行的章程规定,其有权进行下列业务活动:一是既可为自己,又可为中央银行购买、出售、交换和储存黄金;二是为各成员国中央银行提供贷款和接受它们的贷款;三是为各成员国中央银行办理和重办期票,收买或出售期票以及其他优等短期债券;四是既可以靠自己,又可以靠各成员国中央银行收受展品出售(外汇和有价证券股票除外);五是接受各成员国中央银行往来资金和存款;六是作为被委托人接受政府的存款,或根据董事会的决议接受其他资金,不得发行提示付款银行券、承兑汇票、为各国政府提供贷款(购买国家公债例外);七是对任何一家企业有监督权;八是对由于偿还银行债务的不足而归于银行的不动产,在没有更合适的价格被变卖之前,掌管这些不动产。

二、巴塞尔委员会

巴塞尔银行监管委员会(Basel Committee on Banking Supervision,简称"巴塞尔委员会"),成立于1974年,是国际清算银行下的常设监督机构。该机构原来仅是一家咨询机构,由各国银行监管机构的高级代表以及比利时、德国、加拿大、日本、法国、意大利、卢森堡、荷兰、瑞典、瑞士、英国和美国的中央银行组成,通常在巴塞尔的国际清算银行(秘书处永久所在地)召开会议。每年三次例会,其工作主要致力于以下几个方面:改善对国际银行监管技巧的效能,提出任何影响从事国际银行业务的问题,为了改善全世界银行业的监管工作与世界各监管机构交换信息和意见。

巴塞尔委员会的一项重要任务是堵塞国际监管中的漏洞。它遵循着两项基本原则:没有任何境外银行机构可以逃避监管,监管应当是充分的。为了强化国际银行系统的稳定性,消除因各国对资本充足率要求不同而产生的不平等竞争,经十国集团中央银行行长理事会批准,委员会于1988年7月公布了著名的《巴塞尔资本协议》。协议提出了统一的风险加权式资本的衡量标准,并规定最迟于1992年年底开始实施。巴塞尔委员会又多次发布《巴塞尔资本协议》的补充及修正协议,不断对该体系加以完善,逐步将结算风险和市场风险等纳入资本衡量系统。自1998年以来,该协议不仅为各成员国所采用,而且实际上几乎已为拥有国际性银行的其他国家所采用。

巴塞尔委员会并不是国际性的监管机构,所以巴塞尔委员会做出的任何决议并没有实际的法律效力,但由于委员会代表着世界强大的经济集团,其具有的强大影响力是不容忽视的。巴塞尔委员会制定的《关于统一国际银行资本衡量和资本标准的协议》《有效银行监管核心原则》等协议和监管标准及指导原则,统称为"巴塞尔协议"。虽然世界上所有的商业银行对"巴塞尔协议"并没有强制执行的义务,但由于"巴塞尔协议"已成为全球商业银行业防范风险的重要监管标准和指导原则,因此各国监管大多要求其管辖的商业银行必须遵守巴塞尔委员会的相关标准。凡是达不到"巴塞尔协议"相关要求的商业银行也很难被各国监管部门、其他商业银行及其客户接受,这些商业银行的最终命运往往是走向停业整顿、倒闭或被低估值收购。

三、欧洲证券及市场管理局

欧洲证券及市场管理局(European Securities and Markets Authority)的前身是欧洲证券监管委员会。它是欧洲场外交易(OTC)产品相关规则的制定与修改者,是批准OTC产品进行强制性中央结算的唯一权威机构。欧洲证券及市场管理局于2011年1月1日开始正式取代欧洲证券监管委员会的相关职能,其总部设在法国巴黎。

欧洲证券及市场管理局的使命是建立一套欧盟统一的资本市场监管规则,通过有效的监督和监管为欧盟投资者提供保护,并为金融机构提供公平的竞争环境。欧洲证券及市场管理局拥有制定监管规则的权力,并有权登记金融交易资料。金融机构参与者被要求向交易数据库进行报告,报告应该包括合同参与方、合同标的类型、到期时间以及名义价值等内容。对于非金融机构参与者来说,则主要针对OTC合约进行相关内容的报告,这类报告必须在执行、修改或者结清后的规定事件内提交。

四、欧洲联盟

欧洲联盟(European Union,EU,简称"欧盟")的总部设在比利时首都布鲁塞尔,由欧洲共同体发展而来,创始成员国有6个,分别为德国、法国、意大利、荷兰、比利时和卢森堡,现有27个会员国,但英国已不再是欧盟成员。

欧盟成立的主要目的:一是不再发生战争,二是建立一个没有国界和壁垒的经济区域。1991年12月,欧洲共同体马斯特里赫特会议通过《欧洲联盟条约》,通称《马斯特里赫特条约》。1993年11月1日,《马斯特里赫特条约》正式生效,欧盟正式诞生。欧元是欧盟的重要标志。

欧盟的条约经过多次修订,运作方式依照《里斯本条约》。政治上所有成员国均为议会民主国家,经济上位居世界经济体前列(其中德国、法国、意大利为八国集团成员),军事上除瑞典、芬兰、爱尔兰、奥地利、马耳他与塞浦路斯以外,其余欧盟成员国均为北大西洋公约组织成员。

五、金融特别行动工作组

金融特别行动工作组(Financial Action Task Force on Money Laundering,FATF)又称"反洗钱金融特别行动工作组"。

金融特别行动工作组是原来西方的七国集团(G7)为专门研究洗钱的危害、预防洗钱并协调反洗钱国际行动,于1989年在法国巴黎成立的政府间国际组织,是世界上最具影响力和权威性的国际反洗钱和反恐融资领域的国际组织之一,其成员国遍布各大洲主要金融中心。FATF制定的反洗钱"40条建议"和反恐融资"九项特别建议",已是世界上反洗钱和反恐融资领域最权威的文件之一。

金融特别行动工作组的主要任务是实现下列三个目标:一是向全球所有国家和地区推广反洗钱信息。FATF通过扩大会员、在不同地区发展区域性反洗钱组织和与其他有关国际组织的密切合作,促成全球反洗钱联盟的建立。二是监督FATF成员执行"40条建议"。所有成员通过年度自我评估和双边评估,监督各成员对"40条建议"的执行情况。三是关注和研究洗钱与反洗钱手段的发展趋势。鉴于洗钱犯罪手段层出不穷,FATF在全球范围内搜集关于洗钱犯罪发展情况的信息,以便及时修改与更新"40条建议",以有效控制洗钱犯罪活动。

六、金融情报机构

目前大多数国家设立了金融情报机构。金融情报机构是一个国家负责接收、分析并向相关职能部门移送金融信息的全国性核心机构。金融情报机构是国际反洗钱和反恐融资行动新形势下的制度创新及机构创新,是情报机构和金融部门有机结合的产物。

金融情报机构通过接收、分析和移送金融情报,向立法、执法、国家安全、金融监管等部门提供信息支持,为制定法律和宏观经济政策提供实证基础,为打击金融犯罪寻找线索,也为政府的日常工作提供必要的信息参考。

此外,金融情报机构协助政府通过开展合规监管、社会宣传、课题研究与发布相关信息等工作,增强社会整体反洗钱和反恐融资意识,凝聚打击金融犯罪的合力。金融情报机构以其工作的直接性、保密性、高效性,在保护私权的同时增强了反洗钱和反恐融资工作的系统性、预见性和主动性。同时,作为国家级的情报机构,它代表国家参与国与国间的情报交流与合作,构建起世界反洗钱和反恐融资的金融情报网络。

七、国际会计准则委员会

国际会计准则委员会(International Accounting Standards Committee,IASC)于1973年6月在英国伦敦成立,最初由澳大利亚、加拿大、法国、联邦德国、日本、墨西哥、荷兰、英国、美国的 16 个职业会计师团体组成。目前,其成员已发展到包括 104 个国家的 143 个会计职业组织。

迄今为止,IASC 已发布了 39 项国际会计准则。经过 IASC 的努力,国际会计准则得到不断完善并获得各国会计行业的支持与认可。

八、国际货币基金组织

国际货币基金组织(International Monetary Fund, IMF)于 1945 年 12 月 27 日在华盛顿成立,该组织是根据 1944 年 7 月在布雷顿森林会议签订的《国际货币基金组织协定》所设立的。

IMF 与世界银行同时成立,并列为世界两大国际性金融机构。IMF 的职责是监察货币汇率和各国贸易情况,提供技术和资金协助,确保全球金融制度运作正常。

IMF 一项特别重要的贡献是于 1969 年创设的"特别提款权"(Special Drawing Right, SDR),亦称"纸黄金"(Paper Gold)。特别提款权是 IMF 根据会员国认缴资金的份额分配的,可用于偿还 IMF 的债务、弥补会员国政府之间国际收支逆差的一种账面资产。其价值由美元、欧元、人民币、日元和英镑组成的一篮子储备货币决定。会员国可用特别提款权向 IMF 指定的其他会员国换取外汇,还可以像黄金、自由兑换货币一样充当国际储备。SDR 是对 IMF 原有的普通提款权的一种补充,所以称为特别提款权。SDR 是一项重大的金融创新,大大缓解了成员国遇到全球性金融危机时面临的本国政府流动性紧张等问题。这是因为 SDR 具有以下功能:一是成员国发生国际收支逆差时利用 SDR 换取外汇予以弥补;二是成员国之间可以根据协议换回对方持有的本国货币;三是成员国可以利用 SDR 偿还 IMF 提供的贷款及相关利息费用。

IMF 的主要职责如下:

(1)制定成员国间的汇率政策和经常项目的支付以及货币兑换性方面的规则,并进行监督;

(2)对发生国际收支困难的成员国在必要时提供紧急资金融通,避免造成区域性金融危机;

(3)为成员国提供国际货币合作与协商等会议场所;

(4)促进国与国间金融与货币领域的合作;

(5)促进国际经济一体化的发展;

(6)维护国与国间的汇率秩序;

(7)协助成员国之间建立经常性多边支付体系等。

九、世界银行

世界银行集团(World Bank Group,简称"世界银行"),也是国际复兴开发银行的通称,是联合国的一个专门机构。世界银行成立于 1945 年,并于 1946 年 6 月开始营业,由国际复兴开发银行、国际金融公司、国际开发协会、多边投资担保机构和国际投资争端解决中心五个成员机构组成。

(一)世界银行的宗旨

(1)通过对生产事业的投资,协助成员国经济的复兴与建设,鼓励不发达国家对资源的开发。

(2) 通过担保或参加私人贷款及其他私人投资的方式,促进私人对外投资。当成员国不能在合理的条件下获得私人资本时,可运用该行自有资本或筹集的资金来补充私人投资的不足。

(3) 鼓励国际投资,协助成员国提高生产能力,促进成员国国际贸易的平衡发展和国际收支状况的改善。

(4) 为国际贷款发放提供担保支持。

(二) 世界银行的成员机构

世界银行由五个成员机构组成,主要包括:

(1) 国际复兴开发银行(International Bank for Reconstruction and Development, IBRD),成立于1945年,主要职责是向中等收入国家政府和信誉良好的低收入国家政府提供贷款,它有189个成员国。

(2) 国际金融公司(The International Finance Corporation, IFC),成立于1956年,是专注于私营部门的全球最大的发展机构。IFC通过投融资、动员国际金融市场资金以及为政府和企业提供咨询服务等方式,帮助发展中国家实现可持续增长,它有184个成员国。

(3) 国际开发协会(International Development Association, IDA),成立于1960年,主要职责是向最贫困国家的政府提供无息贷款和赠款,它有172个成员国。

(4) 多边投资担保机构(Multilateral Investment Guarantee Agency, MIGA),成立于1988年,主要职责是促进发展中国家的外国直接投资,以支持经济增长、减少贫困和改善人民生活。MIGA通过向投资者和贷款方提供对发展中国家政治风险的担保履行其使命,它有181个成员国。

(5) 国际投资争端解决中心(International Center for Settlement of Investment Disputes, ICSID),成立于1966年,主要职责是提供针对国际投资争端的调解和仲裁机制。

十、离岸银行监管组织

离岸银行监管组织(The Offshore Group of Banking Supervisors, OGBS)于1980年成立于瑞士巴塞尔。由于设立在离岸中心的跨国银行普遍没有受到足够的金融监管,集聚了大量的风险,使得以巴塞尔委员会为首的国际监管组织十分担心,因而专门成立了离岸银行监管组织,该组织是对离岸银行业监管的专门机构。

离岸银行监管组织和巴塞尔委员会于1996年组成了一个工作小组,就跨境银行的监管出具了一份报告,并得到了银行监管国际会议的认可。该报告旨在解决和阐述国际银行跨境交易监管中产生的一系列问题,同时还针对监管者之间的信息交换提出部分建议。OGBS和巴塞尔委员会的进一步合作还促成了2001年《客户尽职原则》的发表,该报告提供了"了解你的客户"原则的详细指导。

十一、离岸保险监管组织

离岸保险监管组织(Offshore Group of Insurance Supervisors, OGIS)成立于1996年10月14日(也有资料显示成立于1993年),是为了满足对离岸保险机构的监管需求,监控离岸保险机构的财务状况、资本充足率等指标而成立的组织。其成员包括英属维京群岛、直布罗陀、巴哈马群岛等国家或地区。

离岸保险监管组织的宗旨是维护离岸保险机构的共同利益,制定有效的保险监管政策,帮助或促进成员国建立针对离岸保险机构统一的监管制度,促进离岸保险业务的适度监管,侧重对离岸保险机构的技术培训与政策引导。该协会至少每年举办一次会议,旨在提高各离岸地的保险监管水平。申请加入离岸保险监管协会的国家和地区,必须具备能够有效实施监管的保险法规,拥有进行离岸监管所需要的必要资源(如独立的监管机构、允许信息交换等)。

十二、离岸基金投资机构组织

离岸基金投资机构组织(Offshore Funds Investment Organization,OFIO)成立于1997年12月1日,该组织旨在维持一个活跃而规范的离岸基金市场,推动离岸基金市场的监管者和参与者之间的合作及信息共享,并提供一个定期讨论离岸基金的相关领域内相关国际问题的场所。

十三、经济合作与发展组织

经济合作与发展组织(Organization for Economic Co-operation and Development,OECD,简称"经合组织")成立于1961年,共有38个成员国,总部设在法国巴黎。该组织旨在把握全球化带来的机遇,并共同应对全球化带来的经济、社会和政府治理等方面的挑战。

(一)经合组织的宗旨

(1)促进成员国经济和社会的发展,推动世界经济增长;

(2)帮助成员国政府制定和协调有关政策,以提高各成员国居民的生活水准,保持财政的相对稳定;

(3)鼓励和协调成员国为援助发展中国家做出努力,帮助发展中国家改善经济状况,促进非成员国的经济发展。

(二)经合组织的特点

(1)经合组织与世界银行、国际货币基金组织不同,经合组织并不提供资金上的援助。它是在政策分析的基础上,提供一个思考和讨论问题的场所,以帮助各国政府制定多边政策,这些政策促使各成员国政府统一步调。

(2)经合组织有效性的核心是通过政府间的双边审查以进行多边监督和平行施压,促使各成员国遵守规则或进行改革。经合组织常常能帮助各国政府做出更有效的政治决策,使其经济更富有效率。如经合组织在服务贸易领域开展的分析和协商工作推动了乌拉圭回合[①]的圆满结束。

(3)经合组织的工作方式包含一种高效机制,它始于数据收集和分析,进而发展为对政策的集体讨论,然后提供决策和实行的意见。通过政府间的双边审查,多边监督,以及平行施压促使成员国遵守规则或进行改革,这正是经合组织在诸如国际商业交易《反贿赂协议》等领域有效性的核心。经合组织在信息技术革命对经济发展的贡献方面所做的分析为政府

[①] 1986年9月在乌拉圭的埃斯特角城举行了关贸总协定部长级会议,会议就各国在关税减让和贸易规则等方面进行了谈判。

制定经济政策提供了帮助,而它在失业起因及对策方面的研究则有助于给政策措施注入政治动力以减少失业。经合组织在贸易领域如服务贸易方面所开展的重要分析和综合一致工作,推动了国际贸易协商的成功。

(4)在经合组织内进行的讨论有时会逐渐发展为谈判,成员国就国际合作的规则达成一致。这些谈判可能会达成正式协议,如有关反贿赂、出口信贷或资本流动的协议,也可能形成诸如有关国际税收的标准和模式,或是有关公司管理或环境工作的建议和指导纲要。

(5)经合组织的工作正越来越具有跨学科性。经合组织在持续性发展方面的工作,以及旨在尽早确认新兴政策问题的"世界未来计划"就是多学科的研究。经合组织对人口老龄化所进行的研究工作不仅包括了宏观经济学、税收和企业,以及卫生保健等各方面专家的参与,还包括了劳动力市场和社会政策分析,并且对环境、经济、贸易和投资等相关内容的综合分析。经合组织对生物技术的研究分析还包括农业、工业、科学、环境的发展政策。而对全球化影响的评估实际上囊括了政策分析的每个领域。

第六节 离岸金融法律概述

离岸金融法律是调整离岸金融关系的法律规范的总称。从各国立法实践看,离岸金融法律不是一部单一的法律,而是一个由多部不同法律位阶的、调整不同离岸金融关系的法律规范组成的法律体系。从离岸金融法调整的法律关系和调整方法上看,离岸金融法属于金融法的范畴,与经济法关系紧密。当然,由于离岸金融法律的很多法律规范由国际条约或者国际通行的惯例组成,因而其与国际法又有很大的渊源。

我国还没有一部与国际接轨的离岸金融法律,这需要我国的立法机构、法律工作者和离岸金融的从业者,从更长远、更开放的角度考虑,尽早制定出我们自己的离岸金融法律。

一、离岸金融法的特性

(一)离岸金融法的调整方式兼具公法和私法的特点

离岸金融法属于金融法的分支,从而隶属于经济法的范畴。由于经济法兼具民商法和行政法的特性,离岸金融法在法律调整的方式上就存在着私法调整方式和公法调整方式的混合模式。具体而言,离岸金融法中调整平等主体之间法律关系的法律调整方式具有私法的特性,而离岸金融法中调整不平等的主体之间的隶属、管理关系的法律调整方式具有公法的特性。

(二)离岸金融法是国内法和国际法的融合

离岸金融业务的一般特征是"两头在外"。当从事非居民的资金流转活动时,由于离岸金融业务也是在一国主权范围内从事的特殊金融业务,市场所在国是有权制定本国的离岸金融市场法律规范的,因此,从狭义上讲离岸金融法属于国内法。同时,离岸金融法还可以从广义上理解,一国离岸金融法体系既包括市场所在国制定的规范离岸金融业务的法律,又包括适用于离岸金融业务的国际条约、国际惯例等。离岸金融市场的资金来源是非市场所在国货币管理体系内的货币,资金也一般用于满足市场所在国之外的资金需求,各个从事离岸金融业务的主体也不一定是市场所在国的金融机构,因而世界各地的离岸金融市场必须遵循一些共同的活动规则,才能保障国家主权货币体系之外的货币流通更加顺畅。国际条约和国际惯例属于国际法的渊源,它们在世界各地离岸金融市场发挥着重要的调整作用,比如以《巴塞尔协议》为核心的国际金融监管规则,已经成为各国离岸金融监管法律的主要制定依据。综上所述,从广义上看,离岸金融法又属于国际法的范畴。

二、离岸金融法律的具体内容

在写作本书的过程中,我们参考了金融法和国际法的相关研究成果,通过对离岸金融法律调整的法律关系方面进行研究,并根据离岸金融法调整的具体内容,我们将离岸金融法分为离岸金融主体法、离岸金融交易法和离岸金融监管法等。

(一)离岸金融主体法

该法主要是指规范从事离岸金融业务的金融主体资格的相关法律,比如对金融主体资本充足率的规定,对金融主体内部控制的制度要求等。离岸金融主体法主要是由市场所在国制定的,体现了市场所在国对国内金融秩序的安排,离岸金融主体法是离岸金融法中的重要组成部分。

(二)离岸金融交易法

该法主要是指调整参与离岸金融的平等主体,在从事离岸金融交易过程中形成的权利义务关系的法律规范的总称。由于金融业务本质上是金融机构提供的金融服务,金融服务一般通过合同的形式确定各方的权利义务关系,从事离岸金融交易的各方主体的权利义务关系也是以合同的方式予以确立的,因此,离岸金融交易法又属于私法或民商法的范畴。离岸金融交易法内容繁多,由于交易活动是在全世界范围内开展的,离岸金融交易的大量规则是由国际条约或国际惯例组成的,因而一部分离岸金融交易法还属于国际法的范畴。

(三)离岸金融监管法

该法主要是指调整离岸金融纵向的经济监督和管理关系的法律规范。国内学者对离岸金融监管法的属性存在不同意见,有的学者认为其属于国际金融公法,有的学者认为其属于国际经济法。离岸金融监管法具体可分为离岸金融市场模式的监管法律、离岸金融市场准入的监管法律、离岸金融业务经营的监管法律、离岸金融业务税收的征管法律和离岸金融风险的监管法律等。考虑到当前金融业面临的各种金融风险,而离岸金融业务由于资金在全球范围内高速流动,加速了金融风险的传递,由此离岸金融市场的监管应当具有更强的风险针对性。根据金融业务面临的风险种类,离岸金融风险监管法律可以分为信用风险监管法律、市场风险监管法律、其他风险监管法律等内容。离岸金融监管法是整个离岸金融法律体系的关键,是约束离岸金融主体的行为、保障离岸金融活动安全的核心规范。离岸金融监管法涉及内容复杂、技术性较强,因而必须形成良好的监管体系,培养一批具有法律和离岸金融实务经验的监管人员才能有效发挥作用。

1. 信用风险监管法律

信用风险监管法律主要是指监管部门要求从事离岸金融业务的主体,建立一整套识别、管理、控制信用风险的程序和体系,包括金融机构建立对贷款发放、对外投资等业务的持续管理体制;金融机构应建立资产质量评估、贷款损失准备等程序和制度;要求金融机构制定控制贷款发放方向的审慎制度,防止贷款流向单一借款人、关联借款人等。

2. 市场风险监管法律

市场风险监管法律主要是指监管部门监督和管理金融企业,建立防范市场风险机制规范的总和。市场风险主要是指因离岸金融市场出现的利率和汇率波动，导致金融主体遭受损失的风险。依据《巴塞尔协议》，监管层必须有效地评估交易主体的市场风险，要求交易主体严格控制市场风险，并对已经暴露的市场风险采取相应的管控措施。

3. 其他风险监管法律

其他风险主要是指从事离岸金融业务的主体可能面临的诸如国家政策风险、内部员工的违法风险等，而其中人为的违法犯罪活动可能给金融机构带来巨大的财产损失和声誉损失，因此监管层应当建立全面的监督和管理金融机构控制其他风险的机制，以保障离岸金融市场活动的安全和有序。

第七节 离岸金融的法律关系

离岸金融的法律关系是离岸金融参与方在参与离岸金融活动中形成的一系列权利义务关系。

一、离岸金融法律关系的分类

(一)按参与方和交易方式分类

离岸金融的法律关系可分为离岸金融的监管关系和离岸金融的交易关系。

1. 离岸金融的监管关系

离岸金融的监管关系是各国主管机关监督与管理离岸金融活动参与者之间的法律关系。其中，监管主体通常包括市场所在国的主管机关、离岸货币发行国的主管机关、离岸金融机构投资国的主管机关、投资者母国的主管机关等。这里我们要举个案例来说明，如新加坡法院受理一件由韩国企业在新加坡设立的全资公司购买巴西铁矿石的法律纠纷，这笔业务是用美元结算，并由中国某银行的离岸中心承担结算和融资的职责，租用是某国际大型航运公司的船舶，铁矿石是从巴西里约港运到韩国釜山港的。这里的市场所在国就是新加坡，离岸货币发行国就是美国，离岸金融投资国就是中国，投资国母国就是韩国。我们从中可以看到，由于参与离岸金融的各方分属不同国家，而离岸金融的法律纠纷所涉及监管关系的各方法律地位并不平等，而且还与参与各方国家的政治和经济实力存在复杂关系，各参与方的主管机关还可通过颁布经济管制法令，对离岸金融纠纷涉及的市场主体的行为进行干预。

2. 离岸金融的交易关系

离岸金融的交易关系是指平等地位的当事人在从事离岸金融过程中形成的权利义务关系。这大致包括金融机构与资金提供者的关系、金融机构与资金筹集者的关系、金融机构之间的关系等。其中，金融机构与融资双方的关系构成离岸金融交易关系的主要部分。

(二)按使用的货币和交易的资产分类

离岸金融的法律关系可分为离岸货币的法律关系和离岸资产的法律关系。

离岸金融法律如果按照货币运作模式来区分，可以简单地将离岸货币法律关系分为离岸存款关系与离岸贷款关系；而如果按照资产运作模式来区分，还可以简单地将离岸资产法律关系分为离岸证券法律关系与离岸债券法律关系。

由于离岸货币法律关系和离岸资产法律关系存在于不同的参与主体，还可将上述的法律关系进一步认定为国际合同关系、国际关系、国际侵权关系等。但基于目前离岸金融法律的研究现状,离岸货币法律关系和离岸资产法律关系的平等主体之间的涉外民商事法律关系,无疑还是属于国际私法的调整范畴。

离岸金融活动的风险较大,一旦离岸金融交易活动出现任何的法律纠纷,经由离岸金融参与主体之一的案件当事人诉诸法院时,各国法院会根据本国的相关国际私法规定解决争端。

(三)其他分类

离岸金融的法律关系还可分为统一实体法、一般冲突规范和直接适用法。

2005年成立的国际资本市场协会(International Capital Market Association,ICMA)负责调整与规范一级与二级市场上国际证券的市场活动。ICMA制定的规则对离岸证券交易进行了全面详尽的规定,且该规则对所有成员具有约束力,并设立了一套独立的纪律措施对违规的成员进行处罚。但因为离岸证券的内涵和外延都在不断扩大和调整,ICMA规则并不能将所有离岸证券交易的各个环节都纳入其中。如离岸证券清算中的委托关系仍没有统一的实体法律可供直接适用,需根据国际私法中的冲突规范所指引的准据法进行调整。因此在离岸金融法律纠纷中,若ICMA规则有规定的,法院直接适用此规则解决纠纷,对于ICMA尚未规定的法律问题,仍需根据冲突规则确定准据法。

对于在离岸金融业务中经常遇到的使用不同货币所产生的法律关系问题,特别是离岸贷款和离岸存款使用何种货币涉及不同离岸金融参与方的利益,而在这方面就更缺乏具体的、各方都认可的、可实际使用的统一实体法规范。在现实情况中,离岸贷款通常采用的是双边贷款和银团贷款。离岸的双边贷款选择适用法律和仲裁地相对简单,一般按借款人或贷款人所在地、管辖地法律及法院设定,仅少部分业务会涉及第三方适用法律的情形,主要是给予此类法律对于特定业务或特定主体有更好的适用性,如离岸飞机、船舶的项目融资不管借贷双方所在国是在哪里,一般都会使用英国法作为适用法律。但银团贷款要求参与的各家离岸银行按照同一法律文件的相同条款组成银团,共同向某一借款人提供离岸资金时就会遇到一些分歧,特别是参与银行来自不同国家、地区时,离岸银团贷款参与方都希望选择更有利于自己的适用法律和仲裁地。因此,全球银团市场分为美洲银团市场、欧洲银团市场、亚太区银团市场等,通过制定不同的适用法律及相应合同文本解决类似问题。

在银团实务中,通常会由银团贷款的牵头行在与借款人确定融资方案与条款时就确定合同适用法律及仲裁地等信息,银团参与行根据能否接受牵头行的融资方案,决定是否参与银团贷款。但一旦决定参贷,后续涉及仲裁或诉讼等问题,则需要由银团参与银行集体决策来制订方案及措施。因此银团贷款的牵头行和代理行,对于适用法律和仲裁地的选择就显得尤为重要了。在离岸金融中,无论是双边贷款、银团贷款还是离岸存款,其涉及的法律关系多表现为合同关系,在此特别需要提醒的是:对离岸贷款的各参与方而言,必须高度重视贷款合同和存款合同所选择的适用法律和仲裁地。

二、离岸金融与离岸金融法律关系的分析

在国际金融中心建立的过程中,各国对离岸金融的立法就显得十分重要和必要。离岸金融与离岸金融法律存在着相互促进和制约的关系,同时,离岸金融和离岸金融法律之间还是一种挑战与被挑战的关系,这对离岸金融的发展而言是好事。国际金融中心的建设和离岸金融的快速发展必须在离岸金融的法律规范和轨道内运行,同时离岸金融的法律也要在

规范离岸金融的发展时能顺应离岸金融的发展要求。

离岸金融的法律规范滞后于离岸金融的实践。从历史的角度来看,世界范围内法律制度的制定和完善一般滞后于其所调整的社会关系的发展现状。这也已经在国际金融的业务发展与国际金融的法律制度的衔接脉络上得到了充分证明,并且在我国离岸金融的实践与离岸金融法的制定上又再次得到了验证。从 20 世纪 60 年代发展至今的历程来看,离岸金融使各参与方能够突破传统金融体系和运作机制的枷锁并产生了巨大的红利,但不可否认的是,离岸金融法律相对于其发展阶段还处于较为滞后阶段。

作者感悟 4

当我第一次接触由汇丰银行牵头的境外银团时,被银团贷款的各种条款弄的"十分狼狈",主要原因是银团贷款文本一般是遵守亚太区贷款市场公会(Asia Pacific Loan Market Association,APLMA)标准文本的各项要求来办理。因此,我花了很长时间才把 APLMA 标准文本的内容搞明白。这给了我一个重要启示,就是在开展跨境贷款时,必须十分谨慎全面地对相关合同条款进行真正地了解,否则会遭遇更大的未知风险。例如,我曾经办理过一笔购买国外机场的银团贷款业务,由于事先对合同条款内容有着全面的了解,当我被告知由于借款人出现了问题,可能出现贷款风险时,我对牵头行说,按照贷款合同的要求,只要牵头行通知我们参贷行进行放款,就表示牵头行已办理完成了该机场的抵押登记手续。因此,我建议牵头行马上召开银团会议,讨论是否马上处置抵押物。在我们的据理力争下,银团会议做出了如果借款人不能正常还款就马上处置抵押物的决定。由于这家机场的资产是非常优质的,借款人并不想我们马上处置抵押物,因此借款人只能通过其他渠道优先偿还了我们的银团贷款。

第八节 高度重视离岸金融法律的必要性

一、我国缺少国际离岸金融的法律法规

离岸金融是真正意义上为了突破已有"瓶颈"和枷锁,进行先行先试的产物,加上离岸金融具有离岸业务操作灵活和监管政策宽松的特点,已经越来越受到世界各国的关注。而且,后起的离岸金融中心为了尽快在离岸金融上分得一杯羹,会采取比其他离岸金融中心更为宽松的监管政策,使得离岸金融的监管体系更加复杂和多样。

(一)我国离岸金融法律的研究现状

我国多数法律专家、学者对于离岸金融案例的了解和研究不多,对于离岸金融涉诉案件的处理经验也较少,因此我国有关离岸金融法律的理论与实务是严重脱节的。目前世界各国法律学界的一般观点是:由于离岸金融的特殊性和离岸金融法律的缺失性,一旦出现离岸金融的司法案例,当事国法院会根据传统的统一实体法、一般冲突规范和直接适用的法律规定以及对离岸金融的例外制度,来调整离岸金融的涉外法律纠纷。然而,因离岸金融适用法律缺乏一致性、可预见性和稳定性等问题,会导致离岸金融的案例很难得到妥善和及时的解

决,这严重阻碍了离岸金融业务的进一步发展。这在我国也是一个特别重要的问题。

(二)国际组织缺乏对离岸金融的法律规范

国际组织对离岸金融的法律规范,是由 IMF、世界银行、经合组织、联合国、巴塞尔银行监管委员会、离岸银行监管集团等相关国际组织共同规范的。但目前我们还很难找到成熟的、正式的、成体系的法律文件。

从客观和现实的角度来分析为什么国际上有那么多的国家和地区要开展离岸金融业务,我们就不难得出这就是"经济利益决定一切"的最好诠释。从新加坡、中国香港、塞浦路斯、纳闽、百慕大、英属维尔京群岛等离岸金融中心的发展来看,这些国家和地区发展离岸金融中心的目的都包括从国际金融活动中获得更多的收益,或是为充分利用离岸金融带来的巨额资金来为本国(地区)发展经济获取资金。我国也是出于此种考虑,自 20 世纪 80 年代开始开展离岸金融业务。但当时我国刚刚开始改革开放不久,我国要面临各种深化改革、扩大开放的难题,不可能将主要精力放在对开展离岸金融相关规则和制度的建立上,所以在离岸金融的法治建设方面我国仍需要奋起直追。

(三)离岸金融法律的缺失导致离岸金融案件的审理进程不尽如人意

离岸金融的所有参与方对离岸金融活动中的各种权利义务关系,都需要找到适用的法律法规来加以规范和明确。世界范围内很多离岸金融的司法案例中所涉及的当事国各级法院在适用法律解决离岸金融法律纠纷的过程中,也会遇到适用法律缺乏或无法采用一致性适用法律等难题。而且这类离岸金融的案件从受理到判决的时间跨度很长,导致离岸金融的法律纠纷得不到及时和妥善的解决,直接使得参与离岸金融的市场主体的利益得不到充分保障,进而影响不少有意愿参与离岸金融活动当事方的积极性,并极大阻碍了离岸金融业务的进一步发展。

二、离岸金融中应特别注意的几个法律问题

(一)高度重视并防范使用欧元和英镑的风险问题

离岸金融的从业者必须防范使用欧元和英镑时可能出现的风险。我们使用欧元、英镑开展离岸金融业务时,一定要考虑如下几个问题:

(1)本笔离岸金融业务会涉及哪些国家的法律?
(2)本笔离岸金融业务能否尽量减少涉及的国家或地区的范围?
(3)本笔离岸金融业务的合同是否适用英国法?
(4)我们能否未雨绸缪地设计出更好的方案,尽可能减少潜在的国家风险、法律风险?

我们要在此慎重提醒,离岸金融的从业者,或是未来可能会使用美元、欧元、英镑、日元、澳大利亚元、加拿大元和瑞士法郎等币种开展相关业务的参与者,都要按照上述思路来规避可能出现的国家风险和法律风险。这是因为离岸金融活动不仅仅是单纯的商业活动,其中也掺杂了很多政治因素,很容易被西方国家利用,作为借机打压中国企业和金融机构的理由。对此,离岸金融活动的参与者必须要有清醒的头脑、充分的准备,来应对可能出现的曲折、困难和风险。

(二)英国"脱欧"的法律问题

2016 年 6 月,英国全民公投决定"脱欧"。2017 年 3 月 16 日,英国女王伊丽莎白二世批准"脱欧"法案,授权特雷莎·梅正式启动脱欧程序。同年 3 月 29 日,"脱欧"程序正式启动。

根据英国与欧盟的协议,英国应在 2019 年 3 月 29 日正式"脱欧"。2018 年 6 月 26 日,英国女王批准英国"脱欧"法案,允许英国退出欧洲联盟。同年 7 月 12 日,英国发布"脱欧"白皮书。2020 年 1 月 30 日,欧洲联盟正式批准了英国"脱欧"。

关于离岸金融必须高度关注以下几个问题:

(1)要密切关注英国和欧盟是否就双方关于未来关系进行再次谈判,其谈判结果和选择的模式会对贸易和投资产生影响。

(2)要高度重视加强税收征管的国际潮流。跨境投资企业必须充分考虑税收法律风险,做好税收规划,最大限度地维护自身利益。

(3)英国"脱欧"也是一次投资环境的重新洗牌。过去中国企业"以英国为据点开展欧盟市场"的战略要重新思考。英国"脱欧"之后,中国企业进入英国,面对的很可能只是英国市场,这显然是一个比欧盟市场要小得多的市场。

(三)离岸金融与相关保密政策的关系分析

我国在建设离岸金融中心时,势必要考虑构成离岸金融基石的保密问题。我们认为,离岸金融发展与参与离岸金融的实体身份保密、信息保密是紧密相关的,特别是随着全球共同申报准则的实施为离岸金融的保密问题提供了解决方案。我国已于 2018 年全面参与了 CRS 的信息报送和信息交换。OECD 是 CRS 的提出者,而起源是来自美国的《美国海外账户税收遵从法》(The Foreign Account Tax Compliance Act,FATCA)。CRS 旨在推动国与国之间税务信息自动交换,正循序渐进地在各国实施,并在 2018 年完全覆盖所有成员国。虽然不具有法律效力和强制力,但发起 CRS 的组织 OECD 提倡各成员国应按照要求,签署公民信息交换的协议。举例来说,我国境内的 A 企业经过批准,准备到开曼设立离岸公司 B。只要 B 公司到任何金融机构开立账户,那么 B 公司在这些金融机构产生的每一笔资金流动,都会按照 CRS 的要求于约定的时间通过开曼交换到我国境内的税务部门。特别重要的是,我国"走出去"企业在境外离岸地注册时,按照离岸地的法律制度一般须对离岸公司的相关信息保密,但目前离岸公司在向金融机构申请开立离岸账户时,还要符合金融机构"了解你的客户"(Know Your Customer,KYC)和反洗钱的制度要求,向金融机构提供其所要求的相关信息,否则该离岸公司就无法在金融机构开立离岸账户,那么离岸公司设立的价值就要大打折扣了。

我国在建设离岸金融中心时,必须注意按照国际惯例及我国法律法规对从事离岸业务的金融机构和实体信息落实必要的保密义务。在离岸金融实务中,我们经常遇到离岸业务的某一参与方或第三方,要求金融机构提供他们的交易对手开立离岸账户的具体信息,而我国的金融机构按照国际惯例及金融机构的内控制度拒绝这些要求,这有可能引发这些参与方或第三方的不满,并认为这是金融机构的义务,并据此向监管机构进行投诉,更有甚者会向公检法部门提出查询要求。这些问题的主要原因是我国没有与离岸金融的保密制度相关的法律规范所致,而金融机构和政府部门对保密制度的宣传教育力度也有所欠缺。

我们要重视运用国际仲裁制度对我国开展离岸金融的促进作用。为了更好地在我国高质量地开展离岸金融业务,我们还要考虑建立和完善我国的仲裁制度,并充分发挥仲裁制度对改善我国开展离岸金融业务地区的营商环境和对各类离岸金融活动发展的促进作用,通过仲裁制度来改变国际舆论对我国开展离岸金融业务在安全性和透明度方面不够信任的现状。我们之所以强烈建议我国完善仲裁制度,是因为国际仲裁制度不仅是我国法治化建设的需要,更是我国开展离岸金融业务来服务国家经济高质量发展,建设国际化、便利化营商环境等方面的客观需要。随着我国经济的快速发展及"一带一路"倡议的不断推进,对我国政府创造与国际接轨的营商环境和对国际商事仲裁方面提升服务能力的要求越来越高。虽然我国各省市已设立了仲裁机构,但还没有达到应有的社会影响和市场效果,各省市仲裁机构与本区域内司法部门之间的联动较少,特别是仲裁机构在我国相关省市打造国际化、市场化、法治化的一流营商环境过程中的角色较弱。建议我国政府和相关省市有必要高度重视和积极运作好仲裁机构,主要做到以下几点:一是有必要通过我国最高人民法院对仲裁制度的作用做出明确的司法解释,并在我国形成这样一种国际惯例——在我国发生的所有跨境纠纷,首先按照国际惯例来处置,即在没有通过仲裁机构仲裁之前不建议通过司法手段来进行任何形式的干预。二是我国各级政府凡是在出台涉及我国经济、金融的各项政策和措施之前,都应征询相应层级的仲裁机构的意见,以此来作为提升营商环境和完善我国司法制度的重要手段。三是重视我国各级法院包括金融法院对已生效的金融案件判决文书的普法作用,通过各种形式对此进行宣传和讲解,将判例首先运用到仲裁案件中,形成更专业、更成熟的仲裁机制。

第九节 建立我国离岸金融法律体系的制度安排

一、我国现有的离岸金融法律体系概述

我国的离岸金融实质上发端于我国20世纪80年代起步的离岸银行业务,而我国离岸银行业务的发展是"摸着石头过河"的典型。在深圳的招商银行为了学习香港的离岸银行业务,向当地监管部门争取到了这个"千载难逢"的业务机会。在允许注册在深圳的一批商业银行开办离岸银行业务后,监管部门并没有马上推出配套的监管政策。直到1995年,随着我国开始探索建立基本的现代金融法律体系,离岸金融业务的监管法规才陆续出台,但始终没有正式的法律制度加以规范,因此在离岸银行业务的监管上就留有很多的法律空白,并且法律体系上也存在较多不完善之处。

由于我国实施严格的外汇管制政策,长期以来,我国金融机构的涉外业务受到严格的限制。1997年,中国人民银行发布的《银行外汇业务范围界定》规定"经外汇管理局审批,中资银行可发放境外贷款"。这一规定扩大了中资银行的业务范围,增加了中资银行资金服务的对象。而中资银行发放的境外贷款是一种"准离岸"的境外资产业务,已经具备了离岸银行资产业务的雏形,但并不完全等同于"两头在外"的离岸银行业务。中国人民银行推动境外贷款的主要目的是让我国的商业银行积极支持企业"走出去",这为中资银行今后办理离岸银行业务奠定了基础,积累了经验。

我国离岸银行业务为跨国公司外汇资金集中管理提供了合规的通道。本书作者直接参与了时任国家外汇管理局副局长方上浦领衔的"关于跨国公司外汇资金管理方式改革"的工作小组,对"离岸银行服务我国跨国公司进行外汇资金集中管理"进行了系统的研究。2005年10月,国家外汇管理局正式推出了《浦东新区跨国公司外汇资金管理方式改革试点》的九项政策措施(以下简称"浦九条")。浦九条第二条规定"在浦东新区设立财务中心或资金中心的跨国公司,可以在境内银行开立离岸账户用于集中管理境外成员公司的外汇资金"。跨

国公司借助特殊类型离岸账户进行境外资金集中管理试点的情况:一是离岸账户的收入范围为境外成员公司汇入的外汇资金和境内成员公司经外汇局批准用于境外放款的外汇资金,支出范围为向境外成员公司汇款;二是境内成员公司不得将离岸账户资金调入境内使用,对离岸账户向境内其他账户汇入资金,视同从境外汇入资金管理。从中不难得出一个结论,党中央、国务院对于在我国建立国际金融中心是积极又谨慎的,并为此对所涉及的各项政策进行了探索和研究,以便在国际金融中心的建设初期,就能够具有良好的法律基础,因为良好的政策支持和预期制度对于市场参与者的信心将起到十分积极且至关重要的鼓励作用。

我国离岸金融的法律体系建设还处于起步阶段。实事求是地说,目前对离岸银行的监管文件就是我国开展离岸金融业务的所有监管文件。我国对离岸银行的监管文件只有《离岸银行业务管理办法》和《离岸银行业务管理办法实施细则》这两个文件。而《外汇管理条例》《境内机构借用国际商业贷款管理办法》《境内机构对外担保管理办法》及其实施细则和《境外机构对外担保管理办法》等则不仅仅是针对离岸金融业务的监管文件,也包含了对非离岸银行开展的跨境业务的监管。

二、我国离岸金融法律体系的主要构成

(一)直接规范离岸银行业务的法律政策

包括1997年10月23日由中国人民银行颁布的《离岸银行业务管理办法》和1998年5月13日由国家外汇管理局颁布的《离岸银行业务管理办法实施细则》。

(二)相关配套法律政策

银行法类:《人民银行法》《商业银行法》。

外汇管理类:《外汇管理条例》《境内机构借用国际商业贷款管理办法》《境内机构对外担保管理办法》及其实施细则、《境外机构对外担保管理办法》《商业银行内部控制指引》《反洗钱法》及其实施细则等。

三、建设和完善我国离岸金融法律制度的必要性

我国离岸金融业务是通过"摸着石头过河"的方式发展起来的。自20世纪80年代开始,我国尝试在深圳开展以离岸银行为代表的离岸金融业务,体现出我国监管部门和金融从业者"敢为天下先"的开创精神和"先行先试"的勇气。金融业特别是离岸金融具有很强的政治属性,如果出现风险就会严重危害我国改革开放的良好局面,而且离岸金融业务具有相对较高的风险性和较强的风险传染性,因此对离岸金融的参与方来说,必须本着高度警惕的态度"边干边改"。

(一)对离岸金融领域的业务合规性要求极高

由于涉及离岸金融的风险种类繁多且不断变化的特点,对离岸金融业务的合规性要求不断提升,这不仅要依靠监管机构的监管政策不断调整升级,而且要求金融机构不断完善内部控制制度来防范可能出现的各种风险。但当前离岸金融的监管政策严重滞后于金融实践活动,我国《离岸银行管理办法》从1997年开始试行到今天尚未更新。这本身也说明了离岸金融业务具有较强的特殊性和探索性。加上我国离岸银行在历史上也确实出现过巨大的风险,所以我们完全理解监管部门对放开离岸金融业务采取的谨慎态度。

(二)我国离岸金融法律制度的现状

随着我国金融改革已进入深水区,我国法律制度的逐步完善对开展离岸金融业务的保障和引导作用更加重要。与国际上成熟的国际金融中心的法律制度进行比较,我国离岸金融的法律制度是严重缺失的。究其原因,我们认为有以下几个因素:一是我国的离岸金融业务的实践相对较少,目前只开展了离岸银行业务,而且参与离岸银行业务的主体数量也远远不够,离岸银行业务的规模仅 5 000 亿元人民币,规模也较小。二是我国对离岸金融的监管制度落后于离岸金融的业务实践。三是我国各级司法及仲裁机构也较少参与离岸金融的各种案件纠纷。由于我国实行的是成文法的法律体系,而世界上成熟的国际金融中心一般实行的是判例法的法律体系,会使许多离岸金融的参与方对适用我国的法律制度不放心,因此在离岸金融的各项业务合同中通常较多适用中国香港法或者英国法,法律诉讼地也多选择在中国香港、新加坡、伦敦等地。四是我国建立完善的离岸金融法律制度的基础还不够。由于我国是成文法的法律体系,在没有相当数量的离岸金融司法案例情况下,要制定出具有我国特色的离岸金融法律规定确实是比较困难的。

四、尽快制定我国的《离岸金融法》和遵守已有的相关离岸金融法律法规

(一)尽快制定我国的《离岸金融法》

随着我国离岸金融的不断发展,离岸金融中发生的法律纠纷与问题越来越多,因此制定我国的《离岸金融法》已是当务之急。目前我国离岸金融活动比较活跃的城市主要集中在上海、深圳等地,因此建议先由这些地区的政府制定出地方的《离岸金融管理条例》,待试点运行一段时间后,再由全国人大制定出国家层面的《离岸金融法》。

(二)坚决遵守我国已有的法律法规来防范离岸金融风险

在我国没有完整的离岸金融法律规范之前,可以按照《离岸银行业务管理办法》和《离岸银行业务管理办法实施细则》以及我国《企业所得税法》《企业所得税法实施条例》等相关法规和监管规定来处理所涉及的离岸金融法律纠纷。但要指出的是,这些法律法规存在长期未更新或者未包含离岸金融业务的专门内容的问题。

(三)充分借鉴我国已有的司法实践和遵守国际惯例

结合我国的司法实践和离岸金融业务的国际惯例,来保护我国离岸金融参与方的正当合法权利。在处理离岸金融业务的具体案例或纠纷时,司法部门及监管部门既要遵守我国的法律法规和监管规定,也要符合离岸金融的国际惯例,还要本着保护离岸金融参与方合法权利等多个维度来综合考量。一是在相关参与方已在我国离岸金融机构开立结算账户的前提下,司法及执法部门(公安局、检察院、法院)可以依法查询其本企业(本人)的业务开展情况;二是离岸金融机构按照信息保密要求,不能接受除我国司法及执法机关外的其他企业(个人)对开立离岸账户的企业(个人)开展业务情况的查询;三是为保护离岸金融参与方正当、合法的权利,我国执法部门应受理危害离岸金融参与方合法权利的报案,并由司法部门配合到我国离岸金融机构进行信息查询;四是凡是涉及需要侦查离岸金融参与方在我国离岸金融机构开设的账户内办理相关业务的情况时,各地司法及执法部门可以持合法证件到上海或深圳的离岸金融机构办理相应的侦查手续;五是凡是需冻结离岸金融参与方在我国离岸金融机构开设的账户内的资金时,应由各地司法及执法部门经上海或深圳的司法及执法部门同意后,才能到上海或深圳的离岸金融机构办理相应的冻结手续;六是凡是需要对离

岸金融参与方在我国离岸金融机构开设的账户内的资金进行扣划时,应凭各地法院的判决书到上海或深圳的离岸金融机构办理扣划手续;七是凡是涉及反洗钱、毒品交易、危害我国国家安全等特殊事项时,各地司法及执法部门可以持合法证件到上海或深圳的离岸金融机构办理侦查、冻结、扣划资金等手续。当然,由于离岸金融活动不仅涉及我国的经济安全和金融安全,还涉及我国的国际形象和国际声誉,因此我国的各级司法及执法部门、办理离岸金融业务的机构都应对涉及离岸金融活动的法律案件与纠纷给予高度重视,并采取慎之又慎的态度稳妥处置。

五、我国要制定立足现实并高于现实的离岸金融法律制度

我们要用高标准对国内现有的离岸金融案件及纠纷进行研究和分析,借鉴国际上成熟的国际金融中心的法律规定和法律实践,制定出与我国仲裁制度相衔接的离岸金融法律规定。同时,中国人民银行、国家金融监督管理总局、中国证监会、国家外汇管理局、国家市场监督管理总局和国家税务总局等相关监管部门应尽快制定我国开展离岸金融所需要的各种监管规定。如目前亟须的是要对我国的离岸金融、离岸税收、参与离岸金融活动的主体资格内容等进行完善与明确。我国在离岸金融领域的"制度先行"是我国部分城市建立国际金融中心的法制保障,也将促进这些城市离岸金融活动的进一步发展。

(一)积极通过我国的自贸试验区来完善我国的离岸金融法律

以我国试点开展离岸金融、离岸租赁、离岸贸易、离岸保险业务的部分自贸试验区为支撑,以相关自贸试验区的监管沙盒来推动并完善我国离岸金融的法律体系建设。

从国内外开展离岸贸易、离岸租赁、离岸保险等活动的一些国家和城市的发展轨迹来看,离岸金融是核心因素。纵观新加坡、伦敦、中国香港等成熟的国际金融中心的发展历程,与离岸贸易、离岸租赁和离岸保险等离岸业务的发展密不可分。一方面,离岸业务的发展迫切需要离岸金融来提供结算、融资等金融服务。这时,离岸金融服务是离岸业务发展必不可少的重要金融配套工具,离岸金融服务能力的增强有利于离岸业务的更快发展。反过来,离岸贸易、离岸租赁等离岸业务发展得越好,就越会增加对离岸金融服务的需求并产生更多的离岸金融服务,带来更多离岸资金的集聚,这成为这些国家(城市)经济发展的巨大推动力。

(二)我国亟须离岸金融法律来促进离岸金融中心的建设

我国加快离岸金融中心的建设步伐,将倒逼我国政府部门加快建立并完善我国离岸金融的法律体系。我们认为,我国可以参考离岸金融业务发展较为成熟的部分国家或地区对离岸金融法律体系的理论研究和实务开展的经验,在国内分层分级推进离岸法律制度的完善;应该由国家立法的内容就由全国人大进行立法;属于地方政府立法的内容,就应该授权地方人大组织力量研究制定地方性的管理办法和条例,按照健康、规范、有序的总体要求,保障、加快我国部分城市开展离岸金融业务和建设国际金融中心。

(三)充分发挥地方政府在离岸金融发展中的重要作用

一般而言,地方政府较难在本地区的离岸金融发展过程中发挥"关键先生"的作用。这是因为我国的金融立法权在全国人大常委会,而金融监管权在中国人民银行、国家金融监督管理总局、中国证监会和国家外汇管理局等金融监管机构,所以地方政府很难在离岸金融的立法上和对离岸金融业务的管理职能上有所作为。但根据《关于支持浦东新区高水平改革开放打造社会主义现代化建设引领区的意见》,上海的浦东新区"比照经济特区法规,授权上

海市人民代表大会及其常务委员会立足浦东改革创新实践需要,遵循宪法规定以及法律和行政法规基本原则,制定法规,可以对法律、行政法规、部门规章等作变通规定,在浦东实施",浦东新区政府可以参与离岸金融的立法。建议浦东新区政府比照国际上成熟的国际金融中心或离岸金融中心的模式,制定符合国际惯例、具有我国特色的离岸金融法律法规,助推本地离岸金融业务及国际金融中心的发展。作为国内离岸金融发展的另一重要城市,建议比照浦东新区的模式,给予深圳政府一定的立法权。

(四)保证离岸业务和在岸业务的平衡发展

一般来说,一个城市要建设国际金融中心,首先应该将本地建设成离岸金融中心。因此,上海、深圳等城市应积极提高本地离岸金融的服务能力,尽快启动离岸保险、离岸证券、离岸租赁、离岸信托、离岸基金、离岸债券等业务。与此同时,这些城市也要兼顾在岸金融业务的发展,以实现离岸、在岸统筹发展的良好局面。我们在分析研究国际上成功的国际金融中心的建设过程中得出一个结论,离岸金融业务的发展将会带动更多在岸金融业务的需求。上海等地在建设国际金融中心时,应当紧盯离岸金融这片"蓝海",反哺在岸金融业务更上一层台阶。只有充分发展好各类离岸、在岸业务,才能对国际金融中心的发展给予更强大的支持。

本章小结

本章介绍了离岸金融监管的必要性及特殊性、当前离岸金融的监管方式及这些方式存在的不足,并列举了美国 RegS 条例、欧元区法律问题对离岸金融的影响。通过对离岸金融中的税收与避税、反洗钱监管、共同申报准则等问题的分析,说明了离岸监管的重要性。本章还提出了尽快出台与国际接轨的具有中国特色的反制裁及反洗钱法律的相关建议。

本章介绍了离岸金融的法律和法律关系、离岸金融的保密政策等问题,重点提出了建立我国离岸金融法律体系的制度安排和高度重视离岸金融法律的必要性。

本章最后梳理了与离岸市场监管相关的国际组织并做了简要介绍。

关键词

离岸法律　离岸监管　反洗钱　共同申报准则　离岸税收　国际监管机构

思考题

1. 简述离岸金融监管的必要性和特殊性。
2. 简述反避税手段。
3. 简述反洗钱"三原则"。
4. 思考共同申报准则的推行对离岸金融市场会产生哪些影响?
5. 思考我国应该如何完善离岸监管措施?

第二篇

离岸银行业务和风险防范

第四章 离岸银行

学习目的

1. 了解离岸银行业务的基本概念
2. 了解我国金融机构开展离岸银行业务的情况
3. 了解我国对离岸银行业务的监管
4. 了解我国开展离岸银行业务的积极作用
5. 了解我国离岸银行业务的客户需求分析
6. 了解我国离岸银行业务的主要问题及解决建议
7. 了解我国非居民账户体系

第一节 离岸银行业务的基本概念

一、离岸银行业务的含义

离岸银行业务是指银行吸收非居民的资金,服务于非居民的金融活动;离岸银行业务俗称"两头在外"的银行业务,即资金来源于境外,资金运用也在境外。

在中国,我们可以简单地将离岸银行理解为在境内的境外银行。离岸银行通过开展离岸金融业务,有效地支持了"走出去"的国内企业和"走进来"的外资企业之间的联动。狭义上,我国离岸银行业务是指根据《离岸银行业务管理办法》和《离岸银行业务管理办法实施细则》,通过离岸银行账户所开展的非居民业务。广义上,我国离岸银行业务还包括国内商业银行通过 FT 和 NRA 账户开展的非居民业务,以及境外银行开展的非居民业务。本章提到的离岸银行业务将重点围绕离岸银行账户项下的非居民业务开展论述。

离岸银行业务涉及离岸、离岸地、离岸业务、离岸公司、离岸银行和非居民等多个概念,清晰理解这些离岸基本知识与概念,对于读者掌握好离岸银行业务有着十分重要的帮助。

二、我国离岸银行简述

我国离岸银行具有境外银行的特性,这就是说商业银行的离岸业务部门就是境外银行,也属于境内商业银行的海外分行。它与境内银行的最大不同是:在中国境内办理境外银行的业务,国家给予特殊的政策支持。我们还可以将离岸银行业务理解为中国境内的境外银行和商业银行,可以通过离岸金融业务支持走出国门的企业实现境内外业务的有效联动。

特别需要说明的是:随着我国改革开放的深入和外汇管理能力的提高,我国监管部门已经逐步放开对居民企业开办离岸银行业务的限制,只要我国居民企业有实际的需要,并且在监管部门批准的前提下,我国离岸银行可以为这些居民企业开立离岸账户和办理相应的离岸银行业务。

我国已批准开办离岸银行业务的中资金融机构有4家,分别为交通银行、招商银行、平安银行、浦东发展银行。

目前上海自贸区、海南自贸港都制定了专门的规定,允许我国的4家离岸银行在上述自贸试验区设立分支机构。上海自贸试验区在成立之初,更有监管部门采用了更加大胆的态度,直接发文规定上海自贸试验区内的所有商业银行都可以开展离岸银行业务。但实际的情况是,上海自贸试验区的商业银行并没有能真正开展起离岸银行业务,而且海南的自贸试验区和上海自贸试验区一样,只是获得我国4家离岸银行的总行授权在自贸试验区内的分支机构以其自身名义或代理总行离岸部门的名义,在自贸试验区内开展了离岸银行业务。究其原因主要有三个:一是我国监管部门对自贸试验区全面开展离岸银行业务还是十分谨慎的,这是从目前我国已有离岸银行的资源能满足我国自贸试验区对开展离岸银行业务的需求这个角度来实际考虑的。二是我国已获批开展离岸银行业务的4家商业银行都出于成本的考虑,对在自贸试验区内设置独立的离岸部门、独立管理自贸试验区内的离岸银行资金、开发办理离岸银行业务的系统和安排专门的人员来办理各自贸试验区的离岸银行业务并不积极。三是我国各自贸试验区也没有从监管沙盒角度,制定出自贸试验区对开展离岸银行业务的监管规定,并且也没有拿出资金弥补商业银行在自贸试验区开展离岸银行业务所增加的经营成本。

三、我国离岸银行业务的主要特点

(一)资金调拨自由

我国商业银行的离岸银行在进行资金的"外外调拨"时是不受我国监管部门的外汇管制的,能够合理衔接国际贸易的需求。所有离岸银行的客户开设的离岸账户,等同于在境外银行开立的账户,客户可从该账户上自由调拨资金,不受国内外汇监管政策的管制,无须审核贸易背景资料。

(二)离岸银行的存款利率、品种不受限制,灵活自由

外汇币种多样,存款品种丰富,利率优惠,还可以量身定做存款产品,不受任何限制。定期、活期、通知、协议存款等多种方式皆可办理。

(三)免征存款利息税

免征存款利息税,也没有存款准备金的监管要求,这相当于提高了实际存款收益率。

(四)提升境内外资金综合运营效率和效益

通过在岸、离岸资金的互动运作,提高企业资金的运营效率,还可以提高企业整体资金的综合收益。

(五)业务种类与我国境内的商业银行基本一致

结算采用信用证、托收和电汇等形式,产品也是境内商业银行常用的产品,如押汇、担保、福费廷、信用证开证和贷款等。特别是我国 4 家离岸银行为配合我国"走出去"企业在境外的发展,已经成功开发出了多个创新离岸银行业务,如账户监管、全球授信、多方协议等品种。

四、离岸银行账户

离岸银行账户特指为非驻在国居民开设的存放非驻在国货币的账户,客户可以向银行申请开立并由银行依法获准为客户开立一种或多种离岸账户,包括但不限于活期账户、定期账户。离岸账户的开设必须符合有关中国法律和其他监管条件。随着离岸银行业务的发展和各国监管部门对离岸银行业务监管政策的调整,离岸银行账户对存放货币的币种是有调整的。这里建议要及时与开办离岸银行业务的商业银行进行认真的沟通和了解,以便及时掌握最新的监管政策和控制可能出现的离岸银行存放币种不同而导致的损失。

五、我国离岸银行业务的经营范围和币种

(一)我国离岸银行业务的经营范围

经中国人民银行批准,我国离岸银行经营如下业务:(1)外汇存款;(2)外汇贷款;(3)国际结算;(4)同业拆借;(5)外汇担保;(6)外汇买卖;(7)咨询、顾问业务;(8)离岸债券投资业务;(9)中国人民银行批准的其他业务。

(二)我国离岸银行业务的经营币种

按照我国的监管规定,我国离岸银行业务的经营币种仅是自由兑换货币,如美元、欧元、港元、日元、澳大利亚元、加拿大元、新加坡元和英镑等货币。目前我国人民币还不能作为离岸银行业务的经营货币。但上海自贸试验区临港新片区已在其金融业"十四五"规划中提出:支持在临港新片区内开立 OSA 账户的商业银行试点开展非居民人民币离岸业务,扩大试点银行和业务范围,并完善与之相适应的配套措施。随着我国人民币自由兑换的进程不断加快和上海自由贸易试验区内的金融改革不断深化,相信我国商业银行的离岸银行业务会很快获准经营人民币业务。

(三)我国离岸银行业务的服务对象

我国离岸银行业务的服务对象包括:在中国境内的外籍人士、海归人员、律师和会计师,咨询公司、财务公司、信托公司和保险公司,创业和风险投资企业、进出口企业、对外加工企业、保税区企业及船舶代理,当地原有的中外跨国公司、外商投资企业和外贸企业,准备走向境外或到境外上市的中资企业,境外投资境内的企业或寻求高回报的企业,已经在境外上市的有中资背景的企业等。

作者感悟 1

当我从交通银行营业部调入交通银行总行离岸中心从事离岸银行业务时,根本没有感到任何高兴和激动,有的只是深深的遗憾。因为当初交通银行的离岸银行业务规模很小,能够办理离岸银行业务的客户更少之又少,而我们营业部当时正在为总行的重点企业发放总额 750 亿元人民币的贷款;特别是当我了解到,中国银行靠着境外的 65 家分支机构就已经很好地解决了我国"走出去"企业在境外的结算和融资的困

难,所以最开始我是带着不满的情绪从事离岸银行业务的。但随着我参与的离岸银行业务越来越多,我意识到我们的离岸银行能够为我国"走出去"企业在世界任何地区提供"跟随式"的配套银行服务,特别是当我们为我国一家十分著名的大型企业提供其在境外亟须的大额美元资金时,这种崇高的使命感深深激发我必须更加努力地做好离岸银行业务的决心。

第二节 我国金融机构开展离岸银行业务的情况

我国监管部门根据1997年亚洲金融危机后我国离岸银行业务的整顿清理情况,于2002年6月由中国人民银行发文批准招商银行、平安银行(原深圳发展银行)全面恢复离岸业务;同时允许总行设在上海的交通银行、浦东发展银行开办离岸银行业务。由此上海离岸银行业务正式起步,上海获得离岸银行业务许可资格的交通银行和浦东发展银行都非常努力地高质量发展离岸银行业务,也确实为上海乃至全国离岸银行业务的发展做出了积极贡献。受制于国内外宏观经济形势和我国离岸银行业务的业务能力,加上我国的资本项目没有开放和离岸银行业务需要特别的国家政策支持,因此我国离岸银行业务的发展远没有达到理想的发展效果。

按照监管规定,我国4家获得离岸银行业务经营牌照的离岸银行业务均由总行直接经营,都以我国"走出去"企业为重点目标客户,同时为港澳台地区的企业提供了较好的服务,还为世界上一些著名的跨国公司提供了离岸银行的信贷支持,并且我国离岸银行为我国"走出去"企业提供配套、跟随性的离岸银行服务,很好地衔接了我国"一带一路"倡议和满足了这类企业对离岸银行的需求。

一、我国离岸金融的发展历程

我国离岸金融业务是通过招商银行开办离岸银行业务作为启动标志的。根据《离岸银行管理办法》,我国离岸金融业务是指经国家外汇管理局批准经营外汇业务的中资银行及其分支行,吸收非居民的资金,服务于非居民的金融活动。离岸金融的服务对象所说的"非居民",是指在境外(含港澳台地区)的自然人、法人(含在境外注册的中国境外投资企业)、政府机构、国际组织及其他经济组织,包括中资金融机构的境外分支机构,但不包括境内机构的境外代表机构和办事机构。

我国离岸金融业务自1989年国家外汇管理局首先批准招商银行经营以来,到现在已取得了巨大的进步。根据我国四家离岸银行的内部统计数据,截至2020年末,我国4家离岸银行的资产总额已达到689.10亿美元,是2002年末的506倍;存、贷款分别为610.81亿美元和450.84亿美元,分别是2002年164倍和318倍;离岸客户数为40 089户,离岸业务利润达到64 096万美元。

二、我国离岸银行业务的四个发展阶段

(一)离岸银行业务的初创阶段(1989—1993年)

在这一阶段,只有招商银行一家经营离岸银行业务,由于是独家经营和该行的积极进

取,我国的离岸银行业务在起步阶段就取得了较好的业绩。截至1994年底,我国离岸银行业务的存款达到32 283万美元、离岸贷款达到43 766万美元、离岸银行业务的利润达到1 346万美元。在初创阶段,我国离岸银行业务的各种规章制度开始逐步健全起来,离岸银行业务的操作也按国际规则进行,离岸银行的资产、负债业务开始逐步多样化。在离岸银行业务的存、贷款的利差逐步开始缩小,离岸银行的资产质量也明显趋好,不良贷款率在4%左右。[①]

(二)离岸银行业务的迅猛增长阶段(1994—1998年)

招商银行独家开办的离岸银行业务取得了较好的成果,吸引了深圳地区各商业银行对开办离岸银行业务的极大兴趣,如中国工商银行深圳市分行于1994年4月、中国农业银行深圳市分行于1994年5月相继申请并获准开办离岸金融业务,深圳发展银行、广东发展银行深圳市分行也于1996年5月获准成为办理离岸金融业务的规范试点银行。至此,深圳地区共有5家银行经中国人民银行和国家外汇管理局批准开始办理离岸银行业务。在我国政府和深圳地方政府的全力支持下,我国离岸银行业务开始突飞猛进的发展,离岸资产规模大幅增加。我国离岸银行业务在1998年末的存款、贷款和利润分别达到23.21亿美元、21.32亿美元和5 157万美元。[②]我国离岸银行业务无论是从参与的金融机构数量还是离岸银行业务规模,存款、贷款和利润都进入了迅猛增长期。

(三)离岸银行业务的清理整顿阶段(1999—2002年6月)

1997年爆发的亚洲金融危机,对东南亚国家的经济影响巨大,东南亚的许多企业纷纷破产,当地房地产的价值大幅缩水,经济持续低迷。这对以香港为主要市场的我国离岸银行业务来说,由于此前离岸银行业务的盲目扩张和管理不善,因此离岸银行业务的风险立刻暴露出来,导致离岸银行的资产质量不断恶化。特别是随着东南亚金融危机的不断蔓延爆发,为防止产生系统性金融风险,1999年1月中国人民银行对离岸业务紧急叫停,由此我国的离岸银行业务在监管叫停和风险压迫的双重夹击下被迫跌入谷底。由于长期以来片面追求离岸银行业务的规模扩张,又未能有效控制离岸银行业务的经营风险,离岸业务发展中积累的大量不良资产和被迫叫停,导致原来正常的离岸资产业务也无法正常续期,这更促使当时的离岸银行业务陷入更深和更大的危机之中。

离岸银行业务在1998年陷入了难以为继的困境,不良贷款比例大幅度上升,各银行相继出现了大量的呆账、坏账。具体表现在以下几个方面:一是亚洲金融危机后一段期间,离岸银行业务发生了严重的头寸缺口,离岸贷款额大大超过了通过离岸业务吸收的存款与拆借金额,这个巨大差额只能通过在岸的外汇来进行弥补;二是开办离岸银行业务的离岸银行出现了严重亏损,各离岸银行的亏损金额占离岸存款金额的比例几乎超过了5%。鉴于亚洲金融危机影响的滞后效应,离岸银行业务的资产质量日趋下降,由此离岸银行业务进入了步履维艰的3年,各家离岸银行都出现了严重的逾期贷款清收、头寸不足、管理不善、人员流失等各种问题。

(四)离岸银行业务重新开办阶段(2002年6月至今)

由于离岸金融市场对各国经济、金融发展的积极作用再度被世界各国重新认识和重视,在离岸金融被叫停的4年后,中国人民银行于2002年6月11日重新开放了离岸银行业务,

---

[①②] 朱梦焱.我国商业银行离岸金融业务研究[D].南京:南京师范大学,2014.

批准总部位于上海的交通银行、浦东发展银行和总部位于深圳的招商银行、平安银行开办离岸银行业务。由此,总部设在深圳的招商银行、平安银行两家银行于 1999 年 1 月被叫停的离岸银行业务得以恢复。而对总部位于上海的交通银行、浦东发展银行来说,两家银行获得了办理离岸银行业务的资格。离岸银行的概念重新纳入中国金融业的范围,需要银行业在有效控制离岸金融风险的前提下发挥出更加积极的突出作用。中国人民银行重新开办离岸银行业务以来,随着我国监管部门对资本项目管制的逐步放松,推动企业"走出去"的力度加大,离岸银行业务获得了巨大的发展前景。由于离岸银行业务与我国"一带一路"倡议和企业跨国投融资存在较高的契合程度,特别是实施"一带一路"倡议具体业务的都是我国大型优质企业开展跨国投融资业务的境内公司,这些公司与我国商业银行建立起了长期稳定的合作关系,在获得国内金融机构的信贷支持和担保服务等也更便利,离岸银行业务与企业跨国投资之间是相辅相成的正向促进关系;而且离岸银行业务提供的是自由兑换货币的离岸银行服务,实施"一带一路"倡议的我国优质企业和开展跨国投资的企业,在东道国所需要的恰恰是以各种可自由兑换外币为基础的离岸银行服务,两者在供给与需求之间存在明显的匹配关系。

第三节　我国对离岸银行业务的监管

一、中国人民银行、国家金融监督管理总局和外汇管理局对离岸银行业务的监管职责

(一)中国人民银行的监管职责

(1)起草有关法律和行政法规,完善有关金融机构运行规则,发布与履行职责有关的命令和规章。

(2)依法制定和执行货币政策。

(3)监督管理银行间同业拆借市场和银行间债券市场、外汇市场、黄金市场。

(4)防范和化解系统性金融风险,维护国家金融稳定。

(5)确定人民币汇率政策,维护合理的人民币汇率水平,实施外汇管理,持有、管理和经营国家外汇储备和黄金储备。

(6)发行人民币,管理人民币流通。

(7)经理国库。

(8)会同有关部门制定支付结算规则,维护支付、清算系统的正常运行。

(9)制定和组织实施金融业综合统计制度,负责数据汇总和宏观经济分析与预测。

(10)组织协调国家反洗钱工作,指导、部署金融业反洗钱工作,承担反洗钱的资金监测职责。

(11)管理信贷征信业,推动建立社会信用体系。

(12)作为国家的中央银行,从事有关国际金融活动。

(13)按照有关规定从事金融业务活动。

(14)承办国务院交办的其他事项。

(二)国家金融监督管理总局的监管职责

(1)依法依规对全国银行业和保险业实行统一监督管理,维护银行业和保险业合法、稳健运行,对派出机构实行垂直领导。

(2)对银行业和保险业改革开放和监管有效性开展系统性研究;参与拟订金融业改革发展战略规划,参与起草银行业和保险业重要法律法规草案以及审慎监管和金融消费者保护基本制度;起草银行业和保险业其他法律法规草案,提出制定和修改建议。

(3)依据审慎监管和金融消费者保护基本制度,制定银行业和保险业审慎监管与行为监管规则;制定小额贷款公司、融资性担保公司、典当行、融资租赁公司、商业保理公司、地方资产管理公司等其他类型机构的经营规则和监管规则;制定网络借贷信息中介机构业务活动的监管制度。

(4)依法依规对银行业和保险业机构及其业务范围实行准入管理,审查高级管理人员任职资格;制定银行业和保险业从业人员行为管理规范。

(5)对银行业和保险业机构的公司治理、风险管理、内部控制、资本充足状况、偿付能力、经营行为和信息披露等实施监管。

(6)对银行业和保险业机构实行现场检查与非现场监管,开展风险与合规评估,保护金融消费者合法权益,依法查处违法违规行为。

(7)负责统一编制全国银行业和保险业监管数据报表,按照国家有关规定予以发布,履行金融业综合统计相关工作职责。

(8)建立银行业和保险业风险监控、评价和预警体系,跟踪分析、监测、预测银行业和保险业运行状况。

(9)会同有关部门提出存款类金融机构和保险业机构紧急风险处置的意见和建议并组织实施。

(10)依法依规打击非法金融活动,负责非法集资的认定、查处和取缔以及相关组织协调工作。

(11)根据职责分工,负责指导和监督地方金融监管部门相关业务工作。

(12)参加银行业和保险业国际组织与国际监管规则制定,开展银行业和保险业的对外交流与国际合作事务。

(13)负责国有重点银行业金融机构监事会的日常管理工作。

(14)完成党中央、国务院交办的其他任务。

(15)职能转变。围绕国家金融工作的指导方针和任务,进一步明确职能定位,强化监管职责,加强微观审慎监管、行为监管与金融消费者保护,守住不发生系统性金融风险的底线。按照简政放权要求,逐步减少并依法规范事前审批,加强事中事后监管,优化金融服务,向派出机构适当转移监管和服务职能,推动银行业和保险业机构业务和服务下沉,更好地发挥金融服务实体经济功能。

(三)我国外汇管理局的监管职责

(1)设计、推行符合国际惯例的国际收支统计体系,拟定并组织实施国际收支统计申报制度,负责国际收支统计数据的采集,编制国际收支平衡表。

(2)分析研究外汇收支和国际收支状况,提出维护国际收支平衡的政策建议,研究人民币在资本项目下可兑换的前景和路径。

(3) 拟定外汇市场的管理办法,监督管理外汇市场的运作秩序,培育和发展外汇市场;分析和预测外汇市场的供需形势,向中国人民银行提供制定汇率政策的建议和依据。

(4) 制订经常项目汇兑管理办法,依法监督经常项目的汇兑行为;规范境内外外汇账户管理。

(5) 依法监督管理资本项目下的交易和外汇的汇入、汇出及兑付。

(6) 按规定经营管理国家外汇储备。

(7) 起草外汇行政管理规章,依法检查境内机构执行外汇管理法规的情况,处罚违法违规行为。

(8) 参与有关国际金融活动。

(9) 承办国务院和中国人民银行交办的其他事项。

二、我国监管部门对离岸银行业务的监管职责分工

按照中国人民银行、国家金融监督管理总局和国家外汇管理局的工作职责,具体到以上三家监管部门对离岸银行业务的监管职责,对我国离岸银行业务的监管进行如下划分:

中国人民银行主要负责我国商业银行关于离岸银行的经营范围、离岸资金的管理、离岸账户的管理,涉及我国商业银行开办离岸人民币业务的事项,不仅要经过中国人民银行的批准,而且须经过国家金融监督管理总局和国家外汇管理局的审批。

国家金融监督管理总局主要负责中资银行开办离岸银行业务的资格审批、审批办理离岸银行业务的品种、审批离岸银行业务的币种和明确离岸银行业务的服务对象,对离岸银行业务实行现场检查与非现场监管,开展风险与合规评估,保护金融消费者合法权益,依法查处违法违规行为等。

我国外汇管理局主要负责中资银行办理离岸银行业务的合规性检查、离岸银行业务经营币种的管理、对可能影响我国外汇储备的情况离岸银行业务进行监管,依法检查离岸银行业务开展过程中执行外汇管理法规的情况,处罚违法违规行为等。

第四节　离岸银行业务对中国经济发展的作用

我国商业银行经过多年的卧薪尝胆、苦练内功和勇于探索,已经在跨境银行业务上取得了长足的进步,具备了强大的国际竞争力。我国政府和监管部门在积极、稳妥推进商业银行在跨国并购、境外新设机构来发展商业银行国际化的同时,已将离岸银行业务作为我国商业银行国际化的首选路径,通过在我国境内开展离岸银行业务,积极充分发挥离岸银行业务对我国商业银行国际化发展的促进作用。同时,开展离岸银行业务,对于提高我国商业银行市场竞争力和推动整体业务发展、满足客户需求以及借鉴外资银行经验等方面也发挥了重要作用。

一、开展离岸银行业务是适应国际竞争的需要

(一) 开展离岸银行业务是我国商业银行适应国际竞争的迫切要求

我国"入世"后对外开放呈现出多领域"齐头并进"的鲜明特点,商业银行之间的竞争是现实和紧迫的。为落实我国签署的 WTO 有关协议,我国在加入 WTO 一年内,就允许广

州、青岛、南京和武汉地区的外资银行经营人民币业务;两年内,就允许了外资银行对中国企业办理人民币业务;五年内,就允许了外资银行对所有中国客户提供服务;2018年满足了新《巴塞尔协议》的要求。随着"入世"时间越长,原先预见的外资银行的优势越来越小。反之,在不断引进或吸收外资银行的金融创新产品过程中,中资银行的优势越来越明显,不仅在存贷款业务上保持了强劲势头,而且在私人银行业务、理财业务、资金交易业务等原来处于弱势的新型业务上也得到了发展,加上本土化的优势,使客户仍然稳定在中资银行。但我国商业银行仍然面临着外资金融机构的挑战,尤其是我国外资银行通过对中高端客户办理业务的机会,为他们提供了类似离岸银行业务的境内外分支机构的综合配套服务,对我国商业银行的进一步发展和提升提供了鲜活的学习案例。中资金融机构在商业银行的竞争中要善于学习外资商业银行的成功经验,必须着眼于丰富我国商业银行的业务品种和为客户提供满足其多元化需求的全方位配套服务。我国在2002年6月重新批准了4家中资银行开办离岸银行业务,这对提高我国商业银行的国际影响力和市场竞争力起到了很好的促进作用。

(二)开展离岸银行业务是我国企业适应国际竞争的迫切需要

我国众多的"走出去"企业,亟须在我国境内就获得它们在国外很难获得和满意的银行服务,这时我国离岸银行就可以为这些"走出去"企业提供亟须的商业银行服务;特别重要的是,我国离岸银行可以跟随这些企业"走出去"的步伐,为这些企业提供没有时空距离的配套银行服务。例如,我国的"三资企业",由于这些企业带有的"与生俱来"境外的烙印,它们天然有着对境外商业银行产品和服务的需求,加上这些企业有着与境外广泛的贸易和资本联系,肯定会有对离岸银行业务服务和产品的需求。我国"走出去"企业和我国"三资企业"对离岸银行业务的需求,自然而然地会影响越来越多的本土企业谋求到境外发展的愿望,此时我国的这些本土企业也产生了希望商业银行通过离岸银行业务来为它们提供境内外综合金融服务的需要;而且发展我国离岸银行业务,必将有效提升我国商业银行的金融服务水平。利用离岸银行业务与在岸银行业务搭建的综合业务体系,可以为企业境内外业务的联动发展提供综合配套的金融服务。

(三)开展离岸银行业务是实施我国"一带一路"倡议的需要

我国原有的对外投资,规模都不大,且这些基本处于亏损的边缘,特别是我国"走出去"企业在境外是以收购和并购为主,其自身的创新能力及企业核心竞争力并不强,距离成为具有国际竞争力的跨国企业还有很长的路要走。但随着我国企业积极参与实施"一带一路"倡议,给予了我国企业参与国际大循环的重大历史机遇,极大提升了我国企业在境外的盈利能力,这是我国经济发展长期积累的结果,也是我国经济发展到一定高度的重要标志,更是我国经济发展的重要支柱和参与国际竞争的主导力量。我国企业参与的"一带一路"项目的数量在逐年增加,因此,发展具有国际竞争力的本土企业,并帮助其"走出去"后能够积极实施"一带一路"倡议,已经成为我国经济"双循环"发展的当务之急。我国的离岸银行业务有助于"走出去"企业积极实施"一带一路"倡议及充分参与国内市场和全球市场的竞争,本土企业在离岸银行的支持下,努力进行组织创新和技术创新,进行境外并购重组,借助于资本经营进行境外的扩张和资源优化配置,提高经营效率、建立自身品牌优势和增强企业的竞争力来促使企业得到不断的发展。我国"走出去"企业自身的稳健发展,特别需要强大的本国金融机构提供的境内外一体化的服务和支持。我国的离岸银行业务正是这些企业跨国经营和实施"一带一路"倡议的有力保障;离岸银行业务不仅能对这些企业的跨国发展提供必要的资金支持,而且因其按照国际惯例开展的经营活动有力地增强了企业的经营活力,对企业起到了外部的监督作用。因此,我国的离岸银行业务是帮助企业"走出去",积极实施"一带一路"倡议,并实现跨国经营的重要桥梁和有效工具。

二、开展离岸银行业务是满足跨国公司对银行服务的需要

我国离岸银行业务的服务对象与我国企业跨国投融资的对象存在高度的一致性。离岸银行业务服务的对象是我国的非居民,中国企业开展跨国投资形成的经济实体,对于我国来说也是非居民。

离岸银行业务的服务与我国企业跨国投资的需求之间,存在着明显的契合关系,因此离岸银行业务对于我国企业跨国投资的发展起着十分重要的支撑作用。由于开展跨国投资的企业与我国商业银行之间本身就有着长期的、千丝万缕的合作关系,许多境外企业就是我国境内公司的关联公司,而境内公司往往与我国商业银行已经建立起了长期的、全方位的合作关系,我国商业银行对这些企业的了解比境外的银行更全面、更彻底,因此更能让商业银行的离岸银行为它们提供亟须、配套、跟随式的全面服务。

我国企业在境外遇到的诸如融资难等银行服务的困难还相当普遍。因此,如果我国商业银行的离岸银行业务能够为"走出去"企业和它们的关联公司提供更直接的境内外的结算和融资服务,将更加有效地提升我国"走出去"企业在东道国的经营能力。

三、开展离岸银行业务是满足跨国公司在全球范围内经营的需求

(一)开展离岸银行业务是满足企业跨国经营的融资需求

由于我国"走出去"企业的跨国经营历史较短,中资企业的境外公司在短时间内难以在当地取得较高的信任度,较难获得当地商业银行的结算、融资等相关金融服务。我国商业银行的境外分支机构,也很难完全满足我国"走出去"企业在全球100多个国家和地区对商业银行的各种需求。但是如果通过我国离岸银行的服务渠道,那么在我国本土就可以很简单和有效地获得企业的境外结算和融资需求。

(二)开展离岸银行业务是搭建业务平台的需求

我国离岸银行业务能够提供咨询、顾问服务来帮助企业搭建境外业务运作的平台,可以极大满足我国跨国经营企业的商业银行的服务需求。同时可以充分利用我国离岸银行的国际化、便利化、自由化的优势,帮助企业开展全球范围内的经贸和投融资业务。我国"走出去"企业和在境外的上市公司已越来越多,通过我国商业银行的对外投资服务与离岸银行服务的有机结合,可以很好地满足这些"走出去"企业和到境外上市的一系列商业银行的服务需求,极大拓宽了"走出去"企业和准备上市企业在国际市场上的发展空间。

(三)开展离岸银行业务是资金集中管理的需求

由于跨国公司成员企业的境内外账户独立开设,且境内外不同地区的金融市场存在着不小的差异,因此跨国公司难以有效管控其成员公司境内外的财务状况,从而无法统一进行跨国公司资金财务的集中管理。所以,跨国公司亟须通过一家银行集中管理其境内、境外的账户,及时调动资金,提高资金清算效率。而离岸银行与在岸银行的有机结合,能很好地解决这个问题。

(四)开展离岸银行业务是境外账户服务的需求

为了有效进行跨国公司的资金管理,公司通常需要在境内开设离岸银行账户,以利用离岸银行账户来满足境外公司存款、结算、贷款、综合授信和财务管理等银行服务需求,方便集团总部的管理与操作。同时由于公司境内外业务都在同一家银行办理,相应地降低了企业的财务费用支出,节省了经营成本。

(五)开展离岸银行业务是账户信息的需求

集团总部在境内需要通过境外公司开立的离岸账户及时获取境外公司的账户信息,了解境外企业资金和财务运作情况,以便及时做出相应的财务计划安排。

(六)开展离岸银行业务是降低企业成本的需求

我国离岸银行业务能够有效地降低企业的经营与管理成本。从成本效益的角度看,跨国公司利用离岸银行服务渠道比较经济。离岸银行业务受国内外的金融管制相对较少,它可以在自身不发生地理空间位移的情况下,于本国境内向遍布全球各地的离岸客户提供全面的境外银行服务,能够满足我国"走出去"企业的境外业务和在境内母公司所在地操作的经营需求,也有利于集团企业的境内外资金的集中管理,达到提高资金使用效益并降低日常的经营管理成本的目的。

(七)开展离岸银行业务是商业银行和企业提升合作黏性、拓宽合作广度的需求

我国离岸银行业务的开展可以撬动跨国公司与中国境内商业银行业务的合作。我国商业银行离岸与在岸一体化服务与企业的境内外全面银行服务需求能够进行有效对接,在降低客户交易成本的同时,也使得银行对企业的境内外业务有了全面了解,大大降低了信息不对称性的风险,极大地促进了银企关系,对企业与银行战略合作关系的建立产生了重要的作用,使企业在国际化发展中对金融资源的获取更加稳定与可靠。

第五节 离岸银行业务对我国商业银行发展的促进作用

发展离岸银行业务,对提高我国商业银行市场竞争力、推动银行整体业务的发展,都具有重要促进作用。目前,在经济全球化的背景下,随着我国经济整体实力的不断增强,我国经济与世界经济的融合程度不断提高,我国作为世界经济最具活力的地区不仅吸引了来自世界各国的投资,也成为备受瞩目的新兴对外投资来源地,中国经济的国际化要求需要本国金融国际化的支持和帮助。

一、开展离岸银行业务是我国商业银行国际化进程中的重要环节

(一)离岸银行业务在我国商业银行国际化发展中的作用

我国商业银行国际化发展阶段经历了国际业务阶段、离岸银行业务阶段和跨国银行业务阶段,而离岸银行业务在银行国际化发展中起着"承前启后"的作用,是银行国际化的重要阶段。

(二)离岸银行业务促使我国商业银行逐步向国际金融市场渗透

离岸金融市场是国际金融市场的重要组成部分和具自由化、国际化属性的部分。由于市场参与主体是非居民,交易规则和运作惯例都是在监管相对宽松、高度自由化环境下,按照国际金融市场运行规律形成的,因此它营造了国际商品交易和资金跨境自由流动的宽松

市场环境,为我国商业银行国际化提供了利用离岸银行业务与国际金融市场接轨的巨大操作空间。通过经营离岸银行业务,我国商业银行可以直接参与国际金融市场竞争、获取市场信息、跟踪市场最新发展动向,与一批非居民客户建立良好的合作关系,并按国际惯例为他们提供银行服务,使我国商业银行主要由本土经营逐步向国际金融市场渗透,从而获得国际金融市场运作的经验。

(三)离岸银行业务对我国商业银行业务国际化有着重要的促进作用

离岸银行业务可以使得商业银行在不设境外机构的情况下,直接进入国际金融市场开展国际化经营,学习掌握国际金融市场的运行规则、进行利率市场化的运作、创新运用离岸金融的产品和服务,能够有效提升我国商业银行的国际化竞争能力。通过离岸银行业务的发展,我国商业银行离岸银行业务的资产、收入和盈利能力的提高,直接意味着银行国际化水平的提升。

(四)离岸银行业务对商业银行机构国际化起着重要的作用

一方面,可以利用离岸银行业务弥补我国银行境外机构网络有限的不足;另一方面,即使在境外设立分支机构后,还可以通过对营销渠道、产品和服务等方面的资源整合,发挥离岸银行业务和境外机构的整合优势。此外,开展离岸银行业务可以为境外分支机构培育客户群体,满足在境外设立分支机构后对境外客户数量和业务量的市场可行性要求。同时,可以培养具有国际金融市场经营管理能力和产品创新及运用能力的经营人才,把离岸银行业务作为我国商业银行在境外机构建立前开拓海外市场的一项重要工作,为境外分支机构的国际化打好亟须的市场和人才基础。

(五)离岸银行业务对管理国际化的重要作用

离岸金融市场作为国际金融市场的重要组成部分,是高度自由化、国际化的市场,它的市场交易规则和运作惯例,是在没有监管、高度自由化环境下,按照国际金融市场的监管规定和市场机制来制定的。作为离岸经营活动的银行服务中枢,离岸银行业务可以在管理理念、管理组织、管理方法和管理规则等方面实现突破,以适应国际化的经营环境,尊重和遵从国际规则,积极进行战略调整。

二、开展离岸银行业务是我国商业银行走国际化道路的基础和试验田

在金融国际化的大背景下,我国商业银行以全球一体化的实体经济和金融市场作为业务发展的基础,必然要在管理、业务、股权、机构和人才五个方面实现国际化,否则将在全球商业银行的直接竞争中面临巨大的困难。如果我国商业银行不积极推进国际化进程,就不能为客户提供全球性的银行服务,我国商业银行丢失的将不仅仅是跨国经营的境外客户,更会面临流失开展国际化经营的国内客户的危险。我国商业银行进行国际化转型的主要目的是为了配合我国企业跨国经营发展的需要,"跟随企业'走出去'的发展步骤,提供全球化的银行配套服务"是我国商业银行赖以生存和发展的基础。近年来,我国银行业通过在境外设立分支机构和进行跨国收购,在国际化方面取得了一定进展,但仍然存在经营规模小、国际化水平低、机构分布与企业跨国经营地域严重不相匹配等一系列问题。

(1)我国商业银行的境外分支机构在服务能力、组织管理能力、技术信息渠道、资产规模和市场影响力以及品牌认知度等方面,与国际主流银行还存在着较大的差距。

(2)境外分支机构的设立面临着东道国金融监管的重重限制,难度非常大,所设立的分

支机构主要集中在少数国家的中心城市,与我国对外投资的地区相比存在空间上的不匹配问题。

(3)跨国收购和兼并虽然是国际化的发展捷径,但同样要面临东道国的金融管制、企业文化融合和管理体制重建等诸多问题,而且从全球范围内来看,由我国企业主导的并购案例失败的不算少数。因此,我国商业银行尤其是股份制商业银行通过境外设立分支机构或收购兼并来实现国际化发展还十分困难。

三、开展离岸银行业务是我国商业银行低成本国际化经营的有效渠道

离岸业务是低成本开展国际化经营的特殊通道,可以提高我国商业银行的盈利能力。在境内开办离岸业务,可以在不设立境外分支机构的情况下,有效规避国际金融市场的一些限制,将业务从国内自然延伸到国外,进入国际金融市场与国际同业竞争,还可享受少缴所得税、不用缴纳存款准备金、没有资本金或营运资金要求、人工成本低和办公开支小等多项好处,盈亏平衡点远胜于在境外设立的分支机构,从而可以提高我国商业银行的盈利能力。

对于中国企业投资的绝大多数国家和地区而言,境外客户数量不足以支持我国商业银行新设境外分支机构,以境外"商业存在"方式进入东道国提供金融服务。在资本实力不足和准入条件严格、市场容量限制的情况下,我国商业银行可以通过离岸银行业务,依靠《服务贸易总协定》的"跨境交付"和"境外消费"两种金融服务方式,向我国"走出去"企业提供全方位的离岸银行服务。

四、开展离岸银行业务是学习和借鉴国外金融同业宝贵经验的重要途径

(一)丰富业务产品、提升业务能力

对于缺少境外分支机构的我国商业银行,可以通过离岸银行业务窗口与境外金融机构建立紧密的业务联系,学习和借鉴境外银团贷款、债券承销与投资、并购与私有化、现金管理产品等方面的有益经验,优化业务方案、丰富产品结构、提升服务能力。

(二)强化业务与风险管理能力

对于境外大型跨国商业银行的业务管理与风险管理,我国商业银行完全可通过开展离岸银行业务来学习。比如,参与境外银团项目时,一旦借款公司无力偿还借款,离岸银行作为银团参与行,往往会采取为客户私募资金、贷款资产证券化转让、为客户引进战略投资者等多种手段化解风险,降低贷款损失。

(三)为境内商业银行业务的发展提供借鉴

离岸银行对境外融资具有较强的灵活性与便利性,很多做法被境内商业银行业务所接受和使用。例如,离岸银行针对境外贷款无须还本、可直接延长期限的实际情况,设计了"无还本续贷"的模式;又如,离岸银行参与的境外银团贷款二级市场自由转让的经验,成功地在上海自贸试验区进行了跨境银团贷款的转让等。

第六节 离岸银行业务的客户需求分析

一、境内外企业对离岸银行业务有着巨大的需求

离岸银行业务的发展必须围绕客户需求展开,重视和细分客户需求是进行市场竞争的

前提。我们认为,离岸银行业务的客户需求可分为三个层次:

(一)满足非居民对我国境内的投资需求

通过离岸银行业务的"牵线搭桥",境外非居民可以在规避汇率风险和利率风险的同时进行境内投资,事实上离岸银行业务可成为我国间接利用外资的重要渠道。

(二)满足境内居民的境外发展需求

随着对外开放的深入,境内居民的经济活动逐步延伸到境外,其中一个重要的趋势,就是境内居民在中国香港或其他离岸地区合法地开设离岸公司,直接享受政策、税收和投资的便利,并继而获得离岸银行服务。

(三)满足境内居民的国内外关联公司综合金融服务需求

这是我国商业银行离岸银行业务的重要切入点。当美元等国际主要货币的利率快速变化时,将为相当多的中资境外机构提供债务转换和财务重组的良机,通过离岸业务操作,企业完成融资置换,可极大降低融资成本并改善企业资产负债结构。

二、我国生产和贸易型企业境外融资的需求

(一)我国中资企业的境外公司亟须获得离岸银行的融资支持

中资企业境外公司大多资金规模有限,生产型企业在业务开办初期,资本金基本用于厂房、机器设备等固定资产的购置,剩余资金难以进一步支持企业购买原材料以加速扩大生产规模,流动资金存在较大缺口,限制了企业的发展速度。此外,企业在面临产品周转的季节性波动或上马新项目时也存在流动资金需求,需要融资支持。

(二)我国开展跨境贸易的企业亟须获得离岸银行的结算服务和融资支持

境外贸易型企业在进行境外贸易往来业务时,由于上下游企业货款结算存在着一定的时间差,由此产生了贸易融资业务的需求。同时,对于一些国际市场价格波动较快的商品,企业可能随时需要资金用于贸易周转,需要通过打包贷款、进出口押汇、境外代付、保理和福费廷等贸易融资业务获得流动性资金支持,以进一步扩大贸易规模。

(三)我国中资企业的境外子公司亟须通过境内关联公司的支持来获得离岸银行的融资支持

中资企业的境外发展导致融资需求旺盛,但由于大部分中资企业的境外子公司注册资本规模较小,且没有与注册地当地银行有过业务往来合作关系,缺乏授信记录,所以较难获得企业注册地银行的融资授信支持,企业发展较为困难,急切希望获得境内关联公司所在地离岸银行的授信融资支持。一般而言,境外企业的境内母公司通常规模较大,且已与境内商业银行存在长期的良好授信关系,均已获得境内商业银行的综合授信额度,因此企业普遍希望其境内外公司能共享授信额度,或通过其母公司为其境外企业提供担保的形式,由境内商业银行的离岸银行机构为其境外企业提供融资服务,满足境外企业的资金需求。

(四)降低我国"走出去"企业的营运成本的需求

尽管部分中资企业注册在外,但为了充分利用境内关联公司的人力与资金资源,降低境外公司营运成本,其实际业务运作与资金安排大多还是在境内进行,故需要在境内银行开立境外银行账户,利用一家银行同时满足公司境内外存款、贸易结算等业务需求,这能够有效降低我国"走出去"企业集团公司的整体营运成本。

(五)降低我国"走出去"企业和集团公司财务成本的需求

由于开曼群岛、英属维尔京群岛、巴哈马群岛等离岸避税港提供低税甚至免税的政策，一些中资企业纷纷寻求在上述地区注册企业以构建境外贸易平台，通过境内外的上下游企业进行境外转口贸易；或者注册项目控股公司作为境外投、融资平台，投资境内外项目和进行资本市场运作，充分利用注册地的税收优惠政策进行合理的税务安排，以降低企业的整体财务成本。

(六)规避中资企业投资风险的需求

中资企业在赴东南亚、拉美、非洲等国家(地区)的投资发展过程中，在享受低成本优势的同时也面临着一定的投资风险。一方面可能由于注册地当地政局不稳，从而导致企业资金蒙受损失；另一方面也可能由于注册地实施严格的外汇管制政策，从而限制了企业资金的自由运作。为了有效规避注册地国家(地区)的外汇管制与政局风险，企业亟须在境内开设离岸账户进行资金往来的清算。

三、引进外资对离岸银行业务的需求

虽然我国的经济已经有了长足的发展，但目前"招商引资"还是我国的基本国策。随着中国经济的高速发展以及对外开放程度的不断加深，境外企业集团纷纷来华投资或参与大型项目工程的招投标，为了迅速进入本地市场，也亟须与熟悉本地市场的商业银行合作，产生了账户监管等离岸业务的需求。

(一)账户监管的需求

境外企业在进入国内投资前，通常需要在特殊区域等地区注册项目公司，然后再进行投资，因此需要开立离岸账户进行投资中转。而其他境外公司在进入国内投资前，因国内投资项目前景不明朗或仍处于谈判阶段，通常也不会直接将资金汇入境内，而是在境内项目正式启动前，由项目公司在境内银行开设离岸账户用于投资监管。

(二)参与境内招投标的需求

境外企业在参与境内项目招投标时，因项目所在地银行较为熟悉项目背景或与项目发起方往来密切，一般会选择项目所在地银行开立离岸账户，作为其参与招投标的中转账户，在开标前可以通过离岸账户向境内项目发起方出具投标或履约保函。若境内项目正式启动，公司可以直接从离岸账户向境内账户划付项目资金，提高资金清算效率；如项目未落实，其离岸账户内的投资资金，也可自由汇划至指定账户。

四、满足我国金融机构和类金融机构开展跨境业务的需求

我国4家离岸银行，已经为我国金融机构和类金融机构在境外的分支机构提供了亟须的离岸银行业务服务。

(1)我国离岸银行已为我国金融机构和类金融机构在境外的分支机构提供了充足的、稳定的资金支持。例如，我国离岸银行为我国某商业银行在欧洲的一家子行(注意，这里的商业银行与离岸银行的总行是完全独立的两家不同的商业银行)，及时提供了该子行亟须的一笔大额欧元资金，帮助这家子行有效规避了头寸不足的风险。

(2)我国离岸银行为境外的证券公司和保险公司提供了充足的、稳定的资金支持。例如，我国一家证券公司的香港子公司，亟须一笔美元资金来购买在香港发行的离岸美元债

券,我国离岸银行在合规和风险可控的前提下,为该公司及时提供了一笔大额美元贷款,配合该公司及时购买了离岸美元债券,获得了很好的经济效益。

(3)我国一家融资租赁公司的爱尔兰子公司在办理一架空客飞机的融资租赁时,我国离岸银行在较短时间内为该公司提供了一笔欧元贷款,帮助该公司及时完成了购机款的支付。我国这家融资租赁公司的爱尔兰子公司随后将飞机租给东南亚一家航空公司使用,获得了很好的经济效益。

第七节 我国开办离岸金融业务过程中存在的主要问题

尽管我国4家具有离岸银行资格的商业银行已非常努力地发展离岸银行业务,我国离岸银行业务也确实为我国经济发展和金融改革做出了积极的贡献,但受制于国内外宏观经济形势和我国离岸银行业务的能力,加上我国资本项目没有开放,以及离岸银行业务需要国家的特别政策支持,因此我国离岸银行业务的发展远没有达到预想效果。

一、我国离岸金融业务一直未全面放开

我国离岸金融业务是从改革开放的前沿深圳特区开始的,它是我国建立内外分离型离岸金融市场的尝试。可惜的是,这一尝试并未像其他在深圳特区试点的创新政策一样迅速扩展到全国。从我国国家层面来说,离岸银行业务还停留在地方金融机构进行的有限试点,尚未形成整体的、长期的发展战略规划。

我国离岸银行业务从1989年开始试点到目前已经历了整整33年,相比后起之秀的自由贸易账户体系不断地完善升级,离岸账户三十余年来一直没有更新迭代。我国在上海自贸试验区尝试的FT账户是否表明在国家层面更倾向于尝试内外渗透型的离岸市场,而非内外分离型的离岸市场?以OSA为代表的我国离岸银行业务将走向何方?依然是个难解之谜。

二、我国开展离岸金融业务的范围狭窄

在业务类别上,我国离岸金融业务开展的仅仅是离岸银行业务,而没有对离岸金融业务中的离岸保险、离岸证券、离岸基金、离岸债券、离岸租赁和离岸信托进行过尝试。

在参与主体上,我国开展离岸银行业务的金融机构,从2002年6月开始至今只有交通银行、浦东发展银行、招商银行和平安银行4家商业银行获得了经营资格。我国离岸银行业务按规定只能为非居民企业提供服务,对大多数具有强烈离岸银行业务需求的居民企业却排除在外。

在业务币种上,我国离岸银行业务只能经营自由兑换货币,而对我国特别重要的本币(即人民币)却不能经营。

三、我国监管部门对开展离岸银行业务的监管缺失

我国在1989年试办离岸金融业务至今,只有中国人民银行于1997年制定了《离岸银行管理办法》和国家外汇管理局于1998年制定的《离岸银行管理办法的实施细则》。而我国税务部门没有对参与离岸金融活动的机构、企业等的纳税规定,我国各级人大至今没有制定过

我国离岸金融法规,各级法院也没有制定过与离岸金融业务相关的法律规范。

我国涉及离岸金融业务的监管规定不严谨、不配套,主要体现在如下几个方面:

(1)我国有部分企业利用《境内机构对外担保管理办法》及其实施细则的缺陷,通过内保外贷的方式从离岸银行获得境外的外币资金,进行违法的逃汇、套汇。

(2)我国开展的是名为渗透,实质是严格分离的离岸银行业务。由于离岸市场的外汇资金价格和衍生品交易价格都是境外金融机构来制定的,势必造成离岸市场和在岸市场外汇资金价格的差异、相关衍生品交易的价格失真,这给一些机构和企业提供了利用离岸和在岸两个市场价格差异的不当获利机会,也使得它们通过离岸银行这个合法渠道进行境内市场与离岸市场之间的资金转移,集聚巨大的金融风险。

第八节 我国加快发展离岸银行业务的建议

一、我国亟须调整离岸银行业务的监管规定

(一)尽快允许具有外汇业务资质的商业银行开办离岸银行业务

目前开办离岸银行的金融机构数量与我国经济发展对离岸金融的现实需求存在着很大的差距。按照监管规定,目前我国获得离岸银行业务经营牌照的只有招商银行、平安银行、交通银行和浦东发展银行这4家商业银行,因此要尽快允许具有外汇业务资质的商业银行开办离岸银行业务。当然,我们还是要坚持离岸银行"离岸与在岸银行的系统分离、离岸与在岸银行的账户分离及离岸与在岸银行核心人员的分离",并且对开办离岸银行业务的商业银行从业人员进行培训和测评,以防范放开后可能出现的离岸银行业务的风险。

(二)允许居民企业可以办理离岸银行业务

根据国家外汇管理局关于《货物贸易出口收入存放境外管理暂行办法》的规定,我国已有超过5万户的出口企业在境外银行和我国4家离岸银行开立了账户,这使得我国出口企业可以将出口项下收汇的资金直接存入境外银行或我国4家离岸银行账户上,这实际上允许了我国境内企业在满足一定条件后可以开立境外账户;并且还可以通过境外账户或我国4家离岸银行进行该公司的"境内企业集团实行集中收付",这实际上已是允许出口企业通过境外账户可以进行外汇资金的集中管理。按照"浦九条"的第二条规定:同意在浦东新区设立财务中心或者资金中心的跨国公司,可以在境内银行开立离岸账户用于集中管理境外成员公司的外汇资金。参加试点的跨国公司和银行应当制定内部管理制度和操作规程,做好对资金收付的有效管理。离岸账户收入范围为境外成员公司汇入的外汇资金和境内成员公司经外汇管理局批准用于境外放款的外汇资金;支出范围为向境外成员公司汇款。跨国公司利用离岸账户吸收的境外成员公司的资金,应当纳入外债统计。境内成员公司不得将离岸账户资金调入境内使用,对离岸账户向境内其他账户汇入资金,视同从境外汇入资金管理。境内银行吸收境外存款所涉外汇管理事宜,总局另行规定。在此文件的影响下,已有两家中资跨国公司和一家外资跨国公司开立了离岸账户。这在当时的情况下,已是我国居民企业在境内开立离岸账户方面的巨大突破,影响极其深远和重大。遗憾的是,由于国家外汇管理局关于推动浦东新区跨国公司外汇管理改革试点有关问题的批复中,依据有关外汇管理规定还是对离岸账户的支出、收入范围有着很严格的限制,影响了这三家公司对离岸账户

使用的积极性。

二、《关于支持新型离岸国际贸易发展有关问题的通知》给予离岸银行业务的发展机遇

我们认为,中国人民银行和国家外汇管理局于2021年12月24日联合发布的《关于支持新型离岸国际贸易发展有关问题的通知》(以下简称《通知》)是对我国经济"双循环"的巨大利好,这将极大促进我国跨境贸易和离岸金融的发展。我国监管部门最新定义的新型离岸国际贸易,是指我国居民与非居民之间发生的,交易所涉货物不进出我国一线关境或不纳入我国海关统计的贸易,包括但不限于离岸转手买卖、全球采购、委托境外加工、承包工程境外购买货物等。新型离岸国际贸易有三个典型特征:交易发生在居民和非居民之间、货物不进出国境、贸易不纳入海关统计。

《通知》的主要内容:一是支持基于实体经济创新发展需要的新型离岸国际贸易业务,对相关跨境资金结算实现本外币一体化管理;二是鼓励银行完善内部管理,实施客户分类,优化自主审核,提升服务水平,为真实、合规的新型离岸国际贸易提供跨境资金结算便利;三是强化风险监测管理,防范跨境资金流动风险。

《通知》的最大特点就是允许国内的商业银行都可办理企业的本外币的"新型离岸国际贸易"业务。这就意味着我国监管部门已放开了商业银行办理离岸银行的限制,更加重要的是商业银行不仅可以办理离岸银行业务,而且可以办理人民币的离岸银行业务,更为特别的是允许居民企业可以成为离岸银行业务的参与方。《通知》不仅仅是对离岸银行业务监管政策的调整,更是我国监管思路划时代的重大突破,值得我们好好学习和借鉴。

作者感悟 2

可以非常自豪地说,中国人民银行、外汇管理局于2021年12月23日发布的《通知》是在我们离岸金融从业者的共同努力下成功落地的。综观世界离岸金融的发展历程,我们不难得出这样一个结论,离岸金融的不断发展是与离岸金融监管政策的不断调整紧密关联的,因此,离岸金融的发展主要依靠的是政策,而不仅仅是资源。我们每个离岸金融从业者必须将争取更多的离岸金融监管政策的调整作为自己毕生的使命。

第九节 我国非居民账户体系概述

目前,国内允许开展跨境业务的账户主要包括三类:离岸银行账户、自由贸易账户和境外机构境内账户。这三类账户的具体情况及异同点具体如下:

一、离岸银行账户

离岸银行账户,又称离岸账户。按照我国离岸银行管理办法规定,在我国境外(含港澳台地区)的自然人、法人(含在境外注册的中国境外投资企业)、政府机构、国际组织及其他经济组织,包括中资金融机构的海外支持机构,但不包括境内机构的境外代表机构和办事机构,按规定在依法取得离岸银行业务经营资格的境内银行离岸业务部开立的账户,属于境外账户。

相对而言,离岸银行账户受外汇管制更少些,从资金的安全性角度来看,离岸银行账户要更安全些,受我国外汇管理局监管的影响更加有利。

离岸银行账户在金融学上指存款人在其居住国家以外开设的银行账户。相反,位于存款人所居住国内的银行账户则称为在岸银行账户或境内银行账户。

二、自由贸易账户

在我国上海、天津、福建、广东和海南五个自贸试验区内,可为居民企业和非居民企业开立的自由贸易专用账务核算体系(Free Trade Zone Account,FTU),以实现分账核算管理。

非居民不仅可以在自贸试验区开立离岸银行账户,而且还可在自贸试验区内的银行开立本外币非居民自由贸易账户。

FT 账户是指银行等金融机构根据客户需要在自贸试验区分账核算单元开立的规则统一的本外币账户,独立于现有的传统账户体系,属于央行账户体系的专用账户。

FT 账户的特点如下:一是分账核算,是本外币合一的可兑换账户;二是一线放开、二线管住、有限渗透,跨二线(境内)只能划转人民币;三是适用离岸汇率。

FT 账户和境内外账户划转的管理原则如下:一是 FT 账户和境外账户(含 OSA)、境外机构境内账户、其他 FT 账户之间划转是按宏观审慎原则实施管理,即 FT 账户可以办理经常项下和直接投资项下的跨境资金结算,以及将来按规定开展的投融资汇兑便利的创新业务。二是 FT 账户和境内非 FT 账户(含同名账户)之间划转是根据有限渗透加严格管理的原则按跨境业务实施管理,同时 FT 账户办理境内划款时,需要在汇款附言中特别注明是从 FT 账户中划出。三是区内机构的 FT 账户可以和同名非 FT 账户之间进行双向资金划转,但仅限于经常项下;偿还自身名下且存续期超过 6 个月(不含 6 个月)的银行业金融机构发放的人民币贷款,还贷资金必须直接划入开立在贷款银行的同名账户;新建投资、并购投资、增资等实业投资;中国人民银行允许的其他跨境交易。

在上海自贸试验区内的商业银行,受理 FT 账户业务(包括开户、划转等),需要向中国人民银行的 RCPMIS 系统、FTZMIS 系统和国家外汇管理局的国际收支申报系统、资本项目信息系统报送相关信息。

三、境外机构境内账户

2009 年 7 月出台的《国家外汇管理局关于境外机构[①]境内外汇账户管理有关问题的通知》允许所有境内中资、外资银行在谨慎经营的前提下,为境外机构境内账户(NRA)。

NRA 的特点如下:一是明确境内银行为境外机构开立外汇账户时,应当在外汇账户前统一标注 NRA。二是为了与离岸业务相区别,该通知明确规定:"所称境外机构境内外汇账户,不包括境外机构境内离岸账户(境外机构按规定在依法取得离岸银行业务经营资格的境内银行离岸业务部开立的账户)。"三是强调了"境内机构和境内个人与境外机构境内外汇账

[①] 这里要特别强调的是,所述的境外机构实际上就是非居民,我们这里境外机构的表述是为了与国家外汇管理局的表述相一致,并不是两个概念。

户之间的外汇收支,按照跨境交易进行管理""境外机构境内外汇账户从境内外收汇、相互之间划转、与离岸账户之间划转或者向境外支付,境内银行可以根据客户指令等直接办理"。国家外汇管理局推出的 NRA 体系,实际上是对我国外汇账户管理的重大调整。按照 NRA 体系,这个账户的性质是境外机构在我国境内开立的外汇账户,因此这个账户必须接受我国的外汇管理。

我国在 2008 年实行的《企业所得税法实施条例》,已经明确规定非居民企业在我国的收入,如满足相关条件后也必须依法向我国税务部门进行报税,由我国税务部门依法合规进行征税。

四、三类非居民账户的比较

三类非居民账户,即 OSA、FT 账户和 NRA 的比较如表 4—1 所示。

表 4—1　　　　　　　　　　　三类非居民账户的比较

项　目	境外机构境内账户(NRA)	离岸银行账户(OSA)	自由贸易账户(FT 账户)
监管文件	《关于境外机构境内外汇账户管理有关问题的通知》	《离岸银行业务管理办法》	《中国(上海)自由贸易试验区分账核算业务实施细则(试行)》
发文编号	汇发〔2009〕29 号	银发〔1997〕438 号	银总部发〔2014〕46 号
发文部门	国家外汇管理局	中国人民银行	中国人民银行上海总部
发文时间	2009 年	1997 年	2014 年
开户对象	境外机构	非居民法人及自然人	境内外机构及个人
开户资料	境外机构在境外合法注册成立的证明文件等开户资料。证明文件为非中文的,还应提供对应中文翻译(监管未明确列出清单)	客户的有效文件(监管有明确清单),无翻译要求	客户的有效文件(监管未明确列出清单)
外债管理	人民币 NRA 不占用,外汇 NRA 占用	不占用	区内和非居民之间不占用,涉及跨境占用
可开户银行	具有外汇业务资格的银行(目前全国所有境内行)	交通银行、平安银行、上海浦东发展银行、招商银行(目前仅限于该 4 家银行)	通过自由贸易账户验收的银行(主要包括上海、海南等地的银行)
账户属性	境内账户	境外账户	境内账户
涉及币种	本外币	可自由兑换货币	本外币
存款准备金	需要缴存	豁免	需要缴存

续表

项　目	境外机构境内账户(NRA)	离岸银行账户（OSA）	自由贸易账户（FT 账户）
跨境资本流动	外币 NRA 与境外账户、离岸账户之间的资金进出不受限制；与境内账户发生收支视同跨境，需真实性审核 人民币 NRA 与境外账户及其他 NRA 之间的资金进出自由；与境内机构人民币账户划转视同跨境，需真实性审核	OSA 与境外账户资金进出自由，与境内账户划转视同跨境，需真实性审核	"一线放开，二线有限渗透"，FT 账户之间及其与境外账户、境内区外 NRA 的资金可自由划转；与区外境内机构账户划转，需真实性审核
企业结售汇	外币不允许结汇，人民币不允许购汇	不允许结汇	本外币合一，账户内可实现资金兑换
账户特点	适用境内监管政策办理各类存贷款与结算业务	基本参照国际管理办理各类存贷款与结算业务	适用境内监管政策办理各类存贷款与结算业务

资料来源：由作者整理所得。

五、具有跨境业务需求客户对开立 OSA、FT 账户和 NRA 的选择问题

我们在综合分析 OSA、FT 账户和 NRA 的特点和优势后，对不同类型的企业，在不同情形下的账户选择提出如下建议：

（1）对真正的境外跨国公司，应该鼓励其优先开立 OSA，其次是 FT 账户，最后是 NRA。

（2）对我国跨国公司，且有子公司设立在自贸试验区内的，鼓励其优先开立 FT 账户，其次是 OSA，最后是 NRA。

（3）对我国跨国公司，且没有子公司设立在自贸试验区内的，鼓励其优先开立 NRA，其次是 OSA，最后是 FT 账户。

（4）我们在此还要补充的是，随着我国新型离岸国际贸易业务的不断发展，会对以往的境外公司在我国开立的 OSA、FT 账户和 NRA 产生更为有益的积极作用，这是因为新型离岸国际贸易是指在我国居民与非居民之间发生的、交易所涉货物不进出我国一线关境或不纳入我国海关统计的贸易。这就充分说明了 OSA、FT 账户、NRA 的功能是多方面的，而为办理新型离岸国际贸易的境内外企业既可以通过 OSA、FT 账户、NRA 来办理结算和融资业务，境内企业也可以通过开立一般的国际结算账户来办理新型离岸国际贸易的结算和融资业务。中国人民银行和国家外汇管理局发布的《通知》并没有明确居民企业可以开立 OSA，也没有明确在相关自贸试验区可以开立 FT 账户。因此，我们认为境内企业可以通过一般外汇账户办理新型离岸国际贸易的结算和融资业务，这是我国外汇体系的重大调整。

本章小结

本章介绍了离岸银行业务的基本概念、特点、监管原则和该项业务的积极作用，对我国离岸银行账户、离岸银行业务的客户需求和我国离岸银行业务的经营范围和币种进行了阐

释,提出了我国离岸银行业务的主要问题及解决方案,分析了我国非居民账户体系的构成与各类账户的异同点。

本章还介绍了我国金融机构开展离岸银行业务的情况、离岸银行对我国商业银行发展的促进作用、新型离岸国际贸易对我国离岸银行业务的巨大推动作用,并特别指出了我国开办离岸金融业务过程中存在的主要问题和我国加快发展离岸银行业务的建议。

关键词

离岸银行业务　离岸银行账户　非居民企业与境外机构的关系　业务监管　离岸银行业务的客户需求分析

思考题

1. 简述我国离岸银行业务的服务范围。
2. 举例说明我国企业对离岸银行业务的需求。
3. 简述新型离岸国际贸易对离岸银行业务的推动作用。
4. 简述离岸银行账户、自由贸易账户和境外机构境内账户的异同点。
5. 思考离岸银行业务未来的发展路径。

第五章　我国离岸金融业务的风险控制

学习目的

1. 了解我国离岸金融业务的经验教训
2. 了解我国离岸金融业务的风险类型
3. 了解我国"走出去"企业风险防范的方式
4. 了解我国离岸金融业务风险防范的方式

第一节　离岸金融业务的风险案例

我国商业银行的离岸银行业务经过多年的积极开拓和风险防范,已经积累了很多宝贵的经验和教训,总结这些经验和教训,对于推动我国商业银行和我国"走出去"企业的跨国经营和国际化进程有着十分积极的作用。

案例1　某大型集团公司在迅速做大以后,集团内部开始腐败,加上集团后期的经营管理不善,导致公司负债高企并逐步走向破产。我国多家商业银行的境外分行和离岸银行前期联合筹组了一笔银团贷款用于为该集团收购某欧洲大型机场,该笔银团业务也因该集团的债务危机而陷入巨大风险。

案例2　某商业银行离岸业务部门的客户在办理一笔汇往欧洲的款项时,突然遭到欧洲某国的调查,原来该客户在没有获得许可的情况下办理了与欧盟严禁的军火交易相关的汇款业务,导致款项被国外政府冻结。

案例3　某商业银行离岸业务部门的客户在办理一笔涉及伊朗的美元收汇业务时,由于伊朗是美国制裁的国家,因此导致该笔款项无法正常收汇。

案例4　我国某企业为了拓展销售渠道,在某国投资5 000万美元设立了一家子公司。但该国与我国有着长期的历史矛盾,在子公司设立期间就遇到了席卷全国的反华浪潮,该子公司在当地的所有财产被暴徒全部破坏,使得这家子公司遭受了巨大的损失。

案例5　某商业银行离岸业务部门为某香港客户发放了一笔大额港币贷款,由于突然遭受金融风暴的袭击,导致该香港客户无法偿还所欠银行的贷款,该商业银行遭受了严重的资金损失。

案例6　某商业银行离岸业务部门为某群岛注册的离岸公司办理了一笔信用证业务,

该笔业务适用的法律是离岸公司注册地的法律。由于对适用法律不够了解，在随后出现的银行与企业的合同纠纷中，该银行败诉并遭受了经济损失。

案例 7 某商业银行的离岸业务部门在为某国有大型公司的新加坡子公司办理大额信贷业务后，由于该公司的管理和经营不善，公司出现了虚假交易和巨额亏损，被新加坡政府勒令停止办理业务，其主要负责人也锒铛入狱，而该商业银行离岸业务部门也遭受了巨额损失。

案例 8 某国一家公司在离岸群岛上注册了一家子公司，并在某商业银行的离岸业务部开设了离岸账户，但由于涉及军火生意，遭到了美国财政部海外资产控制办公室（OFAC）的调查，所有以美元清算的资金被美国政府冻结。

案例 9 某商业银行的离岸业务部门突然接到我国政府某职能部门的调查，要求提供某公司的开户资料和具体交易明细。原来该公司因涉及洗钱而遭到了某国的制裁，后来证明这个公司确实是通过离岸银行业务，进行了洗钱等非法活动。

案例 10 在国内某商业银行离岸业务部门办理过离岸业务的某客户，近来突然被国内多个法院调查，后经证实该客户涉及商业诈骗，仔细核查该客户的开户资料，发现该客户的商业登记证明已失效多年（即没有办理每年一次的企业年检，公司已处于"不再存续"状态）。

第二节 我国离岸金融业务的经验教训

一、我国离岸金融业务惨痛的历史教训

（一）我们要从离岸金融业务的发展历程中吸取教训

从1989年起，我国商业银行开始试办离岸金融业务，首先是招商银行深圳分行，其后深圳发展银行、工行深圳分行、农行深圳分行和广东发展银行深圳分行共5家银行均先后试办离岸银行业务。这5家银行自开办离岸银行业务以来，贷款、存款、利润短期内快速增长，但也积累了风险。以招商银行为例，根据当时公开的该行离岸银行业务的经营数据，截至1994年末，招商银行的离岸贷款逾期率已达到5.18%，较前一年上升2个百分点；该行离岸银行业务的离岸存款规模为3.2亿美元，而离岸贷款规模却达到了4.4亿美元[①]，说明此时该行离岸银行业务的发展已经隐藏了一定的流动性风险。2002年6月，招商银行、平安银行、交通银行及上海浦东发展银行同时获准开办离岸金融业务后，由于离岸金融较高的风险特性，4家银行均采取较为谨慎的发展策略，总资产规模中离岸资产的比重始终保持在较低水平。

国内大宗商品民营企业青山控股由于套期保值的需要，从2021年起持有大量镍期货的空头头寸，累计仓位高达20万吨。2022年3月7日，国际资本联手大幅拉升伦敦金属交易所（LME）的镍期货价格，LME镍期货3月合约价格单日涨幅达88%；到3月8日，LME镍期货3月合约价格两天内的累计涨幅达到惊人的248%，使得青山控股持有的镍期货空头一度亏损高达120亿美元。由于青山集团生产的产品（主要是镍铁和高冰镍等）不符合与LME期货合约的交割条件（电解镍），因此其持有的期货空头与该公司生产的产品不能进行

[①] 崔威. 论我国商业银行离岸金融业务的发展[D]. 长沙：湖南大学，2002.

完美的对冲,此时如果不补充高额保证金,青山控股将按市场价格被迫强制平仓。3月8日,LME发布公告,取消所有英国时间2022年3月8日凌晨0点或之后的镍交易,推迟了镍期货的交易,并为镍期货设10%的单日涨跌幅限制。LME的介入为青山控股争取了时间,青山控股的这次危机有望得到化解。

我国企业在国际金融市场上的失败案例和造成的损失触目惊心,如株冶伦锌事件、国储伦铜事件、中盛粮油事件、中信泰富衍生品亏损事件、中行原油宝事件等。其中最典型的是发生于2004年10月的中航油新加坡事件。中航油集团旗下专职海外航油采购的上市子公司因违规投机石油期权,出现最高达5.5亿美元的巨额亏损,曝出当时中国海外公司的最大一宗丑闻。2007年2月6日,国务院国资委对中航油事件的相关责任人做出了最终定性,中航油上市子公司总裁陈久霖作为主要当事人,因涉及违规从事场外石油指数期权交易;越权批准超限额交易,并擅自决定对亏空期权交易挪盘和挪用备用信用证;隐瞒期权交易的真实潜亏情况及出售15%股权的法律风险并伪造文书等违法违规行为,对中航油新加坡公司造成的巨大经济损失负有直接责任。而作为中航油新加坡公司的母公司,中航油集团领导班子对新加坡公司缺乏有效监管,对出售15%股权可能面临的法律风险缺乏有效评估措施和判断失误。2006年3月21日,陈久霖被新加坡法院判处四年零三个月监禁及33.5万新加坡元罚款,但其对国家和有关行业造成的巨大的有形及无形损失已无法挽回。

(二)我国商业银行和企业开展离岸银行业务的主要教训

主要表现在以下几个方面:

(1)我国商业银行和企业在走向国际金融市场的过程中,对国际金融市场还非常不熟悉、不了解,迄今为止尚未全面、透彻地掌握国际金融市场的交易规则。

(2)具有市场交易、风险管理、资金清算等专业能力的专业人才及各层次的金融管理人才较少,经验还很不足。

(3)我国商业银行和企业对欧美反洗钱、军火控制和联合国制裁等各项规定了解不够。

(4)商业银行对离岸客户的开户审查不严,无法核实开户后的境外交易情况是否合规。

(5)商业银行的各项内部管理制度特别是风险管理制度还很不健全,已经有的管理规定也得不到严格执行。

(6)我国商业银行和相当多的企业还没有形成合规文化,许多商业银行和企业仍采用"上有政策、下有对策"来应付政府有关部门的管理,甚至在境外也采取类似方法对付当地管理当局。

(7)由于信息不对称和远离本土,我国有关管理部门包括金融监管部门难以行使监管调控职权。

(8)要做好企业在境外开展的各类金融(含大宗商品等)衍生品交易的风险控制。

在此我们必须提醒的是:我们的机构和企业在开展各类金融(含大宗商品等)衍生品交易时,一定要深刻汲取我国历史上发生过的各类金融(含大宗商品等)衍生品交易的经验教训,牢固树立一个观点,即我们开展各类金融(含大宗商品等)衍生品交易的根本目的只有一个,就是要对冲各机构和企业正在办理的各类金融和大宗商品业务时可能出现的风险。我们的机构和企业在开展各类金融(含大宗商品等)衍生品交易时,坚决防范出现"卖出没有的、买进没用的"而导致的风险。

二、我国离岸金融业务风险成因分析

认真总结我国离岸银行业务二十多年来所积累的很多宝贵经验和教训，对中资银行离岸银行业务出现的各种风险成因进行仔细分析，有助于中资银行有效防范离岸银行业务的风险，极大地推动中资银行的跨国经营和国际化的进程。仔细分析中资银行开办离岸银行业务二十多年以来的经验教训，可以发现在我国离岸银行业务的发展过程中主要存在六个方面的问题。

（一）中资银行对离岸银行业务的风险认识不足

当初，深圳地区的中资银行在开办离岸银行业务时所表现出的空前高涨的积极性和进取心，让业界无不为它们敢于"吃螃蟹"的精神而大声叫好，但是经过冷静思考和分析，我们不难发现，当初各中资银行提出开办离岸银行业务，仅仅是看到了开办离岸银行业务所带来的丰厚利润，还是将境内商业银行业务的"老一套"办法用在离岸银行业务上，而没有认真仔细地研究离岸银行业务中潜藏的一些特殊风险。

（二）各中资离岸银行盲目扩张、忽视风险

我国开展离岸银行业务的最初几年，招商银行的风险控制较为有效，并且获得了十分可观的经营利润。但从1996年到1998年，随着合法持牌银行的增加，各家中资离岸银行的竞争逐渐激烈，风险控制慢慢跟不上资产规模的增长，在离岸存款严重不足的情况下却发放了大量离岸贷款，导致存贷比严重超标。同时，离岸贷款的行业和客户所在地区的集中度较高，由于可从境外银行获得足额的拆借资金，使得中资银行忽视了风险的逐渐积累和加剧。根据对5家离岸银行业务数据的统计，1997年金融危机发生之初，各中资银行没有充分认识到这次金融危机的强大破坏性，1997年离岸贷款总规模比1996年增加了3.97亿美元，同比增长23.9%；而1998年离岸贷款总规模又比1997年增加了0.72亿美元，同比增长3.5%，1998年离岸贷款余额合计达到21.32亿美元。在离岸资产规模和离岸贷款大幅增加的同时，各中资离岸银行的内部管理和风险控制手段却没有同步跟上，使得这些离岸银行的内部管理和风险控制能力已不能适应离岸银行业务快速发展的步伐。

（三）我国离岸银行的相关法律与监管政策严重滞后

中资银行从1989年开始试办离岸银行业务，但是直到1997年10月中国人民银行才出台《离岸银行业务管理办法》，1998年5月才发布了《离岸银行业务管理办法实施细则》。在1989—1998年近十年的时间里，中资银行的离岸银行业务处于无法可依、无规可守的境地，长时间处于"摸着石头过河"的尝试性发展阶段，再加上在境外能够很容易地获得低成本资金，这使得中资银行盲目地扩大离岸贷款和资产规模，从而积累了巨大的风险。

（四）中资离岸银行的客户结构不合理

一直以来，我国离岸银行业务所服务的客户主要以在港澳地区注册的企业为主，1997年亚洲金融危机爆发后香港成为重灾区，经济出现了严重的衰退，由于中资银行的离岸银行业务严重依赖港澳地区的客户，因此间接对我国离岸银行业务造成了巨大的经营风险。加上我国离岸银行业务的经营范围狭窄、业务品种少，没有适当的避险产品，资金来源渠道有限，因而抗风险能力也较差。

（五）中资银行对离岸银行业务的发展策略不当

中资银行普遍采取"高进高出"的利率管理策略，"高进"是以提高存款利率吸引大额离

岸存款,境外银行都愿意以高息拆借资金给中资银行。然而,高息不仅增加中资银行的经营成本,而且带来了资金的流动性风险。而"高出"就是以高利率发放离岸贷款,要知道高利率往往意味着高风险,这是一个典型的"逆向选择"难题。

(六)我国离岸银行业务对反洗钱等合规要求重视不够

我国的离岸银行和离岸客户对于欧美的反洗钱、反恐怖主义、反制裁及军火控制等合规要求和具体内容还不够了解,有的抱着侥幸心理"打擦边球",有的甚至"铤而走险"。因此经常会受到欧美国家和国际组织的合规调查及处罚的牵连,不仅导致商业银行在经济上的损失,更严重的是损害了我国离岸银行的品牌乃至我国的国家形象。

三、防范离岸银行业务风险和"三个分离"的关系

从全世界和我国离岸银行业务的发展历程来看,该项业务是要求风险和盈利并重的银行业务。因此,为了防范离岸银行业务的风险,我国监管部门要求商业银行做到"系统分离""账户分离"和"人员分离",即"三个分离"的原则,这一原则十分必要,它是我国商业银行防范离岸银行业务风险的重要准绳。

(一)商业银行要做到"系统分离"

这里的"系统"一般理解为"IT系统"或"业务系统"。"系统分离"是指商业银行在办理离岸银行业务时,须通过一套区别于在岸业务系统的离岸业务系统,且离岸业务系统和在岸业务系统是完全分离和独立的。但实际上,各家商业银行对于"系统分离"有不同理解和不同做法。由于监管部门要求"系统分离"时并没有明确何谓"系统分离",因此既可以理解为"离岸业务系统是完全独立于在岸业务系统的两套系统",也可以理解为"离岸银行完全独立于其他分支机构操作同一套系统",即我们可以将离岸业务部门作为一个独立的境外分行,这个分行的业务系统与其他分支机构的业务系统虽然是同一个系统,但其系统操作与其他分支机构是完全分离的。目前,多数银行是按照后一种理解来开发操作系统的。毋庸讳言,如果按照前一种理解开发两套操作系统,所付出的代价和开发的复杂程度都要远远高于后一种。

(二)商业银行要做到"账户分离"

这是指商业银行必须设立单独的离岸银行业务账户,并使用离岸银行业务专用凭证和业务专用章,也就是说,离岸银行业务的账户和在岸银行业务的账户必须是完全分离及独立的。此外,商业银行还应当建立健全的离岸银行业务财务和会计制度,离岸业务与在岸业务必须分账管理,离岸业务的资产负债和损益等数据年终与在岸外汇业务数据税后并表。实际上,商业银行在开办离岸银行业务时,对如何做到"账户分离"也有不同理解和不同做法,监管部门对"账户分离"并没有明确解释。一种理解是"同一家银行的离岸业务部门与在岸业务部门在其他商业银行开立的账户是两个完全独立的账户",就如我国某商业银行的离岸业务部门在汇丰银行香港分行开设一个账户,同时该商业银行境内的国际业务部也在汇丰银行香港分行开设另一个账户,如此也是一种"账户分离"的做法。实际上,目前我国商业银行的离岸机构都有区别于其在岸机构的独立的SWIFT Code,可以用来区分这两个不同账户。而另一种理解则是"一家居民企业的境外非居民关联公司开立的离岸账户是区别于这家居民公司境内账户的不同账户"。这时,我们只要将离岸业务部门视作一个独立的分行就可以了。目前,我国的离岸银行按照同时满足以上两种理解的方式来执行"账户分离"这一

原则。

(三)商业银行要做到"人员分离"

这是指离岸银行业务应当与在岸银行业务实行分离型管理,设立独立的离岸银行业务部门,配备专职业务人员,这些人员只能办理离岸银行业务。商业银行开办离岸银行业务时要做到"人员分离"是没有多大困难的,国内获批开办离岸银行业务的4家银行都在总行层面设立了属于一级部门的"离岸业务部"或与总行的国际业务部合署办公,但有独立的离岸银行业务团队管理与运作。

第三节 我国离岸金融业务的风险类型

一、我国离岸银行业务的客户信息风险

离岸银行业务的客户信息风险是指离岸银行未能完整收集客户信息,未做好对客户的尽职调查工作从而引发的风险;也指离岸银行未能妥善保管客户信息或未能确保客户信息和系统数据的安全性和保密性的风险。

(一)客户信息的主要风险点分析

各行的离岸业务部门主要依据客户提供的如下文件办理开户手续:(1)有效的企业注册证;(2)有效的商业登记证或公司存续证明;(3)董事任命材料或董事签署的出任董事同意书;(4)董事身份证明或被授权人身份证件;(5)公司章程;(6)任何在修订中的决议或董事会开户决议及授权委托书;(7)开户申请书等。

从上述客户需要提供的资料来看,这些资料都是客户自行提供给各中资银行的离岸业务部门后,银行工作人员将客户信息录入离岸银行业务系统中,在系统中生成客户的银行账号。这里可能存在的风险是会遇到虚假客户信息、存在涉及洗钱和制裁名单,或者对客户风险提示及信息披露不充分等问题。

(二)客户信息的风险控制流程

(1)按照"防患未然、控住风险、加强协调、高效运作"的原则来设置客户信息的风险控制流程。

(2)严格审查客户信息,确保离岸客户信息的完整性、真实性和有效性,定期对每个客户的信息进行查册。

(3)对涉及境内外联动的业务,必须按照"一个债务人原则"将关联企业客户的整体视作一个债务人进行管理。

(4)协调各家离岸银行客户信息资源的共享,建立统一制度并不断完善商业银行大额授信的信息资源收集。

(5)增强对客户经理的风险提示,加强风险预防能力,消减商业银行内部信息不对称现象。

二、我国离岸银行业务的信用风险

离岸银行业务的信用风险(又称违约风险)是指离岸银行业务的交易对手未能履行约定契约中明确的义务,从而导致离岸银行遭受经济损失的风险;也即离岸借款人不能履行还本

付息的责任而使离岸银行的预期收益与实际收益发生一定偏差。它是离岸银行业务所面临的金融风险中最主要的类型。

(一)信用风险的主要风险点分析

从离岸银行业务的信用风险来看,由于离岸银行业务的客户大多是境内公司的境外关联公司,而这些公司大多只承担集团境外控股、融资、贸易、投资等职能,自身经营实力偏弱或纯粹只是特殊目的公司(SPV),如果授信方案制订不够合理或境内公司资信能力出现下迁,又或者外部环境出现转向,都有可能导致信用风险暴露。一旦离岸借款人因各种主客观原因不能按时、全额偿还离岸债务或银行贷款而违约,将造成离岸银行的贷款逾期及损失。

离岸信用风险的成因主要包括以下两方面:一是经济运行的周期性,即处于经济扩张期时,凭借借款人较强的盈利能力使风险不容易暴露,信用风险降低;而处于经济紧缩期时,借款人因各种原因不能及时足额还款的可能性增加,信用风险也相应增加。二是有影响离岸公司经营的特殊事件发生。这类特殊事件的发生往往与经济运行周期无关,但对公司的经营或筹资有重要的影响。离岸银行业务的信用风险对于商业银行是一种非常重要的风险,主要是当借款人在离岸银行的贷款违约时,商业银行是损失的直接承受者。

(二)信用风险的控制方式

(1)加强贷前尽职调查,充分利用各种手段,务必对客户的信用情况进行全面的了解。

(2)遵守商业银行的内部风险控制流程。例如,按照正常的审查流程完成业务审批,按照法律审查要求完成合同条款制定及合同签署流程,提款前落实必要的提款条件等。

(3)做好贷后监控,对客户及项目的情况进行跟踪了解并及时记录、反馈。

(4)对于负面消息及突发事件及时应对,分析实质性风险,并做好妥善处置。

(5)针对风险暴露的情况,应主动协助客户消化、分散风险,利用股权融资或再融资手段及时退出。

三、我国离岸银行业务的财务风险

离岸银行业务的财务风险是指离岸客户在各项财务活动中,因为各种难以预料和不易控制因素的作用,实际收益与目标收益发生背离,从而遭受一定损失的可能性。离岸银行业务的财务风险包含狭义和广义两类。狭义的离岸财务风险是指离岸客户在筹资决策时,由于客户的负债性资本占全部资本比例过高,导致离岸客户不能按期还本付息所造成的风险,也称为负债风险或筹资风险。广义的离岸财务风险泛指离岸客户在全部财务活动过程中所存在的风险,它不仅包括在客户的筹资活动、投资活动、利润分配及日常资金营运过程中产生的风险,还包括离岸客户因各项关联活动失败而诱发的财务损失和危机。

(一)财务风险的主要风险点

一般来说,离岸客户的财务风险可划分为以下六种类型:

(1)币种风险,即离岸客户在办理离岸银行业务时,由于其选择的币种问题而导致的财务风险,这主要包括该货币的发行国(地)出现巨大的经济风险,而导致这个货币大幅贬值等的风险。

(2)筹资风险,即离岸客户在筹集资金过程中由于资金来源结构、债务期限结构不合理及筹资成本过高等原因而给其财务成本带来的不确定性。

(3)投资风险,即离岸客户在投资活动过程中由于各种因素的变化,致使投资报酬达不到预期目标而产生的风险。

（4）流动性风险，即离岸客户在正常经营过程中，由于企业货币资金回收不及时，或因债务规模过大或债务期限结构不合理等原因，造成现金支出压力陡升，偿债能力急剧下降，进而陷入财务困境。

（5）连带财务风险或其他或有风险，即离岸客户因其他各项关联活动而诱发的风险，如离岸客户为其他机构或企业提供贷款担保而可能产生的财务风险。

（6）外汇风险，即由于公司持有外汇的汇率变动而引起的企业财务成果的不确定性，包括交易风险、换算风险、投机风险等。财务风险广泛存在于企业的经营管理活动中，并且对其财务目标的实现有着重要的影响，是无法回避和忽视的。

(二)财务风险的控制方式

（1）要尽量选择负债率低的企业，且企业聚焦主营业务，跨行业经营活动较少。

（2）要加强对企业新投资项目的财务监控，对新项目的可行性及对企业带来的影响做充分分析，确保企业在经营、筹资和新的市场机会三者之间保持有机平衡。

（3）优先与将稳健经营作为第一原则的企业开展合作。

（4）要重视对企业现金流变化的跟踪和了解。

四、我国离岸银行业务的市场风险

离岸银行业务的市场风险是指离岸银行业务交易各方因利率、汇率、股票、商品等价格变化导致损失的风险。主要包括四大风险，即利率风险、汇率风险、股市风险和商品价格风险。各中资银行的离岸银行业务都曾面临过巨大的市场风险，特别是2008年的世界金融危机，美国出现了雷曼事件后，整个世界经济出现了严重的危机，这不可避免地影响我国离岸银行业务的发展。尽管我国政府实施了果断的刺激经济发展的宏观调控政策，使我国各行业的企业经营环境和经营状况出现了向好的局面，但是在世界经济依然不稳定的形势下，离岸银行业务仍面临着巨大的市场风险。

(一)市场风险的主要风险点

（1）利率风险，是指基准风险、收益率曲线风险、期权性风险和重新定价风险。我们这里表述的基准风险也称利率定价基础风险，是一种重要的利率风险。在利息支出和利息收入所依据的基准利率变动不一致的情况下，虽然中资银行的离岸银行业务资产、负债和表外业务与中资银行本身的资产、负债和表外业务的重新定价特征相似，但因其现金流和收益的利差发生了变化，就会使中资银行的离岸银行业务收益或内在经济价值产生不利的影响。这里所指的"重新定价"，是由于它的不对称性也会使收益率曲线的斜率、形态发生变化，即收益率曲线的非平行移动，对中资银行的离岸银行业务的收益或内在经济价值产生不利的影响，从而形成收益率曲线风险，也称利率期限结构变化风险。虽然中资银行的离岸银行业务所涉及的期权业务比例较低，但我们认为随着离岸银行业务的规模不断增加，期权性风险也是一种越来越重要的利率风险，它源于中资银行的离岸银行业务资产、负债和表外业务中所隐含的期权。重新定价风险也称期限错配风险，是最主要和最常见的利率风险形式，源于中资银行的离岸银行业务资产、负债和表外业务到期期限(就固定利率而言)或重新定价期限(就浮动利率而言)之间所存在的差异。这种重新定价的不对称性，使中资银行的离岸银行业务收益或内在经济价值，会随着利率的变动而发生变化。

(2)汇率风险,是指由于汇率的不利变动而导致中资银行的离岸银行业务发生损失的风险。汇率风险包括外汇交易风险和外汇结构性风险。汇率风险一般是在离岸银行为客户提供外汇交易服务或进行自营外汇交易活动(外汇交易不仅包括外汇即期交易,还包括外汇远期、期货、互换和期权等金融和约的买卖)和在离岸银行从事的银行账户中的外币业务活动(如外币存款、贷款、债券投资、跨境投资等)中产生的。

(3)抵押品价值风险,是指中资银行的离岸银行业务持有抵押品中各类商品或股票价格发生不利变动而给离岸银行带来的或有风险,以及由于抵押品履约时价值不足造成的实际损失。

(4)周期性风险,是指因经济周期内某些行业荣枯线变化或商品价值波动而造成离岸银行的贷款损失。如因船舶运输行业的整体萎靡,导致船舶租约中断、船舶价值大幅缩水,进而造成船舶融资项目的还款违约。

(二)市场风险的控制方式

(1)要制定和细化离岸银行对客户的风险控制操作流程。

(2)要完善风险管理系统,加强对业务条线的支持能力。

(3)要求企业必须合规经营,离岸银行也要加强对企业所在行业及外部环境的监控,及时以各种方式向客户进行风险提示。

(4)要密切关注当前市场情况的变化,及时汇总、整理市场动态和风险信息。

五、我国离岸银行业务的操作风险

离岸银行业务的操作风险是指开办离岸银行业务的商业银行因外部事件、内部程序、人员和系统的不完备或失效造成损失的风险。

(一)离岸银行业务的操作风险

(1)内部欺诈,即离岸银行的内部人员参与的诈骗、盗用资产等违反银行规章制度或违反法律的行为。

(2)外部欺诈,即有第三方参与的诈骗、盗用资产等违反法律的行为。

(3)因员工合同纠纷或工作状况问题等引起的风险事件,包括员工不履行合同或者工作环境不符合劳动健康、安全法规所引起的劳务纠纷。

(4)因客户、产品或商业行为之故而引起的风险事件,包括离岸银行产品无法满足客户的特定需求,或者由于产品的性质、设计问题造成的客户损失等。

(5)有形资产的损失。因灾难性事件或其他突发事件引起的离岸银行的有形资产的损坏或损失。

(6)经营中断和系统出错,即离岸银行的系统出现软件或者硬件问题、通信问题或者设备老化等,进而导致银行业务中断或系统出错所造成的损失。

(7)在业务执行、资产交割以及交易过程中产生的风险事件,包括交易失败、与合作伙伴的合作失败、交易数据输入错误、不完备的法律文件、未经批准访问客户的账户等。

(二)防范离岸银行业务操作风险的方式

(1)建立完善的离岸银行法人治理结构,构建以股东大会-董事会-监事会-行长经营层之间的权力划分和权力制衡的有效结构,通过高级管理层权力制衡,抑制"内部人"控制、"道德风险"的发生;按照"机构扁平化、业务垂直化"的要求,推进管理架构和业务流程再造,从根本上解决操作风险的预防问题。此外,还应优化考核考评办法,正确引导分支机构在调整结构和防范风险的基础上提高经营效益,防止"重规模、轻效益",要合理确定任务指标,把风险及内控管理纳入考核体系,切实加强和改善离岸银行审慎经营和管理,严防操作风险。避免制定容易引发偏离既定经营目标或违规经营的激励机制。

(2)不断完善离岸银行的内部控制制度。离岸银行在坚持过去行之有效的内部控制制度的同时,要把握形势、紧贴业务,不断研究、制定新的操作风险控制点,完善内部控制制度,及时有效地评估并控制可能出现的操作风险,把各种安全隐患消除在萌芽状态。

(3)全面落实离岸操作风险管理责任制。

(4)切实改进离岸操作风险管理方法。

(5)加强人员管理。所有的操作风险归根结底都是人的因素,因此必须做好人员管理、提升人员素质。

六、我国离岸银行业务的法律风险

离岸银行业务的法律风险是指由于对离岸银行业务的决策、经营、操作的合法性评估失误,导致业务发展违反离岸银行业务合同签署地法律或我国监管部门的规定,从而造成损失的风险,以及因对上述失误的法律后果认识不足、处理失当造成损失扩大的风险。

(一)我国离岸银行业务部门的法律地位问题

按照我国监管规定,离岸银行业务属于4家具有离岸银行业务资格的中资银行特有的业务品种,也是纳入其经营范围内的一项特殊业务。但根据监管要求,各行离岸银行业务部门都不是独立法人,没有独立的营业执照。目前,各行离岸银行业务部门在对外签订业务合同时,都是以离岸银行业务部门的名义办理,因而存在一个没有独立法人地位的经营主体以自身名义签署合同的合法性和有效性问题。

(二)我国离岸银行业务面临的特殊法律风险

由于中资银行的离岸银行业务的客户都是"非居民",这些"非居民"客户遍布在世界各地,根据对开立离岸账户的客户的来源分布分析,前十大离岸客户来源地包括我国香港和澳门地区、英属维尔京群岛、百慕大群岛、开曼群岛、伯利兹、美国、英国、新加坡、中东地区和非洲地区。从上述分布不难看出,这些国家(地区)横跨全球各个主要区域,这些区域的法律体系各不相同,十分复杂。比如美国的各个州都有自己的法律、中东地区的法律具有宗教特色、非洲地区的法律环境普遍比较恶劣等,这些都是中资银行在办理离岸银行业务时面临的特殊的法律风险,也为离岸银行业务的发展带来了较大的挑战。

(三)法律风险的主要种类

(1)离岸银行在开展贷款业务时,没有充分考虑业务是否与合同的适用法律或我国监管部门的相关规定冲突,忽视了合规性的相关规定,从而引发的法律风险。

(2)在离岸银行业务的经营活动中由不完善或有问题的内部程序、人员及系统或外部事件所造成损失的法律风险,包括离岸银行业务的依法经营、业务人员的授权控制、业务管理控制出现问题及合同签署地法律变动带来的法律风险。

(3)由离岸银行业务的信用风险及市场风险转化而成的法律风险,包括离岸银行业务的授信管理、风险政策及风险目标出现问题以及交易性风险、流动性风险及利率风险控制失当带来的法律风险。

(四)防范法律风险的方式

(1)鉴于我国目前的现实情况,我们认为在各商业银行总行直接经营离岸银行业务的前提下,可以让各行的离岸业务部门具备独立的经营主体资格。

(2)建议各离岸银行办理的离岸业务首先采用中国法律,凡不适用中国法律的业务合同,则必须委托熟悉该外国法律且资信良好的律师行进行审查,要重点抓好合同风险防范和法律风险评估工作。

(3)要实行以事前防范法律风险和事中法律控制为主、事后法律补救为辅的工作原则。

(4)要提高离岸业务从业者的法律意识和法律素质。

七、我国离岸银行业务的政策风险

离岸银行业务的政策风险是指由于政府既有的政策发生重大变化或有重要的举措、法规出台,引起离岸市场的波动,从而造成的风险。

(一)离岸银行业务的政策风险

(1)反向性政策风险,是指既有的政策在一段时间内发生重大转向,导致原有业务及产品难以为继的风险。如我国在2015年鼓励境内企业"走出去"引发了境外并购潮,2017年起规范了境外并购所涉行业,并在一定程度上收紧了境外并购的审批,抑制了境外并购的热潮,因而对在2017年以前已开展的境外并购业务,但又在2017年被列为限制类行业(如酒店、影业、体育俱乐部等行业)的商业银行、企业造成一定的政策风险。

(2)突变性政策风险,是指由于监管口径的变化或政策导向的微调导致的风险。如我国在放开全口径外债(或称"跨境直贷")业务后,对企业可借入外债额度上限做过几次调整。若一家企业已用满全部外债额度,而此时政府降低了企业可借用外债上限,那么这家企业就面临外债超额的情况,在存量外债到期后必须偿还一部分贷款以降低外债余额。

(二)防范政策风险的方式

(1)提前做好项目评估。企业在开展跨境投融资前,应对项目的政策风险进行深入分析及综合判断,这要求企业不仅要对国内的跨境投融资政策有较好的了解,还要对境外项目所在国的外商投资政策有较清晰的了解。

(2)提前做好预案。一方面,在投融资的合同中将政策风险列为一项特殊风险,减少在发生政策风险导致投融资失败的情况下企业面临的损失。另一方面,也要提前做好退出安排,包括退出的方式、接收方等安排。

(3)已发生政策风险时,企业应按照最新政策要求,积极与项目参与各方商讨,尽力落实政策要求,妥善处置、降低风险。

八、防范离岸授信业务风险的建议

尽管离岸银行业务面临着各种风险,但是从中资银行所遭受的风险种类来看,最常见的还是离岸授信业务的风险,通过分析商业银行风险的成因,往往是"成也授信、败也授信"。因此,这里重点围绕防范离岸授信业务的风险提出建议。各中资银行离岸授信业务主要包括外汇贷款、国际贸易融资和外汇担保等业务。

(一)防范离岸授信业务风险

防范离岸授信业务风险就是要严格执行离岸授信业务的各项规定。为规范各中资银行的离岸授信业务,防范离岸授信业务的风险,促进离岸授信业务的健康发展,各商业银行在办理离岸授信业务时必须依法合规,所有离岸从业人员必须严格执行监管部门颁发的《离岸银行业务管理办法》及其实施细则和各行自行制定的授信业务规定。

(二)明确开展离岸授信业务原则

我们建议离岸授信业务原则如下:

(1)重点开展的离岸授信业务:福费廷,完全现金保证的"外保内贷"业务,完全现金保证的"内保外贷"业务,完全现金保证的"多方协议"业务。

(2)适度开展的离岸授信业务:保理业务,背对背信用证业务,有担保、质押的"贸易融资"业务,有风险敞口的"内保外贷"业务。

(3)谨慎开展的离岸授信业务:有风险敞口的"多方协议"业务,有担保、质押的项目贷款,有担保、质押的流动资金贷款,完全信用的流动资金贷款业务。

(三)明确离岸授信业务的授信对象及条件

所有申请办理离岸授信业务的客户(以下统称"申请人")应符合以下条件:符合《离岸银行业务管理办法》中规定的"非居民"要求的主体;经过监管部门批准办理离岸银行业务的中资企业;申请人的母公司(子公司)或关联公司与各行境内外分行有着较为密切的业务往来关系、信誉良好,但银团贷款除外;申请人所在地的其他关联公司或资产经营状态正常,不存在破产或资不抵债的情况;但以下情况除外:能够提供各行接受的备用信用证、保证金、在各行有存款作为质押保证,信用证项下汇票贴现和单证相符的出口押汇业务,申请人能够提供各行认可的担保人或抵(质)押品。

(四)优先选择离岸授信客户

中资银行应优先选择以下企业作为离岸授信客户:国有大中型企业及其境外子公司,我国在境外上市的公司,我国各地著名民营企业在境外投资的公司,母公司为各行重点客户的境外子公司,具有完全现金担保能力的公司。

(五)坚持离岸授信业务"三查"工作的重点

离岸授信业务的"三查",应着重对申请人申请离岸银行业务的合法性、申请人和担保人(如有)经营财务风险、业务操作风险、担保品(如有)评估风险、法律风险、国家风险、汇率风险等方面进行审核。离岸授信业务"三查"时既要关注离岸授信客户本身的经营情况,又要重视其母公司和关联公司的整体经营情况。在确定申请人的最终授信额度时应根据客户申请的贷款额度、各行根据客户借款原因分析得出的客户所需贷款额度、客户的偿还能力、各行依据法律法规能够给予客户最大的贷款额度,各行根据信贷政策能提供的最大贷款额度,以及各行与客户建立或保持良好关系所需要提供的贷款额度等综合因素审查后确定。

(六)坚持离岸授信业务的担保和抵质押的原则

在办理离岸授信业务时,鉴于离岸银行业务潜在的巨大风险,原则上对离岸授信的风险敞口,均应落实担保或者抵质押措施。在办理担保或抵质押手续时,必须注意:一是离岸银行业务的担保人或抵押品一般为离岸法人、离岸自然人或离岸资产,如是国内的担保人或者抵押品,须按照我国监管部门的规定办理。二是离岸银行的抵质押业务应按照各行的有关规定办理。三是各行必须对抵质押物品实行全程监控,防止出现任何抵质押物品的价值损耗、重复抵质押和物品转移等的情况。

(七)认真做好对离岸授信业务合同文本的审核

在办理离岸授信合同签署前,合同文本原则上须以中文为准,并使用各行的格式合同文本;如果确需用中文以外的授信合同文本(如 APLMA 的银团贷款合同)时,必须经过各行认可的律师行审查并出具法律意见。

在办理离岸授信业务时,应明确每笔业务的有关适用法律,且必须按照如下原则办理:应首先选择适用中国法并选择由国内管辖地法院管辖;如确需选择适用中国法以外的法律,应事先经过本行法律部门的同意,而且所有法律文本须经各行选择的律师事务所审核并出具法律意见后方能采用。

(八)做好离岸授信业务的管理工作

办理离岸授信业务应做好单独设账、单独立卷、单独统计等工作,严禁与境内客户及境内资金混淆。在受理离岸授信业务时,应对拟授信客户进行信用评级和复评,如客户的经营或财务状况在授信期内发生变化,则应及时对原有评级予以调整。在离岸授信期内,如客户的经营或财务状况发生重大变化,以至于对其信用评级、还款来源造成重大不利影响,或授信客户所在地的国家、地区风险发生不利变化,均应及时调减直至取消对该客户的授信额度。

(九)明确离岸授信业务的币种、期限、利率和费率的要求

在办理离岸授信业务时,离岸授信业务的币种必须是自由兑换货币,如美元、欧元、日元、港币、澳大利亚元、英镑等自由兑换货币,且必须是各行指定的货币。

离岸授信业务的贷款(包括押汇等贸易融资)利率分为固定利率和浮动利率:固定利率一旦确定,其数值在整个业务存续期不再调整;浮动利率一般是在 LIBOR、EURIBOR 或 HIBOR 等利率基准的基础加上利差(margin)确定,但由于许多自由兑换货币原有的利率基准已经停用,美元 LIBOR 也将很快停用,因此我们提醒读者要高度重视这个问题,密切关注取代 LIBOR 的新的利率基准在全世界的应用进展。

离岸授信业务的贷款结息规定:所有贷款(含银团贷款)按合同或协议约定结息期。

离岸授信业务的收费包括贷款的手续费(或处理费)、银团贷款的安排费(或前端费)、承诺费、延期费等,信用证开证费、承兑费,出口收汇的议付费和担保费等,具体收费标准参照各行的具体收费标准执行。

(十)防范离岸银行授信业务的操作风险

(1)各行的离岸授信业务要尽可能选择、依托相关客户所在地境外分行、境内关联公司所在地分行或借助银团贷款牵头行的尽调信息,做好相关前期客户关系管理和贷款"三查"工作。

(2)凡涉及包含离岸授信业务的集团客户,均应按照各行集团客户的管理办法,实行统一的集团客户授信额度管理。

(3)由于离岸授信业务具有一定的特殊性,各行基层网点须在开展离岸授信业务前先与离岸业务部门进行认真细致的沟通,将授信客户的主体资格、具体授信需求与方案等信息通报给离岸业务部。

(4)各行的基层网点在接到离岸业务部门的反馈意见后,应由授信发起部门对客户的授信业务进行尽职调查和撰写授信报告,并向授信管理部门进行报送,材料应包括:申请人注册证书、存续证明、董事身份证明、公司章程等基本材料,授信调查报告,申请人近三年经审计的财务报表及附注,申请人在他行往来的信誉记录,相关贸易合同及单据(如需),担保人近三年经审计的财务报表及附注(如需),抵(质)押物清单及证明文件(如需),抵(质)押的评估报告(如需),各行要求的其他资料等。

(5)各行授信管理部门负责审查授信发起部门提交的授信调查报告,提出授信方案(包括授信品种、额度、期限及授信条件等),报贷款审查委员会进行审查或有权签字人进行审批。除授信方案外,还应随附:授信业务送审表、贷审会记录、信贷人员尽职确认书和各行要求的其他材料。

(6)各行的离岸业务部门负责离岸授信业务的合同签订等客户端的具体对接工作,并及时向国家外汇管理局进行相关业务的报备,负责办理相关的放款手续,进行账务处理。

(7)离岸授信业务的档案由基层网点所在的分支机构和离岸业务部门按照各行文档管理的要求分别保管。离岸业务部门负责保管所有授信业务的整套文件,分支机构负责保管授信申报的部分文件。

(8)授信业务的贷后监控由各行离岸业务部门和分支机构共同负责,贷后监控的要求按监管部门和各行的有关规定执行。

作者感悟 1

我们在离岸银行的实际业务中,确实遇到过不少风险。但实事求是地说,我们遇到的绝大多数风险事件,不论是在离岸银行还是在在岸银行都可能会发生。因此,我们不仅要重视防范离岸银行的风险,而且必须高度重视防范各种金融风险。当然,由于离岸银行的特殊性,我们必然要根据这种特殊性来做好离岸银行的风险防范工作。

第四节 我国"走出去"企业(包括我国实施"一带一路"倡议的境外企业)的风险防范

一、我国"走出去"企业的数据统计

(一)我国"走出去"企业的数据不详

截至 2021 年 6 月末,我国已有外商投资企业超过 106 万家。[①] 但我国"走出去"企业的统计数据却难觅踪迹,这可能存在两方面的原因:

(1)我国企业"走出去"有多种形式,凡是经过我国对外投资申请(ODI)的"走出去"企业,相关数据完全记录在政府主管部门的数据库中,只是这些数据没有对外公布,而且政府主管部门也没有设置可供查询的途径,这导致了全国上下都没有"走出去"企业的真实数据。

(2)我国不少企业"走出去"时,不管是以个人名义还是以企业名义到境外设置企业,大多没有到政府主管部门办理过对外投资的申请手续,这就导致主管部门无法掌握这些个人和企业"走出去"的情况。这实际上也反映了两方面的问题:其一,我国政府对于"走出去"企

---

① 刘颖、张道峰、张歆、戈晓威、高淼、黄宝池. 上半年我国新设外资企业超 2.3 万家 累计设立超过 106 万家[OL]. 央视新闻,2021-07-22. https://baijiahao.baidu.com/s?id=1705968201122164916&wfr=spider&for=pc.

业的管理、统计还有漏洞;其二,我国有些企业和个人对申请办理"走出去"的手续还存在畏难情绪,主要是担心相关登记手续复杂、时间较长,也对政府部门的审批管理存在侥幸心理。

近年来,商务部、国家外汇管理局对于我国"走出去"企业加强了管理,按照"凡备案(核准)必报告"的原则,对于未报、漏报、误报、瞒报,以及不办理注销手续的企业,商务部可采取约谈、通知相关行业组织、金融机构、录入全国信用信息平台、暂停办理ODI备案以及会同有关部门联合惩戒等措施。

(二)根据第三方统计的数据分析我国"走出去"企业的相关情况

因我国"走出去"企业的真实数据不详,这里我们以2021年第三方统计机构公布的我国企业跨境并购的数据,分析"走出去"企业的相关情况。

根据公开资料,2021年我国企业出海跨境并购数据显示,2019—2020年两年间,中国企业出海跨境并购总量为1 084单,合计交易额达到1.8万亿元人民币,其中金额最高的前50家企业交易总额为4 200亿元。从交易价值规模来看,中国企业出海跨境并购前50家企业中有9起交易的价值超过100亿元,有15起交易的价值在50亿~100亿元,其余26起交易的价值在20亿~50亿元。从地区分布来看,中国香港成为最热门的中企跨境并购交易地区,前50家企业的交易占11笔;其次是美国,占7笔;加拿大、新加坡、印度和英国分别以3笔并列第三。行业分布上,金属与矿产成为中企跨境并购的最主要行业。

境外投资企业是指我国境内企业在境外注册的全资附属企业和参股企业,主要合作形式包括境外合资经营、合作经营、独资经营企业等,资本形态表现为一定数量的货币资本(即现金)和一定数量的实物或无形资产(即机器、设备、技术、专利和管理知识等)。造成境内企业大规模"走出去"的主要原因有两个方面:一是由于我国当前庞大的外汇储备以及国内投资过剩、产能过剩的现象,企业"走出去"和资本输出逐渐成为趋势;二是境内企业在国内的市场已经趋于饱和,企业积极"走出去"可以在海外开拓新市场,发展新渠道。基于上述原因,我国企业"走出去"的步伐在不断加快。相应地,防范我国"走出去"企业的风险也迫在眉睫。

二、我国"走出去"企业的风险类型

(一)国别风险

国别风险是指由于某一国家或地区的经济、政治、社会的变化或因突发事件,导致该国家或地区借款人或债务人没有能力或拒绝偿付金融机构的债务,或使金融机构在该国家或地区遭受其他损失的风险。目前,带有"中国元素"标志的收购案大多在一定程度上出现了各种各样的问题,这与国际上长期对我国的"国别歧视"有着直接的关联,也与部分国家政治、经济环境较为恶劣有关。国别风险不仅会影响企业能否成功"走出去",更会影响"走出去"企业的正常经营,特别是会严重影响"走出去"企业的经营成本。因此有必要提醒我国"走出去"企业,在设计企业"走出去"的方案时,应将控制国别风险作为首要风险点来解决,最好要考虑到"去母国化"。所谓"去母国化",即在境外收购和并购时,尽量不直接用"中国"的名义去操作,而是采取"迂回"的办法。举个例子,假如北京的一家制造型企业要收购英国一家同类型企业,我们建议的方案是:这家境内公司首先在香港设立一家全资子公司,再以香港子公司的名义选择某一离岸地(如开曼、百慕大等)设立一家投资控股型公司,接着以离岸地注册公司的名义在欧洲的某个国家(如卢森堡)设立一家公司,接下来再以欧洲公司的名义在英国设立一家公司,最后以这家英国公司的名义去收购目标公司(见图5—1)。这里要注意两个问题:一是选择的公司注册地尽量选择没有外汇管制的国家(地区),二是母子公司注册地的国家(地区)之间最好已经签订了"避免双重征税协议"。

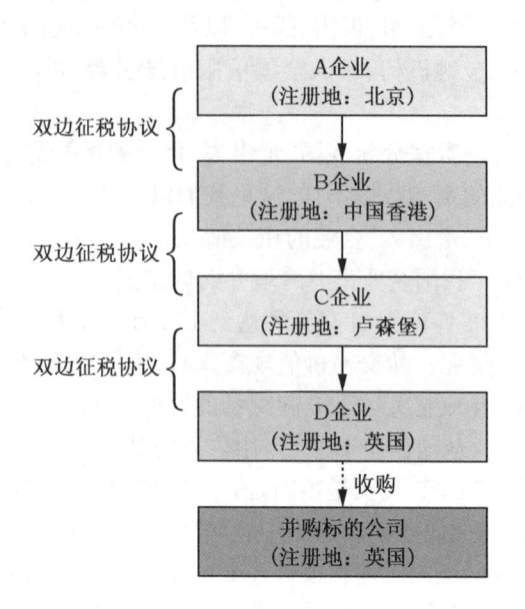

```
            ┌─────────────────┐
            │   A企业          │
            │ (注册地:北京)    │
双边征税协议 └────────┬────────┘
                     ↓
            ┌─────────────────┐
            │   B企业          │
            │ (注册地:中国香港)│
双边征税协议 └────────┬────────┘
                     ↓
            ┌─────────────────┐
            │   C企业          │
            │ (注册地:卢森堡) │
双边征税协议 └────────┬────────┘
                     ↓
            ┌─────────────────┐
            │   D企业          │
            │ (注册地:英国)   │
            └────────┬────────┘
                     ⋮ 收购
            ┌─────────────────┐
            │  并购标的公司    │
            │ (注册地:英国)   │
            └─────────────────┘
```

图5—1 境内企业境外并购的离岸架构设置

(二)环保风险

环保风险通常是指境外项目在建设和运行期间因发生突发性事件或事故(一般不包括人为破坏及自然灾害),引起有毒有害、易燃易爆等物质泄漏或突发事件(事故)产生了新的有毒有害物质,造成人身安全或环境的损害或污染。我国"走出去"企业经常会遭遇环保风险,严重的将使企业遭受重大损失。因此,我们提醒"走出去"企业,在做出对外投资决策的同时,就要考虑和评估环保风险对境外项目的潜在影响,不能在境外企业开始经营后才考虑环保问题,因为此时可能已经存在环保隐患使得企业面临赔偿风险。我们要特别提醒:国外的环保措施不能仅遵守政府的要求,还要与项目周围社区及居民做好充分的沟通和协商,取得周围社区及居民的支持,才是根本的解决方法。

(三)劳工风险

劳工风险是指我国"走出去"企业在开展属地化经营时,如需雇用当地员工,为避免将一些不确定因素引入企业经营,应与当地雇佣员工依法签订劳动合同,明确各自的权利义务,避免日后产生劳资纠纷。在结合实际案例的基础上分析我国"走出去"企业在境外遇到的困难和问题,我们不难发现"劳工风险"是比例最高的风险之一,控制好劳工风险是我国"走出去"企业的当务之急。由于境外的工会组织势力强大,且具备较强的独立性和组织能力,经常组织罢工等活动争取员工权益,因此我国"走出去"企业必须懂得与当地的工会组织搞好关系,同时特别注意在劳资合同中加入针对弱势群体(如老员工、残疾员工等)的特别条款。我们还要特别提醒:一些国家和地方政府在表面上会同意国内企业外派员工到境外公司工作,但往往会要求例如必须经过该国政府指定的培训机构培训,且要通过该国政府组织的考试合格后才能派遣等附加条件,有些国家还会对我国"走出去"企业派遣的员工在签证种类上加以限制等。这也是企业在境外开展项目时要同步了解的问题。此外,我国"走出去"企业还要考虑企业自身的人才是否能满足企业"走出去"的需要等问题。

(四)法律风险

法律风险是指合约在法律范围内无效而无法履行,或者合约订立不当等原因引起的风险,并因此给企业造成损失的可能性。我国"走出去"企业常见的法律风险包括业务合同失效风险、违反所在国外汇规定风险、公司注册手续不齐全风险等。一般来说,企业对"走出去"过程中可能面临的法律风险还是比较重视的,但是它们对法律风险的认识往往存在一定的局限性,有些企业仅仅把法律风险看作是各国中央政府的法律法规问题,而实际上法律风险不仅涉及各国政府部门、行业的政策,还会涉及一些地方政府出具的法律法规,甚至有可能是当地某个工业园区招商引资的规定。因此我们提醒"走出去"企业,要规避法律风险,还是要聘请当地的律师行做法律顾问,不要因为省钱或省事而遭受更大的损失。

(五)财务风险

财务风险不仅是指我国"走出去"企业因财务结构不合理、融资不当而使该企业面临可能丧失偿债能力的问题,还包括"走出去"企业出现投资损失和汇率损失的问题以及境外账户风险的问题等。我们特别提醒:所有"走出去"企业必须认真防范财务风险,一定要在"走出去"企业的境外账户上加把安全、便捷、高效的"锁"。我们建议所有"走出去"企业,除了在当地的银行开立账户外,还要在中资银行的离岸业务部开立一个离岸账户,并且严格限制在当地银行的留存资金额度(如这个额度是10万美元),凡超过留存资金额度的富余资金都必须归集到离岸账户上。如果境外企业需要使用资金,则应提前若干天向总部提出申请,获批后通过离岸账户将资金调到当地银行的账户上。我们还要提醒所有"走出去"企业,与境内外公司进行贸易结算时,务必要防止公司内部发出的(或接收交易对手的)付款指令被不法分子所篡改。在首次与交易对手签订合同时,所有的付款指令必须是当面告知和签字确认的,当公司内部(或交易对手)需要修改付款指示,尽量不要仅通过邮箱或传真来操作,最好用视频或电话进行二次确认。

(六)税务风险

税务风险是指我国"走出去"企业的涉外税收行为因未能正确有效地遵守所在地的税法规定而导致企业面临税务处罚的风险。企业的税务风险主要包括两个方面:一方面是企业的纳税行为不符合税收所在地法律法规的规定,应纳税而未纳税、少纳税,从而面临补税、罚款、加收滞纳金、刑事处罚以及声誉损害等风险;另一方面是企业经营行为适用税法不准确或税务筹划不当,没有用足有关的税收优惠,多缴纳了税款,承担了不必要的税收负担。税务风险问题不但是企业合规经营的问题,还是保证企业盈利的问题,更是企业投资者和经营者如何避免牢狱之灾的大问题,所以"走出去"企业必须未雨绸缪地防范好企业的税务风险。

目前,我国"走出去"企业在境外可能遇到的税务风险的具体表现包括:

(1)未建立跨境税收风险的内控机制,有些企业既没有在当地缴纳过企业所得税,也没有评估境外所得税成本,更没有相应境外税收的内控制度。

(2)未充分了解境外所在国(地区)的税法规定。

(3)未充分运用我国与外国政府之间的避免双重税收协定来降低企业的税赋。实际上我国已经与103个国家签订了避免双重征税的税收协定,在税收协定的税收优惠政策基础上,我国"走出去"企业在很多国家的税赋往往比国内低得多。我国"走出去"企业应提前向当地税务部门了解,或者到国家税务总局官网进行查询,以充分了解我国与境外项目所在国(地区)签署的税收协定(安排)的相关内容。

(4)未按规定履行将境外投资信息及时向我国税务部门进行报告的义务。我国"走出去"企业在开展境外投资时,凡符合《国家税务总局关于居民企业报告境外投资和所得信息有关问题的公告》(国家税务总局公告 2014 年第 38 号公告)规定的,应按公告要求向主管税务机关填报"居民企业参股外国企业信息报告表"和"受控外国企业信息报告表",并附报其他相关资料。

(5)未合理划分境内外成本费用和对企业的境外所得未及时向我国税务部门进行申报。按照税法的规定,我国居民企业负有全球纳税义务,应当就其来源于中国境内及境外的全部所得缴纳企业所得税。境外分支机构的营业利润计入境内企业的当年所得,境外子公司的分红在做出分配决定的当年计入境内企业的所得。同时,在境外已缴纳或负担的企业所得税可以在计算境内应纳税额时抵免。

(6)我国"走出去"企业虽然注册在境外,但仍是我国的居民企业。这是因为按照税法的规定,我国"走出去"企业在境外注册成立的企业,如果其实际管理机构在中国境内,仍属于我国居民企业的范畴,并就其全球所得负有纳税义务。

(7)我国有较多企业未按规定对外派人员在境外缴纳的个人税款进行严格管理。这里有两个注意事项:一方面我国很多"走出去"企业会频繁地派遣国内核心的管理和技术人员到境外工作,但是一定不要忘记按照所在国的规定为这些人员缴纳个人所得税。另一方面,也要按照我国税法的规定对外派人员的个人所得税向国内税务机关进行报税。

在对我国"走出去"企业进行走访了解时,我们发现很多企业对它们在境内外都有税务申报和税款缴纳的义务这一情况并不了解,这已经潜藏了巨大的税务风险。长此以往,不仅会使"走出去"企业遭受法律、政治和经济上的巨大损失,并使这些企业的负责人遭受牢狱之灾,而且会严重损害我国的国家形象。

(七)信贷风险

信贷风险是指我国"走出去"企业在境内外融资时,可能面临的无法获得金融机构信贷支持的风险,或者在企业获得信贷支持后,在还款期限届满之前,企业因财务等方面出现重大问题而影响其还款能力的风险。

信贷风险不仅是关于"走出去"企业如何获得境内外融资的问题,还是商业银行如何控制信贷资金安全的大问题。建议"走出去"企业要提前考虑好以下几个方面:首先,如何获得稳定可靠的融资渠道;其次,如何获得低成本的资金,同时要避免汇率和利率的风险;最后,如何充分利用境内母公司的有效担保能力。

(八)道德风险

道德风险是指我国"走出去"企业的投资者或管理者无法了解其在境外员工的行为或当监督成本太高时,境外员工因道德因素导致企业的利益受到损害的相关风险。我国众多"走出去"企业的境外员工因受到各种因素的影响而出现道德风险的问题屡见不鲜。不管是国有企业还是民营企业都出现过境外公司雇员的道德风险事件,导致企业遭受巨大的经济损失。

防范道德风险要做到以下几点:一是企业要信任境外雇佣员工;二是要加强对他们的政治教育和道德约束;三是要从制度上约束员工,防止可能出现的道德风险;四是要充分利用科技手段,有效监控员工可能出现的道德风险。

三、我国"走出去"企业的风险防范

建议所有准备"走出去"的企业认真做好以下几点工作:

(1)充分做好境外项目的尽职调查。特别是在并购境外公司时,尽职调查显得尤为重要。

(2)提前防范各种风险。这些风险包括但不限于前述提到的国别风险、环保风险、劳工风险、法律风险、财务风险、信贷风险和道德风险等。

(3)做好保密工作。特别是涉及跨境收购的,在收购完成前所有信息都必须严格保密。

(4)设立防火墙。企业在"走出去"时建议在母子公司和兄弟公司之间,通过公司架构设计进行风险隔离,确保做到"城门失火也不会殃及池鱼"。

(5)提前做好随时退出的准备。企业在考虑"走出去"的同时应做好项目退出的准备,一旦出现风险隐患就要有能够"全身而退"的退出机制。

(6)我国"走出去"企业在参与境外收购和并购时,应记住"买资产,不买股权"。一般而言,所有"走出去"企业在境外开展收购和并购业务时,都是采取直接购买"股权"这种简单直接的方法。但是从实际情况来看,这种购买"股权"的方法不一定是最佳的,从安全和风险等多方面考虑,我们的建议是:考虑"买资产,不买股权"。

作者感悟 2

我们在办理一笔服务贸易的离岸贷款时,想方设法地进行了我们所能想到的风险控制手段,不但落实了控制离岸贷款风险的资金来源,还办理了符合监管要求和资产处置的法律手续。但没想到借款人出现风险后,这家公司的所有资产都被债权人委员会接手了,我们虽然是第一顺位的风险资产处置权的银行,但因债权人委员会需要综合衡量各种因素而不能及时处置风险资产,而且处置了这些风险资产也不能让我们马上得到相应的还款资金,导致我们只能"干等"债权人委员会对该公司风险资产处置后的资金分配决定。这让我们十分无奈,因为在当时看来,我们认为已经做到了能够做到的一切了。

第五节 我国离岸金融业务的风险防范

一、要充分借鉴我国离岸银行业务防范风险的宝贵经验

我国离岸银行业务的发展历程是今后开展离岸金融业务的宝贵财富。我们在前面已经详细分析了我国离岸银行业务常见的各种风险,而这些风险也是未来很可能会再次发生的风险,因此建议我国监管部门和离岸金融业务的参与方仔细梳理我国离岸银行业务以往的各种风险案例,从中找出具有规律性和系统性的风险因子,针对这些风险因子研究分析出各种防范控制的方法,并以监管规定以及离岸金融业务参与方的内部风险控制机制等方式确

定下来。

我国离岸金融的各种业务在开办初期就要牢牢扎紧"风险防范"的篱笆。我国以往的离岸银行业务风险案例的经验教训充分揭示了在进行新型金融业务创新的初期,很容易在面临巨大利益诱惑时忽视风险从而产生激进发展的想法,对所开展的业务进行大幅跃进。而这个时期,如果离岸金融业务的从业者失去对风险的敬畏之心,就会让人产生一种盲目自信感,这时只要有任何的离岸金融业务的机会,他们就可能会以"我是可以做成功"的信念和"风险应该不会发生"的侥幸心理,毫不犹豫地拿下该笔业务,最后导致巨大风险集聚甚至暴露。

我国监管部门要对新开展的离岸金融业务采取既积极支持又谨慎对待的态度来防范离岸金融业务的风险。从我国金融行业的发展轨迹来看,常常出现"一管就死、一放就乱"的问题。这是因为金融业务是收益与风险并存的业务,如果没有明确的监管要求,就非常可能出现各种意想不到的风险;而我国各级金融监管都会把风险防范视作第一要务,一般不会冒着违背既有的监管要求来进行所谓的金融创新。所以我们在开展离岸金融业务时,各离岸金融参与方必须在合规和风险能够度量及有把握控制的前提下,谨慎地开展离岸金融业务。

二、我国离岸金融业务的发展路径和防范离岸金融业务风险的建议

(一)我们必须从风险防范的角度来厘清开展离岸金融业务的路径

我们在为学生讲授"离岸金融"课程时,对世界范围内的离岸金融业务进行了分析和介绍,同时结合我国社会和经济发展及金融业务发展的现状,得出了如下结论:在我国离岸银行业务目前已有一定发展基础的情况下,首先要试点开展离岸租赁业务。这是因为离岸租赁业务一般是针对机构和企业的跨境业务,与离岸银行业务有类似的特征,且这些机构和企业的跨境业务中很大一部分是为我国解决亟须但目前又不能马上成功研制的各种高新技术生产设备,大型成套机械设备及各种飞机、船舶和相关器材。这类业务主要集中在大型的金融租赁及商业租赁公司手上,且合作的机构和企业的规模和实力较为突出,通常是国内外制造业的"龙头企业",它们有着开展离岸租赁业务的需求,也有着较为丰富的境内外合作渠道和较为成熟的风险控制能力。所以相对来说,我国目前尽早推动离岸租赁业务的开展是更为合适和稳妥的。

(二)我们建议尽快启动离岸保险业务的研究与试点

实际上,我国离岸保险业务已经开展多年,但由于我国监管部门一直没有正式批准境内保险公司开展离岸保险业务,所以该项业务主要是通过境内保险公司的境外分支机构以及部分外资保险公司开展的,这些保险公司通过其境内的分支机构或代理机构向我国内地一些先富阶层进行推销,所以严格来说,离岸保险业务目前仍是"违规业务"。我们建议把这种原本在"地下"开展的业务直接放到"阳光"下,把原来监管的盲区置于监管下,这是一种"正本清源"的行为,一方面起到了满足我国具有离岸保险需求的个人的实际需要,另一方面也起到了引进这些特殊离岸保险产品的目的,有效发展了我国的保险行业,这是一种"双赢"的做法。当然,我们的监管部门要应对保险公司引进或研发的离岸保险产品进行事前的审查。我们建议,只要符合我国改革开放的宗旨,又能有效地防范离岸保险的风险,也能提升我国保险公司的经营能力,我们就应该大力鼓励在我国开展离岸保险业务。可以首先突破的政策是,逐步放开我国的机构和个人可以自由购买境外保险公司的产品。

(三)我国应尽快启动离岸债券业务

这是因为我国机构和企业都对开展离岸债券业务有较大需求,同时该项业务也使我国能够充分利用境内外两个市场来获得发展经济所亟须的境外本外币资金。这一方面可以使我国机构和企业安全可靠地使用境外的低成本资金,另一方面也可以助推人民币的国际化。

(四)我国应有序地推动发展离岸证券、离岸信托和离岸基金业务

特别是要尽快研究我国开展离岸证券业务的路径,如在我国上海和深圳推出证券交易的国际板,这样就能吸引更多的境外优质企业到我国来上市。待条件成熟时,再开展非居民在我国境内办理境外的证券交易和境外公司的股权交易。同时,也要在我国有条件的地方设立境外公司的股权交易场所,完善我国开展离岸股权交易的相关制度法规。

(五)我国开展离岸金融业务的地域选择

我们认为,除了在发展离岸证券业务时建议将国际板开设在北京、上海和深圳的证券交易所内,在发展其他种类的离岸金融业务时都应该优先选择在我国的自贸试验区(或自贸港)内开展。这是因为我国开展的离岸金融业务首先必须符合我国的基本国情,而我国自贸试验区内的企业普遍都有较大的离岸金融需求和希望将人民币作为离岸金融的主要结算货币这两大迫切的需求,而把我国的自贸试验区作为监管沙盒,在其中开展离岸金融业务的创新尝试,就能始终将防范离岸金融业务的风险置于推动任何改革的举措决策之中。同时,由于任何金融业务创新都可能改变我国存量的经济关系和经济活动,从而存在引发金融风险的可能,在开展离岸金融业务方面,这种可能尤其大。在我国开展离岸金融业务,本身就会引来离岸监管,随之而来的更可能是对系统性金融风险的担忧,所以"风险可控"始终是政策调整的底线。但我们想强调的是,不能因为担心风险就阻碍我国金融业深入改革的步伐,所以在认识风险、防范风险和化解风险这一套程序中,前端的认识和理解风险尤为重要。同时,我国的自贸试验区作为一种创新的监管沙盒模式,在一定范围、一定区域或一定程度上允许离岸金融业务的试错,允许问题充分暴露,在问题暴露的过程中进一步认识风险,从而有针对性地设计风险防范机制和风险应急处置机制。在我国自贸试验区成功运行后,按照其可复制、可推广的使命,我们就能把我国的离岸金融业务向全国各地进行复制和推广。

本章小结

本章在总结我国离岸银行业务的历史经验教训的基础上,将离岸银行业务的风险类型分为客户信息风险、信用风险、财务风险、市场风险、操作风险、法律风险及政策风险,并对这些风险的表现、成因和控制方式进行举例介绍,提出了风险防范的相关建议。

本章还对我国"走出去"企业面临的特殊风险的成因和风险防范措施进行了介绍,并对我国离岸金融业务的发展路径和防范离岸金融业务风险提出了针对性的建议。

关键词

离岸金融业务风险　风险成因　风险控制　监管沙盒复制推广

思考题

1. 举例说明在操作一笔离岸汇款时,离岸银行和企业应该如何遵守反洗钱的规定。
2. 简述我国企业走向境外时应该如何选择合适的国家来进行跨境的投融资业务。
3. 简述企业在办理离岸银行业务时应该如何选择适用法律和仲裁地。
4. 简述离岸银行业务中主要的风险类型和控制方式。
5. 简述我国"走出去"企业面临哪些特殊风险。
6. 在离岸银行业务中如何做好风险控制措施?

第三篇

相关业务

第六章　我国自贸试验区对发展我国离岸金融业务的重大意义

学习目的

1. 了解我国自贸试验区的基本情况
2. 了解自贸试验区的生命周期理论
3. 了解国外自贸港的情况及对我国自贸试验区的借鉴意义
4. 了解《区域全面经济伙伴关系协定》与我国自贸试验区和离岸金融的联动
5. 了解我国自贸试验区与国际金融中心的关系
6. 了解我国人民币国际化的发展对策

第一节　我国自贸试验区概述

一、建设自贸试验区的意义

党的二十大发出了"加快建设海南自由贸易港,实施自由贸易试验区提升战略,扩大面向全球的高标准自由贸易区网络"的伟大号召。在我国设立自贸试验区,是党中央、国务院总揽全局、科学决策做出的重大战略部署,是推进新形势下改革开放而提出的一项重大举措,也是我国进一步扩大开放的时代号召,更是彰显新时代我国坚持全方位开放的鲜明态度和主动引领经济全球化健康发展的重要举措。

我国建立自贸试验区的国家战略包括三个具体的意图:一是主动适应全球化经济治理新趋势、新格局,主动参与引领规则制定;二是提升中国在国际分工体系和全球产业价值链中的地位;三是以开放型经济体系促进全面深化改革。我们要牢牢把握国际通行规则,加快形成与国际投资和贸易的通行规则相衔接的基本制度体系和监管模式,既充分发挥市场在资源配置中的决定性作用,又能更好地发挥政府的引导与管理作用。

我国自贸试验区的政策一般由各地的自贸试验区提出,通过各省市自贸试验区管委会筛选,再报北京相关部门审批同意后执行。这时就会出现一个有趣的现象,即这些自贸试验区的政策往往是现行政策的优化版。而从对标国际上最高标准、最好水平,坚持问题导向、需求导向、目标导向和风险防范及创新超越的角度来看,目前国内所有自贸试验区出台的政策还存在一定的差距。

作者感悟 1

我们曾经主动拜访过某个自贸试验区的管委会领导,但在与他们交流的过程中,发现他们需要:一是迅速做大自贸试验区的规模,二是期望能够在某种业务上进行创新。我们认为,这两种想法肯定是对的,但是这与国家设立自贸试验区的目的相比就显得远远不够。鉴于该自贸试验区所处的特殊位置,我们认为该自贸试验区必须在"承担国家使命"上花大力气,努力为我国人民币国际化做出努力和探索。但可惜的是,这个自贸试验区的领导却认为人民币国际化是国家的事,在该自贸试验区内进行人民币国际化的尝试可能要花费大量的精力,实际效果可能与引进大项目无法比拟,这让我们唏嘘不已。

二、我国自贸试验区的发展脉络

我国自贸试验区是在经济开发区和保税区的基础上发展起来的。遍及全国的经济开发区为我国改革开放初期的经济发展发挥了积极作用,我国保税区在对外开放、招商引资和出口方面为我国的改革开放做出了巨大贡献。

(一)经济开发区简述

我国经济开发区是经济技术开发、高科技工业园、高新技术开发区、各类产业工业园(如农业开发区、化学工业园、汽车工业园等)的统称。根据经济开发区的规模等级,可以分为国家级经济开发区、省级经济开发区、市级经济开发区等。我国各地在改革开放初期建立的经济开发区,目的是扩大出口,故又常常把这一类经济开发区与出口加工区相提并论。随着我国经济开发区在提升我国各地经济发展方面扮演了日益重要的角色,我国各省市又要求经济开发区承担对外招商引资的重任。因此,我国经济开发区为国家的改革开放和经济发展做出了重大的贡献。

(二)保税区简述

保税区也称保税仓库区,级别低于综合保税区。这是一国海关设置的或经海关批准注册,受海关监督和管理的,可以较长时间存储商品的区域。我国保税区是经国务院批准设立的,由海关实施特殊监管的经济区域。保税,即进口货物暂不缴纳进口税;享受保税待遇的货物,即保税货物;特定的区域,即保税区。保税区的功能有保税仓储、出口加工、转口贸易三大功能。保税区具有进出口加工、国际贸易、保税仓储商品展示等功能,享受免证、免税、保税的优惠政策,实行境内关外运作方式,是我国对外开放程度最高、运作机制最便捷、政策最优惠的经济区域之一。

(三)综合保税区简述

综合保税区是设立在内陆地区的具有保税港区功能的海关特殊监管区域,由海关参照有关规定对综合保税区进行管理,执行保税港区的税收和外汇政策,集保税区、出口加工区、保税物流区、港口功能于一身,可以发展国际中转、配送、采购、转口贸易和出口加工等业务。综合保税区具有以下特点:国外货物入区保税;货物出区进入国内销售按货物进口的有关规定办理报关,并按货物实际状态征税;国内货物入区视同出口,实行退税;区内企业之间的货物交易不征增值税和消费税。

三、自贸试验区和自贸港的概念

自贸试验区,全称自由贸易试验区,是指某国(地区)为了实现经济目的,划设特定区域以实施特殊政策和监管手段的隔离区域。在自贸试验区内,可进行仓储、贸易、加工等业务。自贸试验区在关税、配额和许可证等方面有一些优惠规定,并且货物的储存期限不受限制。自贸试验区的核心是自由贸易、税务优惠、营业条件的宽松。自贸试验区的长期目标是零关税、零补贴和零壁垒。

"自贸港"或"自由港"是指设在某国(某地区)的境内关外,货物、资金和人员进出自由,且绝大多数商品免征关税的特定区域。自贸港是目前全球开放水平最高的特殊经济功能区。

除香港外,我国内地尚未出现建设成熟的自贸港,但我国海南自贸港和上海自贸港正在扬帆起航,未来值得期待。为了促进我国自贸试验区的高质量发展,我国不少自贸试验区主动自我加压,积极争取获得在自贸试验区内设立海关的综合保税区。因此,我国已获批设立和正式运营综合保税区的自贸试验区,实际上也是自贸港了。

自贸试验区与自贸港的比较如下:

(1)地域限制的比较。自贸试验区一般没有太多的地域限制,可在内陆、边境区域或远离港口的地方开设。而自贸港一般是港口或者港口的一部分。

(2)自由度的比较。自贸试验区侧重于货物流通方面的开放,一般仅限于贸易、加工等商业或生产经营活动自由。而自贸港一般是全方位的开放,包括货物流通、货币流通、人员流通、信息流通,以及更重要的法律和监管方面的全方位变革,贸易、投资、劳工、经营、人员出入境自由。

(3)离岸贸易的比较。自贸试验区在开展离岸贸易时,考虑境内贸易和监管,往往占比不高,业务发展比较慎重。而自贸港的离岸贸易占比更大,发展也更为自由灵活,在离岸贸易的基础上,还会进一步开放高端服务业,配套各类离岸金融的相关产品。

第二节 自贸试验区的生命周期

我们之所以要分析自贸试验区的生命周期,主要是因为在人类历史的长河中,我们必须以时不我待的拼搏精神,紧紧抓住我国自贸试验区发展的战略机遇期,为我国自贸试验区的发展做出贡献和努力。本节主要通过介绍德国汉堡港的发展历程,来解释自贸试验区的生命周期理论。德国汉堡自贸港自1888年开始设立,到2013年宣布关闭,经历了一百多年的岁月,也经历了一个完整的发展周期。

一、自贸试验区的生命周期

从自贸试验区的生命周期的角度来观察某个自贸试验区发展的完整生命周期,德国汉堡港就是比较典型的研究对象。

1888年10月15日,德国汉堡港建立了全球第一个自由贸易园区,汉堡港自由贸易园区的边界上有一条长达20多千米的围栏将其与其他区域隔开。

由于两德统一和欧盟建立,欧洲大部分地区自然形成了关税同盟,货物进入欧盟区域内可自由流通。在此背景下,汉堡港自由贸易园区失去了存在的意义,因此,2013年汉堡港自由贸易园区正式终结了它逾百年的历史。

汉堡港自由贸易园区从开始到终结的整个过程给予我国一个重要启示:特殊区域的存在是一定时期的产物,等到更加高效的方式出现时,特殊区域的必要性就可能大大降低。由此可以推论,我国当前自贸试验区是在中国经济尚未完全开放、改革正在深化中的特殊政策产物。待到时机成熟,我国走向全面开放时,我国自贸试验区的历史功能也就完成了。而在自贸试验区蓬勃发展的当下,我国应该牢牢抓住百年未有之变局下的战略机遇期,尽快再推出更多的自贸试验区,尽可能多开发试验田,并争取在短时间内提升这些试验田的功能。

二、德国汉堡港概述

(一)汉堡港是世界上最早的自由港之一

汉堡港自由贸易园区是德国第一大港、欧洲第三大港。汉堡港自由贸易园区125年的自由港发展经验,对我国自贸试验区的建设具有极高的启示和借鉴价值。特别是随着欧洲统一市场的建立,汉堡港终止了自由港政策并开启全新转型,持续提高港口的核心竞争力,这也是我们未来值得持续关注的重要经验之一。汉堡港区总面积71.45平方千米,占汉堡市总面积的10%。港区由市政府下设的汉堡港务局运营,并负责完善港区基础设施及可持续发展功能建设。港区主要依托码头,呈块状布局,共有四个集装箱码头,多个多用途码头。

(二)汉堡港是德国的物流中心、加工贸易中心和会展产业中心

(1)汉堡港是欧洲发展最快、最高效的物流基地。其依托优越的地理位置,将河运、海运结成一网,与世界各地大多数海港直接通航,被称为"两海三河之港"。铁路货运网密度居欧洲之首,公路网也四通八达。汉堡不仅仅依靠关税优惠吸引贸易,更重要的是注重提升港口物流效率和服务,为5 700多家物流公司提供一整套完备的增值服务,在世界范围内形成了一个完整的物流上下游产业链。

(2)许多企业都在汉堡港区内建立了加工厂,主要生产加工一些高附加值产品,如咖啡、茶叶、纸张、可可等,并配合货物清关和税务优惠政策等形成了一套完整的加工贸易体系。

(3)汉堡依托"港城联动"大力发展会展业,汉堡国际展览中心面积达87平方千米,有11个展览大厅,每年举办1.2万场各类展览,累计超过70万人次参展。

(三)汉堡港的主要特点

(1)优惠的关税条件。船只进入或离开港口均无须向海关结关,船舶航行时只要在船上挂一面"关旗",就可不受海关任何干涉,进出或转运货物在港口装卸、转船和储存也不受海关任何限制;货物进出不要求每批立即申报与查验,45天之内转口的货物无须记录;货物只有从港口输入欧盟市场时才需向海关结关,缴纳关税及其他进口税。

(2)高效的管理体系。汉堡港成立了经政府授权的专门机构,负责管理和协调自由贸易区的整体事务。特别是自由贸易区与城市功能的相互促进,带动了周边城市的经济发展等。汉堡自由港对进出的船只和货物给予最大限度的自由,提供了自由和便捷的管理措施,从而产生了繁荣的转口贸易,并带动了金融、保险等第三产业的发展,使汉堡成为德国的金融中心之一。汉堡港的所有基础设施建设和维修费用均由州政府支付,每年用于港口的预算由州议会批准。港口收入包括使用费、租金和税金等,全部进入州政府财政。同时,政府鼓励港内同类型的服务公司相互竞争,以确保服务质量。在港区工作人员的管理方面,自由港严

格执行许可证制度,港区内不允许人员居住,车辆人员出入港均需经过严格检查,以切实维护自由港的运行秩序。

(3)完善的监管手段。汉堡大力推进电子化报关,货物抵港前30天相关信息就已提交到海关,大多数货物抵港时不再需要由海关进行物理接触式检查,也不必再前往海关检查站办理手续,通关效率大大提高。汉堡成为"国际船舶和港口设施保安规则(ISPS Code)"成员,所有拟进入欧盟境内的货物均须提前准确申报,相关数据在各成员国间共享。海关结合船运企业以往业务等情况,对申报信息进行综合风险评估,对有违法前科、有被举报线索以及首次出现的企业,在货物到港后有针对性地重点检查,而遵纪守法的企业则可获得海关特别认证,这大大提高了港口的工作效率。通过设置安全围栏、视频监控、海关与警方人员定时区内巡逻、海警船海上巡逻、定期检查港区仓库存货情况、对货物实行抽检等方式,防止危险品(如武器及奢侈品)等货物走私,保障了公众安全与国家经济利益。

(四)汉堡终止自由港政策的原因

2013年1月起,汉堡市正式终止了汉堡自由港政策,所有汉堡港区内的公司将同其他欧盟关税区内的公司一样按照欧盟海关管理规定进行运营。具体而言,主要有以下三个原因:

(1)两德统一后德国经济高速发展,但是相对封闭的自由港还是影响了物流效率并经常导致交通堵塞,对汉堡市政、交通等方面的负面影响也日益显现,使得汉堡自由港原有的特点对于整个德国而言已成为新德国的障碍。

(2)汉堡自由港流转货物中可享受免关税待遇的非欧盟货物占比越来越小,汉堡自由港的关税优势被大幅削弱,因此汉堡自由港的优势大不如前。

(3)汉堡自由港的货物90%以上已实现集装箱化,货物在港时间大大缩短,在港区码头和仓库储存的需求大幅下降,欧盟允许各地建保税仓库的政策已足以替代自由港免税的库存功能。在上述背景下,汉堡港终止了自由港政策,因势利导地主动做出了政策调整。自由港政策取消后,并未影响汉堡港的运输效率和关税政策,反而提升了港口的活力和竞争力。所有港区内公司依旧在原来的自由贸易区所在地处理或储藏货物,自由贸易区原本的功能被最大程度地保留下来,只是海关报关程序上有所更变,但会最大程度减少因政策改变而给企业带来的不便。

三、汉堡自由港兴衰对我国自贸试验区和自贸港建设的启示

对汉堡自由港关闭的分析和研究,会对我国各自贸试验区和中国特色自贸港的建设起到很大的启示作用。汉堡港终止自由港是在欧盟一体化进程不断深入的大环境驱动下做出的必然选择,汉堡港很好地把握住了这个战略机遇,及时调整转型,顺应了欧盟一体化的需要。

作者感悟 2

我们应认真研究汉堡港终止自由港政策、顺应欧盟经济一体化发展的深层次原因,超前谋划我国自贸试验区和中国特色自贸港建设的政策体系,为将来更好地发挥自贸试验区和自贸港的作用做好长远的规划和部署。同时,我们提醒依靠特殊区域优

势发展的我国各自贸试验区，更应该在服务贸易、科技金融、数字经济等方面做好转型升级的准备工作。

第三节　中国香港自贸港和新加坡自贸港概述

一、中国香港自贸港概述

整个香港特别行政区就是一个自贸港。香港国际机场是世界上最繁忙的国际货运机场，香港也是全球最繁忙的港口之一。香港是内地最重要的转运港口和内地企业最重要的离岸金融中心，是国内最大的外商投资来源地。

(一)中国香港自贸港在金融服务方面的表现

在金融服务方面，中国香港不但有成熟的金融体系和金融市场，金融人才聚集，并且已成为境外人民币中心。中国香港与国际接轨的金融法律和法规，以及由于境外市场对人民币的需求所形成的境外人民币市场，为中国香港成为人民币离岸中心创造了良好条件。

(二)中国香港自贸港在新兴产业发展方面的表现

在新兴产业发展方面，为减少对金融业和地产业的依赖，近年来香港特区政府创建了6个新的支柱产业和1个香港科技园作为经济增长的长期发展领域。6个新的支柱产业分别是环保产业、检测认证、医疗服务、教育服务、文化及创意产业以及创新与技术产业。

(三)中国香港自贸港为香港的离岸贸易发展奠定了基础

这是因为香港离岸贸易的发展演变之路，经历了"制造业发展-出口贸易起步-港口繁荣-转口贸易-转运贸易-港口直接运付-离岸贸易中心"的过程，呈现出"两头在外"的典型特征。在经历了数十年的发展后，中国香港作为国际离岸贸易中心的地位在2000年前后初步奠定了基础。

二、新加坡自贸港概述

新加坡自贸港包含了7个自由贸易园、30多个享有关税减免权的工业区和70余座保税仓库。在自贸港内，实行自由贸易政策，几乎所有的货物可以零关税进出新加坡。当前新加坡的关税税率0～4%不等，消费税应税的商品项目仅有酒类、烟草制品、汽车和石油产品等少数几类，消费税税率为7%，依据货物的价值进行计算。

新加坡政府特别注重优化金融服务的环境，这反过来有力支撑了新加坡自贸港的发展。新加坡地处交通要道，有利的地理位置使之成为世界金融活动的接力点，拥有技术先进、运转良好的通信网络及强大的中介机构，可实现与世界各贸易地区、金融中心的密切联系。

新加坡充分利用货物进出口不征关税、不受进口配额限制、通关便利、进仓时间短、仓储费用低廉等优惠条件，吸引了世界各地的转运货物在区内的物流中心、保税仓库进行储存，待恰当时机销往国内市场或者转运到其他国家，使企业从中获得大量的附加收益。

特别是新加坡自贸港内设立的出口加工区和工业园区，其主要目的是为了吸引外商直接投资，或在区域内设立工厂，进行产品的生产加工，进而供应出口，在此过程中刺激经济增长，解决劳动力的就业问题。同时凭借着强大的金融服务和配套服务，新加坡自贸港已成为全球最大的大宗商品交易地。

新加坡自贸港的发展之路也是该国离岸贸易特别是大宗商品交易的发展历程。新加坡政府针对本国资源贫乏的特点，对本国的经济有着清晰的发展定位，注重在顶层设计上扬长避短、打破藩篱，全力将新加坡打造成为众多跨国公司开展离岸贸易的沃土。可以说，新加坡成为大宗商品交易的平台，关键是其成功开展了离岸贸易。

三、中国香港自贸港和新加坡自贸港的特点

中国香港自贸港和新加坡自贸港发展的优势值得我国各自贸试验区学习和借鉴。我们要从中国香港和新加坡两个自贸港的发展历程中吸取经验，将其中的精华复制并改良后运用到我国内地的自贸试验区的建设中，完善这些自贸试验区的功能，实现对本地经济的带动效应。

(一)中国香港和新加坡对制造业的发展策略

中国香港可以允许本地的制造业转移，使中国香港"空心化"，仅保留第三产业；新加坡则坚持在本国保持一定比例的制造业份额。

(二)中国香港和新加坡对自贸港管理的比较

中国香港特区政府秉承对自贸港的运行采取一贯的不干预做法；而新加坡政府不但不干预，还对自贸港的运行积极主动地提供配套服务。

(三)中国香港自贸港和新加坡自贸港的特点

中国香港自贸港最主要的特色在于其监管体系和税收优惠。中国香港自贸港自运营以来就采取自由贸易政策，所以没有任何贸易壁垒，而且港内的货物进出香港均无须缴付关税。中国香港自贸港内货物进出口签证的手续十分简便，除了严禁战略物资的进出口外，其他进出口产品均无须预先申领许可证。但中国香港特区政府同时也明确，为了履行国际公约所承诺的应尽义务，以及出于保障公众健康、安全的原因，有时也需要对进出口产品进行事先的申报手续。

新加坡以自贸港立国，在技术创新方面具有极大优势。2020年，新加坡制造业对GDP贡献约1 060亿新元，约占21%。[①] 该国是全球第四大高科技产品出口国，主要产业集群包括航天航空、半导体、化学和生物医学科学等领域。此外，新加坡还汇集了全球很多跨国公司的区域总部或研发中心。这些都为该国的技术创新提供了动力。

中国香港自贸港和新加坡自贸港的共同特点为：首先从离岸贸易的税收优惠上做活文章；其次在金融服务、法律保护和中介机构上给予特别支持，注重吸引人才，保持创新潜力和活力；最后是具有良好的市场和政府运行机制。

第四节 我国自贸试验区开办离岸金融业务的建议

一、充分发挥我国21个自贸试验区在国内国际双循环中的战略链接作用

在我国中央政府和全国人民的鼎力支持下，我国要充分发挥现有的21个自贸试验区在

---

① 贾铭，秦朔. 深度长文告诉你：新加坡制造业比重为何超20%[N]. 澎湃新闻，2021-11-24.

国内国际双循环中的战略链接作用。我国自贸试验区应主动站在国家层面来助推相关城市进行国际金融中心建设,首先要允许和鼓励在我国具备条件的自贸试验区内的商业银行开展为非居民通过 NRA 和 FT 账户体系提供的跨境银行服务(在此简称为"类离岸银行业务")。其次要争取给予符合条件的自贸试验区内的商业银行开展本外币的离岸银行业务的资格。实际上,不少地方的监管部门都出台了鼓励本地自贸试验区的商业银行开办离岸银行业务的政策。如上海银保监局和海南银保监局分别出台了相关政策,如根据《上海银监局办公室关于中资银行自贸区分行开办离岸银行业务准入工作的通知》(银监办通〔2014〕7号)规定,上海自贸试验区内的商业银行可以开办离岸银行业务(但后续由于国家监管层面的顾虑,该项政策又被叫停了)。又如 2021 年 4 月 9 日,中国人民银行、中国银保监会、中国证监会、国家外汇管理局发布联合公告:允许已取得离岸银行业务资格的中资商业银行总行授权海南自贸港分行开展离岸银行业务。我国在自贸试验区的发展建设过程中,如何发展离岸业务始终是绕不过去的重要问题。因此,建议我国自贸试验区可以在离岸贸易、本外币离岸银行业务、离岸证券、离岸保险、离岸租赁和离岸信托及非居民企业注册等方面循序渐进地进行各个突破,真正做到参照国际先进标准和最佳实践,在税务安排、法律适用、资本账户开放和监督管理等诸多方面尽早规划启动。

二、我国各自贸试验区开办离岸银行业务的途径

为推动我国各自贸试验区内商业银行能够获批开办离岸银行业务,建议按照如下途径进行。

第一步,由各自贸试验区所在地省市的银保监局、外汇管理局和自贸试验区管委会及两家离岸银行对区内没有开办离岸银行业务但具有外汇资质的商业银行进行评估,筛选出符合开办离岸银行业务条件的候选商业银行。

第二步,由相关省市的银保监局授权自贸试验区内的候选商业银行开办离岸银行业务。同时,积极鼓励各自贸试验区探索开展离岸金融业务。相关自贸试验区要根据本地区的具体情况和条件,研究探索开展离岸贸易、本外币离岸银行业务、离岸证券、离岸保险、离岸租赁和离岸信托等业务的条件与路径。

第三步,待相关自贸试验区内的候选商业银行开办离岸银行业务后,在中国人民银行批准和中国银保监局及国家外汇管理局同意的前提下,允许这些商业银行开办本外币的离岸银行业务,同时允许通过离岸账户进行本币的即远期购汇和外币的即远期结汇。

第四步,允许注册在自贸试验区的企业享受非居民企业的待遇。

自贸试验区可以在以上各方面循序渐进、各个突破,努力参照国际先进标准和最佳实践,在税务安排、法律适用、资本账户开放和监督管理等诸多方面,尽早规划启动,助推我国离岸金融的基础制度和基础设施的建设。

三、各自贸试验区应首选 FT 账户作为类离岸银行业务的账户

我国监管部门应尽快研究 FT 账户在我国所有自贸试验区内推广使用。我们认为,解决 FT 账户在全国各自贸试验区内是否可推广使用的问题,已经到了刻不容缓的关键时刻。

为使得 FT 账户能够得到更广泛的使用,监管部门应让 FT 账户具有如下特点:(1)FT 账户取消存款准备金制度。(2)在自贸试验区内注册企业所开立的 FT 账户就是境外账户。

(3)国家税务部门明确对FT账户不征收预提税。

如果在短时间内无法解决FT账户在我国自贸试验区的推广使用问题,那么就建议使用OSA账户作为自贸试验区的企业本外币资金管理的账户。

四、将我国自贸试验区打造成人民币国际化的试验田

党的二十大报告发出了"有序推进人民币国际化"的号召,这就为我们通过自贸试验区来全力推进我国"人民币国际化"指明了方向。因此,我们必须充分利用好"自贸试验区"这个人民币国际化极其重要的试验田。

(1)建议凡是在自贸试验区内注册的企业,直接给予一定的ODI额度和人民币结售汇额度及境内外本外币资金集中管理的资格。

(2)为了建立离岸人民币的回流渠道和机制,我们可在自贸试验区推出供离岸人民币投资的专门的理财产品。这里要强调的是,按照人民币国际化的现实情况,目前境外持有离岸人民币的主要还是跨国企业和一些金融机构,因此各自贸试验区当前只要能解决这部分特殊群体的离岸人民币投资渠道即可。

(3)在自贸试验区内允许我国开展离岸银行业务的商业银行办理离岸人民币业务。同时从保障我国金融安全的角度考虑,要允许我国自贸试验区内的商业银行办理离岸人民币的即远期结售汇业务。

(4)解决自贸试验区开办离岸银行业务所需资金的来源问题。我们应在以下几个方面做出努力:

①监管部门应允许在自贸试验区内开办离岸银行业务的商业银行在风险自担的前提下向境内外银行进行本外币的资金拆借,该行的总行可授权该行自行负责本外币资金拆借;

②允许自贸试验区内的商业银行可以发行本外币的大额存单和债券,同时可以向境内外发行本外币的理财产品;

③国家外汇管理局定向给予这些银行总行一定额度的外汇资金支持。

五、关于自贸试验区发展离岸贸易业务的建议

(1)在自贸试验区内发展离岸贸易的起步阶段,可以先行依靠离岸银行业务来解决离岸贸易的结算和融资问题。由于离岸贸易商的上下家都是境外企业,因此自贸试验区要在商业银行核查离岸贸易真实性及离岸客户资信方面给予更多的支持,允许银行自行承担相关审核职责,监管部门事后监管等。

(2)各自贸试验区要认真学习新加坡的做法。我们知道新加坡的三大支柱产业之一就是它的国际贸易。新加坡作为一个岛国,能够成为世界大宗商品的主要交易地,靠的是什么?实际上,新加坡成功的秘诀,不仅在于它是世界上著名的离岸中心,更在于其开放的税收和金融政策,而且它的税收政策非常注重配合开展离岸贸易所需金融工具的配套政策。对我国特别需要的产业引进上,可以借鉴新加坡政府采用的大力扶持措施和直接给予相关监管豁免的方式。

(3)离岸贸易有一个很特殊的地方,就是离岸贸易商的交易对手都是境外的公司(即"两头在外"的业务),而且货物往往不经过离岸贸易商。因此,离岸贸易商在做离岸贸易业务时,实际上没有任何的交易障碍。应当注意的是,企业所做的离岸贸易有一个非常重要的前

提,即有非常特殊的税收优惠(甚至完全免税)。假如我们要求境外(如新加坡)的某家企业将原本能正常开展的离岸贸易业务转移到我国自贸试验区来做,那么这个自贸试验区就必须拿出比新加坡更便捷的措施和更省钱的政策来吸引这家企业。

现在有个误区,就是把香港的16.5%的资本利得税作为我们自贸试验区实行税收优惠的参考点,这实际上是巨大的误解。因为按照离岸业务的特点和香港特区政府的规定,只要企业的离岸贸易业务没有使用香港的资源(如企业仅仅通过香港的银行做离岸贸易的结算而非融资,也不算使用香港资源),那么这家企业开展离岸贸易所产生的任何利润都无须在香港纳税(也就是通常所说的零报税)。因此这个问题不解决,很难说服境外企业将原有的离岸贸易改到自贸试验区来做。

(4)特别重要的是,开展离岸贸易业务的前提是必须符合合规审查和反洗钱的要求。我们建议成立由政府主导、金融机构具体参与的反洗钱联盟,解决目前各金融机构反洗钱信息不能共享的问题。

(5)我们还要按照国际惯例开展离岸贸易业务。国际上,离岸贸易业务一旦出现任何的纠纷,首先要按照国际惯例来解决,其次要按照国际上通行的仲裁制度来解决,最后只有在前两种方式都不能解决的情况下,才会依靠我国的司法制度来解决纠纷。另外,还要避免大宗商品融资诈骗事件在我国上演。唯有这样,客户才能放心将离岸贸易业务放在自贸试验区来操作。

(6)我国金融机构要与时俱进,特别是我国商业银行要按照国际惯例调整自己的授信政策。曾经有新加坡大宗商品交易商向我国商业银行发来银团贷款的邀约,国内多家银行非常积极地开展授信申报想要参与该笔业务,但也有不少银行的授信审查人员认为这种贸易公司的负债率偏高、不符合国内传统的授信政策,就没有参与,白白错失了业务发展机遇。这实际上正是国内商业银行对当前大宗商品交易商的实际情况和经营特点不了解所导致的。

第五节　中国(上海)自贸试验区和海南自贸港概述

一、中国(上海)自贸试验区概述

中国(上海)自由贸易试验区[China (Shanghai) Pilot Free Trade Zone]简称上海自由贸易区或上海自贸试验区,是中国政府设立在上海的区域性自由贸易园区,位于上海浦东新区,属中国自由贸易试验区范畴。

2013年9月29日,上海自贸试验区正式成立,面积28.78平方千米,涵盖上海市外高桥保税区、外高桥保税物流园区、洋山保税港区和上海浦东机场综合保税区4个海关特殊监管区域。2014年12月28日,全国人大常务委员会授权国务院扩展上海自贸试验区区域,将面积扩展到120.72平方千米。覆盖范围在原来的基础上扩展到陆家嘴金融片区、金桥开发片区、张江高科技片区、临港新片区。

二、中国(上海)自贸试验区的总体目标和主要任务

(一)中国(上海)自贸试验区的总体目标

上海自贸试验区的总体目标是经过改革试验加快转变政府职能,积极推进服务业扩大

开放和外商投资管理体制改革,大力发展总部经济和新型贸易业态,加快探索资本项目可兑换和金融服务业全面开放,探索建立货物状态分类监管模式,努力形成促进投资和创新的政策支持体系,着力培育国际化和法治化的营商环境,力争建设成为具有国际水准的投资贸易便利、货币兑换自由、监管高效便捷、法治环境规范的自由贸易试验区,为我国扩大开放和深化改革探索新思路和新途径,更好地为全国服务。

(二)中国(上海)自贸试验区的主要任务

中国(上海)自贸试验区的主要任务包括:一是加快政府职能转变,包括上海自贸试验区注册公司制度的创新;二是扩大投资领域的开放;三是推进贸易发展方式的转变;四是深化金融领域的开放创新;五是完善法制领域的制度保障。

中国(上海)自贸试验区的主要任务还包括紧紧围绕面向世界、服务全国的战略要求和上海"四个中心"建设的战略任务,按照先行先试、风险可控、分步推进和逐步完善的方式,把扩大开放与体制改革相结合,把培育功能与政策创新相结合,形成与国际投资、贸易通行规则相衔接的基本制度框架。

中国(上海)自贸试验区成立以来,最重要的贡献在于引领了中国经济新的发展方向。特别是上海自贸试验区成功探索制定的负面清单机制,已成为我国与欧盟、签订《区域全面经济伙伴关系协定》(Regional Comprehensive Economic Partnership,RCEP)等经济体合作的主要模式。目前上海自贸试验区已从原有的应对现有国际贸易规则,转变为主动设计、参与国际经济规则的制定;已从原有的存在诸多制度性障碍,转变为放开手脚推动新经济的发展;已从原有的依靠自己打开市场,转变为吸引更多资源,提升全国乃至全球的资源配置能力。

作者感悟 3

在对上海自贸试验区进行分析后,我们认为上海自贸试验区在起步阶段对我国做出的最大贡献就是"负面清单",而上海自贸试验区最大的不足就是"产业空心化"。但上海毕竟是上海,上海市政府也敏锐地发现了上海自贸试验区的问题,马上通过增设上海临港自贸试验新片区来增加自贸试验区内第二产业的比重,并在外高桥、张江和金桥等自贸试验区重点引进了生物制药、集成电路、大飞机等重点行业和产业,有效地解决了上海自贸试验区产业空心化的问题,使得上海自贸试验区真正走上了引领我国经济发展的快车道。

三、中国(上海)自贸试验区临港新片区简述

2019年8月6日,国务院印发《中国(上海)自由贸易试验区临港新片区总体方案》,中国(上海)自由贸易试验区临港新片区正式设立。

临港新片区的战略定位和发展目标是成为集聚海内外人才开展国际创新协同的重要基地,统筹发展在岸业务和离岸业务的重要枢纽,企业"走出去"发展壮大的重要跳板,更好利用两个市场、两种资源的重要通道,参与国际经济治理的重要试验田,有针对性地进行体制、机制创新,强化制度建设,提高经济质量。

随着上海浦东新区建设社会主义现代化引领区及被授予立法权，临港新片区也被赋予了更大的改革自主权，它是对标国际上最开放的自贸试验区尝试先行先试政策的试验田，也是我国最具发展潜力的创新区域之一。

四、在中国（上海）自贸试验区内探索出新发展路径与努力方向

在党中央、国务院及我国各省市的关心和帮助下，依靠我国自贸试验区工作人员的艰苦努力，经过多年发展，我国自贸试验区取得了骄人的成绩。但必须承认，由于我国的自贸试验区与国际上成熟自贸试验区（自贸港）"方便自由、税务优惠、营业条件的宽松，零关税、零补贴和零壁垒"的标准尚有差距，而且由于未能结合国家战略考虑本地自贸试验区独特的发展路径，因此我国各地的自贸试验区的同质化情况严重。特别是我国大部分自贸试验区尚未从"税收、人才、产业政策、跨境金融、营商环境和仲裁制度"等方面开展富有成效的试验，因而与党中央和国务院的要求还存在距离。因此有必要在上海自贸试验区探索出可供全国其他自贸试验区可复制、可推广的创新性发展路径，为此可做如下努力：

（一）加快中国（上海）自贸试验区的建设

可将上海陆家嘴地区打造成我国第一个金融自贸试验区。这个金融自贸试验区可以比照阿联酋的"阿布扎比世界市场"（Abu Dhabi Global Market）金融自贸区的做法，争取让上海陆家嘴成为国际资本的汇聚地和投资地，将上海打造成为我国金融资源配置中心、人民币自由兑换的试验田、境外资金进入我国的桥头堡，也让上海的金融市场与国际金融市场充分接轨，适用国际惯例开展金融活动。例如，从世界上所有的国际金融中心所在地商业银行发放的贷款用途来看，实际上都没有明确的限制。因此，可以考虑凡是注册在上海自贸试验区的商业银行发放的贷款用途，不受我国《贷款通则》的限制。

这里我们简略介绍阿联酋的情况。阿联酋国土总面积83 600平方千米，人口930万，是一个典型的阿拉伯国家。阿联酋属热带沙漠气候，自然资源较为匮乏，平均降水量约100毫米。但恶劣的自然环境没有影响阿联酋在自贸区的发展上取得的巨大成功。阿联酋下属的阿布扎比、迪拜、沙迦、阿治曼、乌姆盖万、哈伊马角和富查伊拉7个酋长国中除阿布扎比酋长国设立金融自贸区外，其余6个酋长国都设有自贸区，阿联酋在全国范围内更是设立了49个自贸区。其中，迪拜自贸园区和阿布扎比金融自贸区的情况最具代表性，也最值得我们学习。阿联酋全国也在开展设立自贸区的国内竞争，如"阿布扎比世界市场"的金融自贸区通过另辟蹊径的政策来与迪拜自贸区进行内部竞争，"阿布扎比世界市场"金融自贸区不受阿联酋的民商法管辖，而是以普通法原则为原型，根据该区域的具体需求量身打造特别的法规作为监管依据。相对自由的法律环境促使该区域内金融创新盛行。如近年来，大量的衍生品交易商和数字货币交易所纷纷涌向阿布扎比。最近，该区域又宣布即将推出全球首个完全受监管的碳交易和清算所。一位阿布扎比金融自贸区的工作人员得知我国一家总部位于上海的大型商业银行准备在迪拜设立分行时说："建议这家商业银行来阿布扎比设立分行，这里的条件要比迪拜优惠得多。"

（二）在中国（上海）自贸试验区坚决实行我国现行法律体系的同时，引进国际仲裁制度和研究在上海使用判例制的法律制度

为了更好地让境内企业走向境外，吸引更多的境外企业投资境内及加快人民币国际化的进程，我们应该尽最大可能来满足全球投资者的需求，可以在商事活动中采用当地或境外

法律管辖、使用中文或外国语言、接受国内或境外监管等,从而可以让外国投资者很放心、很便利地在我国投资,并享受人民币国际化的好处,以及鼓励我国企业走向境外。因此,按照国际惯例和通过国际仲裁机构来处理可能在上海出现的投融资、贸易和跨境结算等方面的纠纷,是上海市政府必须考虑和解决的重要问题。众所周知,国际仲裁机构是指依国际条约或国际组织决议设立的,依附于特定国际组织而不隶属于任何国家的仲裁机构。在上海自贸试验区如出现涉外的法律纠纷时,如果涉事一方是境外主体,并且是采用判例制的国家主体时,可以引进判例法来进行处理。

(三)把中国(上海)自贸试验区的整个区域作为监管沙盒来进行各方面的试错

中国(上海)自贸试验区内的所有金融机构和企业等参与的商事活动都可以作为监管沙盒内的测试对象,对上海进行金融资产配置的创新尝试时所涉及的监管政策、创新金融产品、商业模式和营销方式等进行全方位的测试。

五、海南自贸港概述

海南全岛都是自贸试验区和中国特色的自贸港。2020年6月1日,中共中央、国务院印发的《海南自由贸易港建设总体方案》提到,海南到2025年将初步建立以贸易自由便利和投资自由便利为重点的自由贸易港政策制度体系,到2035年成为中国开放型经济新高地,到21世纪中叶全面建成具有较强国际影响力的高水平自由贸易港。

(一)海南自贸港的目标

海南自贸港要成为中国新时代全面深化改革开放的新标杆,以供给侧结构性改革为主线,建设自贸试验区和中国特色自贸港,着力打造成为中国全面深化改革开放试验区、国家生态文明试验区、国际旅游消费中心、国家重大战略服务保障区。

(二)海南自贸港的特点

海南作为我国陆地最小而海洋占比最大的省份,走向自贸港,是其自身发展需要,也是我国在整个新时期对外开放总体战略的重要载体。海南是我国最大的经济特区,地理位置独特,拥有全国最好的生态环境,同时又是相对独立的地理单元,具有成为全国改革开放试验田的独特优势。海南全岛建设自贸港是党中央着眼于国际国内发展大局,深入研究、统筹考虑、科学谋划做出的重大决策,是彰显我国扩大对外开放、积极推动经济全球化决心的重大举措。海南地理条件优越,地处南海的核心区域,而南海是中国和东盟各个国家的聚集地,同时海南也拥有全国最好的生态环境,有利于构建新型产业结构,实现可持续性发展。在海南建立自贸港可以将我国南海成为和平之海、发展之海、共享之海,也许就能解决长期困扰我国南海的各种纷争,而使得南海成为东南亚相关国家和平发展之海。

六、在海南自贸港建设国际金融中心的意义

(1)在海南自贸港建立国际金融中心能有效提高海南自贸港离岸金融的市场竞争力和影响力,有助于国际金融中心的市场配置能力与海南自身金融能力的提升,并进行相互促进和有机融合。

(2)有助于海南自贸港成为人民币国际化和资本项目可兑换新的"试验田",海南自贸港可以结合其自身的特点和优势,与上海自贸试验区遥相呼应,开展差异化创新试点。

(3)随着海南自贸港建设的不断深入,还将有助于海南与我国其他自贸试验区与自贸港

之间进行有效协作,带动其他自贸试验区的建设与发展。

第六节 《区域全面经济伙伴关系协定》与我国自贸试验区和离岸金融的联动

一、《区域全面经济伙伴关系协定》

《区域全面经济伙伴关系协定》(RCEP)于 2012 年由东盟组织发起,历时八年,由中国、日本、韩国、澳大利亚、新西兰和东盟 10 国共 15 方成员制定。

2020 年 11 月 15 日,第四次"区域全面经济伙伴关系协定"领导人会议以视频方式举行。会后,15 个亚太国家正式签署了 RCEP。RCEP 的签署,标志着当前世界上人口最多、经贸规模最大、最具发展潜力的自贸区正式启航。2022 年 1 月 1 日,RCEP 正式生效。首批生效的国家包括文莱、柬埔寨、老挝、新加坡、泰国、越南东盟 6 国和中国、日本、新西兰、澳大利亚非东盟 4 国。RCEP 于 2022 年 2 月 1 日起对韩国生效,2022 年 3 月 18 日起对马来西亚生效。

RCEP 的实施才刚刚开始,因此协议签署国对 RCEP 的了解和认识也是一个逐步加深的过程。对我国而言同样如此,这需要我国中央与地方政府部门、各自贸试验区及相关企业既要明确规则、大胆尝试、积极总结,又要抓紧与协议签署国的政府部门和企业紧密沟通,确保让我国企业能够真正从 RCEP 中获得实实在在的红利。

由于 RCEP 各成员国存在普遍的关税差异现象,因此它建立了一套相对复杂的关税差异处理规则。在一定程度上,企业运用"原产地累积规则"规避关税差异情形下的高关税是被允许的,这也反映了 RCEP 不鼓励各缔约方自行利用关税获得竞争优势的意图。但是协议签署国还可以提出敏感清单和设立附加条件,并且可以限制"原产地累积规则"的使用。对于我国企业来说,需要尽快全面了解相关规则,才能通过灵活使用"原产地累积规则"等获取最大的利益。

原产地累积规则是指商品从 A 国进入其自贸伙伴国 B 国时,可以用自贸协定中多个成员国所产的中间品来达到所要求的增值标准,这样 A 国享受 B 国零关税的门槛就明显降低了。比如将我国上海生产的一台医用扫描仪出口到欧洲国家时,商品需要达到一定的本国增值标准才可以取得中国的"原产资格"从而获得关税优惠。也就是说,这台机器如果从日本、韩国进口了过多零部件,是有可能不能被认作"中国原产"的。而在 RCEP 框架下,有所谓"完全累积"的概念,即区域内所有成员的原产材料均可累积,在认定"原产资格"时,上述从日本、韩国进口的零部件便可以"积累"进去,这大大有利于产业链在整个 RCEP 范围内的优化布局。

二、我国加入 RCEP 的意义

(一)RCEP 是一个全面、现代、高质量、互利互惠的自贸协定

RCEP 涵盖人口超过 35 亿,占全球 47.4%;国内生产总值占全球 32.2%;外贸总额占全球 29.1%;是全球涵盖人口最多、最具潜力的自贸试验区。RCEP 将进一步促进本地区产业和价值链的融合,为区域经济一体化注入强劲动力。

RCEP的生效实施,标志着全球人口最多、经贸规模最大、最具发展潜力的自贸区正式落地,充分体现了各方共同维护多边主义和自由贸易,促进区域经济一体化的信心和决心,将为区域乃至全球贸易投资增长、经济复苏和繁荣发展做出重要贡献。2022年1月1日,RCEP生效首日,我国就有出口企业申领原产地证书和开具原产地声明共505份,全国各地海关当天就验放协定项下的进出口货物货值超2亿元。据我国海关总署的公开信息,2021年我国对RCEP其他14个成员国进出口规模累计达12.07万亿元,同比增长18.1%,占我国外贸总值的30.9%。其中,出口规模5.64万亿元,增长16.8%;进口规模6.43万亿元,同比增长19.2%。[①]

在RCEP下承诺的关税水平并不一定比现存的区域内各种自贸协定低,有些产品的RCEP关税甚至还会高于现有的自贸协定或优惠贸易安排协定的水平。除了中国和日本的贸易,中国与其他区域内贸易伙伴的贸易并没有明显的关税下降,然而正是由于有了原产地累积制度,RCEP的15国这样大范围内的累积将使得获取优惠关税更为容易,这大大提高了RCEP给企业带来的价值。当然,从中长期而言,RCEP具有更为重要的战略意义。仅仅从原产地累积制度而言,这对企业的原材料零部件采购、产业链布局、对外投资、转移定价战略的使用等决策都会产生影响。因此准确了解RCEP原产地累积规则,对我国企业国际化经营具有重要的意义。

(二)我国各自贸试验区要紧紧抓住RCEP的正式实施带来的巨大发展机会

我们在对国内21个自贸试验区的调研中发现,各自贸试验区都有大力发展跨境贸易的愿望。但我国各自贸试验区有不少出口企业近年来因贸易壁垒的问题导致出口业务萎缩和利润下降,而且这可能会是未来一个比较长的时期内持续阻碍各自贸试验区外贸业务进一步高质量发展的重大问题。出现这种贸易壁垒的主要原因是美国与欧洲的一些发达国家在政治上对中国进行打压,意图形成经济上的封锁。我国也采取了很多有效的应对策略,特别是2022年1月1日落地生效的RCEP,可能会成为国内企业面对现有贸易壁垒的突破口。RCEP中关于原产地累积性规则,使得多段分工的产品可以按照规则,任选一地作为其原产地贴标,这就能有效避开美国与欧洲的一些发达国家对中国产品的规制。我国各自贸试验区企业可以借助RCEP这个重要的历史机遇来突破贸易壁垒。

(三)RCEP也会为我国各省市的离岸贸易带来重大机遇

这是因为在累积性原则下,中资出口企业产业链分工可以在RCEP相关国家内进行分段布局,中资企业必然需要调整对RCEP的相关国家的投资,然后在境内对整个RCEP产业链进行控制和管理,从而产生大量的离岸贸易业务,这将会是我国各自贸试验区发展离岸贸易的重大机遇。各自贸试验区要鼓励和支持本地区的企业牢牢抓住协定实施的契机,不断增强本地企业参与国际市场的竞争力,进一步提升各自贸试验区乃至全省的贸易和投资发展水平,以此来倒逼本地区的产业升级。各省市政府和相关自贸试验区都要鼓励省内及自贸试验区内的企业用好RCEP成员国降税、区域原产地累积规则等,努力规避原来遇到的贸易壁垒,积极扩大本地区的优势产品出口和有竞争力的产品进口。要积极开展培训和示范来鼓励各自贸试验区和本地区的企业用好RCEP的开放承诺和规则,加强区域内高

---

① 滕晗.2021年我国对RCEP成员国进出口12.07万亿元[OL].封面新闻,2022-01-14,https://baijiahao.baidu.com/s?id=1721906010062721932&wfr=spider&for=pc.

端、绿色产业链和制造业项目合作,提升服务业和投资开放水平。各自贸试验区要将跨境贸易的溯源追踪平台与建立自贸协定实施公共服务平台和专家队伍进行紧密结合,以此来达到综合效应最佳的效果。各自贸试验区还应与政府部门沟通协商,争取到政府补贴的机会,通过政府购买服务方式进一步加强各类企业的员工业务能力,对其进行更多的培训,提升其理解和应用协定规则能力。

三、做好自贸试验区与 RCEP 的无缝衔接

各自贸试验区要尽快排摸出本地或相邻区域内企业遇到的贸易壁垒问题。各自贸试验区管委会与企业、海关、贸促会等紧密沟通,掌握和了解贸易壁垒的情况和程度,根据 RCEP 新规则,可定量研究分解出产品在 RCEP 国家内分工的比例,以此最优化出口企业的跨国经营,满足出口目标国的原产地证的要求。

以自贸试验区管委会为平台,与企业、相关监管部门和中介公司等协商,进行研究、规避风险。

各自贸试验区的商业银行提前做好支持企业参与 RCEP 项下境外投融资的相关离岸贸易结算和融资方案,努力将各自贸试验区培育成为我国离岸贸易中心城市(地区)。

四、我国要充分做好离岸金融与 RCEP 的融合发展工作

假如 A 自贸试验区注册的企业 B 原来生产 10 万个降温除湿设备出口到欧洲某国 C,设备由 150 个零部件组成,但遭到 C 国的贸易壁垒而无法出口。现在因为有了 RCEP 协议,A 企业经过国内 ODI 批准,分别在 RCEP 协议签署国的柬埔寨西哈努克港和马来西亚槟城设立了全资子公司,每家公司的投资额为 100 万欧元。为便于理解和计算,假定该设备的累积原产地证是在中国进行 50 个部件的组装,在柬埔寨进行 50 个部件的组装,最后在马来西亚进行 50 个部件的组装后出口到 C 国。假如我国生产的 50 个部件是从海南自贸港运到柬埔寨,属于跨境贸易,在海南自贸港内的 D 银行进行跨境结算;而从柬埔寨西哈努克港组装的 50 个部件运到马来西亚槟城港,对我国来说属于离岸贸易,在 D 银行离岸中心进行离岸贸易结算。最后从马来西亚槟城港组装的 50 个部件成为完整的产品出口到 C 国,并在 D 银行的离岸中心进行离岸贸易结算。而在此之前,D 银行离岸中心还可以为 A 企业的境外公司发放离岸贷款,使其可以在柬埔寨西哈努克港和马来西亚槟城投资建厂。这样算下来,一家企业对外投资开展贸易,实际上至少做了三笔离岸业务,包括一次离岸贷款和两次离岸贸易结算与融资。当然实际情况可能要比上述案例复杂得多,但也可以看到离岸金融在我国与 RCEP 的合作中存在很多的业务机会,值得关注和重视。

第七节 我国自贸试验区与国际金融中心的关系

从中国香港自贸港和新加坡自贸港的成功运作来看,我们不难得出这样一个结论,中国香港、新加坡两地自贸港的成功运作对两地建设国际金融中心起着关键的促进作用。因此,我们有必要分析我国自贸试验区的建设与当地国际金融中心发展之间的关系。实际上,我国相关省市在建设国际金融中心的过程中,如何依托自贸试验区的发展和开展好离岸金融业务始终是绕不过去的重要问题。从国际上成熟的国际金融中心来看,这些国家和城市往

往将离岸业务与在岸业务协同发展作为建设国际金融中心的重要内容。

一、我国自贸试验区应主要从"试验"的角度为我国建设国际金融中心积累经验

近年来,我国加快政府职能转变,进一步朝着市场化方向发展的一个重大标志就是设立了多个自贸试验区。自贸试验区肩负着积极探索投资管理体制、促进贸易和投资便利化、为全面深化改革和扩大开放探索新途径、金融开放和创新、人民币国际化、提升营商环境和科技创新、积累新经验等多重使命。这其实反映了一个重要的阶段性事实,即我国改革开放已经进入深水期,各层面的进一步发展遇到了"瓶颈",自贸试验区的设立正是突破改革"瓶颈"的有力抓手,是服务国家战略的重要载体。从这个角度来说,各自贸试验区的设立和发展承担着制度创新和压力测试的改革任务,自贸试验区可以理解为各地政府为了实现贸易自由便利而不断试验特殊政策的特殊区域。例如,上海自贸试验区主要解决了我国对外经贸中亟须的负面清单的确定问题,此举极大地提升了上海的全球城市形象,也加强了上海作为扩大开放"排头兵"的作用,同时还进一步优化了上海各级政府的管理水平,改善了上海的营商环境,激发了上海的市场活力。

(一)我国自贸试验区应解决定位不准的问题

在我国,自贸试验区还是个新生事物,我国 21 个自贸试验区和 67 个片区也需要"摸着石头过河",来探索研究自贸试验区的发展之路,所以出现定位不准也是正常的。目前我国相关自贸试验区普遍存在两个比较严重的问题:一是重"自由",二是轻"试验"。虽然已获批自贸试验区的各省市政府都非常注重设立自贸试验区,但在政策选择上往往侧重于自贸试验区的自由便利功能,而轻视了"试验特殊政策"的功能,而所谓的自由便利功能从目前来看多数也仅仅停留在程序与流程简化层面,尚未涉及跨境贸易和投融资等方面的实质性自由。比如自由便利的贸易规则相对于区外的传统规则就是一种创新和突破,但如果没有"试验"的验证,只是出一些政策文件,往往会导致政策难以落地而成为"空头文件",所以应该认识到自贸试验区是"自由贸易区"和"试验区"并重的改革载体。这样就可以解决我国自贸试验区发展中的一个现实问题,即自贸试验区的相关政策既不兼容"因地制宜",又偏离"对标国际"的初衷。

(二)我国各自贸试验区要制定出契合本地实际的发展规划

各省市的自贸试验区的发展方案申报和批准流程一般是先由各自贸试验区片区政府提出初步方案,通过各省市自贸试验区管委会筛选,再报北京相关部委审批同意后执行。而且各地自贸试验区都按照这套程序执行,优势是由中央部委批准的自贸试验区政策没有任何政策风险,短板是缺少"对标国际最高标准、最好水平,坚持问题导向、需求导向、目标导向和因地制宜"的创新元素,且难以灵活应对各种不确定性。实际上,我国各自贸试验区相关政策的推出,既需要有"试验"的勇气,也需要各地政府和部门在科学论证的基础上承担一定的风险。

(三)我国各自贸试验区要"重引资"与"重引智"并举

我国各省市政府通常非常注重各自贸试验区的招商引资工作,这一做法就迫使各自贸试验区的招商引资往往在短期内就见成效,但弊端是较难持久。而要使得自贸试验区形成内生发展动力,最关键的因素是各类人才的集聚。当前,各大自贸试验区都面临一个尴尬的现实矛盾,即一些非自贸试验区的经济开发区高端人才扎堆,但自贸试验区人才难觅,这些人才都不愿意到自贸试验区就业,更不用说安家落户了。虽然各大自贸试验区不断推出人力资源保障措施来吸引人才,但就目前来看,方向和力度都还远远不够。人才重视力度不足

的一个原因是,部分自贸试验区只重视吸引"外来人才",而不太重视本土人才的挖掘和培养,体现在落户政策上,往往对留学回国的人员给出更优的待遇;另一个原因,也与将有限的资源过多投入"引资"上有密切关系。目前各自贸试验区都在不遗余力地吸引更多的金融机构入驻,认为金融机构的入驻就可以提高该自贸试验区的开放程度和经济活力。然而此举意义并不大,这是因为如果某地的金融机构有自贸试验区产业亟须的金融服务产品,同时这些金融机构的服务半径能够覆盖到自贸试验区,那么这些金融机构是否落户到自贸试验区并不妨碍金融业务的开展,只是减少了政府工作报告上的"数字",对自贸试验区的实际发展水平无损。相反,如果自贸试验区内现有的金融机构无法提供区内产业所需要的金融产品,这个时候确实需要吸引相关的金融机构入驻自贸试验区,通过自贸试验区的特殊政策创新满足本地的各项金融需求,同时也需要高端金融人才前来就业,这些金融人才往往需要具备理论、业务、法规和研究写作等综合素质,并不是简简单单的金融机构落地就可以自动生成的。

二、上海建设国际金融中心是历史的必然

从上海的国际金融中心建设规划来看,上海自贸试验区建设是不可缺少的一环,因为上海只有先依托自贸试验区的发展和开展好离岸金融业务,才能真正称得上是国际金融中心。

(一)上海建设国际金融中心是历史的必然选择

上海从 20 世纪 30 年代开始就成为远东著名的国际金融中心,因此上海成为国际金融中心是有强大遗传基因的。按照党中央和国务院的要求,上海正在建设国际金融中心、国际航运中心、国际经济中心和国际贸易中心。2009 年 3 月 25 日,国务院常务会议通过了《关于推进上海加快发展现代服务业和先进制造业,建设国际金融中心和国际航运中心的意见》,其基本目标是到 2020 年把上海建设成为与我国经济实力和人民币国际地位相适应的国际金融中心,具有全球航运资源配置能力的国际航运中心。国务院同时也提出了推进上海加快发展现代服务业和先进制造业,率先实现服务业经济为主的产业结构的要求。

上海全面建设国际经济中心、国际金融中心、国际航运中心和国际贸易中心,从逻辑结构和内在关系上看就是相互联系、互为基础的。而且特别有意义的是,上海正在建设的另三个中心,都与上海建立国际金融中心紧密关联。上海国际经济中心和国际金融中心的发展,与上海的经济水平名列我国乃至世界的前列是紧密相关的。而上海国际航运中心和国际贸易中心的建设,也与上海经济和金融的强大支持密不可分。因此,上海"四个中心"的建设是同时推进、共同发展的。我们仔细分析了新加坡成为国际金融中心的发展过程,与新加坡的高质量发展国际航运业务(包括二手船买卖)、开展国际贸易(铁矿石等大宗商品的采购和结算)、建设东南亚的经济中心是高度同步和相互促进的。特别是新加坡依靠离岸金融服务,迅速超越中国香港成为亚洲最大的离岸金融中心和国际金融中心。从中我们不难得出,上海正在全面推进的国际经济中心、国际金融中心、国际航运中心和国际贸易中心的建设,更要求上海通过上海自贸试验区来开展离岸金融业务,并提供与上海国际金融中心建设相关的、高效的、高性价比的配套服务。我们坚定地相信,上海开展的离岸金融业务极大地、有效地推进了上海国际金融中心的发展。

(二)上海具备建设国际金融中心的主客观条件

1. 上海的城市地位

上海是中国特大城市和中心城市,位于中国东海岸,长江入海口,是中国经济、金融和贸

易中心,也是中国经济最发达的城市,在"北上广深"四大一线城市中排名第一。据上海市国民经济和社会发展统计公报显示,其2022年上海常住人口2 489.43万人,国内生产总值(GDP)达44 652.80亿元。[①] 上海是我国发达的经济中心城市之一,经过四十多年的改革开放,上海的综合经济实力逐步增强,跨国公司云集、金融市场发达、信用基础较好、社会秩序稳定、综合竞争力强。

2. 上海建设国际金融中心的主观条件

上海有成为离岸金融中心和国际金融中心的重要条件。从上海开埠以来,这个城市特别具有的开拓、守约和包容的三个特点就是上海的主观条件。

(1)上海这个城市特别具有积极进取、勇于创新的开拓创新精神。

上海这个城市既敢于坚持原则,又敢想、敢作敢为。同时上海在开拓创新时特别强调尊重科学,尊重客观规律,要求一切从实际出发,一切从人民的利益出发,按事物的本来面目去认识和掌握事物发展的客观规律,要求在"解放思想、实事求是"思想路线的指导下,积极变革、勇于开拓创新、讲求实效。

(2)上海特别重视营商环境。

上海这个城市在所有商业活动中,特别重视营商环境。因为营商环境是一个城市的核心软实力,只有好的营商环境才能让公平的市场竞争成为可能,才能最大化地发挥企业和个人的主观能动性,而营商环境的重要指标就是契约精神,所以上海的企业在开展商业活动时,对所有签订的商业合同都要与合同当事方"锱铢必较"地进行商业谈判。但是一旦合同签订后,上海的企业就会特别注重合同的执行,一般不会出现毁约。这正是上海城市普遍具有较强契约精神的体现,也是整个社会对上海城市商业环境评价较好的缘由。根据《中国营商环境指数蓝皮书(2021)》上海市位列全国各省市自治区营商环境第一名。这正是上海成为国内建设离岸金融中心和国际金融中心最佳城市的最好诠释。

(3)上海具有高度的包容性。

上海这个城市对所有人和事的包容度高。上海本身就是从一个小渔村发展起来的,从对上海城市人口的分析中我们得出,上海城市人口大致包括以下四个部分:一是上海本地人(这部分人的数量并不多),二是原江苏省划给上海市的人和移民(这部分人的数量较多),三是浙江宁波和广东等地的商人(这部分人的数量就更少了),四是全国其他省市的移民(现在这部分人的数量正在急剧上升)。由于历史原因,上海人并没有强烈的本土意识,对上海城市影响较大的地区包括广东、北京、福建、山东、成都、中国香港、美国纽约、日本东京、澳大利亚悉尼、英国伦敦和法国巴黎等,因此,包容是上海这个城市的最大特点。上海的城市文化就是通过包容、融合而形成的,上海的包容包括了对经济、政治、文化、饮食和民俗的包容。因而在上海建设国际金融中心没有地域、民族、肤色等任何障碍,上海来自五湖四海不同肤色的人对衣食住行都没有任何的不适,在上海既有阳春白雪的法国艺术大师的展览,也有下里巴人的街头艺人的即兴表演。

3. 上海建设国际金融中心的客观条件

(1)上海具备建设国际金融中心的条件。

上海是我国当之无愧的经济、航运、贸易和金融中心,特别是党中央和国务院都明确了

---

① 数据来源:上海市人民政府网站,https://www.shanghai.gov.cn/nw48779/index.html.

上海要尽快建设成为我国乃至全球的国际金融中心,上海也具备了建设国际金融中心的客观条件,这是因为:在20世纪三四十年代,上海就已经是远东最大的金融中心,因此上海具备建设国际金融中心最好的基因。

(2)上海拥有国际金融中心所需要的完备交易场所。

相比其他城市,上海拥有上海数字交易所、上海证券交易所、上海期货交易所、上海外汇交易中心、中国人民银行上海总部、上海黄金交易所、上海石油交易所、上海金融期货交易所、中国人民银行征信中心、全国银行间同业拆借中心等重要金融管理机构和经营实体,而且上海已是国内拥有境内外有实力的银行、证券公司、保险公司、租赁公司、信托公司、基金公司等金融机构数量最多的城市。

(3)上海具有地缘政治优势。

虽然广东、深圳是我国最早开展离岸银行业务的城市,但上海后来居上,于2002年也开始进行了离岸金融的探索,并且取得了不俗的业绩。目前,国内提出开展离岸金融业务的试点城市很多,包括海南自贸港、天津东江保税区、福建厦门自贸试验区和雄安新区,都在探讨建设国际金融中心的可行性。特别是深圳和海南已成为上海开展离岸金融业务强劲的竞争对手,但面对如此巨大的国内市场,我国可以发展各有侧重的多个金融中心。而上海借助较好的地缘与经济优势,实际上更具优势。上海不仅历来是中国的经济中心,而且是长三角地区毋庸置疑的龙头城市。目前若要比较珠三角、环渤海和长三角区域的经济发展势头以及综合实力,长三角地区仍占有一定的优势。金融工具效用的充分显现离不开金融机构的凝聚力和投资者的信心,而地缘和经济优势是金融机构集聚到本地市场,投资者对本地金融市场建立起信心的一个重要因素。

三、上海建设国际金融中心的路径选择

(1)搭建上海建设国际金融中心体系。第一步,2022—2023年的重点工作是加强顶层设计,按照规划要求着手构建离岸金融体系,逐步配套相关政策和法律体系,允许更多商业银行办理离岸银行业务和引进更多包含离岸公司在内的市场主体,全面开始办理离岸银行业务;第二步,2024—2025年的重点工作是逐步完善离岸金融体系,市场主体规模增大,主体种类逐步增加,离岸金融业务品种日益丰富,离岸资金和资本市场初见雏形,离岸金融服务规模领先国内先进水平。这个时期要以开展离岸保险和离岸债券作为主要任务。

(2)将上海打造成全国的"离岸金融创新发展先行区"。以此来推动资本自由化、贸易便利化和人民币国际化及积极开展资本项目可兑换的试点,并将离岸金融作为拓展上海经济增长的助推器和新的增长点,为将上海构建成国际金融中心的长远目标打下坚实基础。

(3)做好上海开展离岸金融业务的风险防范工作,监管部门应定期对开展离岸金融业务的机构进行资质评估。

四、上海建设国际金融中心亟须解决的问题

按照路径选择和产生的关联作用分析,上海建设国际金融中心的过程必然会促使周边国家的离岸金融市场所在城市开展与上海争夺离岸金融资源的竞争,但由于我国人民币目前仍不是离岸金融业务的主要币种,加上我国资本项目还不能自由兑换,就非常不利于跨境资本的自由流动,使得上海在建设国际金融中心及与周边国家的离岸金融市场的竞争中处

于不利地位。此外,上海要成为国际金融中心能否在税收政策上取得国家支持还是未知数,而税收优惠往往是决定一个新兴的离岸金融市场是否有竞争力、能否吸引更多机构参与的决定性因素。

五、上海建设国际金融中心尚须努力的方向

我们已分析得出,某国或某地要成为国际金融中心,应该首先是离岸金融中心。为此,可在如下方向做出努力:

(一)在国家层面成立上海建设国际金融中心的领导小组,在中国人民银行上海总部成立相应的工作小组

习近平总书记在主持召开中央财经委员会第八次会议时强调,要把党中央做出的重大决策及时转化为具体政策和法规,加强部门间协调配合,增强战略一致性。成立这个超高规格的领导小组,就是落实习近平总书记最新指示精神的具体行动,我们就能把党中央对上海建设成为离岸际金融中心的各项重大决策,及时地、逐项地转化为上海建设国际金融中心亟须解决的具体政策和法规。特别重要的是,凡是这个领导小组发布的文件,建议由上海市人大通过立法程序来固化,并且"一行两会"、发改委、商务部和外汇管理局等相应国家部委都要无条件遵守和落实,而且要对各项政策设立工作时间表,按照文件规定的时间核查落实情况,如果出现任何问题和拖延,都要对相关部门和责任人进行追责。

(二)在上海证券交易所开设国际板

(1)将上交所国际板的设立作为吸引外资的重要手段。国际板的设立首先应立足吸引境外投资者投资国内有发展潜力的公司,扩大国内公司的融资渠道。

(2)国际板可以借鉴香港联交所的部分上市规则。香港联交所在企业上市门槛的规定、上市效率、投资者构成、二级市场流通性等方面较国内A股均有较大的优势,国际板应对标香港联交所的优势打造富有吸引力的市场环境。

(3)国际板要吸引尽可能多的境外公司来华上市。一方面是吸引更多外商投资中国甚至在中国创业的手段,有助于进一步加强国内证券市场与境外的联通;另一方面也有助于境内投资者拓宽境内外的投资渠道,加强对外投资。

(4)国际板在平台搭建上应注意内外分离,隔绝境内外风险。在平台架设上,可以考虑在上海自贸试验区的新片区内设立平台公司,将平台定位为"半离岸性质";在币种选择上,应明确以人民币开展交易;在账户选择上,主要选择NRA或FT账户,或者赋予OSA在国际板交易上可以使用人民币的特权,这样就能确保在证券交易及资金汇划时可做到内外分离,隔绝境内外之间的风险传导。

(三)上海建设国际金融中心一定要积极做强、做大保险业务

我们分析香港国际金融中心的发展历程,不难得出一个结论:香港国际金融中心的发展历程,实际上也是香港国际保险中心的发展历程,两者高度同步且相互促进和激励。因此,我们在不断做强国内现有的保险公司的同时,还要允许更多有条件的境内企业与机构成立自己的保险子公司,更要引进更多的全球著名的外资保险公司在上海设立分支公司或附属机构。我国目前保险业发展之所以不尽如人意,除了保险公司的数量和质量亟须提高外,关键还是保险人才的缺乏和优质保险产品的不足。因此,我们在培养自己的保险人才的同时,也要在国际上招募一批我国稀缺的保险人才,并且要组织监管部门和保险公司对香港的保

险产品进行认真梳理,凡是不会影响我国金融安全的保险产品,要允许国内保险公司在上海自贸试验区内引进或开发,待条件成熟时再推广到全国各地。

(四)吸引更多的融资租赁公司、信托公司和资产管理公司到上海自贸试验区注册及开展经营活动

把上海自贸试验区打造成我国人民币资产管理中心,我们应该在上海实行监管一体化的资产管理体系,即把"一行两会"关于资产管理的规定调整为上海国际金融中心领导小组发布的规定,避免监管的碎片化、割裂化。我们应充分利用好上海自贸试验区对金融业全面开放的有利时机,推动资管产品和服务的不断创新。凡是在上海自贸试验区注册成立的理财公司,都可以发行享有同一监管规则下的理财产品,并且扩大理财子公司的资金用途,可以在上海区域内发行专门的理财产品,要允许银行系理财子公司可以发放贷款、在证券交易所开立账户。同时要放开在上海自贸试验区注册和经营的融资租赁公司的融资渠道,从仅限于金融机构放开至机构和个人;并且要允许监管评级高的信托公司对客户进行一定额度的放贷,同时要放开对资金信托受益人不得超过 200 人的限制。

(五)将上海自贸试验区打造成为人民币国际化的试验田

这里要特别明确,凡是在上海自贸试验区注册的企业,建议直接给予其一定额度的境外直接投资额度和人民币结售汇额度及境内外本外币资金集中管理的资格,以此逐步推进人民币资本项目下的开放和实现人民币的可自由兑换。为了建立离岸人民币的回流渠道和机制,我们要在上海自贸试验区推出专门供离岸人民币投资的产品。为了积极支持跨境人民币的收付汇业务,上海要建立在我国政府信用担保下的可供相关国家使用人民币跨境支付系统以进行跨境人民币的机制和能够进行自由兑换货币的清算机制。此外,上海自贸试验区要主动加强与主要贸易伙伴研究开展跨境人民币业务的可行性,努力争取让这些国家或地区的机构及企业更大程度地接受人民币,并通过中国人民银行上海总部与相关国家之间签署人民币与该国货币的互换协议。每当一国持有对方国家货币到一定数量时,就由中国人民银行上海总部与相关国家启动人民币与该国货币的互换。如果相关国家暂时不能接受人民币,那么上海自贸试验区要有办法向这些国家或地区的客户支付美元。最重要的是,我们要采取特殊手段来应对美元清算出现任何可能的困难,这实际上也是为我们国家应对可能出现的美元清算困难做好实操准备。

(六)在上海积极营造更具活力的人才环境,不断拓宽人才落户的绿色通道

在上海国际金融中心建设中,我们可能存在着诸多的短板,但这些短板中最短的那块还是人才储备。这里要特别强调的是,我们现在对人才的评价存在着一定的误区,有两种倾向对我们的负面影响最大:一是对各种本土专业人才重视不够,二是对具有突出实际工作能力的金融从业者重视不够。我国确实需要引进国际上一流的专业人才,但也要对本土专业人才给予相应的关怀和重视。让这些本土专业人才在住房保障、子女就学、医疗服务等各方面受到更好的关怀、更多的支持和更大的便利,让上海真正成为各类专业人才创业、展业的热土和幸福家园。上海要对金融企业的高级管理人员和核心人才,在子女入学、购买境内外保险公司认可的保险产品、医疗保障、申请人才公寓和个人所得税等方面给予最大的优惠政策。

(七)研究在上海使用判例制的法律制度的问题

我们首先要重视对国际仲裁制度的了解和使用,这是因为按照国际惯例,一国(区域)出现任何跨境业务纠纷时,一般会优先向国际仲裁机构提出仲裁。仲裁机构会根据调查得到的事实依据、结合相关实操惯例出具仲裁结果,仲裁相较诉讼具有更高的效率,涉事企业的参与成本也较低。因此,涉事企业一般会按照仲裁机构的意见执行。如果涉事企业对仲裁机构的仲裁意见不服,可以向当地的法院提出诉讼申请;但在诉讼时,法院也会充分考虑仲裁机构的意见,并根据相关证据做出判决。在已知的境外相关判例中,极少出现法院推翻仲裁机构意见的情况。国际仲裁制度大大加强了国际商事活动的效率,也有助于形成更贴合行业发展变化和国际惯例的法律条例与判例。

(八)要积极探索上海建设国际金融中心的风险防范对策

上海建设国际金融中心是个长期的过程,但一定要以"一万年太久、只争朝夕"的精神来加快上海国际金融中心的建设。在建设上海国际金融中心的过程中,各方面一定要全力配合防范可能出现的任何风险。上海要以"敢为天下先"的精气神朝着上海国际金融中心大步迈进,还要以科学和谨慎的态度来防范可能出现的各种风险;同时把上海自贸试验区整个区域作为监管沙盒的空间进行试错,即上海自贸试验区内所有监管政策和所有金融机构及企业等,都可以作为监管沙盒安全空间内的测试对象,对上海建设国际金融中心所涉及的监管政策、创新金融产品、商业模式和营销方式等进行测试。这样,上海自贸试验区在碰到各种问题时,中央部委和相关监管部门就能在保证金融机构和企业的合法权益及严防风险外溢的前提下,通过主动合理地放宽监管规定来助推上海国际金融中心的建设。采用监管沙盒的模式还能减少因监管政策改变不及时或不到位的情况下的效率受损,也不会因暂时出现的风险而遭到监管部门的立即约束和叫停。这样就能鼓励监管部门、金融机构和企业积极进行各种创新,以期达到政府、金融机构和企业既能放开手脚尝试各种创新政策与产品,又能有效防范各种风险的多赢局面。

作者感悟 4

上海已是我们心目中的国际金融中心,因此,上海必须在人民币国际化方面为我国做出更大的努力和贡献,更应该尝试在上海一地实行"人民币的自由兑换"的相关突破。应允许参与上海国际金融中心相关业务的机构和企业及个人,能够在总量控制下进行"人民币的自由兑换"试点。

第八节 我国人民币国际化的发展对策

一、人民币国际化概述

(一)人民币国际化的概念

人民币国际化有多种定义,一般意义上的人民币国际化就是指人民币能够跨越国界,在境内外自由流通,成为国际上普遍认可的结算、计价和储备货币及投资货币。

(二)人民币国际化的主要内容

人民币国际化包括三个方面的内容:一是人民币现金在境外享有一定的流通度;二是以人民币计价的金融产品成为国际各主要金融机构包括中央银行的投资工具;三是国际贸易

中以人民币结算的交易要达到一定的比重。这是衡量人民币国际化的通用标准,其中最主要的是后两点。当前,世界范围内国家间经济竞争的最高表现形式就是货币竞争,如果人民币对其他货币的替代性增强,不仅将现实地改变储备货币的分配格局及其相关的铸币税利益,而且也会对西方国家的地缘政治格局产生深远的影响。

人民币国际化的前提之一就是资本项目可兑换和资本账户开放。资本项目可兑换是指一国对居民和非居民的资本账户交易不予限制,允许本币自由兑换成其他货币,要避免对跨境资本交易和支付进行限制,避免对跨国资本交易征税和补贴。资本账户开放有两重概念,包括外国资本的进出以及本国资本特别是居民资本的进出。这比资本项目可兑换要更进一步。

(三)人民币国际化的目标

我国人民币国际化的目标:第一,人民币用于国际贸易结算;第二,人民币用于国际投融资货币;第三,人民币成为自由兑换货币;第四,人民币作为价值尺度;第五,人民币用作国际储备。

我们在推进人民币国际化的过程中,必须坚定不移地推进我国的"一带一路"倡议、坚持我国经济的"双循环"发展、进行货币政策改革和汇率制度改革。

人民币国际化的最终目标应该是在国际货币体系中拥有与我国对外投资、贸易规模和我国国际地位相匹配的地位。

(四)人民币汇率制度

1. 当前的人民币汇率制度

人民币汇率是人民币对外价值的体现,是沟通国内外市场、促进国际经济贸易往来的重要工具。而我们所分析的人民币汇率制度是指以市场供求为基础、参考一篮子货币进行调节、有管理的浮动汇率制度。自 2005 年 7 月 21 日起,我国开始采用有管理的浮动汇率制度。这里要特别介绍人民币的外汇牌价,人民币的外汇牌价就是人民币对外币的汇率,它代表人民币的对外价值。自 2006 年 1 月 4 日起,中国人民银行授权中国外汇交易中心于每个工作日上午 9 时 15 分对外公布当日人民币对美元、欧元、日元和港币汇率中间价,作为当日银行间即期外汇市场(含 OTC 方式和撮合方式)以及银行柜台交易汇率的中间价。人民币汇率取决于我国与美国、欧盟或日本等不同国家(联盟)货币各自所具有的购买力之比。

2. 人民币汇率制度的变迁

我国人民币汇率制度的改革共分为七个阶段:

第一阶段,新中国成立至 1952 年。新中国成立以来,我国经济重新开始发展。但当时国内生产力水平非常落后,经济建设经验不足,导致通货膨胀等问题非常严重。这个阶段的人民币汇率制度是以人民币的国内价格为基础,由当时国内经济形势来决定的。

第二阶段,1953—1972 年。这一阶段的人民币汇率与价格关系不大,具有明显的稳定性。这个阶段我国采用的汇率制度与美国的汇率制度挂钩。

第三阶段,1973—1980 年。在这个时期,国内外经济环境不稳定,我国经济形势受"文化大革命"的严重影响而持续低迷,给中国经济带来很大风险,因此我国便采用盯住"一篮子货币"的汇率制度。

第四阶段,1981—1984 年。这个时期由于我国从 1978 年开始的改革开放取得了一定的成效,我国外汇储备过低因而需要进行大量创汇,因此采用的是贸易活动和非贸易活动有所区别的人民币汇率制度。

第五阶段,1985—1993年。这一时期我国人民币汇率制度的使用标准并不统一,所以在此期间人民币汇率制度是官方汇率和市场汇率相结合的双重汇率制度。

第六阶段,1994—2005年,在这个时期我国实行的是名义浮动汇率制度,加强了政府对汇率的管理和调控。

第七阶段,2005年至今。这一时期的跨度较大,随着我国经济的快速发展,我国人民币的汇率制度也出现了重大的变化。我国开始探索和创新汇率制度,采取了以市场供求为基础、借鉴一篮子国际货币的优点,建立了实用的、有管理的、浮动的人民币汇率制度。

3. 影响我国人民币汇率制度的主要因素

一般而言,通货膨胀率、外汇储备水平、生产和产品多样化、贸易开放度、贸易冲击脆弱性、政治稳定性、经济规模、经济发展水平、贸易地理集中度、GDP增长率、失业率或通胀诱因、资本流动、外币储蓄、广义货币供应量M2或美元化以及外币定值债务等是影响我国人民币汇率的主要因素。

4. 影响汇率制度的政治因素

一国的汇率制度选择是在一定的政治制度框架下进行的,但我们一般会忽视政治制度和法律体系对汇率制度选择的影响,因而对现实中各国实行的汇率制度缺乏解释力。所谓"政治制度",其经典定义是"政党制度、选举方式、决策模式和影响选票的集团等混合体"。

(五)人民币在 SWIFT 的排名

据环球银行金融电信协会(SWIFT)最新公布的数据,2021年12月,在世界主要货币支付金额排名中,美元、欧元、英镑、人民币和日元分别以40.51%、36.65%、5.89%、2.7%和2.58%的占比位居前五位。人民币已超越日元攀升至第四位。这充分说明了我国人民币国际化已取得阶段性的重要成果。乐观地看,如果仅从以上人民币国际化的目标来分析,那么我国人民币国际化的目标已完成。

实事求是地说,我国已是世界上国际贸易的第一大国。据国务院新闻办公室于2022年1月14日举行的新闻发布会公布的数据,我国2021年以美元计价的进出口规模达到了6.05万亿美元,而同期美国的进出口规模仅有4.61万亿美元,尽管2021年新冠疫情肆虐,但全球贸易额达到创纪录的28.5万亿美元。在当天的发布会上,我国海关宣布的数据显示,2021年我国货物贸易进出口总值达到39.1万亿元人民币,比2020年增长21.4%。其中,出口规模达21.73万亿元,同比增长21.2%;进口规模达17.37万亿元,同比增长21.5%。其中我国进出口货物贸易以人民币结算的贸易占14.8%。我们按照我国2021年进出口规模占全球21.45%,而美国同期的进出口规模占全球16.17%对人民币国际化进行测算分析,如果我国企业在办理进出口业务时50%的业务是以人民币来进行结算的话,那么我国人民币在世界主要货币的支付金额的比例将提高到9%~18%。

目前我国的进出口业务中,以人民币作为结算货币的比例实在太低。这与我国世界第一贸易大国的地位严重不匹配,所以我们不能总是以"感觉良好"来评价我国人民币国际化的实际效果,而是要以更加奋发有为的精神状态来积极推进人民币的国际化。

二、人民币国际化的作用

(一)人民币国际化对我国的作用

(1)人民币国际化对我国来说可谓意义重大,这是因为人民币国际化能够使我国真正成为世界上的经济强国。

(2)人民币国际化可以降低人民币的汇率风险。

(3)人民币国际化后,我国就可以用人民币来支付对其他国家的债务。

(4)我们仅依靠印刷纸币就来换取国际上其他国家的实际资源,我们可以从其他国家获得因使用人民币而支付的"铸币税",且规模十分可观。

(5)当我国出现国际收支逆差时,可以通过人民币来进行有效的弥补。

(6)能使我国的经济实力、国力进一步增强。

(二)不断提高我国人民币跨境结算的比例

在我国推动人民币国际化的进程中,有几个标志性的事件值得我们重视和借鉴。

1. 人民币的跨境结算量

环球银行金融电信协会当地时间 2021 年 12 月 22 日发布的数据显示,2021 年 11 月,在基于金额统计的全球支付货币排名中,人民币全球支付排名维持全球第五位。从比例来看,人民币全球支付占比由 10 月的 1.85% 升至 11 月的 2.14%;从金额来看,2021 年 11 月,人民币支付金额较 10 月增加了 18.89%,同期全球所有货币支付金额总体增加了 2.87%。11 月,在主要货币的支付金额排名中,美元、欧元、英镑和日元分别以 39.16%、37.66%、6.72% 和 2.58% 的占比位居前四位。数据还显示,若以欧元区以外的国际支付作为统计口径,人民币位列第六,占 1.38%。

2. 我国已经与众多国家签署了货币的互换协议

自 2008 年 12 月至 2020 年底,中国与韩国、马来西亚、印度尼西亚、新加坡、新西兰和日本等 40 多个国家签署货币互换协议,互换货币的总金额已经超过 3 万亿元人民币。

3. 人民币作为储备货币

已经有越来越多的国家将人民币作为储备货币,人民币已经逐渐开始成为我国走出去企业在境外的投资货币。

三、发展好我国离岸人民币市场和场外人民币市场

(一)人民币国际化与 WTO 及 IMF 的关系

我们在对人民币国际化的研究中,必须厘清人民币国际化与 WTO 及 IMF 的关系,这对我国人民币国际化进程中遵守国际惯例是十分重要的,也唯有如此,我们才能让国际社会普遍接受和欢迎我国人民币国际化。

按照 WTO 和 IMF 的规定,WTO 管辖货物贸易,而 IMF 管辖货币金融。WTO 管辖的货物贸易包括服务贸易,但服务贸易又包括金融服务。

我国推动人民币国际化,就必须做好与 WTO 规则和 IMF 规定的有效对接。我国于 2001 年 12 月 11 日加入 WTO,并且做出了开放金融服务的庄严承诺。而我国是 IMF 的原始创立国,IMF 在一定程度上允许其成员国实施外汇管制。对涉及成员国货币的外汇合同,如与该国所维持或实施的变迁与 IMF 的相关规定相抵触时,在该国境内均不可执行。也就是按照 WTO 的规则,我国必须向 WTO 成员方开放我国的金融服务。同时按照 IMF 的规定,我国在进行人民币国际化的进程中,可以根据我国实际情况对资本项下进行一定的管制。

(二)人民币的离岸市场和场外市场

为了在人民币国际化的进程中能够使国际社会更好地了解我国人民币的特点,我国同时推出了人民币的离岸市场和场外市场。

1. 人民币的离岸市场

人民币的离岸市场是指在人民币没有完全可兑换之前,流出境外的人民币有一个交易的市场,这样才能够促进、保证人民币贸易结算的发展,这个市场就是人民币的离岸市场,也称离岸人民币市场。目前在国际上,中国香港、新加坡、伦敦、法兰克福、中国台湾和首尔等地都已经具备了离岸人民币市场的条件。其中,中国香港的规模最大,并且已有人民币拆借价格的发布。

2. 人民币的场外市场

场外市场有别于交易所,场外指非实体的无形市场,主要为银行与银行之间的财资业务①交易场地,全球 24 小时运作,没有标准的交易单位或条款。实际上,国际上货币的场外市场十分重要。

3. 人民币的境内外价格

虽然我国人民币还没有实现真正的国际化,但由于我国已经建立了事实上的离岸人民币(CNH)市场,导致我国人民币的境内外价格存在差异,主要表现在:一是境内外人民币的存款价格存在差异②。二是境内外人民币的贷款价格存在差异。三是境内外人民币购汇价格存在差异(如 2023 年 2 月 1 日 8:30,USD/CNH 的价格为 6.874 3,USD/CNY 的价格为 6.866 1,而且两者的差异历史上最高曾经达到了 1 300 点)。四是人民币的境内外发债价格存在差异。

(三)我国目前的人民币国际化已经有了很大进展

我国已经有了许多境外人民币的交易品种,并成功开发了跨境人民币的结算系统。

我国人民币已经有了境外的交易品种,主要包括:即期交易(Spot)、远期交易(NDF/Forward)、掉期交易(Swap)、人民币债券(Bonds)、人民币基金(Funds,包括 PE、VC)、人民币股票/交易所基金(Equity/ETF)、人民币计价保险产品(Insurance Products)、结构型产品(Structured Products)等。

我国目前采用的人民币货币政策工具包括:公开市场业务,债券回购,短期流动性调节工具(SLO),存款准备金,中央银行贷款,再贷款、再贴现(商业票据),利率政策,常备借贷便利(SLF),中期借贷便利(MLF)。

人民币国际化的发展需要高度的目的性政策导向和政策可预测性,并准备好人民币跨境结算系统。我国在这两个方面做得非常到位,而且人民币跨境支付系统已经开始运作,这是人民币国际化发展进程中的又一大进步。

为了更好地推进人民币的国际化,我国在一些特殊区域进行了人民币国际化的试点,它们分别是上海、天津、广东和福建四个自贸试验区。并且设立了前海深港现代服务业合作区专门对接香港和澳门地区,苏州工业园和天津生态城专门对接新加坡,中哈霍尔果斯国际边境合作中心专门对接哈萨克斯坦,滇桂的沿边金融综合改革试验区专门对接东盟和南亚诸

---

① 商业银行财资业务就是指商业银行为企业提供的财务及资金管理服务。主要包括网上信用证、网上票据、网上企业银行、本外币现金池、集团财资管理平台系统等财资管理产品。

② 2023 年 2 月 18 日,香港恒生银行与交通银行公布的个人人民币三个月存款价格分别是 1.25% 和 1.35%,目前来看明显是后者较高。

国,黑龙江绥芬河市推出的首个外国主权货币专门对接俄罗斯的符拉迪沃斯托克,蒙古满洲里重点开发开放试验区专门对接俄罗斯的远东地区和东西伯利亚地区。

四、人民币国际化的标志和困难

(一)人民币国际化的标志

在我国人民币国际化的进程中,如何判断我国人民币已经实现了国际化?人民币国际化是否有统一的国际标准?我们经过研究后发现,实际上国际上并没有一种统一的标准来具体衡量一国(地区)货币是否已经为国际货币。

1. 人民币国际化的衡量标准

从目前国际上对一国(地区)货币国际化的相关研究来看,人民币国际化还可以采用以下标准进行衡量:一是人民币在国际交易支付中所占的比重,二是人民币在国际投资中所占的比重,三是人民币在国际借贷活动中所占的比重,四是人民币是否发挥了国际清算货币的作用,五是人民币是否发挥了国际储备资产的作用,六是人民币是否在世界范围内发挥价值尺度的作用。

2. 我国学界、业界对推进人民币国际化有着不同的见解

我国正在积极推进人民币的国际化,但我国学界、业界对如何推进人民币国际化有着完全不同的见解。有学者认为,我国如果解决了人民币汇率机制和增加人民币汇率弹性,那么我国人民币实现国际化就是水到渠成的事了。这种观点虽然有一定道理,但这只是人民币国际化所需要的条件之一。还有学者认为,要不断从实际运作和政策试点当中总结经验、发现规律,并与成熟货币市场进行比较,才能找到更加符合人民币的国际化道路。坊间有"人民币国际化初期的主要动力是'套利需求','套利'源自市场差异"这一观点。这是因为在岸市场和离岸市场价格信号不同,体现在 CNY(在岸人民币)和 CNH(离岸人民币)的两个市场汇率不一样,造成套利现象。但我们认为,由于境外人民币的留存金额大小受到各种因素的制约,而且我国能够有效控制在岸人民币的存贷款和汇率等价格的走势,因此没必要过度担心出现失控的风险。

(二)影响人民币汇率制度的政治因素

影响人民币国际化的不仅仅是经济和社会因素,实际上影响人民币汇率制度还有更加重要的、不可忽视的因素,即我国特有的政治制度的影响。我们知道,世界上任何一国的汇率制度是在该国一定政治制度框架下制定的。我们在此需要指出的是,我国政治制度对人民币汇率制度的形成产生了一定的影响,而国际上一般是努力避免一国政治制度对该汇率制度产生的影响。具体来说,人民币国际化不仅是依靠市场力量自发作用的结果,还与我国与世界其他国家开展的国际政治合作紧密相关。而人民币要成为真正的国际货币,必须依靠我国成为世界格局中的政治强国这一关键因素。不可否认的是,我国与世界各国间的友好关系,不仅对人民币国际地位,而且对人民币国际化进程有着深刻和长远的影响。由于美国、日本没有与我国签署两国间的货币互换协议,这在一定程度上阻碍了人民币国际化进程。

(三)人民币国际化面临的困难

1. 我国还没有成熟的境外人民币回流机制

在我国实行人民币国际化的进程中,必须解决的问题之一就是要让人民币在国际上使用后能够合理、通畅和便宜地回到我国。目前现有的人民币回流渠道尚不充分,必须采取其

他措施加以补充。这里要说明的是,现有的人民币对境内外投资 RQDII 和 RQFII 的额度与人民币国际化进程还远远不相匹配。2019 年 9 月 10 日,国家外汇管理局网站公布重大信息,全面取消合格境外投资者投资额度限制。这是进一步满足境外投资者对我国金融市场投资需求主动推出的重要改革举措。境内人民币将可以 RQDII 的形式投资境外人民币计价的资本市场产品,RQDII 没有额度的审批限制。

2. 国际社会对人民币的接受度较低

随着人民币国际化进程的加快,在我国"走出去"企业对国际市场进行投融资时,有越来越多的国家(地区)的企业能够接受人民币成为投资货币,但数量还很少。我国在对外贸易中使用人民币投资的仅占 20%～30%。① 主要原因是这些国家在接受我国的投资时,出于各种因素的考虑,往往会谨慎和委婉地拒绝我国用人民币,一般会要求我国使用美元、欧元、英镑、日元等自由兑换货币来完成投资。特别让我们感到沮丧的是,传统上东南亚国家一般与我国保持着较为友好的关系,但这些东南亚国家对我国使用人民币到该国投资表现出不欢迎的态度。

3. 人民币国际化面临的其他困难

虽然我国人民币国际化已经取得了巨大的进展,但不可否认的是人民币国际化还存在着很大的困难。这些困难主要是:人民币流动性不足,人民币不能完全自由兑换,我国财政政策和监管政策不够完善及稳定,人民币的境外结算量不够,人民币利率没有市场化,人民币净流出太少,人民币境外留存太少,人民币的投资渠道太窄,人民币离岸市场容量不足容易让大国干预我国经济的发展,世界上较多国家还没有接受人民币,美国、日本等国家还没有与我国签订货币互换协议,大多数国家没有把人民币作为储备货币,关键是美国、日本、欧元区联盟并不希望人民币成为国际化货币。

五、离岸人民币和跨境人民币的概念及结算

(一)离岸人民币和跨境人民币的概念

离岸人民币业务是指在中国境外经营人民币的存放款业务,交易双方一般均为非居民主体。

跨境人民币业务是指居民和非居民之间以人民币开展或用人民币结算的各类跨境业务。跨境是指我国与境外各经济体之间,也即居民与非居民之间。我们要把跨境人民币业务作为人民币国际化的基础,同时要把资本项目可兑换作为推进人民币国际化的手段。在我国,许多人对离岸人民币和跨境人民币的认识是不到位的,有的人干脆把跨境人民币当作离岸人民币来研究分析。事实上,离岸人民币可以视为跨境人民币的分支,但跨境人民币绝不能等同于离岸人民币。

人民币离岸交易泛指离岸人民币交易,目前主要的人民币离岸市场在中国香港,另外新加坡、伦敦、纽约也在积极发展人民币离岸交易,但目前的 USD/CNH 的汇率价格主要由中国香港的银行来管理和公布。

(二)RMB 与 CNY 简述

CNY(Chinese Yuan)是 ISO 分配给中国的币种表示符号,中文名称是"人民币"。

---

① 数据根据《2022 年人民币国际化报告》估算。

RMB¥是"人民币"的简写，用的是其汉语拼音开头字母组合，即 RMB¥，但它的标准货币符号为 CNY。

RMB 与 CNY 的异同点如下：

一是含义不同。CNY 是 ISO 分配给中国的币种表示符号，中文名称为"人民币"。人民币的简写用的是其汉语拼音开头字母组合，即 RMB¥，但它的标准货币符号为 CNY。

二是使用范围不同。CNY 是国际结算中表示人民币元的唯一规范符号。如今已取代了 RMB¥的记法，统一用于外汇结算和国内结算。但用于国内结算时，在不发生混淆的情况下，RMB¥仍然可以用。

总的来说，RMB 是一种简写，而 CNY 则是一种货币符号，这两者虽然都是指人民币，但背后的性质是完全不一样的。一般情况下，CNY 更多出现在国际结算中，而 RMB 在日常生活中比较多见。

(三) CNH 与 CNY 简述

CNH 即离岸人民币的兑换价格，是指离岸市场上人民币与其他货币的兑换价格，也称离岸人民币汇率。其中，"H"最初指香港（Hong Kong），但随着离岸人民币市场的不断扩容，现在"H"也泛指境外。相对应的是在岸人民币价格（CNY）。

CNH 与 CNY 的差异如下：

一是在岸人民币市场发展时间长、规模大，但受到管制较多，中国人民银行是外汇市场的重要参与者，意味着在岸人民币汇率受央行政策影响较大。

二是离岸人民币市场发展时间短、规模较小，但受限较少，受国际因素特别是境外经济金融局势的影响较多，可以更充分地反映市场对人民币的供给与需求变化。

(四) 离岸人民币市场

离岸人民币市场是指在人民币完全可兑换之前，流出境外的人民币形成的一个交易市场。离岸人民币市场能够促进、保证境外人民币贸易结算的发展。

目前在国际上，中国香港、新加坡、伦敦、法兰克福、中国台湾和首尔等地都已经形成离岸人民币市场，其中中国香港的规模最大，并且定期发布离岸人民币的拆借价格。实际上，我国 NRA 和 FT 账户体系也是离岸人民币市场的组成部分。

(五) 跨境人民币的作用

(1) 能够降低企业汇兑成本，帮助企业规避汇率风险。用人民币进行国际结算，特别是关联企业之间，可以节省企业购汇和结汇的成本，降低资金错配风险，实现收入和支出项目的对冲，直接规避了汇率风险。

(2) 简化企业结算手续，加快结算速度，提高资金使用效率。

(3) 跨境人民币结算不纳入外汇核销管理，不需要提供外汇核销单；跨境结算资金不用进入待核查账户，贸易信贷项目只做外债登记，不纳入外债管理。

(4) 简化了企业资金结算手续，缩短了结算过程，提高了企业的资金使用效率。

六、我国离岸金融与人民币国际化的关系

(一) 我国开展离岸金融业务能加快人民币国际化的进程

随着我国离岸金融业务特别是离岸银行业务的快速发展，离岸金融已成为我国国际金融中不可或缺的重要部分。但令人感到遗憾的是，由于我国开展的离岸金融业务还没有包

含人民币这个币种,因此目前来看,我国离岸金融尚没有为人民币国际化做出任何直接贡献。有读者认为我国 NRA 和 FT 账户是包含人民币的,也应记入我国离岸银行开展人民币业务的数据中。但我们还是要指出,我国 NRA 和 FT 账户属于境内账户,因而不是严格意义上的离岸账户,所以不应计入我国离岸银行的统计数字中。

虽然我国开展离岸金融业务没有能够直接为人民币国际化做出贡献,但是我国离岸金融的快速发展无疑间接地助推了人民币国际化的进程。这是因为:一是我国开展的离岸金融业务已经给世界一个明确的信号,就是我国已经按照国际惯例来积极参与国际金融活动。这就会使世界上准备开展人民币业务的国家和企业愿意积极参与人民币国际化的进程中。二是我国在开展离岸金融业务时,已经同步将开展离岸金融的业务平台系统升级至国际先进水平,这也为发展离岸人民币业务做了系统准备。三是我国在开展离岸金融业务时,已培养了一大批具有处理国际金融业务的顶尖人才,而这批人才可以迅速转变为离岸人民币业务的参与人员,从而为我国推进人民币国际化做了人才储备。四是我国在开展离岸金融业务时,在法律层面已成功地与国际上开展离岸金融业务的相关国家的律师事务所进行了有效合作,而这些有效的法律层面的合作也能在我国人民币国际化进程中提供专业的法律服务。五是我国在开展离岸金融业务时,也与国际上一些审计、税务、账户管理等中介机构进行了较好的长期合作,这也能为我国的人民币国际化提供相应的中介服务。

(二)我国发展人民币离岸金融中心的考虑

对我国来说,要加快人民币国际化的进程、使跨境资金的流动变得更加简便,就应该在我国一些边贸城市或具有一定条件的自贸试验区内进行离岸人民币业务的试点,当然最好的做法就是直接在具有一定条件的边贸城市或自贸试验区建立人民币离岸金融中心。

我国香港、澳门都已发展成为我国人民币离岸市场的重要载体,因此港澳地区已是我国人民币离岸金融中心。

我国相关边贸城市和自贸试验区与世界上其他离岸金融中心有着较多的不同,特别是在监管政策、适用法律、业务范围、参与主体等方面存在着很大的差异。在我国离岸金融中心甚至是国际金融中心建设过程中,需要我国各级政府、监管部门、金融机构、其他参与主体特别重视采用更为积极和稳妥的办法来消除这些差异。我国一些边贸城市在办理两国传统的边境贸易业务时,所采用的方法一般是允许参与边境贸易的外国民众在一定限额内用他国货币取代人民币来进行结算。但同时,我国居民在对方国家使用人民币时,都或多或少地受到这些国家的限制。因此,建议监管部门允许我国具备条件的边贸城市和自贸试验区开展人民币自由兑换的试点。虽然从目前来看,我国的一些边贸城市和自贸试验区的经济基础比较薄弱,但是我国必须尽快加强这些区域开展人民币国际化所必需的经济基础,同步发展人民币的跨境资金流动和自由兑换。各边贸城市和自贸试验区所在地政府应在加快当地经济发展的同时,做好稳步推进当地金融业的对外开放、稳步推进人民币国际化和人民币资本项目可兑换等工作,达到逐步实现贸易自由便利、投资自由便利、跨境资金流动自由便利等目标。

(三)加快人民币国际化的条件

为了实现人民币国际化的目标,应高度重视解决以下问题:
1. 提高人民币的国际地位
提高人民币在国际交易支付中所占的比重、提高人民币在国际投资活动中所占的比重、提高人民币在国际借贷活动中所占的比重,充分发挥人民币国际储备资产的作用,让人民币成为国际清算货币,让人民币成为国际干预货币,要建立人民币在世界范围内发挥价值尺度的机制。

2. 改变我国人民币汇率的形成机制

(1)目前我国实行的是名义为盯住"一篮子货币",但实质仍是主要盯住"美元"的汇率机制,这种机制很容易受到美联储货币政策的影响。

(2)资本账户的管制导致人民币汇率失真。

(3)我国的经济活动需要服从政治活动等多种因素,所以汇率的走势往往受到各种因素的干扰。

(4)人民币汇率形成机制的缺陷造成了中国人民银行不能正确使用公开市场的工具(这就是有时候降息后,企业的融资成本不降反升的真正原因)。

(5)外汇储备的增加造成与宏观经济目标的严重冲突。

针对以上这些问题,我国应该对人民币汇率形成机制进行改革。我们既要按照我国的相关政策来维护人民币汇率的基本稳定,同时也要根据国际形势的变化适当调整我国人民币汇率波动的范围和频率。我们不仅要保持人民币汇率在合理均衡水平上的基本稳定,而且要真正做到"以市场供求为基础、参考'一篮子货币'进行调节、有管理的浮动汇率制度",更重要的是应避免在我国经济出现下滑时进行类似"811汇率改革"①的操作以及随意使用"逆周期因子"来对市场供求因素进行过滤而对人民币汇率波动进行干预。特别是我国货币管理层需要从保护我国出口企业积极性的角度,对在为我国"双循环"发展中做出突出贡献的出口企业,因受人民币汇率升值而导致的实际亏损给予其保护性政策支持。

3. 更好地完善境外人民币的回流机制

目前人民币从境外回流到我国内地的机制不完善已严重制约人民币国际化进程,因此我们必须尽快完善境外人民币的回流机制,并且要不遗余力地设计出安全、可靠的人民币回流的具体方案。

从我们掌握的不完全信息分析,目前人民币从境外回流我国有以下途径:

(1)香港的人民币以存款形式存在香港的银行,香港的银行再存到清算行(如中银香港),中银香港再将资金存在中国人民银行深圳市中心支行。

(2)人民币投资内地银行间债券市场。2010年中国人民银行公布了三类机构,包括境外中国人民银行、港澳清算行和境外参加行,可运用人民币投资内地银行间债券市场。

(3)允许以人民币境外合格机构投资者(RMB Qualified Foreign Institutional Investor, RQFII)和合格境外有限合伙人等(Qualified Foreign Limited Partner, QFLP)方式投资境内证券市场,进一步开放资本市场,为人民币回流境内资本市场打开了另一个重要通道。

(4)跨境人民币直接投资监管框架的正式出台,新增了一条境外人民币回流渠道外商直接投资(Foreign Direct Investment, FDI)。

(5)我国正在开放的境外人民币购买国内资产(包括不良资产)等。

---

① "811汇率改革"是指2015年8月11日,中国人民银行宣布调整人民币对美元汇率中间价报价机制,做市商参考上日银行间外汇市场收盘汇率,向中国外汇交易中心提供中间价报价。"811汇率改革"以后,人民币汇率告别单边升值模式,有弹性的双向浮动逐渐成为新常态。

(6)要有一个兜底的方案,为鼓励疏通境外人民币的回流机制,除我国明令禁止的行业外,允许境外投资者用人民币投资任何行业。

(7)我国可以从国家层面尽快出台一个境外人民币投资我国内地的负面清单。

4. 要让人民币早日成为真正的国际货币

要让人民币早日成为真正的国际货币,我们可以从以下几个方面努力:

(1)要不断提高中国对世界经济的影响力,因为对世界经济的影响力才是一国货币国际化的最强保证。提高中国经济的影响力,一方面是对外贸易,另一方面就是境外直接投资。我国要建立更多的跨国企业,提高资源的全球配置能力,掌握生产、销售和定价的核心全球产业链条。重要的是充分利用好我国政府力推的"一带一路"倡议。

(2)大幅提高世界各国接受和持有人民币的意愿。首先必须深化国家层面的结算货币的合作,其次提高自身议价能力,最后要提供更多的境外人民币保值和投资工具及金融衍生产品。

(3)加快金融体系和金融市场的改革。①应该逐步放开对资本市场、货币市场和外汇市场的管制,尽快建立完全由市场化供求决定的利率形成机制,逐步减少境内外利差。②通过人民币汇率完全自由浮动的汇率机制改革和人民币完全可自由兑换的外汇管制改革,最终实现人民币的国际化。③开放资本市场,可以先从债券市场开始,接着开放证券市场。

(4)在我国人民币国际化的进程中,一定要做好人民币汇率的预期管理。在这方面我们要认真做个好学生,好好学习美国对于美元汇率的预期管理。因为如果人民币贬值的预期不断加强,肯定会加剧和助推人民币的贬值,并且会导致外汇资金的加速外流。

(5)我国必须建立由国家主导的人民币汇率形成机制,必须是由我国金融机构来制定人民币的 DF、NDF、掉期和离岸人民币的价格,而不能任由境外金融机构来决定我国人民币的各种价格走势。

(6)我们要按照国际惯例来处理人民币国际化进程中可能遇到的各种纠纷和困难。

(7)引进我国亟须的国际顶尖的金融人才,共同推进人民币的国际化。

(8)我们每个人都要身体力行,做人民币国际化的推广者,以实际行动造福我们的子孙后代。

(四)我国政府要创造各种条件来积极推广使用人民币跨境支付系统

人民币跨境支付系统(Cross-border Interbank Payment System,CIPS)是我国专门用于人民币跨境支付清算业务的批发类支付系统。CIPS是我国重要的金融市场基础设施,在助力人民币国际化等方面发挥着重要作用。

为积极支持跨境人民币的收付汇业务,我国要建立在政府信用担保下的供相关国家使用的完善的人民币跨境支付系统,以便这些国家的机构能够自由地开展资金支付与清算。目前有种不正确的观点,即认为我国已成功研发了CIPS,就可以完全方便自主地取代SWIFT来进行人民币的跨境支付了。

实际上,CIPS的跨境使用是分为不同层次的,需要根据不同情况使用不同的系统来办理。如我国的所有商业银行都是CIPS的直接参与行,我国商业银行在境外的分支机构可以直接作为CIPS的直接参与行。如因当地的监管限制,这些分支机构也可以通过安装CIPS的收发器间接开展跨境人民币的支付或清算业务。当然,我国非常欢迎所有有意与我国进行跨境人民币清算业务的境外商业银行都能使用CIPS,而这些境外的商业银行也可以自由选择成为 CIPS 的直接参与行或者安装 CIPS 的收发器。目前，如果境外商业银行既不是 CIPS 的直接参与行也没有安装 CIPS 的收发器，它仍可以通过 SWIFT 与我国的商业银行办理跨境人民币业务。

(五)香港是我国人民币国际化的重要试验田

1. 香港开展离岸人民币业务的历程

由于香港的特殊地位和历史原因，加上香港作为国际金融中心对我国金融业的改革开放起到了重要作用，为内地金融市场提供了安全可控的开放空间。根据香港金融管理局的数据，香港离岸市场的人民币支付在全球[①]占比保持在 70% 以上，近 90% 的境外银行和内地银行将香港作为境外人民币的清算平台。因此，我国离岸人民币业务实际上是从香港开始运作的，香港是我国人民币国际化的重要试验田和承载区。从 2003 年底到目前，香港人民币离岸市场的建立过程总体上可以分为三个阶段，即萌芽阶段(2003 年底至 2008 年底)、形成阶段(2009 年初至 2011 年 7 月)和全面建设阶段(2011 年 8 月至今)。由于香港人民币离岸金融业务是从易到难逐步推进的，因而在香港人民币离岸市场的建立过程中，先后经历了离岸人民币个人业务、离岸人民币存贷款业务、离岸人民币债券业务、离岸人民币产品创新等离岸业务的发展。

2. 香港开展的离岸人民币业务有力地巩固了香港国际金融中心的地位

在香港开展离岸人民币业务的初期，有不少专家学者甚至是香港的政府官员都有一种担心：在香港开展离岸人民币可能会影响港币的国际地位和作用。这其实是一种误解，实际情况是香港逐步成为离岸人民币的境外交易中心，更有力地巩固了香港国际金融中心的地位。由于香港本身就是我国的一个特别行政区，港币和人民币之间不会出现任何矛盾或冲突，这反过来也有益于港币在国际上的地位稳固。我们要特别强调的是，世界上很多地方都有法定货币与流通货币不完全一致的现象，比如英国的法定货币是英镑，但一家企业或个人在伦敦使用欧元或美元交易也是不会出现任何问题的。

3. 我国监管部门对香港开展的离岸人民币业务采用市场化手段加以规范

由于香港的特殊地位，为了既能促进香港离岸人民币市场的建设，又能防范可能出现的离岸人民币的风险传导到我国内地，我国监管部门不能直接对香港市场上的离岸人民币进行任何形式的干预。香港市场上离岸人民币偏离我国监管部门的管理轨道时，都是采用市场化手段进行干预，因此一般香港市场上离岸人民币的资金成本会比我国内地的人民币的资金成本高。这实际上警示我们，必须做大香港离岸人民币市场的规模，不断丰富离岸人民币的业务品种，提高离岸人民币的使用效率，建立起防范人民币国际化风险的对冲机制，这样才可能做好风险管理，并加快人民币国际化的进程。

4. 粤港澳大湾区的金融机构、企业和个人要做好充分的互联互通

我们已论证得出香港离岸人民币业务发展得越好，就越能推进我国人民币国际化进程的结论。那么我们首先要丰富香港的离岸人民币的品种，要从传统的离岸银行向离岸保险、离岸证券、离岸基金和离岸贸易上转变和深化，并且要借助我国政府正在全力推进的粤港澳大湾区金融市场互联互通机制的重大契机，采取各种有效手段来促进粤港澳大湾区金融机

---

① 张欢. 香港可在新市场空间助推人民币国际化[OL]. 新华社香港, 2018-01-17, https://baijiahao.baidu.com/s?id=1589821881978088322&wfr=spider&for=pc.

构之间、企业之间、金融品种之间、离岸贸易和跨境投资的互联互通,并让粤港澳大湾区内的企业、个人、金融机构得到切切实实的好处。

5. 粤港澳大湾区要有开展离岸人民币业务的新设想

(1)粤港澳之间要通过互联互通拓宽香港离岸人民币回流我国境内的渠道,努力增加我国流向香港的人民币资金量。

(2)建议粤港澳大湾区内的离岸银行能够获批经营人民币业务,并通过粤港澳大湾区内的金融机构开展离岸人民币的结售汇业务,以此来完善香港市场的CNH价格形成机制和利率调节机制。要从防范国家金融安全的角度避免仅仅依靠香港的外资金融机构对人民币离岸市场利率和汇率形成机制进行报价所产生的负面影响。

(3)我国监管部门要形成粤港澳大湾区金融机构监管协调机制来防范香港离岸人民币的风险向我国内地传导。

(六)人民币国际化与我国建立国际金融中心的关系

(1)我国人民币国际化进程与我国建立自己的国际金融中心是高度契合和互为条件的。我国人民币国际化能帮助我国国际金融在世界金融领域拥有重要的地位,而我国人民币国际化与我国建设具有广度和深度的人民币离岸金融市场是同频共振的,更是建立我国自己的国际金融中心不可或缺的重要前提。随着我国离岸人民币金融产品的不断丰富和人民币离岸金融业务的快速发展,我国国际金融中心建设将会对人民币国际化做出更大的贡献。

(2)从世界上成熟的国际金融中心的发展历程来看,开展离岸金融业务和建设离岸金融市场也需要借助本国货币成为离岸金融业务的结算货币。如美国在开展离岸金融业务时,也是通过美国国际银行设施(IBFs)开展离岸美元业务,由此使得美国离岸金融市场依靠离岸美元实现了快速发展。这就要求我国监管部门必须突破以往我国离岸金融主要经营的是非所在国货币的传统思维,我国的离岸金融结算货币一定要有我们自己的货币(人民币)。

(3)这里重点介绍如下概念:①货币互换(又称货币掉期)。货币互换是指两笔金额相同、期限相同但货币不同的债务资金之间的调换,同时也进行不同利息额的货币调换。简单来说,利率互换是相同货币债务间的调换,而货币互换则是不同货币债务间的调换。货币互换双方互换的是货币,它们之间各自的债权债务关系并没有改变。初次互换的汇率以协定的即期汇率计算。货币互换的目的在于降低筹资成本及防止汇率变动风险造成的损失。货币互换的条件与利率互换一样,包括存在品质加码差异与相反的筹资意愿,此外还包括对汇率风险的防范。②货币互换协议。货币互换协议就是两个国家的中央银行签订一个协议,约定在某个时间内,以某种汇率可以换取多少数量的货币。货币互换协议一般包括时间、汇率、数量、货币种类。在货币互换中,互换双方彼此不进行借贷,而是通过协议将货币卖给对方,并承诺在未来固定日期换回该货币。

我们研究发现,我国与相关国家货币互换协议存在着一些重大的缺陷:一是没有向全世界或者是相关国家公布启动两国货币互换的条件。二是大多数两国之间的货币互换协议的内容,并不包括我国企业在当地开展包括国际贸易等业务而产生结余的所在国货币与人民币互换的内容。

本章小结

本章介绍了我国自贸试验区的基本情况和自贸试验区的生命周期理论,分析了国外自贸港的发展情况及对我国自贸试验区的借鉴意义。对我国上海自贸试验区、海南自贸港、中国香港自贸港和新加坡自贸港进行了介绍,提出了我国相关自贸试验区开展离岸贸易业务的建议和开办离岸金融业务的建议及将我国自贸试验区打造成为人民币国际化试验田的建议。

本章阐述了 RCEP 与我国自贸试验区和离岸金融的联动、我国自贸试验区与国际金融中心的关系及我国人民币国际化的发展对策,并重点介绍了推广使用人民币跨境支付系统和人民币国际化与我国建立国际金融中心的关系。

关键词

自贸试验区　自贸港　生命周期理论　区域全面经济伙伴关系协定　国际金融中心　人民币国际化　离岸人民币　跨境人民币　人民币跨境支付系统

思考题

1. 简述自贸试验区、经济开发区和保税区的异同点。
2. 思考汉堡港自由贸易园区的发展历程对我国自贸试验区发展的启示。
3. 简述中国香港和新加坡自贸港各自的主要特点。
4. 我国离岸银行业务如何支持自贸试验区的创新发展?
5. 我国自贸试验区如何把握发展机会来为我国经济"双循环"做出贡献?
6. 简述 RCEP 与我国自贸试验区如何联动。
7. 上海如何建设国际金融中心?
8. 简述我国人民币国际化的途径。

第七章　外资银行的离岸银行业务和境外办理离岸银行业务案例

学习目的

1. 了解外资银行办理离岸银行业务概况
2. 了解香港银行办理离岸银行业务概况
3. 了解美国银行办理离岸银行业务概况

第一节　外资银行在我国办理离岸银行业务的介绍

一、外资银行办理离岸银行业务的情况介绍

(一)目前外资银行在我国办理离岸银行业务的情况

按照中国人民银行于1997年颁布的《离岸银行业务管理办法》,对外资银行办理离岸银行业务并没有进行明确的规范和限制,因此外资银行根据自己的理解来办理离岸银行业务。

(二)我国监管部门对外资金融机构的管理

我国监管部门按照《中华人民共和国外资金融机构管理条例》,开展对外资金融机构的管理。按照本条例的规定,外资金融机构需满足以下条件:

(1)总行在中国境内的外国资本银行(以下简称"独资银行");

(2)外国银行在中国境内的分行(以下简称"外国银行分行");

(3)外国金融机构同中国公司、企业在中国境内合资经营的银行(以下简称"合资银行");

(4)总公司在中国境内的外国资本的财务公司(以下简称"独资财务公司");

(5)外国金融机构同中国公司、企业在中国境内合资经营的财务公司(以下简称"合资财务公司")。

二、我国对外资银行的监管规定

(一)我国对外商独资银行、中外合资银行经营范围的规定

自2006年12月11日起施行的《中华人民共和国外资银行管理条例》第三章第二十九条的规定,所有外商独资银行、中外合资银行按照国务院银行业监督管理机构批准的业务范

围,可以经营下列部分或者全部外汇业务和人民币业务:(1)吸收公众存款;(2)发放短期、中期和长期贷款;(3)办理票据承兑与贴现;(4)买卖政府债券、金融债券,买卖股票以外的其他外币有价证券;(5)提供信用证服务及担保;(6)办理国内外结算;(7)买卖、代理买卖外汇;(8)代理保险;(9)从事同业拆借;(10)从事银行卡业务;(11)提供保管箱服务;(12)提供资信调查和咨询服务;(13)经国务院银行业监督管理机构批准的其他业务。

从上述规定中我们可以明确得出以下结论:我国监管部门并没有批准外商独资银行、中外合资银行可以办理离岸银行业务。

(二)我国对外国银行所属分行经营范围的规定

《中华人民共和国外资银行管理条例》第三章第三十一条规定,外国银行分行按照国务院银行业监督管理机构批准的业务范围,可以经营下列部分或者全部外汇业务以及对除中国境内公民以外客户的人民币业务:(1)吸收公众存款;(2)发放短期、中期和长期贷款;(3)办理票据承兑与贴现;(4)买卖政府债券、金融债券,买卖股票以外的其他外币有价证券;(5)提供信用证服务及担保;(6)办理国内外结算;(7)买卖、代理买卖外汇;(8)代理保险;(9)从事同业拆借;(10)提供保管箱服务;(11)提供资信调查和咨询服务;(12)经国务院银行业监督管理机构批准的其他业务。

从上述规定中我们可以明确得出以下结论:我国监管部门并没有批准外国银行分行可以办理离岸银行业务。

三、外资银行办理离岸银行业务的具体做法

从严格意义上来说,按照我国的法律和《中华人民共和国外资金融机构管理条例》及《中华人民共和国外资金融机构管理条例实施细则》的相关规定,所有的外资金融机构都不能办理离岸金融业务。目前,我国外商独资银行、中外合资银行和外国银行的分行办理境外银行业务的两种做法。

(一)外资银行代理办理境外银行业务的做法

境内分支机构代理境外分行进行收单,然后将单据快递给境外分行,再由境外分行具体负责操作。

(二)外资银行直接办理境外银行业务的做法

目前,外资银行的境内分支机构一般不办理非居民的跨境融资业务,而是通过其境外分支机构操作,即外资银行通过境外分支机构的名义与这些非居民客户签署合同及发放贷款。

这些外资银行的境内分支机构,有一部分人员隶属于境外银团贷款的团队,主要处理境外融资业务,是境外分支机构派驻境内人员,一般以境内分支机构的业务顾问的名义在境内开展客户营销、产品推广、银团分销等职责。有一部分规模做得比较大的外资银行的境内分支机构,也会与非居民客户开展业务合作,此时就与境内中资银行类似,也需通过为客户开立 NRA 或 FT 账户办理相关业务。但目前没有迹象表明外资银行直接在境内为客户开立离岸账户和办理离岸业务。

(三)对没有成为法人注册地的外资银行开办离岸银行业务的建议

一是立即着手修改《中华人民共和国外资金融机构管理条例》及《中华人民共和国外资金融机构管理条例实施细则》。这是因为我国对金融机构已经从过去的中国人民银行一家统管改为中国人民银行、中国银保监会和中国证监会"一行两会"的监管体系,即我国已把金

融机构的监管职能都从过去的中国人民银行移交给了中国银保监会和中国证监会,因此《中华人民共和国外资金融机构管理条例》及《中华人民共和国外资金融机构管理条例实施细则》的相关监管职能应该由中国银保监会来承担。因此,修改这两个办法就显得十分必要和紧迫了。

二是在修改《中华人民共和国外资金融机构管理条例》及《中华人民共和国外资金融机构管理条例实施细则》时,建议研究并明确外资金融机构能否在境内开展离岸金融业务、能够办理哪些离岸金融业务、如何办理离岸金融业务、如何向我国监管部门报送相关离岸金融业务数据、如何遵守国际上通行的反洗钱规定和我国监管规定及防范可能出现的离岸金融风险的办法等内容。

四、我国离岸银行与境内外银行的区别

(一)我国离岸银行与境内银行的不同点

我国离岸银行可以直接在中国境内办理非居民的业务,我国相关部门给予特殊的政策支持。这是因为我国离岸银行就是注册在中国内地的商业银行所开设的境外银行。

我国境内银行除了办理监管部门批准的非居民业务外,一般不得办理其他非居民业务。

(二)我国离岸银行与境外银行的不同点

我国离岸银行业务与国际上通行的境外银行业务有着明显的不同:一是境外银行有些可以接受境内外的资金,而我国离岸银行只能接受境外资金。二是境外银行业务的服务对象包括居民和非居民,而我国离岸银行业务的服务对象只是非居民以及经外事管理局批准后的部分居民企业。三是境外银行业务包括本币,而我国境内离岸银行不能做人民币业务。

此外,我国离岸银行业务还具有如下特点:

(1)离岸银行是虚拟的境外银行,不论客户注册在境外何处,离岸银行都可以为其提供服务。

(2)离岸银行可以在我国"走出去"企业的境内所在地就近为其办理境外银行业务。

(3)我国离岸银行主要按照中国法律办理业务。

(三)对境外贷款业务相关办法的理解

2022年1月发布的《关于银行业金融机构境外贷款业务有关事宜的通知》(银发〔2022〕27号)将境内银行一年期以上的本外币境外贷款纳入统一监管。

(1)该文明确了境内银行的FT账户和NRA等境内非居民账户项下开展业务适用该办法监管。境外银行账户包括外资银行境外账户、中资银行境外分行账户及离岸银行账户项下开展业务则明确不适用该办法监管。

(2)境内银行通过FT账户或NRA发放的境外贷款不得偿还内保外贷项下境外债务,因而原本通过境内担保方式操作的境外贷款(包括离岸贷款、外资银行境外机构贷款、中资银行境外机构贷款等)以及境外发债业务的再融资都无法通过FT账户或NRA项下放款来置换。但原本通过境内担保方式操作的FT账户或NRA的境外放款,在再融资时则仍然可以使用FT账户或NRA项下放款进行置换,主要是这种模式不属于内保外贷的范畴。

(3)该办法明确了境内银行境外贷款不得通过向境内融出资金、股权投资等方式将资金调回境内使用,相较该办法征求意见稿中"不得以任何形式直接或间接调回境内使用"的措辞,正式发文的措施缩小了限制范围。

(4)该办法明确了境内银行境外贷款也需要穿透式监管,要求境内银行加强对债务人主体资格、资金用途、预计的还款来源及相关交易背景的真实合规性审核,对是否符合境内外相关法律法规进行尽职调查。实操中,境外贷款通常按照国际惯例开展,对于资金用途凭证的收集、贷后管理方式等与境内监管要求差异较大,该条款对 FT 账户或 NRA 项下的境外贷款在合规性要件方面提出了更高的要求。

第二节 中国香港银行办理离岸银行业务的介绍

一、境内外公司都可以在香港办理离岸银行业务

(一)香港本地账户和离岸账户

任何香港企业都可以在香港开立本地账户和离岸账户。香港本地账户是指在香港注册的企业在香港本地银行开立的账户,离岸账户一般是指在香港注册的企业在香港地区以外的银行开立的账户,或者是在香港以外地区注册的企业在香港本地银行开立的离岸账户。香港本地银行开户一般需要客户亲临柜面一次,办理身份认证及预留印鉴等,后续手续则可以通过邮件、传真、电话等方式办理。

(二)香港银行账户类型

香港银行账户一般分为:港币储蓄账户、外币储蓄账户(包含所有通用外币)、港币支票账户(也称港币往来账户)和信用证账户。有些银行把以上账户统称为综合理财账户。为了方便企业的资本运作,银行也可以为企业开立股票账户、基金账户、保险账户等。

无论客户在全球何地设立的公司,都能在香港本地银行开设银行账户及结算账户。

二、香港本地银行开立离岸账户的基本条件

(一)香港本地银行开立离岸账户的基本条件

(1)公司董事:香港本地银行要求公司三分之二以上的董事(最好是所有董事)亲自到银行办理手续。

(2)股东:股份比例在 9% 以上的股东(包含 9%,最好是所有股东),必须亲自到银行办理开户手续。

(3)如受公司董事或股东授权操作银行账户的运作者,须在开设公司账户时,同时出席办理所有相关手续及在文件上做出签署(特别提示:账户签署人或公司董事如果是中国内地人士,必须持有中国护照或来往港澳通行证方可办理开户)。

(二)开立离岸银行账户所需的基本资料

(1)公司董事的身份证明文件,如个人身份证、来往港澳通行证或护照。

(2)商业登记证正本、注册证书正本、公司章程正本、公司签字章、注册法定文件(如有改名、改股、增资文件须一并提交)。

(3)董事地址证明(近三个月来的水、电、电话费等缴费证明单据)。

(4)业务证明、业务计划书(如公司的订单、购销发票、合同、提单等)。

(5)会计师签署的开户文件(可由中介公司提供)。

(6)公司章程。

(7)开户的公司股东会、董事会决议。
(8)其他必要材料。
(三)在香港本地银行开立离岸银行账户的注意事项
(1)保留好公用事业费账单和银行对账单及公司开支明细。
(2)银行查册(查册时间一般需提前一至两个星期)。
(3)自通知日起,账户就可以使用。如一个月内未能启动账户,该账户将自动取消。
(4)所有更改股东、更改公司名称和增加注册资本的公司,必须将会议记录及会计师签署的文件一并提交银行(如果在银行有留签字印的,更改公司名称后签字印也一并提交银行)。
(5)注册超过一年的公司必须提交延续证书、会议记录及会计师签署的文件给银行。

香港地区是国际公认的离岸公司聚集地和国际离岸金融中心。这其中主要原因是香港拥有离岸法域所具备的一整套税收和法律制度作为有力的支撑。香港税收政策允许非居民在香港注册的离岸公司"零税赋"经营。有以下三种情况的离岸公司可以享受零税赋经营:一是对非来源于香港的收益,原则上不行使税收管辖权;二是香港个人或公司长期股权投资所形成的股息,无须另行缴纳利得税;三是在香港的资本资产转让所产生的利润也无须缴纳利得税。因此,离岸公司海外业务的利润进入香港无税收负担。同时,无论自然人或法人作为离岸公司的股东,在收取股息时也无税赋,就该离岸公司的股权进行交易时也无须承担税赋。加上港币稳定的汇率与可自由兑换的政策,确保了在香港注册的离岸公司能够灵活调度其资本。上述政策基础奠定了来自各国的离岸公司在香港的聚集,也带来了资本的聚集,为香港成为国际离岸金融中心奠定了基础。

第三节 美国等国家办理离岸银行业务和中介公司注册境外公司的介绍

一、美国本地银行办理离岸公司业务的规定

(一)美国批准建立国际银行设施

为了巩固纽约国际金融市场的地位,1981年美国金融管理层建立了纽约离岸金融市场。标志事件是美国金融管理层批准建立了开展离岸银行业务的IBFs及相关制度。这开创了在货币发行国境内设立离岸金融市场经营本币的先河,改变了原有的离岸金融市场一般使用非本币的传统模式。IBFs采取账户分离制度,创新了"岸"的内涵,离岸中的"岸"已不再与国境等同,而是指一国国内金融循环系统的边界。IBFs将欧洲美元市场延伸至美国境内,并且在美国金融自由化和金融市场发展的历程中具有积极意义。

纽约离岸金融市场是专门为开展非居民美元交易而创设的,其业务范围包括市场所在国货币的境外业务,但是在管理上把境外美元与境内美元严格分离分别管理,也就是所谓的"在岸的离岸市场"。纽约美元离岸金融市场建立后出现了快速扩张的势头,但20世纪90年代之后,随着美国境内银行业管制有所放松,其扩张的步伐逐步变慢。

1981年12月3日,美国联邦储备系统管理委员会允许本国银行以及外国银行在美国的分行和经理处从当日起建立"国际银行设施"(IBFs)。美国建立IBFs的目的在于将欧洲

货币市场的部分业务吸引到美国,逐渐形成一种对欧洲美元市场的干预力量,从而可以更强势地要求其他西方国家的中央银行与其合作,共同管制日益膨胀的欧洲美元市场,减少其他西方国家对美国货币金融政策贯彻不力的问题。同时,此举还可以提升纽约作为国际金融中心的地位,促使本国银行改善经营服务质量,增强竞争能力,并减轻它们因在国外设立分支机构而冒的风险和费用负担。此外,IBFs 的发展还可以提高美国的就业率。

IBFs 的特点如下:

(1)所有获准吸收存款的美国银行、外国银行均可以申请加入 IBFs,在美国境内吸收非居民的美元或外币存款,与非居民进行金融交易。

(2)该市场交易享受离岸市场的优惠,不适用美国其他金融交易的存款准备金、利率上限、存款保险、利息预提税等限制和负担。

(3)存放在 IBFs 账户上的美元视同境外美元,与国内美元账户严格分开。因此,在 IBFs 的框架下,离岸金融是指在货币发行国的国内金融市场循环系统或体系之外,通常在非居民之间以离岸货币进行的各种金融交易或资金融通。货币的离岸性及其运行方式的独特性使离岸金融从交易对象、交易界限、交易的清算方法等方面与离岸市场所在国和离岸货币发行国的在岸金融区别开来。

IBFs 是美国金融管理层授权美国银行在美国国内的商业银行内建立的一种特殊的离岸金融设施。IBFs 并不是一个独立于总行的机构,而是在总行内部单独设立的一系列账户构成的部门,也是专事离岸业务的部门。设立 IBFs 账户的银行可以是美国的商业银行、储蓄机构,也可以是外国银行在美国的分行。尽管 IBFs 位于美国,但它却不受美联储法定存款准备制度的约束,也不受银行保险、存贷款和利率限制等方面的约束。

IBFs 可以像美国银行在海外的分行一样从事各种银行业务,但美国金融管理层又对其采取了一些特殊的限制,例如,IBFs 的客户仅限于外国居民,包括外国银行、其他 IBFs,以及它的母行;IBFs 不可发行可转让债务工具,因为可转让债务工具可以被美国居民所购买;IBFs 的贷款在使用时受到一定的限制,借贷者不能把从 IBFs 得到的资金用于在美国国内的经营,等等。

还有一种对 IBFs 的理解,认为 IBFs 银行在美国是一种类似内部自由贸易区开设的国际分部(分行),它能够参与国际金融业务而不受国内银行通常受到的一些限制,并可以享受州税的特别减免。

IBFs 的诞生是美国政府为了提高本国金融机构的国际竞争力,恢复并保持纽约作为国际金融中心的地位,增加国内金融市场活力和吸引力而创造的。第二次世界大战后,欧洲的经济发展速度比美国快,美国对欧洲的贸易一直处于逆差状态。同时,欧洲的利率也比美国高,美国国内资本处于不断外流状态。受凯恩斯学派的影响,美国政府加强了对货币金融政策的干预力度。1963 年,美国开征了利息均衡税(Interest Equalization Tax),既限制美国居民购买外国证券,又限制外国政府或企业在美国发行股票或债券,以防止本国资本外流。1965 年,美国又通过了"自愿对外信贷限制计划"(Voluntary Foreign Credit Restraint),设定居民对非居民的贷款上限。这些干预措施的目的也是阻止资本外流,但结果却适得其反,反而使居民的资金流向非银行金融机构和海外的欧洲货币市场,客观上加速了资本外流。而且,20 世纪 30 年代美国制定的《Q 条例》(Regulation Q)限制了利率的提高,而海外的离岸金融机构不受货币发行国的金融监管,银行免缴存款准备金,且能享受税收的优惠,能为投融资者提供更为优惠的利率。这样一来,美国的各大银行纷纷将目光转向国外,使得资金进一步逃离美国,对美国国内银行的资金来源造成了严重冲击。

美国政府从美元大量外流和金融服务业竞争力下降的窘境中认识到,必须通过自身的金融改革来提高美国对欧洲货币的吸引力、改善国际收支状况、恢复并提高美国金融服务业的国际竞争力。因此,从1970年开始,美国政府允许金融机构在一定的额度内吸收非居民手中的存款,发放贷款给非居民。后来,纽约清算协会(New York Clearing House)在1978年提出了设立IBFs的构想,提交给纽约州立法委员会,并促使纽约州获得在批准IBFs的情况下可以享受减免地方税的优惠政策。1980年,《美国货币控制法案》(Monetary Control Act)授权美联储制定了存款准备金等部分监管的适用范围,后于1981年6月修订并于12月通过了关于要求存款机构提留准备金的《D条例》(Regulation D)和关于限制存款利率的《Q条例》,允许美国各类存款机构以及外国银行在美国境内的分行和代理机构通过IBFs在美国境内从事与国际存贷款业务有关的活动。在这样的背景下,IBFs正式诞生。

IBFs推出之后,美国离岸金融取得了迅速发展。从1981年12月到1983年7月不到两年的时间,已有400多家银行建立了IBFs,资产规模更是迅速达到1 870亿美元,其中,纽约的金融机构的贡献占比超过四分之三。根据英国巴克莱银行(Barclays Bank)的一份公开资料显示,"美国离岸银行业务在世界范围的欧洲货币市场中所占的比重,从1981年的3.4%上升为1982年的7.1%,上升幅度之大,是世界其他金融中心所不能比拟的"。

(二)美国推出的埃迪式公司的金融服务

为更好地做好非美国公司的金融业务,美国还推出了埃迪式公司(Edge Act Corporation)的金融服务方式。埃迪式公司是根据美联储章程第二十五款规定,由美国的银行在本土建立的独立的股份制银行,专门从事国际银行和筹资业务。

埃迪式公司不仅能从事一般性的国际银行业务,还可以通过长期贷款或以股权的形式投资外国的商业、工业和财务计划。因此,其业务可以分成两大块:国际银行业务和国际投资业务。

二、美国国际银行便利设施的一些基本规定

(一)国际银行便利设施的业务范围

1981年12月,美国联储理事会在有关银行业务的《D条例》和《Q条例》中规定,美国的存款机构,包括外国银行在美国的分行和代理行机构,有权在美国境内设立国际银行便利设施。根据这一规定,开设国际银行便利设施的银行可以接受美国境外居民、企业或银行的美元或外汇存款,并为这些客户提供IBFs往来账户和IBFs大额定期存款服务,办理离岸贷款业务。

(二)国际银行便利设施的基本规定

美国本土银行为美国境外企业(除境外银行外)开立IBFs美元定期存款账户,需符合以下要求:一是书面确认收到有关IBFs规则的通知,二是填写"外国身份证明",三是存款金额每次10万美元以上,四是存款期限至少一天或以上,五是取款金额每次不得低于10万美元(关闭账户时除外),六是取款需在两个美国工作日前书面通知银行,七是取款仅用于支持存款人在美国境外的业务。由于IBFs美元存款账户是为美国境外居民、企业或银行设立的,因此开户申请人无须向银行提供美国税号,也不承担在美国缴纳利息所得税的义务。

在美国的本土银行办理 IBFs 业务,需要先行开立 IBFs 的银行账号,开户人按要求填写申请书和进行签章,并将以下开户文件提交银行:(1)签收 IBFs Acknowledgement(公司有权签字人签名)。(2)开户申请表(Application Form,表上填写有关内容,有权签字人签名)。(3)签字样卡(Signature Card,正面:填写有关内容,有权签字人留签字样;反面:公司有权签字人签名)。(4)外国身份确认表(公司有权签字人签名)。(5)公司决议表(Corporate Resolutions Form,填写有关内容,加盖公章,公司有权签字人签名)。(6)汇款协议书(Fund Transfer Agreement,第二张正反面,公司有权签字人签名)。(7)公司注册文件(复印件)。(8)公司有权签字人带照片身份证明(复印件)。

为做好相应的服务工作,美国本土银行会将银行通知、美国联邦银行有关 IBFs 规定的函、IBFs 简介、开立 IBFs 账户要求以及银行"业务服务收费表"和"营业时间通知"和"汇款须知"等文件提供给开户申请人,以便办理 IBFs 业务时参照执行。

三、部分其他国家开办离岸银行业务的情况简介

(一)中东地区的巴林银行办理离岸银行业务的情况简介

巴林于 1975 年颁布了《离岸银行业务条例》,准许外国银行在巴林设立离岸银行,经营非居民的外汇业务,并取消外汇管制。同时,从事离岸金融业务的银行可免交所得税,也无交存存款准备金的义务。

(二)日本银行办理离岸银行业务的情况简介

由于美国 IBFs 的成功运营,日本也在 1986 年开始建立起自己的离岸金融市场 JOM。日本的离岸银行业务无法定准备金和存款保险金要求、没有利息预扣税、不受利率管制,但仍需缴纳地方税和印花税,且不能进行债券业务和期货交易。在日本政府放松在岸与离岸市场的资金转移限制后,日本离岸金融市场的欧洲日元交易规模快速增长,呈现出以银行间资金交易为主的特征。

(三)新加坡银行办理离岸银行业务情况简介

1968 年,新加坡政府允许美洲银行新加坡分行在银行内部设立一个亚洲货币单位,ACU 以美国 IBFs 为模板,按照内外分离型的模式开展离岸金融业务。1998 年,新加坡转向内外渗透型模式,2016 年又向内外一体型模式转变。新加坡的银行业监管主要按照牌照监管,开办离岸银行业务须持有离岸银行牌照,离岸银行业务限制较少,税费等均较低廉。

作者感悟 1

在与境外银行的合作过程中,有两件事给我留下了深刻的印象。一是我国有个大企业的主要领导到香港一家银行去办理融资业务,当时只有一个银行工作人员把他领到柜面进行等候,随后就是按部就班地安排一个客户经理与他对接。而同时,他看到银行工作人员把一位中年妇女迎候到一个高档的休息区,并且有咖啡招待。他对我抱怨,我这么大的企业到香港银行去办理融资,居然享受不到一个香港妇女的咖啡待遇。我随后了解到,那位中年妇女是银行的 VIP 客户,因而享受到了不一样的待遇。这里我主要强调的是,境外私人银行的客户待遇是最高的。二是我在与很多公司客户的合作过程中,有个切身的感受,就是不论这个客户是境内还是境外的,他总是希望他

的合作伙伴中至少有一家境外银行。我的理解是不论是境内外客户，都希望能够借助境外银行熟悉和遵守国际惯例的特点加上他们雄厚的资金实力来为公司在合法、合规的前提下，尽量方便、高效地提供低成本的资金。

四、专门办理境外公司注册业务的中介公司

(一)中介公司在离岸业务中的作用

中介公司(这里是指非金融中介公司)在离岸业务中起着非常重要的作用。中介公司的主要功能是帮助中国的企业或个人到境外注册公司、办理年度延续证书、聘请合格的会计师事务所和核算师等。由于中介公司大多有在境外从事国际避税以及注册境外公司的经验，同时熟悉各国的法律、税务以及外汇管制的政策等，对我国"走出去"企业和个人来讲，中介公司能够帮助其克服很多意想不到的困难，而且能够规避今后所面临的许多风险。

1. 境外注册公司的介绍

近年来，全球一些国家和地区如英属维京群岛、开曼群岛、百慕大群岛等(多数为岛国)纷纷以法律手段培育出一些特别宽松的经济区域，允许国际人士在其领土上成立国际商业公司，这些区域一般称为离岸管辖区。而国际商业公司可以在银行开立账号，在财务运作上极其方便。一般这类离岸地与世界发达国家都有良好的贸易关系，而且全球很多国际大银行都认可注册在这些离岸地的离岸公司。近年来，我国有不少土生土长的企业在境外上市，这些公司一般是通过搭建境外架构才得以成功地在境外上市，其中就有这些中介公司的功劳。

2. 正确认识注册境外公司的风险

当在境外注册公司成为可操作的商业行为时，国内企业和个人似乎都沉浸在外企的身份优势和优惠的税收中，而往往没有充分认识到其中也有很多风险更需要防范。对于我国"走出去"企业和个人，必须在控制风险的前提下，以促进企业发展为根本目的到境外注册公司。"走出去"企业和个人除了选择相对权威的中介机构外，在注册境外公司之前，还应全面了解注册地的相关税法、外汇管制、金融政策、法律制度等，不能盲目以税收的减免力度大小来选择注册地，而应综合考虑各方面因素选择在最能帮助公司发展的注册地进行注册。

3. 代理境外注册的中介公司类型

目前可为境内企业和个人代办境外公司注册事宜的机构，主要有境外中介机构，或者其在国内开设的代理机构或分支机构、律师事务所、会计师事务所，其他还包括在注册地的投资银行等。

4. 代理境外注册的中介公司的服务内容

中介公司能够为客户办理境外注册公司、公司名称的设计、公司延续证书的办理、审计境外公司的会计报表、核算境外公司的纳税、推荐开户银行、准备由会计师签署的开户文件、安排开户行向内地分行发出签名见证指示函、出具会议记录和银行开户申请书、安排介绍人、全程协助办理开户等。

5. 注册离岸公司的基本要求

(1)注册离岸公司，只要名称没有重名即可，一般均可带"实业""集团""国家"和"地区"等字眼。

(2)注册费用较低,目前费用 6 000~20 000 元人民币。

(3)注册程序便利,通常当天就可以完成注册,加上其他公司法定文件制作及快递时间,整个过程一般在三个星期以内。

(4)公司注册资金无须实际到位,无验资要求。

(5)年检时无须提交周年申报(这里仅指在离岸地注册的公司,不包括在中国香港和美国注册的公司),只需每年缴纳年检费用即可,目前一般 5 000~10 000 元人民币。

(6)公司无须提交财务报表及审计报告,而注册在香港的公司必须提交财务报表及审计报告。

作者感悟 2

我们刚开始从事离岸银行业务时,对中介公司的作用是完全不了解的,因此心中对中介公司给予了"不劳而获"的评价。随着我们办理的离岸银行业务越来越多,我们才真正了解中介公司对于我们中资离岸银行的实际作用。因此,我与这些中介公司建立起了稳定、可靠的合作关系,它们也确实帮我们解决了不少大问题。我记得有次我国内地一家企业收购某家注册在某群岛的离岸公司时,亟须在三天内完成对这家群岛的离岸公司的尽职调查,而与我们有着良好合作关系的一家中介公司恰好是该群岛的一级代理商,于是我们把这家中介公司及时推荐给了客户,而正是这家中介公司提供的资料使得我们的客户及时叫停了一笔并购业务,我们因此对中介公司的作用刮目相看。

(二)为我国"走出去"企业和个人在香港注册公司

1. 在香港注册公司的优点

(1)文化认同。在众多境外公司注册地的选择中,香港的条件虽然不是最优越,但由于地缘优势,相同的华人文化,与国际市场的高度融合,非常受内地公司和个人欢迎。

(2)无注册资本的限制。一般而言,"2 港元""2 周"就可以在香港完成公司注册。这主要是香港的有关法律规定跟内地是不同的,注册香港公司并没有注册资本的最低限制。也就是说,最低 2 港元的注册资本就可以在香港成立公司,而注册所需的时间一般也只需要 2 周。如果购买空壳公司(即已有公司名称的注册公司),则只需要一两个工作日,而费用也是一样。

(3)在香港注册公司的类型。内地企业和个人在香港注册的公司多为"有限公司",有限公司是香港最普遍的商业组织模式。根据香港有关公司条例,所有在香港成立的有限公司均需向公司注册处呈报公司详细资料。而公司章程是公司最主要的规则文件,它解释了公司的权力和内部的规则。这些文件须于公司成立前提交到香港公司注册署(CR)进行审批。CR 审批核准后,将发出公司成立证书(CI),待 CI 发出后,有限公司就注册成立了。除了对注册资金要求不高,手续简便也使得申请香港公司十分省事。目前,在国内沿海城市都有中介公司为国内公司或个人在香港设立公司代办所有的注册手续。

(4)政府支持。香港特区政府与中国政府签订了避免双重征税协议和《内地与香港关于建立更紧密经贸关系的安排》(CEPA),给香港注册公司注入了新的商机。这些方便中国内地与香港双方贸易往来的新措施,规定内地对香港制造产品进口零关税,降低了服务业北上的门槛。特别是避免双重征税协议的签订,方便了企业通过税务筹划来降低经营成本,将使在香港注册公司成为越来越多"走出去"企业的首要选择。

2. 在香港注册公司的注意事项

(1)名称选择自由。不论公司注册资金大小,香港特区政府允许公司名称含有"国际""集团""控股""实业""投资"等字眼。

(2)经营范围限制较少。财务、医药、船务运输、进出口贸易、房地产、建筑、装饰装潢、信息网络、旅游、学院、文化出版、协会、研究所以及其他高科技产业,都可以成为新注册公司的业务范围。

(3)低税环境有利企业发展。香港税率低、税种少,国际上有许多机构利用香港的税务优惠政策达到合理避税的目的。相对来说,中国内地的税制较复杂,税率也比香港高。在香港成立公司只需要缴两种税:一种是一次性的注册资本厘印税,税率是0.01%,这种税是按实际注册资本来厘定的;另一种是资本利得税,税率为16.5%,这种税是根据公司的实际盈利(纯利)来计算的,若企业不盈利则不缴税。

(4)注册资金少,实收资本没有到位要求。注册资金能否到位往往会直接影响股东是否成立公司的决定,在香港不论注册资本多少,都不需要把资金打到香港银行。香港公司普遍注册资本为1万港元,最少可以不低于2港元,公司可以根据实际情况提高注册资本。

(5)企业延续证书(即类似我国对企业的工商年检)的费用较低。维持一家香港的注册公司所需的成本极低,每年只需约2万港元的费用即可。

(6)无须拥有实质的公司注册地址。香港的房地产租金偏高,目前各中介公司都可以为客户提供各种文件所需的注册地址信息,较为方便。

(7)比较容易获得国际信用和贷款。香港是亚洲经济中心和国际金融中心,香港公司更方便利用香港银行的资金与服务,公司可以利用香港这个金融中心进行融资,也可以直接向境外开出信用证。

(8)香港银行开立离岸账户所需的时间。如果是现场开户,只要开户资料齐全,一般当天就可以完成。

在香港地区以外开立离岸账户一般需要经过查册的阶段,银行在收到齐全的公司开户文件和股东董事的资料后,会即刻办理开户手续,待查册完成后就可以开出账号,这个过程一般在5个工作日内完成。

(三)为我国"走出去"企业和个人在其他地区(国家)注册公司

实际上,我国目前每年都有几十万个公司和个人准备到境外注册公司,但他们受各种情况的影响,大多数还是选择到离岸地注册公司,还有一部分则选择到其他国家注册公司,这里我们专门对如何通过中介公司来办理注册手续进行介绍。

1. 中介公司为公司和个人到群岛上注册公司的情况介绍

离岸地由于没有外汇管制,也没有实收资本的要求,加上对所注册的公司不征收直接税,因此广受我国众多公司和个人的喜爱,他们更愿意到离岸地去注册公司。但离岸地大多位于加勒比地区、大西洋和太平洋的小岛上,所以"走出去"企业一般均委托具有离岸地一级代理注册公司资质的中介公司来办理注册手续。这里要提醒的是:到离岸地注册公司的条件与到香港注册公司的条件基本一致,但是具有离岸地一级代理注册公司资质的中介公司是比较少的,所以在选择中介公司时,应注意提前查看中介公司的一级代理资质。

2. 中介公司为公司和个人到其他国家注册公司的情况介绍

分析我国"走出去"企业的实际情况，不难发现，我国"走出去"并购或收购的公司以实体企业为主，这些企业一般在发达国家设立公司完成并购操作。如果想获得资源和廉价劳动力，就应该到东南亚、非洲等发展中国家设立公司。假设在发达国家或发展中国家设立公司，应该如何操作呢？举例如下：我国的三一重工通过其控股子公司三一德国于 2012 年 1 月 20 日与德国设备制造商普茨迈斯特的原股东签署了《转让及购买协议》用于收购普茨迈斯特。根据公开资料，三一德国和中信基金组成的联合体共计出资 3.6 亿欧元共同收购普茨迈斯特 100% 股权，其中三一德国占股 90%，中信基金占股 10%。普茨迈斯特公司是全球最知名的工程机械制造商之一，尤其在混凝土泵车制造领域，该企业的市场占有率长期居于世界首位。这笔收购就是在德国完成的，三一重工先在德国设立了"三一德国有限公司"，再通过三一德国有限公司完成对普茨迈斯特股权的交割。而我国企业或个人要到德国设立公司，一般也是通过中介公司完成的，而且其设立公司的条件与在美国注册条件差异并不大。我们需要更加关注的是，如何满足每个国家的一些特别政策和条件。在此我们特别提醒：但凡在发达国家注册成立公司，不仅要满足这个国家的所有条件，还要特别考虑该国的文化传统；但若在东南亚、非洲或南美洲设立公司，不仅要满足这个国家的所有条件，还要特别考虑该国的外汇管制和腐败等问题。

本章小结

本章介绍了外资银行在境内办理离岸业务的概况以及我国监管部门对外资银行的监管规定。

本章介绍了中国香港和美国的银行办理离岸银行业务的情况，特别是对美国本地银行办理离岸公司业务的规定、美国国际银行设施的情况和国际银行业务设施及美国推出的埃迪式公司的金融服务进行了详细介绍。此外，本章还介绍了专门办理境外公司注册业务中介公司的情况和为我国"走出去"企业及个人在香港或美国注册公司的情况。

关键词

外资银行　香港的离岸银行业务　美国的离岸银行业务　中东的离岸银行业务　日本的离岸银行业务　新加坡的离岸银行业务　中介公司办理注册境外公司

思考题

1. 简述我国离岸银行与境内银行的区别。
2. 简述我国离岸银行与境外银行的区别。
3. 思考境外贷款业务相关办法对我国离岸银行业务的影响。

4. 简述在香港办理离岸银行业务和香港本地银行开立离岸账户的基本条件。
5. 简述美国本地银行办理离岸公司业务的规定。
6. 简述在香港设立离岸公司时需要用到哪些中介机构的服务。
7. 简要比较中国香港和美国注册企业的主要区别。

第八章 我国离岸银行的特色产品

学习目的

1. 了解跨境融资的相关概念
2. 了解离岸银行的贷款业务
3. 了解跨境投融资业务
4. 了解境内企业境外放款
5. 了解境内企业境外直接投资的前期费用问题
6. 了解境内企业境外发债的相关内容
7. 了解全口径融资业务
8. 了解跨境担保业务
9. 了解外商投资企业境外母公司的融资
10. 了解招商引资中的境外融资
11. 了解中国出口信用保险公司保险项下的离岸融资
12. 了解跨国公司境内外资金的集中管理

第一节 跨境融资

一、企业的跨境融资

企业的跨境融资是指企业通过资本市场和货币市场开展的跨境融资活动。最常见的形式就是股权融资和债务融资(含夹层融资)。

企业的跨境融资还指企业通过国际金融市场筹集企业发展所需的流动资金、中长期资金。其目的是进入资金成本更优惠的市场,扩大企业发展资金的可获取性,降低资金成本。而离岸贷款就是跨境融资的组成部分。

二、跨境融资的形式

(一)权益性融资

权益性融资是指向其他投资者出售公司的所有权,即用所有者的权益来交换资金。股权融资也是指企业的股东愿意让出部分企业所有权,通过企业增资的方式引进新的股东的融资方式。权益性投资和股权投资都属于长期投资,两者之间的区别是股权投资的范围比权益投资更广。股权融资所获得的资金,企业无须还本付息,但新股东将与老股东共同分享企业的盈利与增长。股权融资按融资渠道来划分,主要有两大类,即公开市场发售和私募发售。公开市场发售就是通过股票市场向公众投资者发行企业的股票来募集资金,包括企业的上市、上市企业的增发和配股都是利用公开市场进行股权融资的具体形式。私募发售是指企业自行寻找特定的投资人,吸引其通过增资入股企业的融资方式。

(二)债务性融资

债务性融资是指通过银行贷款、发行债券和应付票据、应付账款等方式进行的融资活动。这里还包括境内企业的全口径融资和到境外跨境发债等方式。下沉式融资是债务融资的一种方式,是指利用被并购公司未来的现金流来偿还并购方的融资。在境外并购交易的融资方案中,通常会采用杠杆收购(Leveraged Buyout)的方式,即通过增加杠杆来提高自有投入资金的收益率。下沉式融资这种融资方式在境外十分普遍,但在境内操作是有特别限制的,不能随便使用。这种做法可能会让商业银行或交易对手等认为收购方的实力不足,同时我们还要考虑如何保证目标公司未来再融资的问题。

(三)夹层融资

夹层融资是指在风险和回报方面介于优先债务和股本融资之间的一种融资方式。夹层就是在优先级和劣后级之间,再加入一层杠杆。最终的结果就是使得杠杆倍数平方了(显著扩大),节约了劣后资金的占用。这种融资方式比较灵活,既可以是股权融资,也可以是债务融资。夹层融资一般采取次级贷款的形式,但也可以采用可转换票据或优先股的形式。对于公司而言,夹层融资通常提供形式非常灵活的较长期融资,这种融资对股权稀释程度要小于股权融资,并能根据特殊需求做出调整。而夹层融资的付款事宜也可以根据公司的现金流状况确定。

三、跨境融资的风险防范

跨境融资的风险防范主要包括三个方面:一是公司是否能控制风险和承担相应的最大损失,二是能否与公司产生协同效应(这也是未来股权投资者和贷款人特别看重的),三是能否获得盈利。

所有准备开展跨境融资业务的公司必须从人才、管理和资金及风险控制等方面做好各项准备工作。

四、跨境融资的期限选择

跨境融资的期限,一般与借款人的未来盈利情况和现金流及境内公司的支持紧密相关。根据测算,借款人可能在5年内就能还清融资,这时可以做成"5+2"年的方案,给予借款人在贷款到期后选择贷款延期的自主选择权。

如果涉及需要境内公司支持的融资还款(如境内公司购汇出境还款),我们建议贷款期限要特别考虑我国的ODI批文和外汇管制的问题,否则可能影响贷款的偿还。

五、跨境融资的币种选择

(一)跨境融资的币种

我们建议首选人民币,其次选择目标国的货币,最后选择自由兑换货币。这里的"目标国"是指借款人所在国,如美国、欧元区、日本、中国香港或者是非洲等地。例如,如果目标国是南非,那么最好选择南非兰特(ZAR)作为融资货币。在实际业务中,如果这个目标国的货币(如南非兰特)是我国商业银行在世界市场上可以用人民币或其他自由兑换货币自由、便宜地兑换到的,并且在贷款到期后收回贷款资金时也能自由、便宜地兑换成我国人民币或其他自由兑换货币的,而且汇率兑换价格能够锁定,那么商业银行就完全可以接受以南非兰特作为跨境融资的货币。如果不能很方便且便宜地获得资金,或者难以控制汇率风险的话,商业银行就绝不应选择以南非兰特作为融资货币。在借款人不能接受人民币作为跨境融资货币时,我们也只能选择美元、欧元、英镑等自由兑换货币来作为融资货币。

(二)跨境融资在币种选择中应注意的问题

跨境融资不能仅凭融资价格来选择融资币种。虽然跨境融资的借款人一般会先入为主地根据融资价格来选择融资币种,但是他们更应该根据风险控制等综合因素来考虑选择何种融资币种。举例来说,当目标国的借款人是南非的一家企业,在贷款人无法以南非兰特作为融资货币,而借款人也不愿以人民币作为融资货币时,如果借款人考虑目前欧元的融资价格较低,可能会要求贷款人使用欧元来作为其借款货币。贷款人可以同意这一要求,但是也必须提醒借款人可能出现的欧元与南非兰特汇率急剧波动而产生的风险,为其同步提供一套欧元与南非兰特的远期锁汇的汇率风险控制方案。

(三)跨境并购中关于美元融资的注意事项

一些公司考虑通过境外美元融资收购境外目标公司,通过技术手段将境外目标公司装入境内公司,以便通过境内增发、发债等形式来获得人民币资金,再将人民币兑换成美元作为还款资金。我们认为这种办法原则上可行,但核心问题是这家公司必须保证届时能合法合规地将人民币兑换成美元,确保汇率风险可控。

六、跨境融资的价格和 LIBOR 的退出问题

(一)跨境融资的价格

1. 跨境融资的价格特点

(1)股权融资的价格一般较高,而且股权融资的定价方式不仅与 LIBOR 退出的时间有直接关联,而且与退出方式联系紧密。

(2)债务融资的定价一般参照香港市场的贷款价格,而且价格一般用"基准利率+点差"来计算,这里点差(Margin)的数值一经确定在贷款存续期内不再改变,而利率基准一般采用 LIBOR 或 SOFR 等。以 LIBOR 为例,LIBOR 一般是按照约定的计息周期来执行,可分为 1 个月、3 个月、6 个月或 12 个月 LIBOR 等多种计息期,具体可由借贷双方协商确定。

(3)夹层融资的价格有比较大的灵活性,根据融资方式、担保形式不同差别较大。

2. 跨境融资要特别注意各币种 LIBOR 的终止时间

根据英国金融行为监管局(FCA)的公告,美元的 LIBOR 定价将于 2023 年 6 月 30 日结束,英镑、欧元、瑞士法郎、日元则已于 2021 年 12 月 31 日终止。我们要提醒各位读者,LI-

BOR 的退出是一个重大历史性事件,而且 LIBOR 的退出究竟会如何影响未来世界范围内的跨境融资,目前还不能做出准确判断。我国的金融机构、企业和个人应积极关注主要国家和地区对 LIBOR 退出后采用的各种改革措施,对跨境融资所使用币种的价格走势进行全面的量化分析,进而制定出适合我国的、能平稳有序地解决后 LIBOR 时期的融资价格并能防范风险的利率基准,以保证跨境融资的报价能够顺利和平稳过渡。

(二)LIBOR 的退出问题

LIBOR 是伦敦银行间市场提供的短期同业拆借利率,是过去几十年全球贷款方普遍参考的利率基准。由于拆借无须担保,LIBOR 反映的是无风险利率和银行借款的信用风险溢价、期限溢价的总和。

1. LIBOR 改革的主要内容

(1)LIBOR 的退出时间。2021 年 3 月 5 日,英国金融行为监管局正式公布了 LIBOR 的退市安排:7 天及 2 个月美元 LIBOR、日元、英镑、欧元、瑞郎 LIBOR 都已于 2021 年 12 月 31 日后停止报价;而隔夜、1 个月、3 个月、6 个月、12 个月美元 LIBOR 的报价延迟至 2023 年 6 月 30 日终止。

(2)新基准替代利率。关于 LIBOR 基准利率退出后各种货币选择何种价格体系,各国存在不同的方式。英国、美国、瑞士选择单一无风险基准利率(Risk-free Rates,RFRs)。美国替代基准利率参考委员会(Alternative Reference Rates Committee,ARRC)选择"有担保隔夜融资利率"(Secured Overnight Financing Rate,SOFR)作为美元替代利率,英镑无风险参考利率工作组选择"英镑隔夜平均利率指数"(SONIA)作为英镑替代利率,瑞士法郎参考利率国家工作组选择"瑞士隔夜平均利率"(SARON)作为瑞郎替代利率;欧元区无风险参考利率工作组选择"欧元短期利率"(€STR)与欧洲银行同业拆借利率(EURIBOR)并存的双轨制基准利率模式,日元利率基准跨行业委员会选择"东京隔夜平均利率"(TONAR)与东京银行同业拆借利率(TIBOR)并存的双轨制基准利率模式。港元及新加坡元等货币管理层也在参照 LIBOR 改革方案推进备用参考利率的替换计划。

2. 我国及其他国家对 LIBOR 退出的应对办法

我们必须积极关注主要国家和地区的新基准替代利率改革进展。我国的监管部门和金融机构应未雨绸缪地及早制定有序、详尽的应对计划,以保证 LIBOR 退出后基准利率价格能得到普遍适用。随着 LIBOR 的逐渐退出,中国人民银行于 2013 年推出了贷款市场利率报价(LPR)反映人民币市场利率变化。国家银行间拆借中心已获授权从 2019 年 8 月 20 日起每月公布一次 LPR 的利率值。中国人民银行表示,银行必须主要参照贷款基准利率(LPR)来设定新贷款利率,并将 LPR 作为设定浮动贷款利率的基准。

各金融机构和企业在与交易对手约定交易方式时也应关注新基准期限利率对 LIBOR 的替代情况。现在市场上对 LIBOR 的退出已有多种办法来应对,这里我们主要介绍以下两种办法:一是美国替代基准利率参考委员会推荐使用有担保隔夜融资利率,鼓励金融机构和企业在跨境融资时使用 SOFR 期限利率,SOFR 是美国国债抵押品的隔夜回购利率,包括 Daily SOFR 和 Term SOFR 两种形式。由于 LIBOR 退出后留给金融机构和企业的难题不少,因此各金融机构和企业应尽快研究、熟悉新基准利率,着手开展利率转换的业务和技术准备工作。二是 LIBOR 向其他替代利率的转换是一项需要国际通力合作的工程,美国替代基准利率委员会作为应对美元 LIBOR 停用的主要力量,补充了 LIBOR 过渡背景下美元区的工作。关于替代利率的选择,ARRC为借贷双方提供了阶梯式的递进方案(或被称为"瀑布法则"),允许由贷款人主导,按照第一阶梯"Term SOFR+调整息差"、第二阶梯"Daily Simple SOFR+调整息差"、第三阶梯"借贷双方约定的其他替代利率"的顺序,阶梯性选择适用。

作者感悟 1

我们有幸参与了一笔金额高达500亿美元的并购业务。这笔并购业务采用了股权融资、夹层融资和下沉式融资三种模式。在前期与境外银行的合作过程中,我们对下沉式融资有了更为深刻和全面的了解。为了确保离岸银行的资金安全,我们主动放弃了银行高层领导与并购企业的领导共同商定的由银行提供股权融资(即由股东借款提供的资金)和夹层融资的方案,提出了仅参与下沉式融资的方案。虽然我们大胆地否定了双方高层领导商定的融资模式,给了我们巨大的压力,但是双方高层领导在仔细听取了我们的详细分析后,都对我们给予了高度评价。所以在实际业务中,如何在安全、可靠的前提下满足客户的融资需求,应该是我们永远不变的目标。

第二节 离岸银行贷款业务

一、离岸银行贷款概述

离岸银行的贷款是指通过我国的离岸银行为非居民企业和符合条件的居民企业进行的资金融通行为。

离岸银行贷款的特点如下:

(1)在贷款的额度上,不受业务所在国国内信贷规模的限制。

(2)不论离岸银行是否有足够的存款,都可以通过拆借资金的方式补充资金缺口,贷款发放不受存贷比影响。

(3)在离岸贷款的办理上,可以进行境内外业务的联动。如抵押品同时在境外和境内时,需要运用境内外两地法律公证、登记手续和加强两地管辖法律的配合办理。

(4)在贷款的使用上,一般不受国界的约束。离岸贷款大部分主要用于境外,但也可以通过为境内企业提供全口径融资用于境内。

(5)离岸贷款的资金都是自由兑换货币,所以离岸贷款发放和偿还的资金原则上必须是相同的币种。

(6)离岸贷款具有较强的复杂性和严格的政策性要求,而且涉及非居民企业的参与和使用自由兑换货币,因此我们在办理离岸贷款时既要满足我国的监管规定,又要符合国际惯例。

(7)对办理离岸贷款的业务人员要求较高。这是由于离岸贷款可能会涉及跨境贷款、国际金融和国际贸易等活动,而且离岸贷款的适用法律一般是境外法律,所用离岸贷款的文本主要是英文,所以需要办理离岸贷款业务的人员要了解跨境贷款、国际金融和国际贸易、贷款合同的适用法律、境外的会计知识和精通英语等。

二、离岸银行贷款既可以是双边贷款,也可以是银团贷款

(一)离岸银行的双边贷款

离岸银行的双边贷款是指一家银行向境外非居民企业及符合条件的居民企业发放的贷款,专门用于弥补短期资金周转不足和办理固定资产更新、扩建新建的中长期贷款等。双边贷款的优势在于各家贷款银行可以保持较强的独立性和灵活性对贷款进行独立的评审。

(二)离岸银行的银团贷款

离岸银行的银团贷款也称辛迪加贷款(Syndicated Loan),是指由数家商业银行牵头、由多家银行包括非银金融机构共同参与筹组的银团贷款。具体而言,银团贷款可由不同国家的多家银行组成银行集团来筹组,并选择一家或多家商业银行成为牵头行、代理行,采用由律师事务所起草的同一贷款合同,按商定的期限和条件向同一借款人提供融资的贷款方式。

银团贷款主要针对一些金额较大或参与银行较多的项目开展。目前,主流的外资银行对于一般项目都倾向于通过银团贷款的方式开展。越来越多的中资银行也由原来的一家独做、风险自担的模式,转变为积极开展银团贷款业务。

三、银团贷款的操作步骤

一般而言,牵头行首先会与拟融资企业就银团贷款的筹组、融资方案、推进时间表等方面达成共识,牵头行一旦拿到企业的银团贷款独家委任函,就会立即开始银团贷款的筹组准备。主要包括:制作银团贷款文件(如融资条款书、信息备忘录等)、邀请其他意向银行或金融机构参团、聘请律师及其他代理机构准备贷款文件等。

牵头行向有参与意向的银行或金融机构发出银团邀请,这些有意向的银行或金融机构须签署保密协议,才能获得关于银团项目的相关材料,之后它们可以开始准备参与银团的内部审批及其他工作。

参与银团的银行或金融机构完成内部审批后,须在银团贷款截止日前向牵头行出具信贷承诺函,确认承贷金额、提供参贷行信息等。随后,牵头行与所有承诺参团的银行或金融机构对贷款合同、担保合同(如有)及其他协议文本进行法审、修改及签署。银团牵头行将指定一家银行或机构作为银团的代理行,负责银团的放款、资金汇划、贷后管理等工作。

在所有提款前条件落实的前提下,借款人可根据自身的用款需求向银团提交提款申请,银团根据提款申请通知所有参贷行提款。银团参贷行有义务根据借款人及代理行发送的提款申请放款。

银团代理行统一负责银团贷款的贷后管理、资金汇划、还款及不良贷款清收、诉讼等工作。参贷行关于银团的任何要求可以通过代理行与借款人沟通。银团遇到重大事项时,一般由各家参与行开会、表决决定银团下一步行动。

四、银团贷款相关文件介绍

(一)保密协议介绍

一般银团贷款的保密协议(Non-Disclosure Agreement)内容:保密信息定义、保密业务、保密信息的交回、赔偿责任、保密声明、保密期限、适用法律、签署及日期。而亚太区贷款

市场公会标准保密协议格式主要内容:保密承诺、获准许的披露、规定或未获授权披露的通知、保密资料的交回或销毁、持续责任、违约后果、权利放弃及修改、内幕消息、不进行抢先交易的承诺、管辖法律及司法管辖权、定义、签署及日期。

(二)银团贷款的融资条款书介绍

融资条款书(Term Sheet)的主要内容包括:牵头行、代理行、借款币种和金额、贷款用途、贷款期限、贷款利率、计息期、担保方式、提款、还款、提前还款、费用、财务约束条件和适用法律。

(三)银团合同介绍

银团合同(Facility Agreement)的主要内容包括:定义、贷款安排、贷款用途、提款条件、提款、还款、提前还款及取消、利息、利息期、利息计算的变更、费用、税项补足及赔偿、增加费用、贷款人的减轻影响措施、其他赔偿、费用及开支、保证及赔偿保证、陈述、资料承诺、财务承诺、一般承诺、违约事件、适用法律。

五、双边贷款和银团贷款的比较

(1)从融资的效率来看,双边贷款一般高于银团贷款。这是因为银团贷款的参与行越多,因此谈判、准备的期限就越长。

(2)从融资的价格来看,双边贷款一般低于银团贷款。这是因为银团贷款一般还有代理费、牵头费、承诺费等费用,还包括聘请律师事务所的费用等,因此银团贷款的成本明显高于双边贷款。

(3)从融资的金额来看,双边贷款一般低于银团贷款。这是因为银团贷款一般都用于较大金额的项目融资。

(4)从融资的期限来看,双边贷款与银团贷款都没有任何限制,但一般双边贷款的期限更灵活,通常短于银团贷款。

(5)从融资的复杂程度来看,银团贷款一般都要高于双边贷款。这主要是银团贷款的参与方较多,各家银行的融资条件可能有差异,会提高谈判的复杂性。

(6)从融资的风险来看,双边贷款一般要低于银团贷款。这是因为参贷银行通过银团方式分散了风险,并且参与贷款的银行越多,借款人的违约成本就越高。

(7)从融资的用途来看,银团贷款的用途较为灵活,既可以设置一个较为宽泛的用途,也可以针对某一具体用途进行约定,银团贷款较为常见的用途描述包括用于一般公司、再融资、支付银团贷款利息与费用等。而双边贷款一般根据不同银行的内部要求有不同的操作方式,外资银行允许用途描述相对宽泛,而中资银行一般要求明确具体的用途。

(8)从融资的社会效应来看,双边贷款的社会效应一般要低于银团贷款,这是因为银团贷款的参与方越多,引起的社会反响就越大。

第三节 跨境投融资业务

一般而言,我国企业如要开展跨境投融资业务,必须根据企业的发展规划、企业性质、经营范围、业务模式、管理水平和人员素质等具体情况进行综合考虑。

一、跨境投融资概述

(一)企业投资的概念

所谓"企业投资",就是企业在其本身经营的主要业务以外,以现金、实物、无形资产的方式,或者以购买股票、债券等有价证券的方式向境内外的其他主体进行投资,以期在未来获得投资收益的经济行为。对外投资是相对于对内投资而言的,企业对外投资收益是企业总收益的组成部分。

(二)企业境内外融资的概念

企业境内融资是指在我国境内面向境内投资者进行的一切融资活动。境内融资包括国内商业银行贷款、政策性银行贷款、发行公司(企业)债券、可转换债券、股票及其他产权融资方式。

企业境外融资是指在境外通过资本市场和货币市场进行的融资。最常见的形式就是股权融资和债权融资。

二、跨境投融资业务的信息来源

如何从源头上获得境外企业的信息,这是十分关键的。目前有不少机构在做业务撮合,因为这些信息大多是"一鸡多吃"或者"不对称"的,因此须对这些信息进行严格的甄别。获得信息后,要尽量选择合适的机构成为企业境外并购的顾问机构,为今后进行股权投资和债务融资奠定基础。

在完成尽调准备进行境外投资或收购时,需要出具收购的资金承诺函以及收购失败的分手担保函。国内并购也有类似的做法。

三、企业并购和并购组织架构的设计

(一)并购及并购贷款

并购是指境内并购方企业通过受让现有股权、认购新增股权,或收购资产、承接债务等方式以实现合并或实际控制已设立并持续经营的目标企业或资产的交易行为。并购可由并购方通过专门设立的无其他业务经营活动的全资或控股子公司(以下简称"子公司")进行。

并购贷款是指商业银行向并购方或其子公司发放的,用于支付并购交易价款和费用的贷款。

(二)并购组织架构的设计

并购组织架构必须在计划并购时就要提前设计好。组织架构的设立主要涉及的因素包括:国别、政治、并购审查、劳工、环保、企业的运作、合理的税务安排、财务、信息保密、未来分红、融资便利和价格等。搭建并购组织架构的关键是递延逻辑(去母国化):由标的所在国或地区当地的企业 A 完成收购目标企业,由邻国(该国一般与标的所在国有避免双重征税协议等双边优惠政策)的企业 B 控股企业 A,由群岛企业(特殊区域)C 投资企业 B,由香港公司(或其他境外平台)D 投资企业 C,再由国内的公司 E 投资香港公司(或其他境外平台)D。

四、对参与开展并购融资业务各方的要求

(一)战略风险的评估

应从并购双方的行业前景、市场结构、经营战略、管理团队、企业文化和股东支持等方面评估战略风险,包括但不限于以下内容:一是并购双方的产业相关度和战略相关性,以及可能形成的协同效应;二是并购双方从战略、管理、技术和市场整合等方面取得额外回报的机会;三是并购后的预期战略成效及企业价值增长的动力来源;四是并购后新的管理团队实现新战略目标的可能性;五是并购的投机性及相应风险控制对策;六是协同效应未能实现时,并购方可能采取的风险控制措施或退出策略。

(二)法律与合规风险的评估

并购时须评估法律与合规风险。包括但不限于以下内容进行认真核查:一是并购交易各方是否具备并购交易主体资格;二是并购交易是否按有关规定已经或即将获得政府审批(备案),并履行必要的登记、公告等手续;三是法律法规对并购交易的资金来源是否有限制性规定;四是担保的法律结构是否合法有效并履行了必要的法定程序;五是借款人对还款现金流的控制是否合法合规;六是贷款人权利能否获得有效的法律保障;七是与并购及并购融资法律结构有关的其他方面的合规性。

(三)整合风险的评估

涉及并购业务的各方,须做好并购后整合风险的评估,包括但不限于分析并购双方是否有能力通过以下方面的整合实现协同效应:一是发展战略整合,二是组织整合,三是资产整合,四是业务整合,五是人力资源及文化整合。

(四)经营及财务风险的评估

涉及并购业务的各方,须做好并购经营及财务风险的评估,包括但不限于分析以下内容:一是并购后企业经营的主要风险,如行业发展和市场份额是否能保持稳定或增长趋势,公司治理是否有效,管理团队是否稳定并且具有足够能力,技术是否成熟并能提高企业竞争力,财务管理是否有效等;二是并购双方的未来现金流及其稳定程度;三是当并购股权(资产)定价高于目标企业股权(资产)时是否存在估值不合理的风险;四是并购双方的分红策略及其对并购贷款还款来源造成的影响;五是并购中使用的债务融资工具及其对并购贷款还款来源造成的影响;六是汇率和利率等因素变动对并购贷款还款来源造成的影响。

(五)监管机构对商业银行开展并购贷款的要求

其要求主要包括:一是商业银行全部并购贷款余额占同期本行一级资本净额的比例不应超过50%;二是商业银行应按照本行并购贷款业务发展策略,分别按单一借款人、集团客户、行业类别、国家或地区对并购贷款集中度建立相应的限额控制体系,并向银保监会或其派出机构报告;三是商业银行对单一借款人的并购贷款余额占同期本行一级资本净额的比例不应超过5%;四是并购交易价款中并购贷款所占比例不应高于60%。并购贷款期限一般不超过七年。

五、我国发改委关于境外投资的相关规定

(一)境外投资的概念及其内容

境外投资是指中华人民共和国境内企业(以下称"投资主体")直接或通过其控制的境外

企业,以投入资产、权益或提供融资、担保等方式,获得境外所有权、控制权、经营管理权及其他相关权益的投资活动。开展境外投资的境内企业,包括各种类型的非金融企业和金融企业。

境外投资活动主要包括但不限于下列情形：一是获得境外土地所有权、使用权等权益；二是获得境外自然资源勘探、开发特许权等权益；三是获得境外基础设施所有权、经营管理权等权益；四是获得境外企业或资产所有权、经营管理权等权益；五是新建或改扩建境外固定资产；六是新建境外企业或向既有境外企业增加投资；七是新设或参股境外股权投资基金；八是通过协议、信托等方式控制境外企业或资产。

开展境外投资时要求对企业的控制是指直接或间接拥有企业半数以上表决权,或虽不拥有半数以上表决权,但能够支配企业的经营、财务、人事、技术等重要事项。

(二)我国对境外投资涉及敏感项目、敏感国家和地区及敏感行业的监管规定

我国要求对境外投资所涉及敏感类项目、敏感国家和地区及敏感行业的投资,必须进行事前的核准。

敏感类项目包括：一是涉及敏感国家和地区的项目；二是涉及敏感行业的项目。

敏感国家和地区包括：一是与我国未建交的国家和地区；二是发生战争、内乱的国家和地区；三是根据我国缔结或参加的国际条约、协定等,需要限制企业对其投资的国家和地区；四是其他敏感国家和地区。

敏感行业包括：一是武器装备的研制生产维修；二是跨境水资源开发利用；三是新闻传媒；四是根据我国法律法规和有关调控政策,需要限制企业境外投资的行业。

投资主体直接开展的非敏感类项目实行备案管理的范围,即涉及投资主体直接投入资产、权益或提供融资、担保的非敏感类项目。实行备案管理的项目中,投资主体是中央管理企业(含中央管理金融企业、国务院或国务院所属机构直接管理的企业)的,备案机关是国家发展改革委；投资主体是地方企业,且中方投资额3亿美元及以上的,备案机关是国家发展改革委；投资主体是地方企业,且中方投资额3亿美元以下的,备案机关是投资主体注册地的省级政府发展改革部门。非敏感类项目是指不涉及敏感国家和地区且不涉及敏感行业的项目。

(三)境外投资时中方投资额的规定

中方投资额是指投资主体直接以及通过其控制的境外企业为项目投入的货币、证券、实物、技术、知识产权、股权、债权等资产、权益以及提供融资、担保的总额。

(四)已核准或备案项目的变更规定

发生下列情形之一的,投资主体应当在有关情形发生前向出具该项目核准文件或备案通知书的机关提出变更申请：一是投资主体增加或减少；二是投资地点发生重大变化；三是主要内容和规模发生重大变化；四是中方投资额变化幅度达到或超过原核准、备案金额的20%,或中方投资额变化1亿美元及以上；五是需要对项目核准文件或备案通知书有关内容进行重大调整的其他情形。

六、我国企业对外投融资目标地的选择

(一)我国企业开展一般进出口贸易和大宗商品交易时,境外子公司目标地的选择

对开展一般进出口贸易和大宗商品交易的企业而言,如果企业需要在境外设立一般进

出口贸易和与大宗商品交易相关的子公司,那么这个子公司可以按照以下原则选择合适的境外地点来设立。

(1)如果我国企业开展的是原油、铁矿石等大宗商品交易,那么可以考虑选择到新加坡设立子公司。

(2)如果我国企业开展的是与非洲相关的大宗商品交易,那么可以考虑在毛里求斯、中东的迪拜、南非的约翰内斯堡设立子公司。

(3)如果我国企业开展的是与南美洲相关的大宗商品交易,那么可以考虑在巴拿马、巴西、阿根廷、委内瑞拉、智利等国家的经济中心城市设立子公司。这是因为:南美洲矿产资源丰富、种类繁多、储量丰富。委内瑞拉石油储量、巴西的铁矿储量居世界前列,天然气主要分布在委内瑞拉和阿根廷,煤主要分布在哥伦比亚和巴西,铝土矿主要分布在苏里南;铜矿的金属储量在1亿吨以上居各洲首位、智利铜的储量居世界第二位。

(4)如果我国企业开展的是与大洋洲相关的大宗商品交易,那么可以考虑在澳大利亚和新西兰两国的相关城市设立子公司。

(5)如果我国企业开展的是大宗商品的套期保值等衍生品交易,那么可以考虑在美国的芝加哥、英国的伦敦设立子公司。

(6)如果我国企业开展的是一般商品的跨境贸易业务,那么可以考虑在我国的香港设立子公司。

(二)我国企业建立具有国际影响力的品牌时,境外子公司目标地的选择

若我国企业想要建立具有国际影响力的品牌,那么可以采用如下办法:

(1)如果我国企业需要注册在欧盟通用的国际商标,并以公司名义注册的话,就需要提供公司营业执照、商标标样(注册欧盟商标,可以是文字、图形,也可以是文字加图形)和产品类别。由于西班牙马德里商标是欧盟通用的商标,国际上有较多的公司采用到马德里去注册商标的方式,来达到拥有国际品牌、提高企业效益的目的,当然我国企业要根据需要决定是否在欧盟区域内设立与欧盟商标运作直接关联的子公司。

(2)根据我国企业的自身产品特性,选择到境外设立子公司。一般而言,美国拥有世界上最好的高科技产业、仪器、设备、保健食品、化妆品、成衣等知名公司,那么我国企业在美国设立子公司后,再以美国公司的名义授权在我国内地、非洲、南美洲或东南亚等地生产。这不仅能够极大提高企业的世界知名度,还能提升这些产品的国际形象,带来更高的经济效益。

(三)我国企业投身"一带一路"项目时,境外子公司目标地的选择

这里的核心是承担"一带一路"项目融资和建设的金融机构和参与企业必须与我国政府和"一带一路"目标国的政府部门进行全过程的密切合作和联系。要做到透彻了解项目所有的细节,而且要做好项目的事先评估,勇于实事求是地向我国相关部门反映出真实情况。这里特别提醒的是:绝不能因项目的政治正确而忽视可能出现的各种风险。例如,我们要特别警惕在这个项目的建设与运营周期内可能遇到的政府换届、目标地范围内不同族群对项目的态度、项目开展对目标国负债情况的影响等一些特殊的因素。参与这个项目的企业要按照这个项目的具体情况来选择在目标国的哪个城市设立项目公司,同时对这个项目可能涉及的各种设备、技术和专利是否需要从其他国家采购进行分析和研究,对这个项目涉及使用的境外设备、技术和专利的种类、价格及采购所需时间进行认真的评估。这里要特别提醒的是:我国的"一带一路"项目一般具有地缘政治风险,因此在涉及需要使用境外的设备、技术和专利时,必须以慎之又慎的态度防范可能出现的风险。

七、离岸银行在跨境投资方面的其他服务

(一)跨境投资服务的财务顾问

这主要是指离岸银行提供对跨境投资标的物的撮合服务:如企业具有明确的并购意向,但未锁定并购目标,这时就要由离岸银行帮助企业进行行业和潜在风险的分析,提供并购买方(卖方)信息,协助并购买方(卖方)意向撮合,提供后续的方案设计及实施服务。

(二)跨境投资方案的设计服务

如企业具有明确的并购意向,已锁定投资方向,这时离岸银行就要帮助企业设计并购方案与并购流程,提供后续的方案实施支持,完成法律和财务的尽职调查。

(三)跨境投资协助实施的服务

当企业已明确交易目标和方案时,离岸银行就要帮助客户制订、完善和实施并购方案,筛选具有并购业务经验的律师和会计师,完成法律和财务尽职调查,帮助客户进行行业和潜在风险分析,协助进行并购融资。

(四)跨境投资选择贷款人的服务

跨境投资的债务融资部分,选择合适的贷款人是十分关键的。贷款人可以是境外银行、外资银行和国内的商业银行。但是,国内商业银行直接做境外借款人的业务,有较多的条件限制。企业最好要有核心的合作金融机构,要与一些金融机构保持长期密切的合作。

第四节 境内企业境外放款

一、境内企业境外放款的业务案例介绍

我国某省一家优质企业 A 由于跨境发展的需要,在欧洲设立了一家规模很小的子公司。某日,这家子公司突然获悉与该公司有着长期业务合作的一家欧洲本土企业因特殊原因需要尽快出售。这引起了 A 公司强烈的收购兴趣,但也获悉如要完成收购,需要在 10 天内向欧洲这家企业的股东支付 1 000 万欧元的保证金。这笔资金对这家公司来说金额较大,A 公司认为其根本来不及完成资金筹措和对外投资审批的准备。我国一家离岸银行获悉此事后,马上与当地境内分行的同事一起拜访了这家公司的实际控制人和财务负责人,向他们特别介绍了国家外汇管理局于 2009 年 8 月 1 日起开始实施的"境内企业境外放款"的规定,并最终通过该行的当地分行向 A 公司发放了 1 000 万欧元的贷款,解决了这家企业的燃眉之急,取得了很好的社会反响。

二、境内企业境外放款概述

境内企业(金融机构除外,以下简称"放款人")境外放款是指在核准额度内,以合同约定的金额、利率和期限,为境内企业在境外合法设立的全资附属企业或参股企业(以下简称"借款人")提供直接放款的资金融通方式。

境外放款也可通过外汇指定银行以及经批准设立并具有外汇业务资格的企业集团财务

公司以委托贷款方式完成。

对于境内企业境外放款,放款人和借款人应当符合我国外汇管理局规定的条件。一是放款人和借款人均应依法注册成立,且注册资本均已足额到位;二是放款人与借款人要有持续良好经营的记录,有健全的财务制度和内控制度,在最近三年内均未发现外汇违规情节;三是放款人历年的境外直接投资项目均需经国内负责境外投资的主管部门核准并在外汇管理局办理外汇登记手续,且参加最近一次境外投资联合年检评级为二级以上(成立不足一年的除外);四是要求经批准已从事境外放款的,已进行的上一笔境外放款运作正常,未出现违约情况。

境内企业进行境外放款时要凭境外放款协议、最近一期财务审计报告到所在地外汇管理局办理境外放款额度登记。境内企业累计境外放款额度不得超过其所有者权益的30%,如确有需要超过上述比例的,由境内企业所在地外汇管理分局(外汇管理部)按个案集体审议方式处理。境内企业可根据实际业务需求向所在地外汇管理局申请境外放款额度期限。

如确有客观原因无法收回境外放款本息,境内企业可向所在地外汇管理部申请注销该笔境外放款,由境内企业所在地外汇管理部按个案集体审议方式处理。境外放款还本付息完毕(含债转股、债务豁免、担保履约)或注销境外放款后,不再进行境外放款的,境内企业可向所在地外汇管理局申请办理境外放款额度注销。

三、境内企业境外放款业务的注意事项

(1)境内企业境外放款业务是境内企业通过我国具有外汇业务资格的银行发放的贷款,并由这家境内企业以股东借款的名义在约定的时间内给境外子公司使用。特别提醒注意,这不是投资款,而是借款。

(2)我们还要特别提醒注意如下几点:

①境外子公司在收到境内母公司或关联公司给予其股东借款或关联公司的借款后,一定要在资产负债表上明确记为"股东借款"或"关联公司借款"。

②境外子公司要在境内母公司或关联公司的借款期限内归还该笔借款。

③目前所知的最长贷款期限是7年,也就是说,境外子公司要将这笔借款在最长不超过7年内归还给母公司或关联公司。

④如果出现特殊情况导致境外子公司不能按期归还母公司或关联公司给予其的借款,那么境内母公司或关联公司必须提前到当地外汇管理局做好申报工作,并同时向国内贷款银行做好贷款续期的准备工作。在得到当地外汇管理局的批准后,可以由国内贷款银行开展贷款续期的工作。

(3)境内企业境外放款宏观审慎调节系数会随着我国外汇形势和外管政策进行调整,在每次办理境内企业境外放款时都应提前关注。境内企业境外放款的币种是人民币和自由兑换货币及其他外币。2021年初,中国人民银行、国家外汇管理局决定将境内企业境外放款的宏观审慎调节系数由0.3上调至0.5。政策调整后,境内企业境外放款的上限相应提高至所有者权益的50%,有利于满足企业"走出去"的资金需求,也有利于扩大人民币跨境使用,促进跨境资金双向均衡流动。特别提醒的是,获批跨国公司资金集中管理的跨国公司成员企业的境内企业境外放款的额度因各地方的监管要求不同而不同,特别是各自贸试验区内的成员企业更要关注这一点。

四、境内企业境外放款的流程

(一)境外放款的业务流程

放款人向所在地外汇管理局提出申请→外汇管理局审核办理,向符合条件的申请人出具业务登记凭证→申请人凭业务登记凭证到银行办理境外放款专用账户开户手续并办理后续放款、资金回收等手续。

(二)境外放款专用账户

境外放款专用账户的收入范围包括:从放款人资本金外汇账户、经常项目外汇账户划入的外汇资金,从放款人经外汇管理局核准的外币资金池账户划入的外汇资金,购汇用于境外放款的外汇资金,从境外借款人收回的贷款本息,境外借款担保人支付的担保履约金。

境外放款专用账户的支出范围包括:按照境外放款合同约定向借款人发放境外放款,将收回的境外放款本息划回对应的原划入资金的资本金外汇账户、经常项目外汇账户或外币资金池账户,将原购汇部分结汇。

所有境外放款的资金必须经境外放款专用账户汇出境外。放款人可通过外汇资本金账户、经常项目外汇账户、国内外汇贷款专用账户等以及购汇资金向境外放款专用账户归集用于境外放款的资金。

企业办理还款资金汇回入账业务时,应区分境外放款本金及利息。境外放款还款资金汇回后,可直接结汇(境外放款资金来源于国内外汇贷款的部分不得结汇)、保留外汇或对外支付。

第五节 我国境内企业境外直接投资的前期费用

一、我国境内企业境外直接投资前期费用问题的由来

如果我国企业突然遇到境外某个项目需要并购,但这个并购项目亟须付一定比例的保证金,而企业在境外暂时没有办法融资,这就会导致我国企业无法收购该项目。

除了前述提到的境内企业境外放款的办法之外,我国监管部门还特别制定了我国境内企业境外直接投资前期费用的规定。

二、我国企业境外直接投资的申请

我国企业在直接开展境外投资时,必须做好境外投资(Oversea-Direct Investment,ODI)。我国企业若对外投资,则需要取得国家发展和改革委员会及相关地方发展和改革委员会(以下简称"发改委")、商务部及相关地方商务部门(以下简称"商务部")、国家外汇管理局及相关地方外汇管理分局(以下简称"外管局")三个主管部门的核准、备案及登记。对我国国有企业的境外投资行为,除进行上述一般性的核准、备案及登记外,还需通过我国国有企业的上级国有资产主管部门的项目备案审批。

知识专栏

我国发改委和商务部关于对外投资的备案问答和规定

1. 关于对外投资备案的介绍

随着"一带一路"倡议的推动,越来越多的中国企业选择在境外投融资。我国发改委和商务部出台了许多政策来有效规范企业境外上市或境外投资的行为。

(1)对外投资备案的概念。

对外投资备案是指我国企业、团体在国(境)外及港澳台地区以现金、实物、无形资产等方式投资,并以控制国(境)外企业的经营管理权为核心的经济活动。对外直接投资是我国企业"走出去"战略的重要组成部分,也是主动参与国际分工,利用好两种资源、两个市场,规避国外贸易壁垒,吸收国外的先进技术和管理经验以及及时掌握外部信息的积极举措。在我国国内企业投资境外企业时,不论是新设公司、新建项目还是并购股权,只要涉及直接或间接获得境外公司的所有权、控制权、参与经营管理等,就需要进行对外投资备案。

(2)办理境外投资备案的企业需具备的条件。

办理境外投资备案的企业需要满足以下条件:一是满足"境外投资"定义:境内企业通过新设、并购及其他方式在境外拥有非金融企业或取得非金融企业的所有权、控制权、经营管理权及其他权益的行为。二是满足申请主体和成立时间要求:申请主体需要为我国境内依法成立时间一年以上的企业。三是满足股东背景、资金来源、投资真实性要求:说明境内股东或合伙人背景、资金来源以及境外投资项目真实性。四是满足申请主体的财务要求:最近一年出具的会计审计报告不能出现亏损,净资产回报率高于5%,同时资产负债率低于70%。

(3)境外投资备案申请流程。

境内企业股东需要向省级商务部门、发改委及国家外管分局办理ODI备案手续。一是商务部负责整体审批企业境外投资事项,为符合要求的企业颁发《企业境外投资证书》;二是发改委负责监管企业境外投资行业流向,为满足条件的企业颁发《境外投资项目备案通知书》;三是国家外管局负责监管外汇登记和资金出境的相关手续;四是备案手续完成后,需要根据《境内机构境外直接投资外汇管理规定》,在商业银行完成外汇登记手续;五是办理成功后境内企业会得到分别由商务部出具的"企业境外投资证书",发改委出具的"境外投资项目备案通知书",外汇管理局出具的"境外直接投资外汇登记证"。企业应在收到证书2年内在境外开展投资。

(4)需要注意的事项。

需要注意的是:如果是涉及敏感行业、敏感国家(地区),无论项目投资金额大小,一律须提交商务部和发改委进行核准。一是企业境外投资涉及敏感行业需要核准,具体包括:武器装备的研制生产维修、跨境水资源开发利用、新闻传媒。二是需要限制企业境外投资的行业包括:房地产、酒店、影城、娱乐业、体育俱乐部、境外设立无具体实业项目的股权投资基金或投资平台。三是企业境外投资涉及敏感国家和地区需要核准,具体包括:与我国未建交的国家(地区)。发生战争、内乱的国家(地区)。根据我国缔结或参加的国际条约、协定等,需要限制企业对其投资的国家(地区);其他敏感国家(地区)。四是实行核准管理的项目,投资主体应当通过网络系统向发改委提交项目申请报告,申请报告包括以下内容:投资主体情况。项目情况,包括项目名称、投资目的地、主要内容和规模、中方投资额等。项目对我国国家利益和国家安全的影响分析;投资主体关于项目真实性的声明。

2. 我国发改委对外投资的问题简答

(1)境内企业通过其控制的境外企业(设立时已核准/备案)再开展境外投资,是否还需要到当地发展改革部门办理境外投资项目核准/备案手续?

答:境内企业通过其控制的境外企业开展境外投资,若投资敏感类项目,则需要履行核准手续;若投资非敏感类项目,分两种情况:情况一,境内企业直接投入资产、权益或提供融资、担保,则需要履行备案手续;情况二,境内企业不投入资产、权益或提供融资、担保,则中方投资额3亿美元以上需要提交大额非敏感类项目情况报告表,3亿美元以下无须提交。

(2)境内企业通过其控制的境外企业开展中方投资额不超过3亿美元的非敏感类项目,是否既不需要备案也不需要提交项目情况报告表?

答:在此类情况下,若境内企业不投入资产、权益,也不提供融资、担保,则境内企业既不需要备案也不需要提交大额非敏感类项目情况报告表。

(3)在境外投资新设企业,是否需要到当地发展改革部门进行核准/备案?

答:需要。境外投资新设企业,属于《企业境外投资管理办法》(国家发改委令第11号)第二条第(六)款所述范围,应该在当地发展改革部门核准/备案。

(4)在商务部门履行企业境外投资有关手续,与在发展改革部门进行企业境外投资项目核准/备案,是否有先后顺序?

答:没有。

(5)《企业境外投资管理办法》(国家发改委令第11号)第二条"投入资产、权益或提供融资、担保等",其中"资产、权益"的范围是什么?

答:范围包括货币、证券、实物、技术、知识产权、股权、债权等各类资产、权益。

(6)企业开展境外投资,当前主要参考哪些政策性文件?

答:国务院层面,建议参考国务院办公厅转发国家发展改革委商务部人民银行外交部发布的《关于进一步引导和规范境外投资方向指导意见的通知》(国办发〔2017〕74号、2017年8月4日发文)。国家发改委层面,建议参考《企业境外投资管理办法》(国家发展改革委令第11号、2017年12月26日发文),以及相应的配套文本国家发改委发布的《关于企业境外投资管理办法配套格式文本的通知》(2018年)(发改外资〔2018〕252号、2018年2月9日发文)和《关于境外投资敏感行业目录的通知》(2018年版)(发改外资〔2018〕251号、2018年1月31日发文)等。商务部等其他部门层面请咨询相应部门。

(7)国务院办公厅转发国家发展改革委商务部人民银行外交部发布了《关于进一步引导和规范境外投资方向指导意见的通知》提到,"四、限制开展的境外投资"中所列(一)(二)(三)项须经境外投资主管部门核准,请问第(四)项"使用不符合投资目的国技术标准要求的落后生产设备开展境外投资"和第(五)项"不符合投资目的国环保、能耗、安全标准的境外投资"是否也需要核准?

答:第(四)项、第(五)项不需要核准。境外投资应符合投资目的国要求的技术、环保、能耗、安全标准。

(8)《境外投资敏感行业目录》(2018年版)(以下简称《目录》)中所称"武器装备的研制生产维修"具体指哪些境外投资活动?

答:《目录》所称"武器装备的研制生产维修",主要是指以下境外投资活动:武器装备的研发、生产、维修、保障等。

(9)《目录》中所称"跨境水资源开发利用"具体指哪些境外投资活动?

答:《目录》中所称"跨境水资源开发利用",主要是指以下境外投资活动:在流经两国或两国以上国境的河流上进行水资源开发利用。

(10)《目录》中所称"新闻传媒"具体指哪些境外投资活动?

答:《目录》中所称"新闻传媒",主要是指以下境外投资活动:新建或并购涉及时政且对国家安全有重要影响的境外新闻机构(含新闻网站)、出版机构、广播电视机构等。

(11)《目录》中所称"房地产"具体指哪些境外投资活动?

答:《目录》中所称"房地产",主要是指以下两类境外投资活动:一是从境内投入资产、权益或提供融资、担保等,在境外新建或并购住宅、商业地产项目以及并购用于建设住宅或商业地产的土地;二是从境内投入资产、权益或提供融资、担保等,在境外新建或并购房地产企业、向境外既有房地产企业增加投资、投资境外房地产信托基金等。另外《目录》中所称"房地产",不包括以下六类境外投资活动:①投资物业管理、房地产中介服务;②新建或并购企业自用的办公场所、员工宿舍等;③投资用于实体产业的基础设施建设和建筑开发,如产业园、科技园、仓储物流园等;④建筑企业以获取工程承包合同为目的,对拟承建的项目进行小比例投资;⑤已依法合规取得发展改革部门核准文件或备案通知书,但尚未完成的项目;⑥既不涉及境内投入资产、权益,也不涉及境内提供融资、担保等,全部从境外募集资金的项目。

(12)《目录》中所称"酒店"具体指哪些境外投资活动?

答:《目录》中所称"酒店",主是指以下境外投资活动:从境内投入资产、权益或提供融资、担保等,新建或并购星级酒店、旅游度假村、商务酒店、一般旅馆等。另外《目录》中所称"酒店",不包括以下四类境外投资活动:①投资不持有酒店物业资产的酒店管理业;②投资不含住宿的餐饮业;③已依法合规取得发展改革部门核准文件或备案通知书,但尚未完成的项目;④既不涉及境内投入资产、权益,也不涉及境内提供融资、担保等,全部从境外募集资金的项目。

(13)《目录》中所称"影城",具体指哪些境外投资活动?

答:《目录》中所称"影城",主是指以下境外投资活动:新建或并购境外电影院、院线公司。

(14)《目录》中所称"娱乐业"具体指哪些境外投资活动?

答:《目录》中所称"娱乐业",主是指以下境外投资活动:一是新建或并购境外室内娱乐设施(歌舞厅、电子游艺厅、网吧等);二是新建或并购境外游乐园、主题公园等;三是新建或并购境外彩票公司。

(15)《目录》中所称"体育俱乐部"具体指哪些境外投资活动?

答:《目录》中所称"体育俱乐部",主要指以下境外投资活动:新建或并购雇用(或租用)运动员从事体育竞技、表演、训练、辅导、管理的组织、机构、企业等。

(16)《目录》中所称"在境外设立无具体实业项目的股权投资基金或投资平台"具体指哪

些境外投资活动?

答:《目录》中所称"在境外设立无具体实业项目的股权投资基金或投资平台",主要是指以下境外投资活动:从境内投入资产、权益或提供融资、担保等,在境外设立无具体实业项目的股权投资基金或投资平台。另外《目录》中所称"在境外设立无具体实业项目的股权投资基金或投资平台",不包括以下两类境外投资活动:①既不涉及境内投入资产、权益,也不涉及境内提供融资、担保等,全部从境外募集资金的股权投资基金或投资平台;②境内金融企业已取得国内金融监管部门批准的情况下,在境外设立无具体实业项目的股权投资基金或投资平台。

三、我国企业境外直接投资的做法

由于国际上的并购一般有很严格的时间限制,有时候需要支付包括境外律师费在内的各种费用,而如果要求我国准备参与跨境并购的企业必须完成向监管部门报批的全套对外投资申请后才能对外支付,可能会因此失去并购机会。所以,我国很多企业在开展对外投资时,都会存在这样的疑问:我国企业可以在境外投资设立企业或收购境外企业并履行完成上述我国政府的监管程序之前,能先行向境外支付履约保证金、投标保证金、租用办公场地、聘用人员、聘用境外中介机构提供服务等所需的相关费用吗?根据我国现行监管规定,我国政府是允许我国企业在进行境外直接投资前,向境外汇出前期费用的。

汇出前期费用的条件是我国企业应当到其注册地银行完成"境内机构境外直接投资前期费用登记"。但是如果企业注册地外汇银行要求该企业提供其境外投资项目前期费用的发改委核准/备案文件,我国企业应当按照银行的要求办理好相关的申请手续。因此,我们强烈建议我国企业在办理境外直接投资的前期费用时,尽量在事前与银行进行详细的沟通,认真听取银行在我国企业申请办理"境内机构境外直接投资前期费用登记"时有哪些要求。

按照我国外汇管理局发布的《境内机构境外直接投资外汇管理规定》(汇发〔2009〕30号)和全国外汇市场自律机制制定的《境外直接投资外汇业务展业规范》的相关规定,我国企业汇出境外的前期费用的累计汇出额原则上不超过 300 万美元且不超过中方投资总额的 15%(两者取低)。如确有客观原因,前期费用累计汇出额超过 300 万美元或超过中方投资总额 15% 的,境内投资者需提交说明函至注册地外管局申请(外管局按个案业务集体审议制度处理)办理。特别提醒的是,凡是获批跨国公司资金集中管理的跨国公司成员企业的境内企业境外投资的前期费用额度,会因各地方的监管要求不同而不同,特别是各自贸试验区的成员企业更要关注这一点。

我国企业在汇出前期费用之日起 6 个月内仍未设立境外投资项目的,应向注册地外管局报告其前期费用使用情况并将剩余资金退回。如确有客观原因,开户主体可提交说明函向原登记银行申请延期,经银行同意,6 个月期限可适当延长,但最长不得超过 12 个月。

我国发改委于 2017 年 12 月 26 日公布,自 2018 年 3 月 1 日起施行的《企业境外投资管理办法》第十七条规定:"对项目所需前期费用(包括履约保证金、保函手续费、中介服务费、资源勘探费等)规模较大的,投资主体可以参照本办法第十三条、第十四条规定对项目前期费用提出核准或备案申请。经核准或备案的项目前期费用计入项目中方投资额。"

对我国申请办理境外投资前期费用企业的要求:一是境内公司最好成立满 1 年以上(成

立时间不满1年的企业,无法提供完整的经审计的财务报表的,一般无法通过审批部门的核准或备案);二是境内公司最近一年独立第三方会计师事务所出具的审计报告不能出现亏损;三是境内公司的净资产回报(收益)率(净利润/所有者权益)最好高于5%;四是境内公司的资产负债率(负债总额/资产总额)应低于78%。

第六节 境内企业的境外发债

我国境内企业到境外发行债券,既可以提升我国企业在境内外的影响力,又可以充分利用境内外两个市场开展融资,还可以为境内企业做好投身境外金融市场在控制风险方面的试点工作,更是我国优质企业积极融入国际大循环的具体行动表现。

一、境内企业境外发债概述

近年来,中资企业"走出去"步伐加大的一个表现是境外发债规模的快速提升。据国家发改委的公开数据,2021年,共有335家中资企业境外发行中长期债券592笔,金额合计1 946亿美元[①],在亚洲地区名列前茅。中资企业境外发债已成为境内企业利用外资的重要渠道。

(一)境内企业境外发债的特点

(1)属于企业债务融资,不会稀释企业原有的股权结构。

(2)对发债企业来说无须分期偿还本金,只需定期支付利息并于到期日一次性偿还本金,这对发债企业的短期现金流造成的压力较小。

(3)有利于拓宽企业的融资渠道,增加企业融资的灵活性。

(4)发行中长期的境外债券可以保证融资企业的债务稳定性。

(5)企业在境外发债的融资成本,相比于其在境内的融资来说相对便宜。

(6)相比企业通过银行贷款获得的融资,境外发债的条款较为宽松,这样就不会对公司的资金使用产生严格限制与约束。

(7)由于企业是在境外发行债券,因此更有利于提升企业在国际市场的知名度。

(8)由于在境外发债一般需要通过国际评级机构对企业进行评级审查和适用境外发债所在地的法律,因此更能促进我国企业尽快与国际接轨和按照国际惯例来开展企业的经营活动。对于集团企业而言,其可以选择集团直接发债或选择合适的境外子公司代替集团在境外发债。

(二)境内企业境外发债的意义

(1)响应国家号召,贯彻落实新时代国家战略,充分利用境外市场的优势开展境外发债业务,紧紧围绕中央赋予的"三大定位",培育新的开放动能和经济增长点。通过发行境外本外币债券来进行国际化布局,积极贯彻国家经济建设战略性方针和落实新时代国家发展战略。通过发行境外本外币债券,能有效吸引更多的境外资金积极参与国家战略和推进人民币国际化进程。

[①] 数据来源:中华人民共和国中央人民政府网站,http://www.gov.cn/xinwen/2022-01/19/content_5669220.htm。

(2)能够积极鼓励境内企业不断拓宽融资渠道,不断丰富投融资手段。开拓境外债券投融资渠道是我国境内企业投融资手段不断丰富的重要体现,有助于企业获得稳定、长期、价优、充足的境外本外币资金,不断增强企业融资的灵活性和有效性。

(3)促使境内企业积极亮相国际资本市场,不断扩大企业的世界影响力和知名度。企业在境外发行本外币债券的过程中,可以通过拜访境外投资者、境外路演、媒体报道等形式来提高在境外资本市场的知名度和美誉度,从而有助于落实我国招商引资与走向境外的政策,同时也能帮助境内企业获得更多来自国际金融机构和境外有实力公司的合作机会,为企业进一步推进自身国际化的发展打下坚实的信誉基础。

(4)通过境外发行本外币债券,也能够有效促进境内企业的转型升级。

(三)境内企业境外发债的途径

目前境内企业到境外发行本外币债券主要有以下几个途径:

(1)可以发行我国上海自贸试验区本外币离岸债券(简称"自贸债");

(2)直接到境外发行本外币的债券;

(3)通过我国各省市政府到境外发行本外币政府债券来供其使用。

上海自贸试验区离岸债券是指在上海自贸试验区发行的债券,该债券主要募集来自境外的资金,是近年来颇为流行的境内企业境外发债方式。

(四)境内企业发行上海自贸试验区离岸债券和直接发行境外债券的比较

(1)相同点。一是自贸债的发行主体实际上与我国以往发行境外债券的主体资格是相同的,这体现在自贸债的发行者可以是我国自贸试验区、境内外的金融机构或企业,以上这些企业也是完全可以到境外发行境外债券的。二是两者都属于境外债券的范畴,因而发债的监管方式也是相同的,如超过一年期的债券需提前取得国家发改委的中长期外债备案,发债募集资金调入境内均需通过外债专户等。三是发债的币种、利率定价、适用法律、信息披露规则以及业务流程均较为相似。四是自贸债虽然是在上海自贸试验区发行,而境外债券主要是在中国香港、澳门等境外地区或国家发行,但都可以自由选择债券挂牌上市的地点。

(2)不同点。一是投资群体有所不同。我国推出的上海自贸试验区离岸债券与真正的境外本外币债券虽然都具有境外债券的属性,但由于起步不久,有一定试验性质,目前市场主要投资者以中资金融机构为主。相较而言,境内企业到境外发行的境外本外币债券的投资者群体更广泛。二是发行地不同。自贸债目前主要是在上海自贸试验区发行,而境外本外币债券可以到境外任何具备条件的地方进行债券融资的(传统上是在中国香港、新加坡、中国澳门、伦敦、纽约等地)。三是清算方式不同。自贸债主要通过我国中央国债登记结算有限责任公司(简称"中债登")公司在自贸试验区提供跨境债券发行、登记托管、清算、结算、付息兑付、信息披露和估值等全面的一体化服务,替代了传统境外发债以及以欧洲清算所和明讯银行为主导的国际清算体制。

这里要强调的是,不管是哪里的投资者,如要投资自贸债或是境外本外币债券,都应认真分析债券的发行是遵从美国RegS条例还是遵从144A规定。为防范可能的风险,我国任何机构和企业,不管是发行人还是投资者,都要认真听取所聘请的境内外律师团队的意见,而且要按照律师团队的意见认真做好各方面的准备工作。

二、境内企业境外发债的基本环节

（一）前期沟通

就境内企业的境外债券发行,建议发行人与我国相关监管部门进行充分的事前沟通,向我国相关监管部门获取本次企业境外发债的备案事项[如中长期外债备案、内保外贷备案（如需）]。对于因各种因素未获评级的境内企业,也可以采取由金融机构担保等形式确保债券的顺利发行。此外,企业要特别与国家外汇管理局积极沟通,做好各发行机构下外债账户开立及资金回流、结汇使用等各项工作。

（二）项目启动

企业与承销商签署委任协议,并聘任法律顾问等其他第三方机构,参与各方共同召开的启动会议。

（三）项目执行

该环节主要涉及国际评级、债券发行材料准备及发改委备案申请。如采用金融机构或企业担保形式来发行境外债券,则无须获得主体的国际评级。国际评级工作主要包括：委任国际评级公司,根据评级尽调清单提供资料,协调公司完成现场工作及后续问答反馈等。债券发行材料主要包括募集说明书、交易协议、法律意见书、发行演示材料等。在制备这些发行材料过程中,发行人应配合第三方机构提供相关业务及财务资料。

（四）发行结算

在国际评级及债券发行相关准备工作完备后,企业选择适当市场时机公布国际评级及债券发行信息,并进行全球主要金融中心的路演,全程协调债券销售、定价、分配和结算工作,保障债券发行的顺利实施。

三、境内企业境外发债的具体流程

关于境内企业境外发债或发行自贸债,具体流程如下：

(1)发债申请：境内企业决定到境外或上海自贸试验区发行境外债券后,凡是债券期限超过 364 天的,都须向国家发改委备案。

(2)拟定发债主体：选择集团本部或境内外子公司作为发债主体。

(3)评级：境外债券一般须获得国际评级,少数债券也可按照"无评级"发行。

(4)拟定发债的服务机构：可以选定具有一定社会知名度、具有在境外发行债券经验和能够承销一定份额的商业银行、证券公司、保险公司或相关中介公司等。

(5)拟定发行债券条件：如发行××亿元的自贸试验区人民币债券或发行××亿美元（欧元、港元等）的境外债券,债券期限"×+×"年期,发行票面利率随行就市。

(6)发债主体选择债券承销机构,承销机构一般会承诺包销一定份额的债券,并对接更多的投资者。

(7)需要事前选择中国香港、中国澳门、新加坡、伦敦、法兰克福等地作为挂牌交易的地点,这就需要适用挂牌交易地点的法律,并且需要选用具有涉外经验的律师事务所。

(8)登记及清算：自贸债由中债登承担相关企业离岸债券的登记、托管和结算服务,境外债券由欧洲清算所和明讯银行（Clearstream）办理。

(9)境外债券发行时,发行人可以根据自身的业务需求灵活使用债券募集资金,包括将募集资金用于项目建设、偿还银行贷款、补充营运资金等,也可以借新还旧,实现资金的滚动使用。

四、境内企业所在地政府发行政府的境外债券

发行政府的境外债券须严格遵照财政部《地方政府债券发行管理办法》(财库〔2020〕43号)的精神,并通过财政部向国务院提出在境外发行地方政府债券的申请。地方政府自行发行的政府债券,募集资金主要用于指定企业在交通基础设施、生态环保、市政基础设施建设等项目,促进经济社会发展。以后每年视当地政府的财政资金情况,由当地政府自行发行相应金额和期限的新增债券、再融资债券、置换债券的政府债券。

关于境内企业所在地政府发行政府的境外债券,具体流程如下:

(1)发债申请:向财政部申请发行某地方政府债券,专项用于某企业在国内开展的项目。

(2)拟定发债金额和期限:如合计××亿元(或等值美元)、期限×年。

(3)发债评级:一般不需要评级。当然也可以由当地政府选择国内著名、可靠的评级公司进行评级。

(4)承销机构:承销团成员可以是中国境内依法成立的金融机构,也可以是香港的相关机构。

(5)组建承销团:为保证债券的成功发行,金融机构应成立承销团。当地政府应当按照有关法律法规,在平等自愿基础上与债券承销团成员签署债券承销协议,明确双方权利和义务。承销团成员可以书面委托其分支机构代理签署并履行债券承销协议。

(6)簿记建档:在香港完成债券的簿记建档。

(7)政府发行境外债给本地优质企业专项使用的核心问题。一是发行政府债券给企业使用,需要各地政府的同意,目前来看是有一些障碍的;二是设立具有强大分销能力的承销团,同时发债政府也进行适当的让利,确保债券成功发行。

五、Reg S 条例与 144A 规则的简介

境外发行债券的市场规则主要包括 RegS 条例(Regulation S 或称 S 条例)与 144A 规则,它们都是美国相关法律条例,是全球范围内备受欢迎、应用最广的两个条例。

(一)Reg S 条例

RegS 条例对于非美国地区和 144A 规则相关的投资(离岸投资)做出了相关规定。根据 RegS 条例,如果一家美国公司或外国公司的证券在美国境外发行,则该发行不再受美国证券法信息披露规则的管辖。境外投资者受惠于 RegS 条例提供的豁免,可以参与美国发行商发行的适用 RegS 条例的债券及股权等证券的投资,大大降低了境外资产配置在合规性方面的难度,也使一些资产未达到、未认证为合格投资人的投资者有了投资美国的可能。

(二)144A 规则

由于美国法律对证券发行有严格的注册和信息披露要求,许多外国公司因此不愿在美国资本市场发行证券。为此美国证监会颁布实施了"144A 规则",主要目的是吸引外国企业在美国资本市场发行证券,提高美国国内私募证券市场的流动性和有效性。根据 144A 规则的规定,发行人可以发行不受美国证监会的注册和信息披露要求限制的证券,但这类债券或票据只能在私募市场向合格的机构认购者发行。业界普遍认为,除 IPO 上市之外,通过

144A 规则发售是最高效、最快速的融资方式，144A 规则可一次性融资上亿美元甚至是数十亿美元，像微软、苹果这样的大公司也在发行 144A 规则债券，替代股票或销售额外股本的发行。

(三) Reg S 条例与 144A 规则的共同点

(1) Reg S 条例与 144A 规则都是针对投资者是否合格的条款，均以非公开的形式发行。

(2) RegS 条例与 144A 规则在定价方面一般不存在巨大的差异，否则就会产生市场上的规则套利行为。

(3) 在信用研究规定方面，RegS 条例与 144A 规则根据法律规定都可以进行交易前研究，主要是指以下内容：第一，这里的信用研究是指发行人给投资人提供资料。第二，从信用研究这个角度来看，RegS 条例和 144A 规则没有差别，都是要确保它们根据各自满足豁免注册 (Registration) 的要求。信用研究问题在于是否构成未经授权的招股说明书。如果未经授权，144A 规则的豁免将丢失，那么约定俗成就是我们以什么程序来保障符合豁免。譬如说投行的研究报告，往往规定在发行若干天以前在美国以外传送，就不算违法豁免，如果太靠近发行日才传送，就有破坏豁免之嫌。

(四) Reg S 条例与 144A 规则的区别

(1) 144A 规则的债券是由美国国内或国际公司为美国投资者创建的私募配售，而 RegS 条例的债券是为国际投资者发行的债券，两者最主要的差异在于，是否能面向美国境内合格机构投资者发行。

(2) RegS 条例下的证券发行仅面向美国境外的机构性投资者，主要是以亚洲及欧洲地区的投资者为主，在这类发行结构下，发行人不能直接向美国账户发售或出售，例如不能通过美国路演的方式发行。144A 规则债券则可以向美国境内合资格机构投资者发行。

2020 年 10 月 15 日，我国财政部成功发行了总计 60 亿美元的主权债券。这是中国首次选择 RegS 条例与 144A 规则的双规则发行美元主权债，意味着首次引入美国在岸投资者购买。我国财政部发行的总计 60 亿美元的主权债券中，3 年期主权债规模为 12.5 亿美元，发行利率为 0.4%；5 年期 22.5 亿美元，发行利率为 0.55%；10 年期 20 亿美元，发行利率为 1.20%；30 年期 5 亿美元，发行利率为 2.25%。在这次发行中，美国投资者参与度整体超过 15%，他们对 10 年期和 30 年期债券关注度更高。

第七节　发行境外债券的国际信用评级

一、发行境外债券国际信用评级的作用

发行境外债券国际信用评级是对发行者的监督和投资者的保护。

我国金融机构和企业到境外发行债券，有个约定俗成的要求，就是需要国际评级机构对所发行的债券进行国际信用评级。进行国际信用评级的最突出作用，就是对我国金融机构和企业到境外发行的债券，能否执行债券的发行公告、能否如期还本付息等向全世界公示。特别是境外投资者往往对我国金融机构和企业不够熟悉，无法判断其发行债券的优劣和定价是否公允。国际评级是衡量发行人或其发行证券信用风险的最佳衡量标准。

一般而言，我国企业在境外发行债券时会通过相关渠道刊登债券发行公告，将境外债

发行者的经营、风险、财务等以及债券结构、担保事项等有关信息向全社会公布。对绝大多数境外债券的投资者而言，他们在专业能力、风险控制能力和财务分析能力方面与机构投资者及第三方中介机构相比处于弱势地位，而且他们也无法像机构投资者及第三方中介机构拥有充分的财力、时间和专业人员对债券发行人进行全面、深入的尽职调查。

境外债券的国际信用评级就是对该债券能否按期、足额地进行本金和利息偿付的信用风险的评审，并将评审结果用最简单直观的信号向全世界公布。借助境外债券的国际信用评级，投资者就能非常容易地了解债券的风险情况，并对境外债券发行地一级市场上的所有债券进行综合分析和比较，掌握市场上各种债券的不同信用级别、不同收益、可能的风险及其变化趋势，从而选择自身投资风格、投资收益和风险承受能力要求的债券品种。在境外债券的二级市场上，债券投资者也可根据国际评级机构公布的债券信用评级情况，及时调整自己原来持有的债券品种，使得债券投资的风险与收益能够满足自己的投资理念和投资要求，并有助于做好对投资组合的风险控制。

二、国际信用评级概述

国际信用评级（又称资信评级、资信评估、信用评估）是指由独立、中立的专业国际评级机构，接受评级对象的委托，根据"独立、公正、客观、科学"的原则，以评级事项的国际标准、国际惯例、相关国家的法律规定和制度为依据，运用科学严谨的分析技术和方法，对评级对象履行相应的经济承诺的能力及其可信任程度进行调查、审核、比较、测定和综合评价，以简单、直观的符号（如 AAA、AA、BBB、CC 等）表示评价结果，公布给社会大众的一种评价行为。

自 1975 年美国证券交易委员会（SEC）认可穆迪、标准普尔和惠誉三家评级机构为"全国认定的评级组织"（Nationally Recognized Statistical Rating Organization，NRSRO）后，三家机构就垄断了国际评级市场。因此在境外发行债券时，一般都聘用穆迪、标准普尔和惠誉三家评级机构提供国际信用评级。

SEC 对评级机构的认可，已从只是对全国认可的统计评级机构——NRSRO 的概念性认可向有确定标准的认可模式转变。NRSRO 最初只是 SEC 提出来的一个概念，虽然广泛应用于证券监管等目的，但 SEC 从未在任何一部法规中正式规定什么是 NRSRO。针对包括美国证券市场在内的欧洲、中国香港等证券市场各方对 SEC 认定包括穆迪、标准普尔、A. MBEST 等 5 家机构为 NRSRO 的做法以及 NRSRO 有可能形成垄断，从而导致其评级结果失去真实性和公允性颇有异议。SEC 决定对 NRSRO 的定义、如何监管等做出明确规定。SEC 于 2007 年正式实施了《SEC 对认可评级机构的定义》。SEC 在评判一个评级机构是否符合 NRSRO 时，提出了以下 8 项关键指标：(1)评级分析师的培训和素质（和评级分析师对相关信息的分析与理解能力有关）；(2)评级分析师平均负责多少次评级（关系评级分析师是否能够持续跟踪和评价其评级结果）；(3)对信息来源的检查以及对评级过程中信息完整性的评价（关系评级信息基础的质量与范围）；(4)评级机构与发行主体管理层（包括管理高层和其他相关部门）的接触（关系发行主体的管理能力和可信度，以及更好地了解发行主体的财务和经营情况）；(5)评级机构的组织结构（包括不受被评对象控制，不受与相关业务或分支机构的潜在利益冲突影响，而有独立运作能力）；(6)评级机构如何确定和控制这些利益冲突；(7)防止非公开信息错误使用的内部管理制度及其严格执行情况；(8)评级机构的财务实力(与之相关的是,一个机构是否有足够的财力资源来确保在经济压力下的独立运作能力,不受被评对象控制,足够数量、受过良好教育和具有经验丰富的人员队伍)。

三、国际三大评级机构概述

国际三大评级机构分别是标准普尔(Standard & Poor's,简称"标准普尔")、穆迪投资者服务公司(Moody's Investors Service,简称"穆迪")和惠誉国际信用评级有限公司(Fitch Ratings,简称"惠誉")。

(一)标准普尔

标准普尔创立于1860年,是普尔出版公司和标准统计公司在1941年合并而成的世界权威金融分析机构,总部位于美国纽约市。2019年1月,美国标准普尔全球公司获准进入中国信用评级市场。

(二)穆迪投资者服务公司

穆迪投资者服务公司由约翰·穆迪于1909年创立,起初主要对铁路债券进行信用评级,穆迪公司的总部设在美国纽约,其股票在纽约证券交易所上市(代码MCO)。穆迪投资者服务公司现已在12个国家开设了15个分支机构,投资信用评估对象遍布全球。

(三)惠誉国际信用评级有限公司

惠誉国际信用评级有限公司是唯一的欧资国际评级机构,总部设在美国纽约和英国伦敦。业务范围包括金融机构、企业、国家、地方政府和结构融资评级。在全球设有40多个分支机构,拥有1 100多名分析师。2020年5月,惠誉国际信用评级公司获准进入中国信用评级市场。

国际三大评级机构是世界各国政府、金融机构和实体公司的"命运的掌控者"。标准普尔侧重对企业的评级,穆迪侧重对机构融资的评级,惠誉侧重对金融机构的评级。

四、国际三大评级机构信用等级的标设

(一)标准普尔的信用等级

标准普尔公司的长期评级主要分为投资级和投机级两大类。投资级的评级具有信誉高和投资价值高的特点,投机级的评级则信用程度较低,违约风险逐级加大。投资级包括AAA、AA、A和BBB,投机级则分为BB、B、CCC、CC、C和D。信用级别由高到低排列,AAA级是最高信用等级;D级最低,视为对条款的违约。标准普尔的短期评级共设六个级别,依次为A-1、A-2、A-3、B、C和D。其中A-1表示发债方偿债能力较强,此评级可另加"+"号表示偿债能力极强。

(二)穆迪投资者服务公司的信用等级

穆迪投资者服务公司的长期评级共分九个级别:Aaa、Aa、A、Baa、Ba、B、Caa、Ca和C。其中,Aaa级债务的信用质量最高,信用风险最低;C级债务为最低债券等级,收回本金及利息的机会微乎其微。穆迪的短期评级依据发债方的短期债务偿付能力从高到低分为P-1、P-2、P-3和NP四个等级。

(三)惠誉国际信用评级有限公司的信用等级

惠誉国际信用评级有限公司的长期评级用以衡量一个主体偿付外币或本币债务的能力。惠誉的长期信用评级分为投资级和投机级,其中,投资级包括AAA、AA、A和BBB,投

机级则包括 BB、B、CCC、CC、C、RD 和 D。以上信用级别由高到低排列，AAA 等级最高，表示最低的信用风险；D 为最低级别，表明一个实体或国家主权已对所有金融债务违约。惠誉的短期信用评级大多针对到期日在 13 个月以内的债务。短期评级更强调的是发债方定期偿付债务所需的流动性水平。短期信用评级从高到低分为 F1、F2、F3、B、C、RD 和 D。

第八节　发行境外债券的增信

我国企业到境外发债的主体，既可以是我国企业的境内母公司，也可以是我国企业在境外设立的子公司。当我国企业准备到境外发行债券时，如果由于各种原因不便让国际三大评级机构对其进行评级，或者由于国际评级机构进行评估的时间较长，或者国际评级机构的收费较高，又或者无法评到投资级时，那么我国企业的境外发债可以采用增信的办法替代评级。增信办法可以有多种，我们这里专门介绍一种简单、实用、方便和具有强大公信力的增信办法，即由我国金融机构为我国企业的境外发债开立备用信用证进行增信。

一、备用信用证简述

备用信用证（Standby Letters of Credit，SBLC）简称备用证，又称担保信用证，是指不以清算商品交易的价款为目的，而以融资或担保债务偿还为目的所开立的信用证。

备用信用证兼具见索即付保函的担保功能和跟单信用证的结算功能，因此更受国际市场的欢迎，已广泛应用于我国企业的境外融资业务。

备用信用证更多应用于境外发债的增信业务。每当我国企业在境外发行债券时，常由商业银行提供备用信用证，为企业发行债券提供让投资者放心的增加信用办法。

使用备用信用证进行担保可以更快、更好、更省地帮助我国企业境外发债。我国企业在境外发债时，如能获得国际上认可的商业银行（即国际评级达到投资级的商业银行）所开立的备用信用证，则能依靠国际上认可的商业银行的信用担保，将境外发债的信用等级直接提高到投资级以上，就能让更多的境外债券投资者以更加安全和收益稳定的方式来购买企业的境外债券。这样既能有效降低发债成本，又能扩大投资债券的主体范围，还能缩减发债时间，并能提高融资效率。

提供备用信用证为我国企业在境外发债进行担保还能发挥商业银行信用评级远高于发债企业的特点，拓宽商业银行的国际业务范围，加大商业银行与我国企业的境内外合作的深度和广度，增加优质企业的业务黏性及客户忠诚度。同时也有利于提升我国商业银行的国际知名度，为今后这些商业银行走向国际舞台培育更多的潜在客户。

二、备用信用证为我国企业在境外发债进行担保的需求不断增加

国内企业想要从境外投资者获取低成本的发债募集资金，通过我国商业银行开出的备用信用证增信是一种不错的方式，也有利于提升境外投资者对我国企业的信任度。

一旦我国企业成功使用备用信用证在境外发行债券，这家企业未来再通过境外的子公司申请融资时，就能得到境外子公司所在地银行的信任，从而获得更多的支持。

自全球新冠疫情暴发以来，世界上主要经济体和各大国的中央银行普遍通过超发货币来应对疫情而导致全球范围的资金流动性泛滥，同时也极大拉低了境外的融资成本。我国

大量企业作为本次抗击全球新冠疫情的主力军，不断拓展生产能力，从而产生了去境外进行低成本融资的强大需求。而我国企业到境外发债在有效降低融资成本方面的示范性作用越来越强，吸引越来越多的境内企业积极尝试到境外进行发债，这给了商业银行的发债增信业务巨大的市场机会。

我国企业采用备用信用证为我国企业的境外发债进行担保，备用信用证能够降低我国企业境外发债的实际利率。这是因为利用备用信用证开立行的评级为企业节省的财务成本要大于备用信用证开证成本。备用信用证的开立银行往往是拟发债企业的长期合作银行，能够全面掌握企业的财务状况和经营信息，尽职调查更为全面，开立备用信用证的担保费大致为年化 0.5%~2.5% 不等，而且担保费的收取比例也比较灵活。

我国企业采用备用信用证为境外发债提供担保能够极大地提高我国企业境外债券的评级、降低发行费用和提升发行效率。境外市场的债券投资者对由银行备用信用证担保发行的债券接受程度普遍较高，债券评级能够直接上调至该备用信用证开立银行的优先级无抵押债券水平，既能节省评级成本，也能降低债券路演的经济成本和时间成本。我们分析了我国企业境外发债的许多案例，我国企业采取备用信用证担保的境外债券的发行周期一般在两个月以内，企业基于采用国际信用评级的平均发行周期则长达三个月以上。

作者感悟 2

我们曾经为某大型央企的一家子公司策划发行境外债券的业务。这单业务的特殊之处在于，企业根本不知道如何发行境外债券，对债券的用途、律师行的选择、遵守何种条款、发行的费用和发行的价格等都只有初步的了解。当我们为此忙碌了 72 小时为该公司设计了发行方案后，对方非常认可我们的方案，却提出了一个让我们瞠目结舌的要求，那就是本次发债所有的发行成本不能超过该公司在香港的一笔跨境人民币的融资成本。这显然是只考虑了融资成本，而未充分考虑境外债券的中介费用和境外债券市场价格波动等各种复杂因素。虽然我们理解该公司的想法，但对我国企业缺乏对境外发行债券的基本常识的了解而感到十分遗憾，由此也更加触发了我们要认真写好本书的强烈愿望。

第九节　全口径跨境融资

一、全口径跨境融资的概念

全口径跨境融资是指我国居民企业从非居民融入的本外币资金。而全口径就是在跨境融资层面上，将本币与外币、中资与外资、短期与中长期、表内与表外统一进行的一体化管理。我们这里介绍的全口径跨境融资业务仅仅是我国金融机构和企业向非居民办理的本外币借款，并不涉及我国金融机构和企业在境外发行本外币债券等业务。

中国人民银行决定，自 2016 年 5 月 3 日起，将本外币一体化的全口径跨境融资宏观审慎管理试点扩大至全国范围内的金融机构和企业。中国人民银行和国家外汇管理局不再对金融机构和企业实行外债事前审批,而是由金融机构和企业在与其资本或净资产挂钩的跨境融资上限内,自主开展本外币跨境融资。

全口径跨境融资宏观审慎管理政策构建了跨境融资宏观审慎约束机制,对本外币跨境融资实行一体化管理。对于企业和金融机构而言,今后可以利用境内、境外两个市场融资,利用不同的利率和汇率降低成本,增加收益。具体而言,企业和金融机构可根据境外市场的外币融资利率加上汇率对冲产品成本后所得的综合成本与境内人民币贷款成本对比后,自由选择成本更低的融资方式解决融资需求,外债借款事项不再需要外汇管理局事前审批。企业和金融机构从境外借入低成本的资金,降低了融资成本,改善了以往"融资难、融资贵"的状况。

二、全口径跨境融资宏观审慎管理

全口径跨境融资宏观审慎管理改变了原来跨境融资逐笔审批、核准额度的前置管理模式,为每家金融机构和企业设定与其资本或净资产挂钩的跨境融资风险加权余额上限。其用公式表示为:

$$\text{企业的跨境融资风险加权余额上限} = \text{净资产} \times \text{跨境融资杠杆率} \times \text{宏观审慎调节参数}$$

特别提醒的是,凡是获批跨国公司资金集中管理的跨国公司成员企业的全口径跨境融资的宏观审慎调节参数,会因各地方的监管要求不同而变化,特别是各自贸试验区内的成员企业更要关注这一点。

银行类金融机构的跨境融资风险加权余额上限用公式表示为:

$$\text{银行类金融机构的跨境融资风险加权余额上限} = \text{一级资本} \times \text{跨境融资杠杆率} \times \text{宏观审慎调节参数}$$

非银行类金融机构的跨境融资风险加权余额上限用公式表示为:

$$\text{非银行类金融机构的跨境融资风险加权余额上限} = \text{资本(实收资本或股本+资本公积)} \times \text{跨境融资杠杆率} \times \text{宏观审慎调节参数}$$

目前,企业和非银行类金融机构的杠杆率为2,银行类金融机构的杠杆率为0.8,金融机构和企业所借各项跨境融资经期限、类别和货币错配等转换因子调节后的跨境融资风险加权余额不能超过其上限,但上述杠杆率会随着我国宏观经济形势、外汇监管要求等情况的变化而调整。

三、全口径跨境融资起源于外商投资企业的投注差规定

投注差是指外商投资企业在投资总额和注册资本的差额范围内可自行借用外债,即企业的中长期外债余额、短期外债余额以及对外担保履约额之和,不得超过其投资总额与注册资本的差额。例如,一家外商投资企业的投资总额是1亿美元,实际到位的资金为4 000万美元,那么这家外商投资企业的投注差就是6 000万美元,也就是说,这家外商投资企业可以到境外自行借用6 000万美元的外债。

投资总额的概念是我国计划经济的产物。在计划经济体制下,为了控制全国投资规模,国家计划管理部门对企业的投资总额进行了限定。外资企业的投资总额是指按照企业设立的合同、章程规定的生产规模需要投入的基本建设资金和生产流动资金的总和。为了保持投资总额与注册资本的合理比例关系,1987年3月1日,国家工商管理局发布了《关于中外

合资经营企业注册资本与投资总额比例的暂行规定》，明确了合资企业的投资总额与注册资本的比例，外商独资企业及中外合营企业也比照执行。

《关于中外合资经营企业注册资本与投资总额比例的暂行规定》的具体内容为：投资总额在300万美元以下的中外合资经营企业，注册资本至少应占投资总额的十分之七；投资总额在300万～1 000万美元的中外合资经营企业，注册资本不得低于投资总额的二分之一；投资总额在1 000万～3 000万美元的中外合资经营企业，注册资本至少占投资总额的五分之二；投资总额在3 000万美元以上的中外合资经营企业，注册资本至少占投资总额的三分之一。

跨境融资风险加权余额计算中的本外币跨境融资包括企业和金融机构（不含境外分支机构）以本币和外币形式从非居民融入的资金，涵盖表内融资和表外融资。以下业务类型不纳入跨境融资风险加权余额计算：一是企业和金融机构因境外机构投资境内债券市场产生的本外币被动负债，境外主体存放在金融机构的本外币存款，合格境外机构投资者（QFII）或人民币合格境外机构投资者（RQFII）存放在金融机构的 QFII、RQFII 托管资金，境外机构存放在金融机构托管账户的境内发行人民币债券所募集的资金。二是贸易信贷、贸易融资。企业涉及真实跨境贸易产生的贸易信贷（包括应付和预收）和从境外金融机构获取的贸易融资，金融机构因办理基于真实跨境贸易结算产生的各类贸易融资。三是集团内部资金往来。企业主办的经备案的集团内跨境资金集中管理业务项下产生的对外负债。四是境外同业存放、拆借、联行及附属机构往来。金融机构因境外同业存放、拆借、联行及附属机构往来产生的对外负债。五是自用熊猫债。企业境外母公司在中国境内发行人民币债券并以放款形式用于境内子公司的。六是转让与减免。企业和金融机构跨境融资转增资本或已获得债务减免等情况下，相应金额不计入。中国人民银行可根据宏观金融调控需要和业务开展情况，对不纳入跨境融资风险加权余额计算的业务类型进行调整，必要时可允许企业和金融机构某些特定跨境融资业务不纳入跨境融资风险加权余额计算。

四、其他外债数量控制方式

外商投资性公司的外债规模按以下原则管理：注册资本不低于3 000万美元的，其外债余额不得超过已缴付注册资本的4倍；注册资本不低于1亿美元的，其外债余额不得超过已缴付注册资本的6倍。

外商投资租赁公司对外借款，应根据外商投资租赁公司提供的上年度经审计的报表，计算出上年度末风险资产总额（A），再计算净资产的10倍（B），然后将（B－A）作为新年度期间该公司可新借外债的余额的最高限额。借用外债形成的资产全部计算为风险资产。年度期间实际可借外债额度为该公司可新借外债的余额的最高限额乘以外方股东注册资本金到位比例。

五、全口径跨境融资的管理模式

外商投资企业可以在现行"投注差"管理模式和宏观审慎管理模式下任选一种模式适用。外商投资企业应于第一次办理外债签约备案（登记）时，向所在地外汇管理局提交书面备案报告，明确其在过渡期内选择的跨境融资管理模式。如选择宏观审慎管理模式，应同时报告最近一期经审计的净资产数据。跨境融资管理模式一经确定，不得变更。

我国企业每年应及时更新跨境融资及权益相关的信息。我国企业应于每年第一次办理外债签约备案（登记）时，向所在地外汇管理局提交上年末或最近一期经审计的财务报告，用以书面备案其上年末或者最近一期经审计的净资产数额。企业跨境融资合同主要条款（如期限、金额、债权人等）发生变化的，企业应按照《外债登记管理办法》的相关规定，在发生变化后的 15 个工作日内，到所在地外汇管理局办理外债签约变更备案（登记）。特别提醒的是：成立不足一年的企业，如无法提供经审计的财务报告，暂不允许按照宏观审慎管理模式举借外债。

我国企业经其他外债管理部门批准的境内机构逐笔借用外债，纳入该企业跨境融资风险加权余额范围计算的。我国企业经其他外债管理部门（如发改委）批准逐笔借用外债的，可以按相关部门批准的签约金额办理外债签约备案登记。办理签约备案后，企业跨境融资风险加权余额尚未超过按照《中国人民银行关于全口径跨境融资宏观审慎管理有关事宜的通知》计算的跨境融资风险加权余额上限的，仍可正常办理新签约外债的备案（登记）；超过上限的，除外债管理部门另行批准外，不得再办理新的外债签约备案登记。

在我国现行外债管理制度的框架范围内，企业到外汇管理局办理外债签约备案（登记）后，在所登记的金额内均可自行提款。考虑到可能存在一笔外债、多笔提款的情况，为保证企业借用外债不超过其跨境融资风险加权余额上限，应按照如下原则计算：已进行全额提款的非循环类贷款按未偿本金余额占用跨境融资风险加权余额，其他外债（循环贷款、未提款或部分提款的非循环贷款，含正在申请备案的本笔外债）按签约额占用跨境融资风险加权余额。

"外保内贷"履约后形成的对外负债纳入跨境融资风险加权余额内。企业自主借用外债更加便利，而且规模（净资产 2 倍）也比较宽松，因此境内企业由于"外保内贷"履约形成的对外负债，应直接占用该企业跨境融资风险加权余额，不再额外给予其他额度。

2017 年 1 月 11 日，中国人民银行发布《中国人民银行关于全口径跨境融资宏观审慎管理有关事宜的通知》（银发〔2017〕9 号，以下称"9 号文"）。与 2016 年 4 月 29 日中国人民银行发布的《中国人民银行关于在全国范围内实施全口径跨境融资宏观审慎管理的通知》（银发〔2016〕132 号，以下称"132 号文"）相比，9 号文改革的内容如下：一是不管是外资企业还是内资企业，跨境融资额度上限升至企业净资产的 2 倍；二是外币及人民币贸易融资（如信用证）均不纳入限额管理，132 号文仅将人民币贸易融资排除，而将外币贸易融资额的 20％计入余额计算；三是金融机构提供"内保外贷"按 20％计算额度占用，132 号文则为 100％；四是明确境外机构境内的本外币存款及投资境内债券市场的本外币资金，不占用金融机构额度，132 号文仅排除了人民币；五是明确境内金融机构向境外的同业拆借不占用金融机构额度；六是明确了 QFII 及 RQFII 存放在境内的托管资金不占用金融机构额度；七是明确境外机构存放在境内的人民币债券募集资金不占用金融机构额度；八是将境外银行（含港澳台地区）的境内分行视同境内外资银行管理；九是 9 号文过渡期为自 2017 年 1 月 11 日起一年，132 号文的过渡期为自 2016 年 5 月 3 日起一年；十是明确过渡期结束后，外资金融机构强制按 9 号文规定执行。

特别提醒：借用的外债一旦归还后，即不占用额度。另外，获批跨国公司资金集中管理的跨国公司成员企业，其跨境调拨资金额度会因各地方或自贸试验区的监管要求不同而变化。

六、全口径跨境融资的具体操作

(一)选择全口径跨境融资的合适借款主体

这里首先要将财政部平台公司名单内的企业和我国房地产企业排除在外。其次是对一些由我国地方政府出资成立的城投公司、开发公司是否能做全口径跨境融资业务,我们在此强调还是要与财政部的口径一致并征询当地外汇管理局的意见。

(二)选择全口径跨境融资的合适贷款主体

按照我国监管规定,境外的外资金融机构、企业和个人,都可以为我国机构和企业办理全口径跨境融资业务。但实务中,真正能为我国机构和企业办理全口径跨境融资业务的,主要是外国银行(如汇丰银行、渣打银行、星展银行、大华银行、花旗银行、德意志银行等)、港澳银行(如东亚、星展、恒生、永隆、大新等港资银行和澳门国际银行)、中资银行的境外分支机构以及我国4家离岸银行等。

(三)选择全口径跨境融资的合适借款货币

按照我国全口径跨境融资的监管规定,我国符合条件的金融机构和企业是可以办理本外币的全口径跨境融资业务的。我国金融机构和企业应根据借款用途、还款资金的来源、融资币种的价格、融资币种结汇成人民币、还款时人民币购汇成借款币种的价格、借款时间、错币种融资的风险控制等多种因素选择最合适的融资币种。

(四)选择全口径跨境融资合适的期限

按照我国全口径跨境融资的监管规定,我国金融机构和企业可以办理中长期全口径跨境融资业务。从控制风险的角度来考虑,我们建议,凡是借款币种和还款币种完全一致的,全口径跨境融资的期限就可以完全依照借款主体的自身需求来决定。但是,错币种的中长期全口径跨境融资业务还是要从还款时银行是否有相应的外币币种、是否有足额的还款资金来源以及是否有便宜的错币种的锁汇产品等因素,进行严格和仔细的研判。

举例来说,如果我国有一家企业需要向我国某银行的离岸中心举借3年期5 000万美元的全口径跨境融资,但这家企业的实际用途是需要使用人民币资金,且还款来源也只能通过人民币购汇还款,就意味着该企业需要在贷款发放当日将5 000万美元结汇成人民币使用,同时需要办理3年期的人民币远期购汇以锁定3年后还款时购汇的汇率价格。否则,借款企业仅能按3年后还款当日的人民币即期购汇价格进行购汇还款。尽管这两种方式都是针对同一笔贷款的本金及相应利息做的购汇,但购汇价格可能天差地别。若选择还款当天购汇偿还的方式,这家借款企业就面临着一个不确定性,即无法预测还款当日的人民币兑换美元的汇率价格较借款日是升水还是贴水,若恰好还款日的人民币汇率较借款日大幅贬值,则这家企业需要用更多的人民币来兑换美元,实际上变相增加了借款成本,而这种风险是无法预测的,因此这种方式显然存在很大的汇率风险。因此,若在借款日当天就在市场上寻找3年后的人民币远期购汇的交易对手来锁定人民币购汇的价格,无疑可以帮助企业避免汇率风险。此时的问题就剩下在借款日当天,这家企业能否在市场上找到金融机构来办理价格合适的3年期人民币远期购汇业务。目前来看,市场上的金融机构普遍可以提供这样的产品。但若借款期限延长至5年、7年甚至10年时,则相应期限的远期购汇产品要么难以寻找、要么价格极高。因此,针对期限更长的业务,我们能否采用一种特殊的办法,从这家企业办理全口径跨境融资业务的当日开始,就一直密切跟踪市场上人民币汇率的波动情况,在合适的时机办理远期人民币购汇业务,这就是择期购汇的理念。但择期购汇面临的风险是无法预料及控制的,贷款期限内人民币较美元可能持续贬值,汇率风险不断增大。因此,除非企业具备专事汇率风险研究及管理的团队,且团队具有丰富的外汇业务经验,愿意采用择期购汇等方式控制汇率风险,否则我们更建议缩短贷款期限或者将贷款币种和还款币种统一。

(五)全口径跨境融资的借款主体必须办理外债登记手续

全口径跨境融资的借款主体需要到所在地外汇管理局办理外债登记手续。借款主体应提前与当地外汇管理局进行咨询,并且必须按照当地外汇管理局的要求做好相关的申请和登记手续。目前,全口径外债贷款的外债登记分为逐笔登记和一次性登记两种模式。企业办理跨境融资签约登记后,一般在贷款银行的境内分支机构开立外债专户,贷款银行根据借款人提款、还款安排,为借款企业办理资金发放。企业融入资金的使用应符合国家相关规定,用于自身的生产经营活动,以及在法律法规允许的资本项下支出,并遵守以下规定:(1)不得直接或间接用于企业经营范围之外或国家法律法规禁止的支出;(2)除另有明确规定外,不得直接或间接用于证券投资;(3)不得用于向非关联企业发放贷款,经营范围明确许可的情形除外;(4)不得用于建设、购买非自用房地产(房地产企业除外)。境内机构与其他当事人之间对资本项目收入使用范围存在合同约定的,不得超出该合同约定的范围使用相关资金。企业可以自由选择按照支付结汇或意愿结汇使用其外汇资金。

第十节 跨境担保业务

一、跨境担保简述

(一)跨境担保的概念

跨境担保是指担保人向债权人书面做出具有法律约束力、承诺按照担保合同约定履行的相关付款义务,并可能因此产生资金跨境收付或资产所有权跨境转移等国际收支交易的担保行为。

(二)跨境担保的类型

按照我国监管部门的规定,我国跨境担保类型分为内保外贷、外保内贷和其他形式跨境担保。

1. 内保外贷

内保外贷是指担保人注册地在境内、债务人和债权人注册地均在境外的跨境担保。内保外贷业务既有金融机构保函项下的融资业务,也有企业跨境担保项下的业务。内保外贷业务的核心是要按照穿透原则来分析业务用途的合规风险以及境外借款人是否具备还款能力,防范业务依靠境内担保履约还款的风险。

2. 外保内贷

外保内贷是指担保人注册地在境外、债务人和债权人注册地均在境内的跨境担保。外保内贷业务不能因为有境外金融机构的保函或担保品,就忽视境内企业借款资金用途的合规性。

3. 其他形式跨境担保

其他形式跨境担保是指除前述内保外贷和外保内贷以外的其他跨境担保情形。包括但不限于：一是担保人在境内、债务人与债权人分属境内或境外的跨境担保；二是担保人在境外、债务人与债权人分属境内或境外的跨境担保；三是担保当事各方均在境内，担保物权登记地在境外的跨境担保；四是担保当事各方均在境外，担保物权登记地在境内的跨境担保。其他形式跨境担保是非常有特色的担保业务，已被越来越多应用于跨境融资业务中。

二、必须高度审慎地办理跨境担保业务

(一)办理内保外贷业务的注意事项

(1)外汇管理局的核准、登记或备案以及其他管理事项与管理要求与跨境担保合同的有效性判断脱钩。内保外贷业务无须经外汇管理局进行担保事前审批、担保履约的核准。

(2)除境外发债等特殊情况，不再要求担保人与被担保人之间具有股权关联关系。

(3)允许内保外贷项下资金调回境内使用。债务人可通过向境内进行放贷、股权投资等方式将担保项下资金直接或间接调回境内使用，但不可通过证券投资方式直接或间接调回境内使用。

(4)对境外借款人也要做全面的尽职调查，哪怕是境内有100%保证金的反担保措施。全面尽调应包含基础资料审核、是否办妥ODI登记(特别是当境外债务人的实际控制人为境内企业或个人时)、资金用途、真实贸易背景(不得构造交易背景进行套利或投机)、融资规模是否与营运资金需求匹配、第一还款来源、是否曾有跨境业务履约记录等。对资金用于固定资产投资的，要注意审核项目投资背景、投资的必要性及合理性、预期收益能否满足还款要求、是否已经国内相关部门审批/备案等。资金用于境外股权/债权投资的，应注意投资行为是否符合国内相关部门有关境外投资的规定。贷款行也有义务监督境外债务人按照合同约定的用途用款，相关审核要保留证据。

(5)有反担保品的，如在内保外贷项下，境内银行开具保函的反担保措施是完全现金质押或厂房土地抵押等，则应审核反担保品来源是否合理合法，反担保人(一般是境内保函申请人)提供的反担保资产金额是否与其财务状况相匹配等。

(二)办理外保内贷业务的注意事项

(1)发生担保履约时，金融机构可直接与境外担保人办理担保履约收款。

(2)履约会使境内债务人产生对外负债，该负债本金余额是有限制的，目前对限额有两种规定：其一，《跨境担保外汇管理规定》(汇发〔2014〕29号，以下简称"29号文")规定的不得超过其上年度末经审计的净资产数额加上自身的外债额度(按投注差方式计算)；其二，银发〔2017〕9号文规定的不得超过跨境融资风险加权余额是有上限要求的(计算公式复杂，一般企业通常是净资产的2倍)。根据银发〔2017〕9号文的规定，企业可以在上述两种方式中任选一种，一旦选定就不能更改。但银发〔2017〕9号文的第一期政策问答中是直接适用"不得超过跨境融资风险加权余额上限"要求的。

(3)发生担保履约时，在境内债务人偿清其对境外担保人的债务之前，未经外汇管理局批准，境内债务人应暂停签订新的外保内贷合同；已经签订外保内贷合同但尚未提款或全部提款的，未经所在地外汇管理局批准，应暂停办理新的提款。

(三)办理其他形式跨境担保业务的注意事项

担保人在办理其他形式跨境担保以及境内银行在办理其他形式跨境担保履约涉及的付汇或收结汇时，均要审核其他形式跨境担保的真实性及合规性，如是否存在商业合理性、履

约倾向如何、是否存在潜在冲突等。

跨境担保形式如表8－1所示。

表8－1　　　　　　　　　　　跨境担保形式一览表

担保类型	担保人	债权人	债务人	物权登记地	备注
内保外贷	境内	境外	境外	—	内外外
外保内贷	境外	境内	境内	—	外内内
其他形式	境内	境外	境内	—	
	境内	境内	境外	—	
	境外	境外	境内	—	
	境外	境内	境外	—	
	境内	境内	境内	境外	
	境外	境外	境外	境内	

(四)跨境担保业务的其他注意事项

境内机构办理其他形式跨境担保时,应按规定办理与对外债权债务有关的外汇管理手续。担保项下对外债权或外债需要事前办理审批或登记手续的,应当办理相关手续。除另有明确规定外,境内担保人或境内债权人申请汇出或收取担保履约款时,可直接向境内银行提出申请;银行在审核担保履约真实性、合规性并留存必要材料后,担保人或债权人可以办理相关购汇、结汇和跨境收支。担保人在境内、债务人在境外,担保履约后构成对外债权的,应当办理对外债权登记;担保人在境外、债务人在境内,担保履约后发生境外债权人变更的,应当办理外债项下债权人变更登记手续。境内担保人向境内债权人支付担保履约款,或境内债务人向境内担保人偿还担保履约款的,因担保项下债务计价结算币种为外币而付款人需要办理境内外汇划转的,付款人可直接在银行办理相关付款手续。

境内机构提供或接受其他形式跨境担保的,在符合境内外法律法规和29号文的前提下,可自行签订跨境担保合同。除外汇管理局另有明确规定外,担保人、债务人不需要就其他形式跨境担保到外汇管理局办理登记或备案,无须向资本项目信息系统报送数据。这就意味着,其他形式跨境担保并不需要相关参与方到当地外汇管理局办理相关报批手续,因此就给了业务实际参与方极大的操作便利。

境内债务人对外支付担保费时,应按照服务贸易外汇管理有关规定直接向银行申请办理。

担保人、债务人不得在明知或者应知担保履约义务会确定发生的情况下签订跨境担保合同。担保人、债务人和债权人可按照合理的商业原则,依据以下标准判断担保合同是否具备明显的担保履约意图:一是签订担保合同时,债务人自身是否具备足够的清偿能力或可预期的还款资金来源;二是担保项下借款合同规定的融资条件,在金额、利率、期限等方面与债务人声明的借款资金用途是否存在明显不符;三是担保当事各方是否存在通过担保履约提前偿还担保项下债务的意图;四是担保当事各方是否曾经以担保人、反担保人或债务人身份发生过恶意担保履约或债务违约。

三、内保外贷业务实例

(一)实例介绍

我国离岸银行甲银行应我国 ABC 矿业有限责任公司的申请,在境内融资性保函担保的前提下,为其在 BVI 设立的控股子公司 HZ 矿业投资有限公司发放融资 6 000 万美元。这笔业务就是典型的内保外贷业务。

(二)反担保人情况

ABC 矿业有限责任公司是在 2005 年 8 月在我国某省注册成立的中外合资企业,公司总投资为 12 亿元,注册资本 8 亿元。公司现有在职员工约 3 500 人,公司经营期限 30 年,主要从事矿产的综合性开采和深加工,企业规模为大型。ABC 公司经济实力雄厚,经营效益好,具有较强的担保能力。

(三)境外借款人情况

借款人为 HZ 矿业投资有限公司,该公司为 ABC 有限责任公司在 BVI 的控股子公司,注册资本 2 000 万美元,经营范围为矿产的投资及资源的并购等。

(四)内保外贷的方案

HZ 矿业投资有限公司向甲银行申请 6 000 万美元的中期项目贷款,用于矿产投资及其他资源并购等。通过多次协商,最终确定采取内保外贷的操作模式,即由 ABC 公司长期合作的境内银行乙银行向甲银行出具三年期 6 000 万美元的融资性保函。收到该保函后,甲银行随即为 HZ 矿业投资有限公司发放了三年期 6 000 万美元的贷款。该笔贷款的还款来源是 HZ 公司出售矿产资源所获收益,目前已经顺利还款。

四、外保内贷业务实例

(一)实例介绍

由国外的 BG 基金会投资注册在我国境内的 BG 公司向我国政策性银行丁银行申请贷款 2 亿元人民币,由我国离岸银行丙银行向丁银行提供 3 500 万美元的保函担保,并由 BG 基金会在我国丙银行存入 3 500 万美元作为反担保。

(二)反担保人情况

BG 基金会是世界著名实业家 Mr. BG 设立的旨在改善贫困地区生活条件的基金会,该基金会的募集到位资金已超过 1 000 亿美元。基金会注册情况已由丙银行向我国驻 BG 基金会所在国大使馆进行了尽调,并由我国大使馆出具证明文件。

(三)境内借款人情况

境内借款人是 BG 基金会在我国某省投资 2 亿元人民币注册的外商投资企业。

(四)外保内贷的方案

BG 公司向丁银行申请 2 亿元两年期贷款。通过认真的沟通和协商,最终确定采取外保内贷的操作模式,即由丙银行向丁银行出具期限两年、3 500 万美元的融资性保函。丙银行在收到 BG 基金会的 3 500 万美元保证金后向丁银行出具保函,随后丁银行为 BG 公司发放 2 亿元贷款。在 BG 基金会办理好正式投资手续后,本笔业务已顺利归还贷款本息。

五、其他形式跨境担保实例

(一)实例介绍

我国戊商业银行的离岸中心与该行境内的 A 分行合作办理了一笔其他形式跨境担保项下的业务,该笔业务在业内作为创新业务的范本引起了广泛重视。XJ 国际有限公司(以下简称"XJ 国际")是境内公司 WJ 发展投资有限公司(以下简称"WJ 发展")在境外设立的投融资平台子公司,主要负责公司境外融资、发债等职能。

WJ 发展是我国某副省级城市人民政府授权经营的企业法人,为该市国资委投资的国有独资企业,接受市财政局和国土资源局的管理,主要筹集市级公益性基础建设资金,依法依规对所投资项目沿线土地进行开发,获得土地增值收益,开展对建设相关产业的投资、经营及资产管理。担保人也是当地规模最大、级别最高、投资范围最广的投融资平台。

WL 建设投资有限公司(以下简称"WL 建设")是由该副省级城市国资委出资建立的国有独资企业,注册资本 120 亿元。WL 建设从事经市政府授权的国有资产经营管理,主要投资方向为城市建设中的危旧房改造拆迁、农民集中安置、农村环境综合整治、基础设施工程等政府工程。

(二)业务方案

戊银行的离岸中心应 XJ 国际的申请,为该公司出具了一份 7 800 万美元的融资性保函,保函的担保方式为境外债券质押及 WJ 发展担保。该保函用于为境内的 WL 建设在 A 分行申请的贷款提供担保。其中,境外债券为 XJ 国际委托该商业银行的境外券商子公司在境外投资的高收益债券,该部分担保为外保外贷;而 WJ 发展为保函加具的担保则属于其他形式跨境担保;离岸中心为 A 分行的融资提供的保函担保则属于外保内贷。

(三)创新之处

该实例的创新之处:一是在一笔业务中涵盖了多种担保模式;二是采用境外债券方式提供质押担保,一方面增强了担保能力,另一方面债券收益抵销了一部分融资成本,有效降低了企业的综合成本。

第十一节 外商投资企业境外母公司的融资

一、外商投资企业及其境外母公司

(一)外商投资企业的概念

外商投资企业是指依照我国法律的规定,在中国境内设立,由中国投资者和外国投资者共同投资或者仅由外国投资者投资的企业。其中,中国投资者包括中国的公司、企业和其他经济组织,外国投资者包括外国的公司、企业和其他经济组织或者个人。

(二)外商投资企业的类型

外商投资企业共有四种类型。

1. 合资经营模式

该模式是由中外合营各方共同投资、共同经营,并按照投资比例共担风险、共负盈亏的企业。其主要法律特征如下:(1)外商在企业注册资本中的比例有法定要求;(2)企业采取有限责任公司的组织形式。故此种合营亦称为股权式合营。

2. 合作经营模式

该模式是由中外合作各方通过合作企业合同约定各自的权利和义务的企业。其主要法律特征如下：(1)外商在企业注册资本中的份额无强制性要求；(2)企业采取灵活的组织管理、利润分配、风险负担方式。故此种合营亦称为契约式合营。

3. 外资企业模式

该模式是指企业的全部资本均为外商出资和拥有。该模式不包括外国公司、企业和其他经济组织在中国境内设立的分支机构。

4. 外商投资合伙模式

该模式是指主要由外国企业或者个人与中国的企业或者经济组织（不包括个人）在中国境内设立的合伙企业。

(三)外商投资企业境外母公司

外商投资企业境外母公司就是外商投资企业的外国投资者，外国投资者包括外国的公司、企业和其他经济组织或者个人。

外商投资企业境外母公司的出资模式如下：(1)外国投资者可以用可自由兑换的外币出资，也可以用机器设备、工业产权、专有技术等作价出资；(2)经审批机关批准，外国投资者也可以用其从中国境内兴办的其他外商投资企业获得的人民币利润出资；(3)以工业产权、专有技术作价出资的，该工业产权、专有技术应当为外国投资者所有，其作价应当与国际上通常的作价原则相一致，作价金额不得超过外资企业注册资本的20%。

二、外商投资企业境外母公司的融资

外商投资企业境外母公司的融资是指外商投资企业的外国投资者在境内外的融资。

这里所述的"外商投资企业境外母公司的融资"，主要是指外商投资企业境外母公司利用其在我国投资企业的各种有效资产等，为其在境内外融资时提供的担保。

三、我国对外商投资企业的监管规定

我国对外商投资企业的监管规定最早可追溯到当时的国家计委（现在的国家发改委）和国家外汇管理局于1994年5月25日出具的《国家计委、国家外汇管理局关于中方机构担保项下外商投资企业对外融资有关问题的通知》（计外资〔1994〕651号）。

最新的《中华人民共和国外商投资法》是我国为进一步扩大对外开放，积极促进外商投资，保护外商投资合法权益，规范外商投资管理，推动形成全面开放新格局，促进社会主义市场经济健康发展，根据宪法制定的法律。《中华人民共和国外商投资法》由中华人民共和国第十三届全国人民代表大会第二次会议于2019年3月15日通过，自2020年1月1日起施行。同时，《中华人民共和国中外合资经营企业法》《中华人民共和国外资企业法》《中华人民共和国中外合作经营企业法》同时废止。

《中华人民共和国外商投资法》第二十一条明确规定：外国投资者在中国境内的出资、利润、资本收益、资产处置所得、知识产权许可使用费、依法获得的补偿或者赔偿、清算所得等，可以依法以人民币或者外汇自由汇入、汇出。

四、外商投资企业境外母公司的融资实例

香港某著名实业家A先生在我国多地都有独立投资的公司,其还于2000年在上海投入150亿港元成立了一家外商投资企业。经过多年的苦心经营,A先生在内地的外商投资企业都取得了较好的业绩。这时,另一名香港大老板B先生所持有的公司因内外交困陷入了无法维持的困境,无奈之下只好出售其在香港尖沙咀的一处著名物业,出售总价为150亿港元。这引起A先生的极大兴趣,于是,他把在上海价值250亿元人民币的资产抵押给香港的C银行,由C银行为其发放了150亿港元的贷款,A先生成功地买下了B先生的物业资产。

作为一家境外银行,若收到A先生的融资需求,则需要厘清如下问题:一是A先生在上海的250亿元人民币资产的具体明细;二是A先生在上海的外商投资企业是否有未清偿的债务;三是A先生能否成功将上海的250亿元资产作为跨境担保的抵押物;四是A先生如果要对上海的投资进行撤资,那么需要在上海合计缴纳多少税款;五是A先生在上海的资产是否包括商业地产、无形资产,如果将其在上海的外商投资企业进行清偿,那么A先生的资产将会缩水多少亿元;等等。

如果外商投资的是国内大型企业,一旦国内这家大型企业需要融资,同时境外投资者也需要在境外融资,就可以由国内这家大型企业提供跨境担保来共同组成混合银团来运作获得融资。

第十二节 招商引资中的境外融资

一、招商引资的概念

招商引资是指地方政府(或地方政府成立的开发区)吸引投资(主要是非本地投资者)的活动。

招商引资一度成为各级地方政府的主要工作,并且在各级政府工作报告和工作计划中出现。

我国各地的招商引资水平正在不断提高,已从原有的吸收外资为主到同时吸收内外资,从原有的吸收第二产业投资为主到兼顾吸收第三产业和第一产业。

二、招商引资长期以来一直是我国的基本政策

我国部分省市虽然已赶上发达国家水平,但是"招商引资"依然是我国的基本政策。各省市的招商引资已从紧盯境内企业转到面向境外的高水平企业阶段,并且制定了从让外来投资"进得来"到让外来投资"留得下"、再到让外来投资"过得好"的各项配套政策措施。

(1)我国各地都向外资企业提供了投资先进制造业基地、推行供给侧结构性改革、"互联网+"行动、实施"双循环"等招商引资的具体政策措施。

(2)我国各省市已向外资企业同等开放了促进服务贸易、加工贸易、跨境电子商务、大数据、智能装备、物联网、软件、集成电路等产业发展的相关扶持政策。

(3)我国各省市都在高效执行和落实国家有关部门制定的外资鼓励项目引进技术设备

免征关税、重大技术装备进口关键零部件和原材料免征关税及进口环节增值税等优惠政策和企业购置机器设备抵扣增值税政策。

（4）我国各省市支持外资企业、研发机构与本地高校、科研机构、国有及民营企业合作，共同参与政府重大科研和工程项目、联合申报各级各类科技发展计划项目。鼓励外资研发机构具有自主知识产权的技术和成果进入本地技术交易平台等进行交易。

（5）我国各省市都在不断强化对外商投资企业研发费用加计扣除、高新技术企业、研发中心等方面税收优惠、项目扶持及运营便利化等多方面给予更大的政策扶持力度。

（6）我国各省市积极鼓励外资通过合资合作、并购重组等方式参与本地的国有企业混合所有制改革。我国各省市全力支持外商投资企业在本地再投资内资企业或设立分支机构、经营网点、合作机构等。

（7）我国各省市积极改善和优化外资的营商环境。构建清新政商关系，建设诚信政府、法治政府，全力打造法治化、国际化、便利化的营商环境。各地政府在政府采购招投标方面，依法依规对外资企业在我国境内生产的产品一视同仁、平等对待，促进内外资企业公平参与政府采购招投标。各地都承诺全面实施外商投资准入前"国民待遇＋负面清单"管理模式，简化外商投资项目管理程序和外资企业设立、变更程序。

三、我国对吸引外资一直采取开放的支持政策

自改革开放以来，外资对我国经济发展和改革都发挥着积极作用，有力地促进了我国相关省市的对外贸易、技术进步和产业升级。我国巨大的消费市场也为外企提供了广阔空间和发展机遇。

（1）我国明确外商投资企业和内资企业同等适用"中国制造 2025"战略的政策措施；进一步放开制造业，取消轨道交通设备制造、摩托车制造、燃料乙醇生产、油脂加工等领域外资准入限制；地方政府在法定权限范围内制定出台的招商引资优惠政策，重点支持制造业项目等。

（2）我国重点放宽了银行类金融机构、证券公司、证券投资基金管理公司、期货公司、保险机构、保险中介机构等外资准入限制，放开了会计审计、建筑设计、评级服务等领域外资准入限制，推进电信、互联网、文化、教育、交通运输等领域的有序开放。

（3）我国明确对外资企业进行公平竞争审查时，不得擅自增加对外商投资企业的限制；对内外资企业实施统一标准审核业务牌照和资质申请；支持外商投资企业拓宽融资渠道。外商投资企业可以依法依规在主板、中小企业板、创业板上市，在"新三板"挂牌，以及发行企业债券、公司债券、可转换债券和运用非金融企业债务融资工具进行融资。

四、利用离岸金融做好境外平台公司对我国的投资

（1）积极配合我国各省市做好真正外商控制的境外平台公司对我国的直接投资。这时离岸金融的着力点主要是为外商控制的境外平台公司做好在我国投资的所有配套工作，重点就是在跨境融资方面做好工作。

（2）目前我国不少地方政府下属公司都在或正准备在境外设立平台公司。对已在境外设立的平台公司，离岸金融要做好对这些境外平台公司的结算、融资等服务。对有意准备在境外设立平台公司的，离岸金融要提前配合各级政府做好设立境外平台公司的各项准备工

作,包括配合做好设立境外公司的材料送审等工作,并且要紧紧围绕境外平台公司的结算和融资来设计总体金融服务方案。

五、某地政府平台公司"招商引资"业务的实例

我国某东部大省为做好招商引资工作,省政府决定在香港设立专门的平台公司,在获得我国监管部门的批准和办妥对外投资申请的相关手续后,完成了香港公司 A 公司的注册。由于香港公司没有经营范围的限制,A 公司成功为当地政府做了大量的招商引资工作,同时这家公司还在香港开展了跨境贸易业务。由于 A 公司在境外招商引资方面的出色工作,省政府要求其对中部地区某省的一家融资租赁公司进行投资,投资资金由 A 公司在境外通过融资方式解决。由该省的省级政府平台金融控股公司提供跨境担保后,A 公司成功地在香港的银行获得了融资,并出色地完成了省政府交办的入股融资租赁公司的任务。

第十三节 中国出口信用保险公司保险项下的离岸融资

一、中国出口信用保险公司简述

中国出口信用保险公司,是由我国财政部出资设立,专门支持中国对外经济贸易发展与合作的国有政策性保险公司。

中国出口信用保险公司是直属中央管理的副部级金融企业,是中国四家政策性金融机构之一(其余三家分别是:国家开发银行、中国进出口银行和中国农业发展银行),是我国唯一承办出口信用保险业务的政策性保险公司,也是我国拥有承办政策性出口信用保险业务资质的两家金融机构之一[中国人民财产保险股份有限公司(PICC)]。

中国出口信用保险公司于 2001 年 12 月 18 日正式揭牌运营,现有 15 个职能部门,营业机构包括总公司营业部、18 个分公司和 6 个营业管理部,已形成覆盖全国的服务网络,并在英国伦敦设有代表处,同时向俄罗斯、巴西、南非和迪拜派驻了工作组。

二、中国出口信用保险公司的经营宗旨、主要任务及业务范围

(一)中国出口信用保险公司的经营宗旨

中国出口信用保险公司的经营宗旨是通过为对外贸易和对外投资合作提供保险等服务,全面支持对外经济发展,促进经济增长、就业与国际收支平衡。

(二)中国出口信用保险公司的主要任务

中国出口信用保险公司的主要任务是积极配合国家外交、外经贸、产业、财政和金融等政策,通过政策性出口信用保险工具,支持货物、技术和服务等出口,特别是高科技、高附加值的机电产品等资本性货物出口,支持中国企业向境外投资,为企业开拓境外市场提供收汇风险保障。

(三)中国出口信用保险公司的业务范围

中国出口信用保险公司的业务范围主要包括中长期出口信用保险业务;境外投资(租赁)保险业务;短期出口信用保险业务;进口信用保险业务;来华投资保险业务;国内信用保险业务;国内投资保险业务;与对外贸易、对外投资与合作相关的担保业务;国内担保业务;

与信用保险、投资保险、担保相关的再保险业务；保险资金运用业务；应收账款管理、商账追收和保理业务；信用风险咨询、评级业务，以及经国家批准的其他业务。

中国出口信用保险公司还向市场推出了具有多重服务功能的电子商务平台"信保通"，以及专门支持中小企业出口的"中小企业信用保险E计划"投保系统，使广大客户享受到更加快捷高效的网上服务。

三、中长期出口信用保险业务

(一)中长期出口信用保险业务概况

1. 中长期出口信用保险业务的作用

(1)转移收汇风险，避免巨额损失；

(2)提升信用等级，为出口商或进口商提供融资便利；

(3)灵活贸易支付方式，增加成交机会；

(4)拓宽信用调查和风险鉴别渠道，增强抗风险能力。

2. 中长期出口信用保险的概念

中长期出口信用保险是指保险责任期限为中期(1～5年)或长期(5～10年)的出口信用保险产品。该保险旨在鼓励我国出口企业积极参与国际竞争，特别是高科技、高附加值的机电产品和成套设备等资本性货物的出口以及境外工程承包项目，支持商业银行等金融机构为成套设备的出口贸易提供信贷融资。中长期出口信用保险通过承担保单列明的商业风险和政治风险，使被保险人得以有效规避以下风险：出口企业收回延期付款的风险和融资机构收回贷款本金和利息的风险。

3. 中长期出口信用保险的承保范围

中长期出口信用保险的承保范围包括：合同金额在100万美元以上，收汇期限超过360天的大型成套设备、机电产品或船舶等资本性或半资本性货物，技术成熟、国产化程度为60%～70%(船舶不低于50%)，或回报率较高的大型基础设施建设，如公路、桥梁、电站等融资项目。

(二)中长期出口信用保险的主要险种

1. 出口卖方信用保险

出口卖方信用保险又称延付合同保险，是在出口商以延期付款的方式向境外出口商品和服务时，延付期超过1年，出口信用机构(ECA)向出口商提供收汇风险保障的政策性信用保险。出口卖方信贷保险承保的风险包括政治险和商业险，赔付比率最高为合同金额的90%。出口商可以将卖方信贷保险的赔款权益转让给银行作为保证，以获得出口卖方信贷，这就是"出口卖方信贷保险"名称的由来。出口卖方信贷保险承保的是境外进口商和担保人不付款的风险，保险责任是基于商务合同项下的买家的支付货款的责任，因此出口卖方信贷保险标的是出口商务合同而不是出口卖方信贷协议。在实际业务中，金融机构在为出口企业提供融资服务时，一般都会要求出口商投保出口卖方信贷保险。出口卖方信贷保险的投保人和被保险人都是出口商，保单货币与商务合同一致，通常是美元，而出口卖方信贷的货币通常是人民币。

出口卖方信用保险的承保风险包括：一是负有还款责任的各方倒闭、破产、被接管或清盘，或丧失偿还能力；二是进口商或其还款担保人自商务合同规定的付款之日起未履行还款义务;三是进口商因故单方面停止或终止执行贸易合同;四是进口商所在国或任何与偿还债务或履行商务合同规定的付款义务的第三国政府颁布法令实行外汇管制,限制汇兑;五是进口国与中国或任何有关的第三国发生战争、敌对行为,以及内战、叛乱、革命、暴动或其他骚乱,或发生不可抗拒的其他事件,致使合同无法执行。

2. 出口买方信贷保险(又称出口买方信用保险)

出口买方信贷保险是指在出口买方信贷融资方式下,出口信用机构(ECA)向贷款银行提供还款保障的政策性保险。出口买方信贷业务实际上就是我国离岸保险业务,我国中国出口信用保险公司以"不待扬鞭自奋蹄"的精神,已经积极主动地开始探索我国离岸保险业务。出口买方信贷保险承保的风险包括政治风险和商业风险,保险金额最高为商业合同金额的85%,赔付比率最高为95%。出口买方信贷保险所依据的基础合同是出口买方信贷贷款协议,保险货币与贷款协议货币一致,一般是美元。出口买方信贷的被保险人是贷款银行,投保人一般为出口商或贷款银行。

出口买方信用保险的承保风险包括:一是境外进口商或借款人丧失偿付能力;二是进口商或借款人拖欠或拒付货款;三是进口商单方面终止或取消合同;四是货币不能兑换或汇出;五是项目所在国发生战争、革命、暴乱或其他政治骚乱;六是项目所在国取消或限制已执行的进出口合同;六是项目所在国政府宣布延期支付债务。

3. 海外投资险

境外投资险主要是为我国对外投资企业(包括企业及金融机构)为避免因投资所在国发生政治风险而导致投资损失所购买的保险,赔付比例最高不超过合同金额的95%,承保业务的保险期限一般不超过20年。

境外投资保险的承保风险包括:一是征收,主要指东道国对外国投资企业征用、没收或国有化,致使其投资全部或部分归于丧失;二是禁止汇兑,主要指东道国或任何与项目还款有关的第三国政府颁布法令实行外汇管制、禁止或限制汇兑;三是战争,主要指东道国与我国或与任何有关的第三国发生战争、敌对行为,以及内战、革命、叛乱、暴动或其他骚乱等,以致不能继续经营等。

四、我国中长期出口信用保险的作用

中长期出口信用保险是我国政府支持本国资本性货物出口和帮助本国公司在境外承揽大型工程项目的重要政策性金融工具。中长期出口信用保险业务除期限的特征外,相对于短期业务而言从风险特征、业务办理模式、业务目标和风险承担机制方面都具有自身的特点。

(一)期限长、金额大、风险高

中长期出口信用保险业务所承保的项目期限较长。在保险存续期间,债务人的经营状况、市场环境以及其所在国家的政治经济状况发生变化的概率要远远高于短期险业务。同时,中长期险业务的单笔金额大,项目执行复杂,建设期风险和执行风险较高。

(二)服务国家外贸、外交和产业政策

中长期出口信用保险在落实国家政策方面具有自己独特的优势。一是中长期险业务是帮助企业开拓新市场的有力武器。新市场、新客户、新环境往往使出口商望而却步,特别是面对金额大、期限长的项目,决策就更加困难,如果有了中长期出口信用保险的帮助,出口商

可以专心致力于商务及项目执行的管理,中长期出口信用保险的风险咨询服务将为出口商提前采取风险化解和规避措施提供有利的帮助。二是中长期险业务以其较强的风险兜底能力,具有广泛的市场影响力,因此通过其承保政策的导向作用,为政府落实产业政策、调整贸易结构和进行反周期的市场干预提供有力手段。中长期出口信用保险作为政策性调节工具的最大好处是其对市场造成的扭曲程度最低,占用公共资源规模最小,取得的效果却非常显著和直接。

(三)国家信用支持,中央财政作为后盾

中国出口信用保险公司也是我国推行"一带一路"倡议最大的精神和物质的保障力量。中长期出口信用保险产品一般由国家单独设立机构办理,或政府委托商业机构办理,业务所产生的责任由国家承担,财政提供保证。政府对中长期业务的支持还表现在税收的减免以及政府驻外机构为中长期业务提供大量的国别信息和谈判协助方面。

(四)非营利性

为提高对本国出口企业的支持力度,并服务其他政策目标,各出口信用机构都宣布中长期险业务实行"保本"经营的原则,这样既符合世贸组织的有关规定,又弥补了商业市场无法提供此类产品的缺陷。中长期险业务的非营利、政策性以及政府的支持三大特点是相辅相成的。

五、我国离岸金融业务与中国出口信用保险公司紧密联动的实例介绍

我国某商业银行甲银行的离岸中心承接了亚洲某国发电厂的出口买方信贷融资项目,给予该国电力发展委员会(Power Development Board)不超过 5 000 万美元的出口买方信贷贷款额度,由甲银行与欧洲某大型商业银行通过联合贷款方式共同参贷,贷款总金额 7 000 万美元,提款期为贷款合同生效日起 2 年,单笔业务期限不超过 12 年,还款期 10 年,宽限期 6 个月;贷款合同生效后 2 年的提款期内,借款人不支付利息,自提款期结束后每半年等额还本及支付利息;在该国发电厂购买我国发电设备和聘任我国某省电力勘测设计院为 EPC[①] 的情况下,经中国出口信用保险公司批准为该项目提供 95% 的出口信用保险,并由该国财政部提供 100% 主权担保。

上述发电厂项目为甲银行长期跟踪的项目,该项目已纳入我国的"421 专项安排"[②]。在中国出口信用保险公司的配合及甲银行等商业银行的支持下,该发电厂项目如期开工和按时完工,现已成功安全发电,取得了很好的经济效益和政治效益。

第十四节 境内企业做好境外融资工作的相关建议

一、境内企业开展境外融资的意义和次序

由于境内企业开展跨境融资业务是企业走向国际化的重要标志,也是落实习近平总书

[①] EPC(Engineering Procurement Construction)是指公司受业主委托,按照合同约定对工程建设项目的设计、采购、施工、试运行等实行全过程或若干阶段的承包。通常公司在总价合同条件下,对其所承包工程的质量、安全、费用和进度进行负责。

[②] 2009 年 5 月 7 日,国务院批准了商务部、财政部会同有关部门联合上报的请示,决定对大型成套设备出口采取特殊政策,实行总金额不超过 421 亿美元的融资保险专项安排,简称"421 专项安排"。

记关于"统筹发展在岸业务和离岸业务"指示的重要举措,具有十分重大的政治意义。

我们建议企业开展跨境融资的次序如下:

首先,选择开展全口径融资,即由境内集团或优质子公司到境外举借成本低廉的本外币资金。

其次,由集团或优质子公司作为发债承接主体到香港发行本外币债券,并让这些发债资金作为我国优质企业进行经营周转、境内外并购、项目建设等资金。

最后,在顺利办理全口径融资和境外发债业务后,企业可以到境外设立全资控股子公司。在经过我国的ODI审批后,可由境外子公司到境外进行融资。

二、我国境内企业设立境外平台公司的融资实例

我国境内企业到境外设立子公司,并通过子公司在境外融资再返程投资到境内所在地。

(一)实例介绍

1. 设立平台公司

举例来说,XA企业根据投资方向,考虑在香港设立子公司,并对香港子公司投资2.5亿美元。首先须获得XA企业上级机构批准(国企的情况下)、管理层和董事会同意后,再到当地发改委、商务厅进行报批(超过3亿美元境外投资还须到国家发改委和商务部报批。这里强调的是,如果超过3亿美元,企业也无须派人到国家发改委和商务部报批,而是由当地发改委和商务厅在同意企业的申请后代企业向国家发改委和商务部转交申请)。在获得当地发改委和商务厅批准后,再到当地外汇管理局办理备案登记手续。

2. 香港公司和2.5亿美元投资金额的运作

企业在获得监管部门批准后,就可以到香港设立子公司。当然,该企业也可以委托国内的代理公司办妥相关的境外注册手续。拟定名称:中国××集团香港公司。拟定投资金额:投资金额为2.5亿美元。其中:2022年底前集团购汇金额300万美元,2024年12月前购汇金额3 000万美元,2025年12月前购汇10 000万美元和2027年12月前购汇11 700万美元。拟定办公场所:起步阶段在A企业所在地内办公,待今后该香港公司发展到一定规模后,再到香港购(租)房和办公。拟定管理层:由该集团董事长兼任中国××集团香港公司的董事长,由集团负责投资的副总经理兼任中国××集团香港公司的总经理,由集团的总会计师负责中国××集团香港公司的副总经理。在企业获得国家监管部门批准的对外投资后,中国××集团香港公司可以到我国离岸中心开立离岸银行账户,当然也可以到我国具有外汇业务资格的商业银行开立NRA账户。在2022年底前,先由集团通过该商业银行的境内分行购汇300万美元,并将这300万美元存入到中国××集团香港公司在离岸银行的账户上。

3. 关于剩余2.47亿美元投资金额的运作

中国××集团香港公司设立后,建议按照当地发改委和商务厅的审批意见,并征得当地外管局同意的前提下,安排中国××集团香港公司进行以下融资。

模式一:利用商业银行的授信额度在境外融资。

建议该企业充分利用其在我国开设境外分行的商业银行的授信额度,根据该企业在外管局备案的情况(最好的做法是由该企业提供本笔融资的跨境担保),到境外银行进行跨境融资。具体安排如下:一是在2022年底前到上述银行进行3 000万美元的融资,期限2年,

贷款用途是该企业在境内外进行的股权投资，还款来源由该企业在 2023 年 12 月底前购汇金额 3 000 万美元进行还款；二是在 2023 年底前到上述银行进行 10 000 万美元的融资，期限 3 年，贷款用途是该企业在境内外进行的股权投资，还款来源由该企业在 2025 年 12 月底前购汇金额 10 000 万美元进行还款；三是在 2024 年底前到上述银行进行 11 700 万美元的融资，期限 3 年，贷款用途是在境内外进行的股权投资，还款来源由该企业在 2027 年 12 月底前购汇 11 700 万美元进行还款。这里还要说明的是，该企业进行的境内外股权投资，如需要进行境内外的相关审批手续，那么该企业必须按照规定无条件地做好境内外的各种审批手续。

模式二：组建银团和由商业银行提供融资担保。

企业根据其在国内商业银行的授信额度，要求该商业银行为中国××集团香港公司在境外组建的银团融资提供担保，并开立融资担保函。由境外银行或我国离岸银行牵头组建银团。银团融资安排如下：

(1)借款人：中国××集团香港公司，一家于香港成立的公司。

(2)担保人：中国××银行××省分行开立的提供无条件和不可撤销的融资性担保函。

(3)牵头行和代理行：我国某银行离岸中心或其他境外银行（牵头行须承诺融资金额不低于同档期额度的 30%）。

(4)总金额：2.47 亿美元等额，包括：①额度 A：3 000 万美元，2 年期贷款额度；②额度 B：10 000 万美元，4 年期贷款额度；③额度 C：11 700 万美元，6 年期贷款额度。

(5)最终到期日：自首次提款日起 5 年。

(6)还款：2023 年 12 月底还款 3 000 万美元，2025 年 12 月底还款 10 000 万美元，2027 年 12 月底前还款 11 700 万美元。

(7)贷款用途：一般性公司用途，包括但不限于：①公司流动资金；②进行股权投资；③付融资相关的费用和成本。

(8)提款期：额度各自贷款文件签署日起的 6 个月可进行提款，于提款期届满时未提取的任何金额将被取消。

(9)强制性提前还款：若中国××集团香港公司进行的股权投资不符合目标地政府的监管规定。

(10)拟定利率：每年年化 LIBOR/SOFR 与点差之和。

(11)利息期：1 个月、3 个月、6 个月由借款人选择。

(12)适用法律：香港法。

(二)风险控制

如果该企业通过香港子公司的融资，由于融资时间较长，虽然可以按照外汇管理局备案登记中的购汇时间来确定还款来源，但最好的办法还是通过再融资解决。至于是否采取锁汇，则需要整体考虑；而且在贷款期限内，如果出现合适的购汇窗口，那么可以采用购汇来确定还款成本。但是，不论采用购汇还是再融资来作为还款来源，都必须及早做好各项准备工作，做到万无一失。

第十五节 跨国公司境内外资金的集中管理

一、跨国公司境内外资金集中管理概述

(一)跨国公司境内外资金集中管理的概念

跨国公司境内外资金集中管理是指属于同一家集团企业的一个或多个成员单位的银行账户资金余额按照一定的预留规则,自动归集到指定上级账户中,成员单位用款时可自动从上级账户获取资金对外支付。

(二)跨国公司境内外资金集中管理的具体做法及服务

(1)以跨国公司内部的主办企业为载体,通过国内外汇资金主账户对境内成员企业外汇资金进行集中运营管理,通过国际外汇资金主账户对境外成员企业外汇资金进行集中运营管理。

(2)依据我国监管规定,由监管机构核定可集中调配的外债和对外放款额度,实现外汇资金的全球化统一管理和统一调配。

(3)跨国公司境内外资金管理是针对境外客户的资金归集、统筹规划、防范风险等一系列现金管理需求而为客户量身制定。目前境内外现金池的功能包括内部资金划拨、请款限额控制、内部核算、现金池查询、集团账户集中管理等现金管理服务。

(三)跨国公司境内外资金集中运营管理的目标

(1)切实服务实体经济。大力促进贸易投资便利化,进一步降低企业经营成本,方便企业充分利用两个市场、两种资源,支持跨国公司总部经济发展,为产业转型升级创造条件。

(2)进一步简政放权。推进外汇管理理念和方式转变,充分发挥市场对资源配置的决定性作用。

(3)探索可复制、可推广的资本项目可兑换体制和机制。促进企业和银行业务创新,探索投融资汇兑便利,降低外汇管理成本,增强企业和银行国际竞争力,不断释放改革红利。

(4)综合监管加强风险防控。实施宏观审慎管理,健全跨境资本双向有序流动机制,加强数据申报与监测分析,牢牢守住不发生系统性、区域性金融风险的底线。

二、跨国公司境内外资金集中运营管理的主要特点

跨国公司境内外资金集中运营管理具有全面和灵活的特点,不同于现行区分经常项目、资本项目的管理体制,打破了资本常规管理界限,以公司治理结构相对良好的跨国公司为载体,通过国内、国际外汇资金主账户管理方式,分别集中管理境内、境外成员单位外汇资金,降低整体结算及汇兑成本,赋予企业更大的资金运作空间,体现了服务实体经济的特点。

(一)创新了跨国公司账户体系

跨国公司可同时或单独开立国内、国际外汇资金主账户,集中管理境内外成员企业外汇资金。国际外汇资金主账户与境外划转自由,无额度控制,国内、国际两个账户资金有限融通,可在规定的外债和对外放款资金额度内划转,为境内外成员融通资金提供便利。

(二)最大便利跨国公司资金集中运用

跨国公司利用同一账户实现了不同成员企业、不同性质资金的归集处理,既可以办理境

内成员企业经常项下资金收付,并开展资金集中收付和轧差净额结算,也可运营直接投资、外债、对外放款等资金,节约企业财务成本。

(三)进一步简化跨国公司单证审核

银行按照"了解客户""了解业务""尽职审查"等原则办理经常项目收结汇、购付汇手续,服务贸易等项目,对外支付仍需按规定提交税务备案表。

(四)统筹使用外债、对外放款额度

跨国公司既可以集中管理使用成员企业全部外债和对外放款额度,也可集中部分外债和对外放款额度,便利企业内部调剂余缺。

(五)对于跨国公司的资本金、外债结汇采取负面清单管理

资本金和外债资金可先结汇进入企业开立的人民币专用存款账户,审核真实性后对外支付。

三、跨国公司境内外资金集中运营管理的适用主体条件和申请程序

(一)跨国公司境内外资金集中运营管理的适用主体条件

上年度外汇收支规模1亿(含)美元以上的跨国公司(成员企业合并计算)或单一企业集团,无论是中资还是外资,只要具有真实业务需求、规定的管理措施和手段、近3年无重大外汇违规行为、货物贸易分类结果为A类,均可以开办跨国公司外汇资金集中运营管理试点业务。

(二)跨国公司境内外资金集中运营管理的申请程序

(1)各外汇分局向总局备案操作规程。分局拟在辖内开展跨国公司外汇资金集中运营管理业务,应根据《跨国公司跨境资金集中运营管理规定》(以下简称《规定》)及当地实际情况,制定细化准入条件等操作规程,按程序向总局备案后实施。为确保跨国公司外汇资金集中运作管理业务顺利开展,便利企业办理业务,分局应于规定时间前完成备案手续。

(2)跨国公司向分局备案。包括注册在上海自由贸易试验区内的跨国公司应向所在地分局进行事前备案后开展跨国公司外汇资金集中运营管理业务。对于《规定》实施前,已经开展此项业务的跨国公司,如拟继续适用之前的外汇资金集中运营管理框架和政策,无须向分局另行备案;如拟按《规定》调整试点方案,仅需向分局提交变更后的业务需求等材料备案,已经提供的材料无须再提供。分局应在收到完整的备案申请材料之日起20个工作日内,完成备案手续并出具备案通知书。

四、跨国公司境内外资金集中运营管理的各类规定

(一)跨国公司境内外资金集中运营管理试点办理经常项目集中收付汇和轧差净额结算的规定

(1)跨国公司可以指定主办企业,集中代理境内成员企业办理经常项目外汇收支,并集中核算一定时期经常项目下外汇应收应付资金,收支相抵后按净额结算,原则上每个自然月轧差净额结算不少于1次。收结汇和购付汇手续大幅简化,经办银行按照"了解客户""了解业务""尽职审查"等原则办理相关业务。

(2)跨国公司经常项目外汇收支极大便利的同时,银行、企业也应履行相应的法律义务,确保交易的真实性。银行审核真实性的,银行留存审核后的单证5年备查;企业留存每笔收付汇相关单证5年备查。无论是主办企业的实际收付款数据,还是集中收付款或轧差净额

结算前成员企业的原始收付款数据,都应按规定做好国际收支统计申报及货物贸易核查信息申报。各外汇分局将充分利用跨境资金流动监测与分析平台等科技手段,加强非现场监测与现场核查检查。

(二)跨国公司境内外资金集中运营管理后办理外债资金和外商直接投资项下外汇资金意愿结汇的规定

跨国公司集中运营管理外债资金和外商直接投资项下外汇资金,可以在境内成员企业之间调剂使用,并按照意愿方式办理结汇。其中外商直接投资项下外汇资金包括外汇资本金、资产变现账户资金和境内再投资账户资金。结汇时应遵守如下规定:

(1)结汇应由跨国公司指定的主办企业通过其开立的国内外汇资金主账户办理。

(2)结汇所得人民币资金应划入主办企业对应开立的人民币专用存款账户(资本项目-结汇待支付账户)。资金使用时,开户银行应审核真实性后直接支付,并留存相关单证5年备查。有关单证可以是主办企业经营范围内所涉单证,也可以是成员公司经营范围内所涉单证。原则是谁使用资金谁提供单证。

(3)结汇后资金使用应遵守现行外汇管理规定,并不得用于法律法规禁止的用途。

(4)银行、企业应按规定及时准确地报送结汇和支付数据至外汇管理局相关业务信息系统。

(三)跨国公司境内外资金集中运营管理试点后开展国际收支申报的规定

跨国公司外汇资金集中运营主办企业及成员企业应严格按规定向银行申报跨境资金收付性质,办理国际收支统计申报。

(1)国内、国际外汇资金主账户的跨境资金收付,应按照关于跨境资金收付的国际收支申报要求进行申报。国内、国际外汇资金主账户与境内非居民间的资金收付,应按照关于境内居民与境内非居民间交易的要求进行申报。

(2)国内、国际外汇资金主账户之间的资金划转,无须进行国际收支申报,但应按照关于境内居民之间外汇划转要求报送有关数据。

(3)经常项目集中收付款或轧差净额结算国际收支申报,区分实际收付款数据和逐笔还原的原始收付款数据进行申报。

(四)跨国公司境内外资金集中运营管理试点防控风险的规定

(1)继续严格落实额度控制监管"阀门"。国际与国内主账户之间需在规定的外债和对外放款资金额度内划转。

(2)加强数据监测。赋予国内、国际资金主账户专门账户代码,全面采集两账户外汇收支等信息;集中收付或轧差净额结算,应进行还原数据申报。

(3)强化银企责任。银行、企业签署确认书,承诺合规办理业务。

(4)加强核查检查。银行企业办理业务,需留存相关单证备查,通过外汇管理局跨境资金监测平台加强数据统计与监测分析,确保风险可控。

五、跨国公司外汇资金集中运营管理是我国监管部门提高管理水平的最佳实践

作者于1998年在当时的美国信孚银行[①]首次知晓跨国公司资金集中管理。当时了解

[①] 美国信孚银行(Bankers Trust New York Corporation),成立于1965年,1998年被德意志银行收购。

到最早的跨国公司资金集中管理是由跨国公司的财务公司与国际银行联手开发的资金管理模式,以统一调拨集团的全球资金,最大限度地降低集团持有的净头寸。主要包括的事项有成员单位账户余额上划、成员企业日间透支、主动拨付与收款、成员企业之间委托借贷以及成员企业向集团总部的上存、下借分别计息等。不同的银行对现金池有具体不同的表述。现在我国跨国公司资金集中管理从监管规定、系统集成、资金汇划、管理成本等方面已处于国际先进水平。

我国商业银行最早推出的跨国公司资金集中管理的现金池管理,就是以没有贸易背景资金转移调度、利息需要对冲、账户余额仍然可以分开、账户余额集中的形式来实现资金的集中运作,这是将委托贷款最大限度地灵活应用。在集团与银行双方合作中,银行是放款人,集团公司和其子公司是委托借款人和借款人,然后通过电子银行来实现一揽子委托贷款协议,使得原来需要逐笔单笔办理的业务,变成集约化的业务和流程,实现集团资金的统一营运和集中管理。

我国一些大型跨国公司的资金集中管理能使企业更有效地管理本外币资金。跨国公司本外币资金集中管理的主要目的在于:一是在集团公司层面管理和控制整个集团的流动性资金需要;二是减少资金成本;三是在保证流动性的前提下获取最高资金回报;四是通过短期投资来积极管理闲置资金。

我国跨国公司资金集中管理能为公司资金的安全和高效运作取得很好的效果。一是减少跨国公司的利息支出。资金集中管理降低了集团公司对本外币贷款的需求。为避免过度转移定价而出现不当的问题,利率必须按照"正常交易关系"来设定,利率水平必须也能适用于与第三方进行的类似交易。二是提高了公司的流动性管理水平。在现金池结构中,各子账户将保持最少的资金余额,以便充分提高整个集团的资金利用率和流动性。在日终,任何子账户余额的盈余或赤字都将被集中汇划到主账户。这样,过剩的流动资金可以得到更好的管理和控制——盈余资金可以从一些参加现金池的子公司账户中划转,用来资助其他现金短缺的实体。三是极大压缩了公司的管理成本。维持很少的本外币贷款,可以减少公司对资金账户管理的成本。

为便利跨国公司跨境资金流动,降低企业运营成本,2012年国家外汇管理局首次在北京、上海两地试点跨国公司外汇资金集中运营;2014年4月,《跨国公司外汇资金集中运营管理规定(试行)》(汇发〔2014〕23号)首次将跨国公司外汇资金池业务推广至全国;2015年,《跨国公司外汇资金集中运营管理规定》(汇发〔2015〕36号,以下简称"36号文")36号文进一步优化跨国公司外汇资金集中运营管理,试点外债比例自律管理;2019年3月,《跨国公司跨境资金集中运营管理规定的通知》(汇发〔2019〕7号,以下简称"7号文")推出的跨国公司跨境资金集中运营,首次允许人民币入池,正式标志着跨境资金池本外币一体化时代的到来。2021年3月,面向信用等级较高的大型跨国公司,中国人民银行、外汇管理局开始在北京、深圳两地试点本外币一体化资金池。近期,一体化资金池拟进一步推广至上海自贸试验区临港新片区等相关监管部门认可的区域内。

本外币资金池对比如表8—2所示。

表 8—2　　　　　　　　　　　　　　本外币资金池对比

名称	跨国公司跨境资金集中运营	本外币一体化资金池
适用币种	本外币	
备案方式	主办企业向所在地外汇管理局报送材料	
主办企业准入	1. 取得跨国公司授权、取得独立法人资格的境内公司（含财务公司）； 2. 财务公司作为主办企业的，应将跨国公司跨境资金集中运营业务与自身资产负债业务分账管理	
成员企业准入	1. 境内成员企业：合并计算上年度本外币收支规模超 1 亿美元（上海自贸区版下调至 5 000 万美元）； 2. 境外成员企业：无要求	境内成员企业：1. 上年营收不低于 100 亿元人民币，且上年本外币国际收支规模不低于 70 亿元人民币；2. 未被列入出口货物贸易人民币结算企业重点监管名单 境外成员企业：1. 上年营收不低于等值 20 亿元人民币；2. 不属于限制类、禁止类境外投资企业
合作银行要求	1. 如为货物外汇收支企业名录内企业，货物贸易分类结果为 A 类； 2. 禁止金融机构（财务公司外）、地方政府融资平台和房地产企业入池 1. 主办企业所在省级区域内境内银行，未限制合作银行数量； 2. 合作银行需满足条件：具备结算能力且有结售汇业务资格； 3. 近三年外汇管理规定年度考核 B（含）类以上且近两年开展跨境收付业务无重大违法违规行为	
资金池限额	1. 外债额度≤(Σ主办企业及参与集中的境内成员企业上年末经审计的所有者权益)×2； 2. 对外放款额度≤(Σ主办企业及参与集中的境内成员企业上年末经审计的所有者权益)×0.3	1. 外债额度≤(Σ主办企业及参与集中的境内成员企业上年末经审计的所有者权益)×2； 2. 对外放款额度≤(Σ主办企业及参与集中的境内成员企业上年末经审计的所有者权益)×0.8
资金划转与使用	1. 主办企业国内资金主账户内结汇资金需进入自身对应的结汇待支付账户，再划入成员企业的结汇待支付账户； 2. 国内资金主账户内的外汇资金应划入成员企业基于委托贷款框架开立的国内外汇贷款账户，或结汇进入自身结汇待支付账户后再划入成员企业的结汇待支付账户； 3. 成员企业可将自有外汇资金或人民币资金购汇划至该国内外汇贷款账户后，再划至主办企业国内资金主账户用于偿还	1. 主办企业国内资金主(子)账户结汇资金可直接进入人民币国内资金主(子)账户，无须进入自身结汇待支付账户； 2. 国内资金主账户借入的外债或归集的成员企业资金可直接下拨至成员企业自有账户； 3. 主办企业一定额度内通过国内资金主账户意愿购汇，所得外汇资金可存入国内资金主账户优先用于对外支付； 4. 国内资金主账户资金使用符合负面清单规定

六、跨国公司资金集中管理的监管要求

融资担保公司、小额贷款公司、典当行、融资租赁公司、商业保理公司、地方资产管理公司等机构，参照金融机构管理，原则上不得作为主办企业或成员企业开展跨国公司跨境资金集中运营业务。

根据 7 号文，成员企业原则上应具有独立法人资格。对于已按 36 号文参加跨境资金集

中运营业务,且后续仍有业务需求等情况的分公司,可由主办企业所在地外汇管理分局按照规定程序集体审议决定。

在跨国公司跨境资金集中运营业务框架下,财务公司需将其作为主办企业的跨境资金集中运营业务和其他业务分账管理,如财务公司不得集中自身的外债和境外放款额度、不得归集自身资本金等;除按规定对成员企业资金进行集中运营外,财务公司作为实际债务人借入的外债资金不得纳入跨境资金集中运营业务范围。

(一)业务备案及变更的规定

按照 7 号文的规定,分局应在收到完整的跨国公司跨境资金集中运营业务备案申请材料之日起 20 个工作日内完成备案手续,并通过主办企业所在地外汇管理局出具备案通知书。根据我国《行政许可法》,除可以当场做出行政许可决定外,行政机关应当自受理行政许可申请之日起 20 日内做出行政许可决定。20 日内不能做出决定的,经本行政机关负责人批准,可以延长十日,并应当将延长期限的理由告知申请人。关于"受理行政许可申请之日",根据我国《行政许可法》,申请材料不齐全或者不符合法定形式的,应当当场或者在 5 日内一次告知申请人需要补正的全部内容;逾期不告知的,自收到申请材料之日起即为受理。行政许可受理单由主办企业所在地外汇管理局出具,备案通知书由所属外汇管理分局出具,并交由主办企业所在地外汇管理局转发给主办企业。

(二)关于跨国公司开展外汇资金集中管理后外债和境外放款额度的规定

已按 36 号文备案实际开展了跨国公司外汇资金集中运营业务并选择继续按照 7 号文开展跨境资金集中运营业务的跨国公司,如要调整外债或境外放款额度,需要按照以下规定办理:

(1)在重新按照 7 号文进行备案之前已按 36 号文备案的跨国公司,可在原备案额度内办理跨国公司项下业务。

(2)按 36 号文备案部分集中外债额度或境外放款额度的主办企业和成员企业,应在重新按照 7 号文备案时明确不集中或者全部集中相关额度。若选择全部集中相关额度,其以自身名义借用的外债应全部偿清和(或)发放的境外放款应全部收回,否则不得参与外债或境外放款额度集中。

(3)若选择集中外债额度,应根据 7 号文第十五条规定,按宏观审慎原则确定外债额度。

(4)在计算外债集中额度和(或)境外放款集中额度时,如果某成员企业所有者权益为负,其贡献额度按照"零"计算。

(三)关于跨国公司开展外汇资金集中管理后外债管理和境外放款合同的规定

我国外汇管理局为跨国公司主办企业办理一次性外债和(或)境外放款登记时,主办企业需提供外债合同和(或)境外放款合同。为便于操作,主办企业可与其频繁发生交易往来的境外机构签订框架性协议或意向书,明确币种、金额、期限和利率等主要条款。币种可选择发生交易常用的币种或交易金额占比较高的币种,金额按照集中的额度填写,签约期限按照双方约定期限填写。银行可在国家外汇管理局资本项目信息系统中通过查询跨国公司主办企业控制信息表,查看尚可流入和(或)尚可流出额度。

开展跨国公司资金集中管理的企业,其主办企业借入外债,其提款币种、还款币种可以和签约币种不一致,但提款币种和还款币种原则上应保持一致(如有特殊情况,外币之间可以不一致,如提款币种为美元,还款币种可以是除了人民币之外的其他币种)。

(四)我国外汇管理局为跨国公司主办企业办理一次性外债和境外放款登记后,对于实际的外债债权人和境外放款债务人的规定

跨国公司跨境资金集中运营业务项下的外债和境外放款业务均应符合相应的管理规定,外债的实际债权人不限于一次性登记时提供的签订框架性协议的债权人;境外放款的实际债务人限于成员企业。

跨国公司资金集中管理的主办企业通过国内资金主账户办理外债和境外放款业务时,应按现行外汇管理规定办理国际收支申报,准确填写与交易性质对应的外债登记业务编号或境外放款登记业务编号、收/付款人信息和交易金额等信息,合作银行应按展业"三原则"履行尽职审查义务。

跨国公司资金集中管理后,非货物贸易外汇收支企业名录内的企业可参加跨境资金集中运营管理业务,也可开展经常项目集中收付和轧差净额结算业务,但非货物贸易外汇收支名录内的企业仅能开展服务贸易项下的相关业务,不能开展货物贸易项下的相关业务,合作银行应按要求做好尽职审查工作。

(五)参加经常项目集中收付和轧差净额结算业务的成员企业是否包括没有股权关联关系的供应链上下游企业的规定

参加经常项目集中收付和轧差净额结算业务的企业原则上应是跨国公司内部相关直接或间接持股的、具有独立法人资格的企业。与跨国公司无股权关联关系的供应链上下游企业申请参加跨国公司跨境资金集中运营业务的,可由主办企业所在地外汇管理分局按照规定程序集体审议决定,但仅限于开展经常项目集中收付和轧差净额结算业务。

跨国公司资金集中管理允许多个境外成员企业按照7号文第二十七条开立多个NRA,这是因为7号文对境外成员企业开立NRA的个数并无限制,但应满足《国家外汇管理局关于境外机构境内外汇账户管理有关问题的通知》(汇发〔2009〕29号)等现行外汇管理规定的要求。境外成员企业之前开立的NRA也可适用于7号文。

(六)跨国公司资金集中管理的国内资金主账户是多币种(含人民币)账户,通过国内资金主账户归集境内成员企业人民币账户资金的规定

若跨国公司在跨境资金集中运营业务项下有归集人民币资金需求,国内资金主账户可归集境内成员企业人民币账户资金,并将归集的人民币资金划转至境内成员企业人民币账户,银行应在国内资金主账户内将外币和人民币子账户分开管理,并按照展业原则做好真实性审核。但国内资金主账户的资本项下外币资金结汇所得人民币资金,应直接对外支付或划转至主办企业对应开立的资本项目——结汇待支付账户(以下简称"结汇待支付账户"),同时需遵守《国家外汇管理局关于改革和规范资本项目结汇管理政策的通知》(汇发〔2016〕16号,以下简称"16号文")等现行外汇管理规定。

(七)跨国公司资金集中管理的外债账户与国内资金主账户进行资金划转的规定

根据7号文,集中外债额度的成员企业不得自行举借外债,国内资金主账户的收支范围也不含外债账户。因此,通过国内资金主账户借入的外债资金,可由主办企业通过国内资金主账户直接代成员企业对外支付,或结汇进入国内资金主账户对应的结汇待支付账户,再由主办企业代成员企业支付。

开展跨国公司资金集中管理的企业,当成员企业为实际外债借款人并由主办企业代理其借入外债时,相关资金通过国内主账户流入后可划转至成员公司实名账户,若必须由成员企业自行支付,可将主办企业国内资金主账户内的外汇资金划入成员企业基于委托贷款框架开立的国内外汇贷款账户(委托贷款账户),或结汇进入主办企业的结汇待支付账户,再划入成员企业的结汇待支付账户。在偿还时,对于划往成员企业国内外汇贷款账户(委托贷款账户)的外债资金,成员企业可将自有外汇资金或人民币资金购汇划至该国内外汇贷款账户(委托贷款账户)后,再划至主办企业国内资金主账户用于偿还;对于划往成员企业结汇待支付账户的外债资金,成员企业应将人民币资金划至主办企业国内资金主账户的人民币子账户购汇偿还。无论由主办企业代为支付或成员企业自行支付,均需遵守16号文等现行外汇管理规定。

(八)跨国公司资金集中管理后国内资金主账户融入的资金做套期保值的规定

经国内资金主账户借入的外债资金,跨国公司可根据实际需求开展以锁定外债还本付息风险的保值交易。跨国公司获得的保值交易外汇收入,可直接到银行办理结汇或者在国内资金主账户保留。

(九)跨国公司资金集中管理后国内资金主账户内的人民币资金支付使用时享受资本项目收入支付便利化政策的规定

国内资金主账户的人民币子账户资金在支付使用时也可享受资本项目收入支付便利化政策,经办银行需按照展业原则进行审核。

(十)参加跨国公司资金集中管理的、经备案的成员企业资本金账户内资金结汇享受资本项目收入结汇支付便利化政策的规定

根据7号文,原则上只有主办企业国内资金主账户内的资本项目收入及其结汇所得人民币资金可适用支付便利化政策。

对于总部在境外的跨国公司,7号文要求跨国公司提供的对主办企业"授权书""跨国公司外汇资金集中运营管理业务办理确认书"等文件,可由跨国公司中国区总部签署。

七、跨国公司资金集中管理能有效促进其他跨境业务的发展

(一)最大限度地集中跨国公司优势资源来办理境内所有的借用外债业务和(或)境外放款业务

跨国公司根据宏观审慎原则,可以集中境内成员企业外债额度和(或)境外放款额度,并在集中额度的规模内遵循商业惯例自行开展借用外债业务和(或)境外放款业务。

(二)最大限度地简化跨国公司外债和境外放款登记

主办企业所在地国家外管局分支局(以下简称"所在地外汇管理局")向主办企业出具备案通知书时,根据经备案集中的额度为其办理一次性外债登记和(或)境外放款登记,主办企业无须分币种、分债权人(或债务人)逐笔办理外债(或境外放款)登记;银行和企业无须报送36号文规定的3张手工报表。

(三)最大限度地方便跨国公司集中实行资本项目外汇收入结汇支付化

跨国公司主办企业在办理国内资金主账户内资本项目外汇收入支付使用时,无须事前向合作银行逐笔提供真实性证明材料;合作银行应按照展业原则进行真实合规性审核。

(四)最大限度地方便跨国公司根据公司要求自由调整优化账户功能

跨国公司以主办企业国内资金主账户为主办理跨境资金集中运营各项业务;确有需要的,可以选择一家境外成员企业开立NRA集中运营管理境外成员企业资金。国内资金主

账户币种不设限制,为多币种(含人民币)账户,开户数量不予限制。

本章小结

本章主要介绍了离岸银行业务的特色产品,解释了跨境融资、跨境融资的风险防范、跨境融资的期限选择、跨境融资的币种选择、跨境融资的价格和LIBOR的退出、新基准替代利率等相关概念,并详细介绍了离岸银行的贷款业务、跨境投融资业务、境内企业境外放款、境内企业境外直接投资的前期费用问题、全口径融资业务、跨境担保业务外商投资企业境外母公司的融资、招商引资中的境外融资、中国出口信用保险公司保险项下的离岸融资、境内企业的境外发债和跨国公司境内外资金的集中管理等相关内容。此外,本章还介绍了企业并购和并购组织架构的设计及我国企业对外投融资的目标地选择。

关键词

跨境融资　权益性融资　债务性融资　夹层融资　LIBOR和LIBOR的退出
新基准替代利率　双边贷款　银团贷款　并购的组织架构　投融资目标地
境内企业境外放款　境内企业境外直接投资的前期费用　境内企业的境外发债
RegS条例　144A规则　国际信用评级　全口径跨境融资业务　外债与外债登记
跨境担保　内保外贷　外保内贷　其他形式的跨境担保　外商投资企业
中国出口信用保险公司保险　境内外资金集中管理

思考题

1. 简述跨境融资中如何合理选择期限、币种、利率。
2. 简述离岸银行的双边贷款和银团贷款的主要区别。
3. 境内企业开展跨境投资需要履行哪些政府审批手续?
4. 简述跨境并购中企业搭建境外组织架构的注意事项。
5. 简述我国企业对外投融资的目标地选择的注意事项。
6. 简述境内企业境外放款业务的办理要点。
7. 境内企业在境外发债是否都需要评级,除了企业自身的评级,还可以采取哪些增信措施?
8. 思考RegS条例与144A对我国企业在境外发债的影响。
9. 外债额度有哪几种计算方式?
10. 举例说明我国一家境内企业如何完整地办理一笔全口径跨境融资。
11. 分别对内保外贷、外保内贷和其他跨境担保业务进行举例说明。
12. 外商投资企业境外母公司开展融资有什么优势?

13. 离岸银行业务如何配合我国的招商引资政策为企业提供服务？
14. 针对跨境投融资，中国出口信用保险公司有哪些保险产品可以提供配套支持？
15. 简述目前跨境资金池的主要功能。

附　录

附录一　国际银团贷款协议条款简介

系列一　市场规则、格式与主要条款简介

国际银团贷款市场在不同区域依据不同的操作惯例及法律体系,已经形成了高度成熟的市场交易规则及其对应的模板文本。这些文本基本上包含了对银团业务全流程的支持,如业务前端的保密协议、委任函、Term Sheet,业务主体的一级银团协议、二级市场转让的各类协议等,每类文本下可能又会根据不同的适用法律及业务类型再细分,看似庞杂又分门别类,体现了市场多年经验的自然积累。以下就不同的市场规则及业务中核心的贷款协议整体格式与条款做一些简单介绍。

一、市场规则

国际银团贷款市场主要通过自治组织形成通用的协议及条款模板,各市场参与者在通用模板基础上,根据各自不同的业务实际情况,再行聘请律师修改添加形成最终可用的协议文本。

目前国际银团贷款市场上有三个主要的市场自治组织,分别为贷款市场协会(Loan Market Association,LMA)、亚太贷款市场协会(APLMA)、银团贷款及交易协会(Theloan Syndication And Trading Association,LSTA)。其中 Lma 主要以欧洲市场为主;APLMA 主要是在 LMA 基础上对亚太市场做适应性修改,文本结构等基本一致;美洲地区则主要适用 LSTA,其文本结构与 LMA 存在一定差异。除上述主要的银团贷款协会外,在日本市场有日本银团贷款及交易协会:(Japan Syndication Andloan-Trading Association,JSLA),仅日本市场适用;中国则有中国银行业协会制定的"银团贷款合同示范文本",适用于国内银团贷款市场。此外,在德国存在一种特殊的"银团",称债务凭证贷款(Schuldscheindarlehen),受德国法律管辖,其合同条款较为简化,无代理行及分配/决策机制,但存在一位代表借款人的付款代理人,总体上交易成本低,但二级市场流动性不充分,透明度不足。

二、格式

从整体上看(以下以 APLMA 模板为例介绍),银团贷款协议的条款,依据其性质,可划分为两大类:一类是对贷款相关权利义务的约定,另一类是对贷款人之间权利义务的约定。简化来说,银团贷款协议是由多份贷款协议及一份债权人间协议合并构成。其中,关于"多份贷款协议"部分,主要依据银团贷款协议中"融资方的权利和责任"条款:首先,该条约定各融资方在融资文件项下承担的义务都是个别的,任一融资方未能履行其义务并不影响其他融资方的义务,任何融资方对其他融资方的义务概不承担责任;其次,该条约定各融资方在融资文件项下的权利及各债务人对各融资方所承担的债务,都是个别及独立的权利及

债务;再次,该条约定除融资文件另有约定外,任何融资方可个别独立地强制执行其在融资文件下的权利。故该条款从义务、权利、强制执行三个方面确认了各贷款人在银团贷款协议项下的权利义务是独立的,在该意义下,银团贷款协议可视为多份双边贷款协议的"合订本"。关于"债权人间协议"部分,主要则依据"付款机制"条款及"融资方之间的分摊"条款。根据"付款机制"条款,银团贷款协议项下债务人或贷款人按协议约定应支付的款项都必须支付给代理行,然后由代理行根据协议向有权收款的相对方支付。根据"融资方之间的分摊"条款,如果一个融资方在上述"付款机制"之外收到了债务人的款项,该融资方需要通知代理行,并将自身应分得份额之外的款项支付给代理行,由代理行按照"付款机制"再行分配。由此,通过上述安排,各债权人在银团协议中隐含的双边贷款协议项下权利的行使受到限制,确立了银团贷款协议项下个债权人之间"共进退"的合作和分享机制。以上仅是对银团贷款协议结构的框架性介绍,具体的"多份贷款协议"及"债权人间协议"在协议各个条款都可能体现,特别是各类代理行的角色,此处暂不赘述。

三、主要条款简介

(一)整体结构

根据APLMA银团贷款协议模板,银团协议结构一般分为:(1)定义与解释;(2)额度详情及提款约定;(3)还款约定;(4)利息及费用;(5)其他支付义务;(6)保证条款(如有);(7)陈述与保证、承诺事项、违约事件;(8)合同方变更、信息披露;(9)贷款人之间关系约定;(10)支付机制、通知及杂项;(11)管辖法律及争议解决;(12)银团协议附件。

(二)具体简介

1. 定义与解释

该条款分两类:一是逐项约定银团协议中使用的定义详情;二是约定银团通用概念的一般解释。其中一些基本的项目举例如下:

(1)反腐败法/反恐怖主义法/制裁机构/反洗钱法(Anti-Corruption Law/Anti-Terrorism Law/Sanction Authority/Anti-Money Laundering Law)。

目前我国政府逐步搭建反洗钱制裁政策制度,故银团协议中需反映上述要求,即可能需要在上述定义中的相关国家中明确增加包括中国。具体有些定义中会各个国家列举,同时也有用"any government agency having jurisdiction over any obligor"类似的概括性表述,如能包含中国亦可。

(2)提款期(Availability Period)。

提款期是银团协议中与业务要素相关的重要细节,该期限符合银行授信批复中的期限要求。如为非循环普通定期贷款额度(Term Loan),一般为银团协议签署日后数个月;如为循环贷款(Revolving Loan),常见是至最后到期日前一个月,或者其他具体期限。

(3)工作日(Business Day)。

工作日一般分3种:一是确定基准利率日,一般约定为相应币种基准利率确定所在城市,如LIBOR为伦敦,HIBOR为香港;二是清算币种日,一般包括该币种清算中心城市工作日,以及债务人、债权人所在地工作日;三是除此之外的其他工作日,一般为债务人、债权人所在地工作日。对于参贷行,一般最好上述第二和第三种增加其所在地工作日,以方便业务处理。但也有因多数银行为境外,银团因此未能接受某家参贷行所在地工作日的情况。此时,只能由业务部门与代理行沟通,在具体业务中,避免在参贷行所在地假期时提款等。

(4)承诺金额(Commitment/Total Commitment)。

承诺金额指银团项下各贷款人向借款人承诺的借款额度,一般在APLMA标准银团协议的附件1中以列表形式做具体约定。

(5)最终到期日(Final Repayment Date/Maturity Date/Termination Date)。

最终到期日,即银团协议项下借款人的最后还款日,不同的银团中有不同的表述,银团项下每一笔贷款到期日均不得超过该日。该期限需符合银行授信批复要求。

(6)多数贷款人(Majority Lenders)。

多数贷款人,一般为占总额度 2/3 以上的贷款人。该定义影响银团协议修订批准要求。一般银团均约定,除特定条款修改需全体贷款人同意外,其余修改一般均只需获得多数贷款人同意。此外,为满足某些特殊条款的修改需求,银团协议可能还会增加类似 Super Majority Lenders 定义,其标准一般高于 2/3。

(7)息差(Margin)。

息差的定义约定除基准利率外,各贷款人在银团贷款项下可获得的利差收益。

(8)债务人(Obligors)。

债务人是指银团协议项下受银团约束的债务人,一般包括借款人及担保人(如有)。

(9)第三方权益(Third Party Right)。

英国法及中国香港法中均有一个第三方法案,主要内容是规定在某些情况下,一个第三方可主张一份合同中约定的与其有关的权益。故为避免此类情况出现,一般英美法合同中均排除该法案的适用,或者明确银团贷款协议的变更也不需要取得除协议各方以外的任何其他人的同意。

2. 额度详情及提款约定

(1)项目(The Facility)。

该条款一般约定两个事项:一是表明本协议项下向借款人提供的具体额度及类型;二是说明银团项下各融资方承担的责任均为个别责任,任何融资方对任何其他融资方在融资文件项下的责任一概无须负责。除非银团协议另有说明,任何融资方可个别独立地强制执行其在融资文件下的权利。

(2)用途(Purpose)。

该条约定银团项下贷款的具体用途。同时该条一般还会约定,任何贷款人均不对借款人所借款项的使用承担监管或核实的责任。

(3)提款条件(Conditions of Utilisation)。

提款条件一般分两类:一是 Initial Conditions Precedent,该条约定借款人在银团协议项下首次提款前须满足的条件。一般此类条件会在 APLMA 标准银团协议附件 2(Conditions Precedent,即通常所说的"CP")中具体列明,并汇明确其满足的条件为"代理行在形式和内容上满意"。二是 Further Conditions Precedent,该条约定每次提款时,除上述首次提款条件外,贷款人参贷的其他条件,一般为两项:其一,违约事件没有发生或存续;其二,是债务人应作出的重复陈述在所有重大方面均为真实等。

(4)最大贷款笔数(Maximum Number of Loans)。

该条约定借款人在银团项下允许同时存续的最大贷款笔数,有些银团不会就此特别要求。

(5)提款(Utilisation)。

该条一是约定借款人提交提款申请的时间要求(银团协议的附件中有一项会专门约定该具体时间,即"timetables");二是约定提款申请满足的条件,及每次提款可提贷款的数目。提款申请满足的条件一般指具体的额度类型、提款日是否在提款期内、币种和金额、利息期等贷款要素;三是约定币种及提款最低金额及增加倍数;四是约定贷款人参与的具体规定,如具体参与的分支机构、参与份额,代理行的通知要求等;五是约定未提用额度取消的一般约定。

3. 还款约定。

(1)还款(Repayment)。

该条一般约定借款人还款的具体日期,以及还款后能否再借。

(2)提款还款及贷款额度取消(Prepayment and Cancellation)。

该条一是约定可能导致借款人强制提前还款的情况,一般如非法(即由于法律变更导致贷款人向借款人发放贷款不再合法)、控制权变更等;二是约定借款人自愿取消贷款额度或提前还款的权利;三是约定如果单个贷款人根据后面税收或成本增加等条款要求借款人补偿时,借款人可选择的要求替换该贷款人的权利(条件是代理行不允许换,新贷款人由借款人自己寻找);四是提前还款或取消的一些限制性条件。

4. 利息及费用

(1)利息(Interest)。

该条一是约定利息的计算,即基准利率加 margin;二是约定利息支付的时间,一般为每个利息期的最后一天;三是约定违约利率;四是约定代理行在利率确定后的通知义务。

(2)利息期(Interest Periods)。

该条主要约定利息期选择、变更、合并等。

(3)利息计算方式的变更(Changes to the Calculation of Interest)。

该条主要约定特殊情况下无法获取相应基准利率报价时,利率如何确定和计算的问题。一般若无法确定基准利率,则借款人有权在 30 天内与代理行等协商,协商不成的,则基准利率为贷款人合理选择的从任何来源获取其参贷资金的成本。

(4)费用(Fees)。

该条主要约定借款人在银团协议项下应承担各类费用,常见的包括:一是承诺费(Commitment Fee),一般根据各贷款人承诺的可用贷款额度计算,每若干月计收;二是安排费(Arrangement Fee),一般在银团放款时根据银团总额的比例一并收取,因此也通称前端费;三是代理行费,专门给代理行的费用。

(5)资金中断成本(Break Costs)。

资金中断成本是指由于借款人提前还款导致的,贷款人从提前还款日至利息期结束日之间本应收到的利息损失,一般是贷款人从提前还款日至利息期结束日之间本应收到的利息,减去贷款人在该期间内将提款归还的资金投资于银行间市场可获得的收益之间的差额。按银团合同约定,若贷款人要求,则借款人应赔偿该费用。

5. 其他支付义务。

(1)税项补偿(Tax gross-up and Indemnities)。

该条主要约定,借款人向贷款人支付的任何款项均应是不含税的净额,且若根据使用法律的规定,需要就该款项征收相关税费的,则借款人应相应增加应付款项的数额,以使贷款人实际收到的款项与税费未被征收时一样。

(2)增加成本(Increased Costs)。

该条主要约定,若因为任何法律法规的变更导致贷款人成本增加,则贷款人有权向借款人要求补偿。一般此类法律变更主要包括但不限于关于资金充足、审慎行为限制、流动性、储备资产或税项的任何法律或法规。此类增加的成本主要指贷款项下的资本回报率的减少,以及其他增加的费用、贷款项下应付费用的减少等。

(3)其他补偿义务。

主要包括货币转换差额损失、违约、诉讼、调查、修改协商、执行权利等产生的损失或费用。

6. 保证条款(如有)

境外银团贷款最常见的模式,即集团内子公司作为借款人,母公司作为担保人,相应银团合同里通常会有一条保证条款,如无其他担保方式,那么只需要一份银团贷款合同,无须再签署其他贷款文件。具体而言,保证条款可细分为以下几项:

(1)保证与补偿(Guarantee and Indemnity)。

一般该条项下会规定保证人以下几项担保义务:一是向债权人担保债务人按时履行银团贷款协议项下所有的义务。其中,某些银团协议中,如保证人较为强势,该"所有的义务"可能会被细化为"所有的支付义务"。二是承诺如借款人未能支付到期款项,保证人将视其为自身主债务一样,按要求立即偿还相应款项。其中,如保证人较为强势,此处"立即"可能被改为"××工作日内"。三是同意如果被担保的债务不可执行、无效或非法,其将作为一个独立、首要的义务,立即按要求补偿债权人原本借款人应支付款项的损失。

(2)持续性保证(Continuing Guarantee)。

担保责任是一项持续性保证,一直到借款人在银团合同项下所有应付款项支付完毕为止。

(3)恢复原状(Reinstatement)。

该条主要指如果债权人就债务人的义务或担保等做出的解除、释放或其他安排，在破产、清算等程序中被无效、撤销或回复原状，那么担保人也须像此类解除、释放或其他安排没有发生一样，继续承担相应的担保责任。

(4)抗辩权的放弃(Waiver of Defences)。

该条主要约定，在一些情况下，担保人的义务不会受此类情况或行为的影响，即放弃相应情况下的抗辩权利，这些情况或行为主要是排除了一些债权人对债务人的债务豁免、宽限，以及银团协议的修改，协议本身的效力等。

(5)即时追索权(Immediate Recourse)。

该条主要约定，担保人放弃任何其可能拥有的，要求债权人向其主张权利前，先向其他人主张的权利。该条含义类似于境内的"连带责任担保"。

(6)财产的拨配(Appropriations)。

该条主要是关于借款人财产分配的约定，主要含义是借款人未清偿债务之前，债权人有权决定是否执行或如何执行从借款人处收到的款项、担保或权利等，且这些决定与担保人无关。该约定主要是为增加债权人处置债务的自主权。

(7)延迟保证人的权利(Deferral of Guarantor's Rights)。

该条主要约定，担保人对债务人的相关权利需要延后到债权人所有权利完全满足后才能执行，即担保人对债务人的权利劣后于债权人对债务人的权利。此类权利主要包括借款人对担保人的赔偿、相互之间债权债务的抵消、担保人向债务人任何的追索等。

(8)额外担保(Additional Security)。

该条主要是明确担保人的保证是对债务人现在或其后持有的任何其他保证或担保以外的额外担保，并不会在任何方面被该等其他保证或担保损害。

7. 陈述与保证、承诺事项、违约事件

陈述与承诺事项可能有一部分条款是类似的，但两者之间的主要区别是，陈述是借款人、担保人等债务人在合同签署时就当前这个时间点的状态所做的保证；而承诺事项是债务人对合同签署后履行期间其应当满足的要求所做的预先承诺。无论是陈述与保证不真实，或之后违反了承诺事项，均会构成银团合同项下的违约事件。

(1)陈述(Representations)。

陈述内容条款较多，根据每笔业务具体情况也有不同约定，但常见的陈述条款主要包括：

①身份(Status)。在注册地合法注册存续、有权持有资产及开展业务。

②约束性责任(Binding Obligations)。银团协议约定的义务构成其合法有效、有约束力、可执行的义务。

③不与其他责任相冲突(Non-Conflict with other Obligations)。签署银团协议不会与适用的法律法规、其组织文件(公司章程等)、其他协议约定等冲突。

④权力与授权(Power and Authority)。债务人已获得签署、履行银团协议所必需的权力及授权。

⑤有效性与作为证据的可接纳性(Validity and Admissibility in Evidence)。再次确认使债务人订立、履行合同、使该债务人为协议一方的融资文件能在该债务人注册成立所在的司法管辖区内被接纳为证据、经营业务所需的授权均已获得，并持续有效。

⑥管辖法律与强制执行(Governing Law and Enforcement)。确认管辖法律选择及裁决执行有效。

⑦税项扣减/无须备案及印花税(Deduction of Tax/ No Filing or Stamp Taxes)。确认银团项下的付款无须支付任何税费扣减、无须将银团协议提交登记存档、无须缴纳印花税等。此类情况应提前确认，确认无须登记，以免影响协议效力或增加操作流程或成本。印花税亦须提前确认，大多数地区无印花税，但南亚等地区似仍存在该税种，如果按交易金额的一定比例来收取，可能是较重的负担。当然，此类情况在银团法律意见书中也会进行确认。

⑧无违约(No Default)。无违约或合理预期可能发生的违约发生。没有重大不利影响的其他事件发生。

⑨无误导性资料(No Misleading Information)。确认债务人提交的资料真实准确,没有隐瞒及误导等。

⑩财务报表(Financial Statements)。确认提供的财报真实准确反映经营及财务状况。

⑪同等权益(Pari Passu Ranking)。确认除法定优先权外,本协议项下的债务至少与其他非优先的债务处于同等地位。

⑫无提起或被威胁提起的授权(No Proceedings Pending or Threatened)。确认没有对债务人重大不利的诉讼等被提起或被威胁提起。

⑬授权签署(Authorised Signatures)。授权签字人均为有权签署。

⑭重述(Repetition)。某些陈述会被要求并被认为是在每次提款时及每个利息期开始时重复做出。这些陈述被称作"Repeating Representations",在银团协议中会有具体界定。

(2)资料承诺(Information Undertakings)。

该条主要规定借款人要按要求提供财务报表、合规证明,以及其他一般对外提供的资料,以及获知违约情况时需通知代理行。另外该条一般会约定两种资料提供形式:一种是电子形式(通过特定网站),另一种是纸质形式。最后还会规定债务人及各参贷行之间提供KYC材料的要求。

(3)财务承诺(Financial Covenants)。

该条一般约定对债务人的财务约束条款,常见的约束如总负债比息税摊销前盈余比例不得超过某个比值,总有形资产净值不得低于某个数值等。该条件一般由业务部门确认。若银行授信批件提到了此类条款,须合同签订前确认是否相应约定。

(4)一般承诺(General Undertakings)。

该条的承诺在合同项下债务存续期内一直有效。常见的承诺条款包括不抵押承诺(Negative Pledge)、处置(Disposals)、合并(Merger)、业务变更(Change of business)、收购(Acquisitions)、贷款及保证(Loans and Guarantees)、财务负债(Financial Indebtedness)等。

另外,对于债务人不涉及反洗钱、制裁、反恐、环保等情况的陈述与保证一般均在该两条最后约定。

(5)违约事件(Events of Default)。

该条约定银团协议项下的违约事件。惯常约定的违约事件包括:

①不付款(Non-Payment)。债务人未按期支付应付款项。除外情况一般包括行政或技术错误、影响支付的突发事件(Disruption Event,银团协议第一条有专门定义)等,但此类特别影响事件一般限定在几个工作日内,在该期限内补救成功不算违约,如果超出该时限,相关问题仍未解决,将被视为违约。

②财务承诺(Financial Covenants)。前面约定的财务承诺未被满足。

③其他责任(Other Obligations)。违反银团协议的其他约定。一般该条均会给予一定的宽限期限,该期限一般长于上述款项支付时给予的宽限期。

④失实称述(Misrepresentation)。指银团协议项下所做的陈述或声明在任何重大方面是或被证明是不正确、误导。

⑤交叉违约(Cross Default)。该条即贷款合同中最有"杀伤力"的交叉违约条款,即如债务人其他的财务负债违约(包括逾期、被宣布提前到期等),将构成本协议项下的违约事件,相应债权人有权选择宣布债务人债务到期并立即还款(即加速到期条款,违约事件最后一条会有约定)。具体的触发事件可根据不同的业务情况修改定制。鉴于交叉违约影响重大,一般该条会约定一个起算金额,低于该金额的其他债务违约将不被视为触发本银团协议项下的交叉违约条款。

⑥无力偿债(Insolvency)。该条主要包括债务人无力偿还到期债务,因财务困难而债务重组等,资产价值低于其负债,或宣布延期偿付债务等。

⑦破产程序(Insolvency Proceedings)。该条主要指债务人涉及任何破产、债务重组、清算等被采取相应法律程序。其中一般常会约定,对于一定金额以下的执行债务人担保品或资产的执行程序不被视为触

发该条款。另外,对于一些恶意纠缠的法律诉讼,也不被视作触发该条款。

⑧债务人的拥有权/控制权变更(Ownership of the Obligors/Change of Control)。对于一些控制人变更对债务人偿债能力影响较大的业务,控制权或所有权变更也被约定为违约事件。有些协议中可能仅将控制权变更列为强制提前还款事件,但不列为违约事件。

⑨不合法(Unlawfulness)。如债务人履行银团协议项下义务不合法,则构成违约事件。

⑩拒绝履约(Repudiation)。如任何债务人拒绝履行任何融资文件或有证据显示其有意拒绝履行任何融资文件,则将构成违约事件。

⑪业务结束(Cessation of business)。债务人停业构成违约事件。

⑫重大不利变更(Material adverse Change)。重大不利变更条款是指出现会导致重大不利影响的事件或情况。银团协议第一条会明确定义何为重大不利影响。

⑬加速到期(Acceleration)。加速到期条款,明确约定了若债务人违约,则债权人有权取消额度,宣布提前到期应付等权利。

8. 合同方变更、信息披露

合同方变更(Changes to the Parties)。该条约定合同方变更的条件和程序。

(1)变更的方式(Method of Changes)。

在银团协议项下,正式的转让一般为两种,即出让(Assign)和转让(Transfer)。多数情况下均适用Transfer方式整体转让权利义务关系,如只转让特定权利,可采用Assign转让。

(2)出让或转让的条件(Conditions of Assignment or Transfer)。

一般银团均约定未经贷款人同意,借款人不得变更或转让其权利义务。但贷款人转让其权利义务,一般无须借款人同意。但若借款人较为强势,其对贷款人资质有要求,或不希望银团协议内容扩散,对保密要求较高,则会要求贷款人变更需要其同意。

(3)现有贷款人责任的限制(Limitation of Responsibility of Existing Lenders)。

该条约定,转让的时候,现在的贷款人不对将来的贷款人就银团贷款文件的合法有效效力、借款人的财务状况、陈述的准确性等做任何陈述与保证,也不承担相应的任何责任。相应的,新贷款人要对借款人等情况进行独立调查和评估。

(4)转让的程序(Proecdure for Transfer)。

一般的转让程序:第一,新旧贷款人之间签署银团协议附件中已预先制定好的转让凭证模板;第二,代理行收到该签署的转让证书后,根据转让证书上填写的转让金额、日期等要素,于预定的转让日期执行该转让,更新其登记的银团信息。assign的程序与transfer基本相同。另外,转让生效的另一个前提是,代理行须对新贷款人完成所有要求的KYC等尽职调查。转让完成后,代理行应将一份转让证书副本发送给借款人。同时新贷款人要受原银团做出的一些豁免、同意等的约束。

9. 贷款人之间关系约定

之后主要是对贷款人之间的一些角色安排、职责约定等。一般情况下,此类条款在各个银团贷款协议中均较为稳定,不会有大的变化。其中较为重要的条款包括:

(1)代理行的职责(Duties of the Agent)。

代理行的职责一般包括:代协议各方转交文件,通知各贷款人其所收到的违约情况,通知各贷款人借款人款项未付情况等操作性事宜。同时代理行不负责相关文件的准确、完整等。

(2)安排行的角色(Role of the Arranger)。

除非银团文本中明确规定,安排行并无实际职责,仅仅是一种名义上对外宣传的称呼。

(3)无受信责任(No fiduciary Duties)。

代理行承担的,仅为一般的代理责任,并非更加严格的信托责任。

(4)多数贷款人指示(Majority Lenders' Instructions)。

除非银团协议另有明确约定,代理行按照银团定义的多数贷款人的指示行事。

(5)免费(Exclusion of Liability)。

除非是由于代理行的重大疏忽或故意不当行为直接导致,代理行在任何融资文件项下或就融资文件而做出或不做出任何行为,不承担责任。融资款项的延误,不承担责任,但应采取必要的措施。除代理行自身外,其他银团协议方不得向代理行的雇员等提起法律诉讼等。

代理行等没有义务为各参贷行进行KYC等程序,此类操作由各参贷行自己负责,不能仅依赖代理行的陈述。

(6)贷款人对代理人负有的赔偿责任(Lenders' Indemnity to the Agent)。

各参贷行要赔偿代理行因代理事务招致的任何损失,并按参贷份额分担。

(7)代理行的辞任(Resignation of the Agent)。

代理行可辞任,但辞任前需指定继任者,辞任仅在找到继任者时生效。多数贷款人可要求代理行辞任。

10. 支付机制、通知及杂项

(1)回补安排(Clawback)。

代理行向其他协议方付款的前提是其已确信收到了该款项,如果事实上该款项未收到,则相关方要将代理行已支付的款项退回。

(2)部分付款(Partial Payments)。

如代理行收到的款项不足以支付债务人在融资文件项下到期应付的所有款项,代理行须按以下步骤将该笔款项用作履行该债务人在融资文件项下的责任:首先,按比例支付融资文件项下任何行政方的任何未付收费、费用及开支;其次,按比例支付按本协议属到期但未付的任何累计的利息、费用或佣金;再次,按比例支付按本协议属到期但未付的任何本金;最后,按比例支付融资文件项下到期但未付的任何其他款项。如多数贷款人做出指示,代理行须更改上述先后步骤。

(3)对等文本(Counterparts)。

每份融资文件可采用多份对等文本方式签立,其效力与各文本的有关签署均在同一份文本上做出的效力相同。银团协议常见的签署方式是各参贷行各自签署自己的签署页,然后将其寄给代理行(或代理行聘请的律师)装订成册。

11. 管辖法律及争议解决

(1)管辖法律(Governing Law)。

银团协议根据主要贷款人的地点及借款人的地点选择适用法律,一般因使用APLMA格式合同,故常见的适用法律包括中国香港法或英国法。

(2)强制执行(Enforcement)。

一般选管辖法律当地的法院诉讼,某些合同也有选择香港国际仲裁中心、伦敦国际仲裁院、新加坡仲裁中心等仲裁。仲裁一裁终局,好处是程序较为简便,且根据纽约公约可获得大多数国家的承认,但一般费用较高,且仲裁后除非程序有问题或违反公共政策等,一般不能上诉。

另外,选择法院管辖的方式有两种:一种是非专属管辖,即相关方可在选定的管辖地之外的其他地方起诉;另一种是专属管辖,各方仅可在选定的法院起诉。银团中一般为专属管辖。但尽管有如上约定,银团中一般还会加一条约定,明确专属管辖只适用于债务人,债权人如果愿意,仍可选择其他有管辖权的法院起诉。

(3)法律程序文件的送达(Service of Process)。

为便于诉讼进程,某些银团中会约定为债务人指定一个诉讼代理,当有法律程序需要通知时,通知该诉讼代理即视为完成送达。

(4)豁免权的放弃(Waiver of Immunities)。

如果债务人是国家主体、政府机关或国企等,为避免其以主权豁免为由拒绝应诉或拒绝执行判决,一般协议中会约定其放弃相关的豁免保护。

12. 银团协议附件

APLMA 标准银团贷款协议中常见的附件可能包括：

(1)附件 1 列明各原始参贷行及其份额。

(2)附件 2 列明借款人首次提款必须满足的前提条件,一般包括债务人的注册文件、组织章程等基础资料、查册、董事会决议、授权书、签章样本、董事证明书,相关的法律意见书,以及其他需要提交的材料,包括各种登记的证明材料、授权等,以及财务报表,相关费用支付的证据等。有些条件若是要求在贷款后满足的,则会增加一项后续满足的条件清单。

(3)附件 3 一般是提款申请及选择利息期的通知书。

(4)附件 4 一般是转让证书的样式。

其他的附件还包括合规证明(一般是每次提供财报等资料时做确认)、现存担保,时间表(列明每次提款、利率确定的日期)以及其他需要约定的事项等。

以上即为依据 APLMA 模板对银团贷款协议主要条款的一个简要介绍。

系列二　原国际银团贷款业务中常见法律意见书结构和条款简介

一、整体结构

法律意见书结构上一般分为(1)引言;(2)已审阅文件;(3)已做检索;(4)意见范围;(5)意见正文;(6)限制条件;(7)假设条件;(8)意见受益方;(9)适用法律及管辖;(10)其他。

二、具体简介

(一)引言

引言部分一般表明两点:第一,意见书所依据的法律,表明意见书是针对哪一个国家或地区的法律出具;第二,法律意见书所依据的交易,即表明法律意见书是为哪一笔交易出具,如果是贷款协议,一般会指明借款人、主要的贷款行、代理行等。

(二)已审阅文件

该部分主要明确为出具法律意见书而审阅的具体文件,一般包括贷款协议、收费函等。另外如借款人等债务人注册地与法律意见书出具依据的法律地不同,某些法律意见书还会将该等债务人当地律师出具的法律意见书列入审阅范围内,但是,并非所有律师都会这样做。因为律师均只对其执业所在地法律负责,对其他地区法律的有效性,出具法律意见书的律师均将其列为假设条件。

(三)已做检索

如果债务人是在法律意见书出具地注册,则当地律师会检索债务人信息,主要包括两方面:一是在公司注册登记处检索公司登记信息(类似国内工商登记查询),确认其注册登记情况;二是在破产登记法院(或类似机关)查询债务人是否有破产申请、破产管理、重整等无力偿债等情况存在。

关于第二点,律师往往会声明限制性情况,即因为数据更新时滞、范围等原因,查询结果并不代表实际上不存在(包括当地或世界其他地区)破产申请等情况。

(四)意见范围

该部分主要表明法律意见书是针对哪个地区的法律出具,并声明对其他地区的法律不发表意见。并不是每份意见书都有该部分,但其内容会分布在其他的假设条件、限制条件中。

(五)意见正文

意见正文是一份法律意见书的核心部分,但是律师会使用一定的用语使其出具的意见限制在明确的范围内,此类限制用语如下:(1)Based on the Foregoing and the Assumption。Foregoing 是前面的引言、已阅文件、检索、范围等;Assumption 则是律师对一些无法确认的条件所做的假设,它可能是在意见正文前或后,或者单独作为法律意见书的附件。(2)Subject to the Qualifications and Observations Qualification 和 Observation 都是一些限制性条件,具体请见下文。(3)除上述限制条件之外,某些谨慎的律所还会在加一句"to any matters not disclosed to us"。

总之,通过上述的用语,律所严格地限制了意见的范围、适用性等,这既是免责的要求,也是专业性的体现,同时也是顾问属性的体现。对这一点,意见书的使用单位(如银行等)可能需要扭转一个观念,即意见书中涉及的事项是百分之百确定如此;但实际上都是有条件的,而且也无法做到百分之百确定,因此相应的关注重点就是其列在上面的假设、限制等条件的合理性。

1. 合法、有效、可执行

交易文件(贷款协议等)构成债务人合法、有效、可执行(Validity)的义务。

一般律所在此处只对债务人在交易文件下的义务情况发表意见,对于银行不提及。作者认为原因:一是交易关注的重点是在债务人,法律意见书关键在于揭示债务人法律上的问题;二是对于银行自身来说,能否参与某类业务是根据监管部门颁发的营业执照等许可及内部授权而定,特别对于银团来说,此类问题是各家行自己提前应该确认的,律师并不负责就此对每家银行确认;三是法律意见书中一般会有一个一般性的条款,确认银行无须仅因为签署、履行其贷款协议下的权利而被要求在相关适用法地区获得执照或许可。

2. 法律选择

法律选择(Choice of Law)明确说明选择相应的适用法律(如中国香港法、英国法等)会被当地的法院(或协议选择的管辖法院)承认和支持。

3. 管辖

管辖(Jurisdiction)说明选择的管辖法院(或仲裁机构)是有效和有约束力的。具体来说,所谓"适用法律"就是指协议依据的规则和解释的依据;管辖则是指发生争议时需向哪个裁判机关提交解决,这个裁判机关所在地不一定与适用法律地相同,特别是在选择仲裁时。

4. 登记

登记(Registration/Filing)说明交易文件无须在适用法律地进行登记、注册等以确保文件的合法、有效、可执行等。一般大多数地区均无须作此登记。

5. 不冲突

不冲突(No Conflict)主要是指债务人签署和履行交易文件不违反适用法律。该内容其实已在 validity 条款中涵盖,此处指示进一步补充,一般中国香港法意见书中常见,英国法意见书中较少见到。此外,如债务人即在适用法律所在地注册,则该不冲突条款还会增加一条,即债务人签署和履行交易文件亦不违反其章程等成立文件中的约定。

6. 同意

同意(Consents)与登记类似,即说明交易文件的合法、有效、可执行等无须获得适用法律地的政府、监管机关等的准许、批准、授权或豁免等。

7. 印花税

印花税(Stamp Duty)主要是指签署交易文件是否需要征收印花税,一般大多数地区都不需要缴纳,但部分地区还需缴纳,如孟加拉国等,具体看律师在此处的意见表述。

8. 执照

执照(License)即 validity 段中提到的对于银行的执照要求,一般律师都会在此确认仅仅签署、履行交易文件并不需要银行在适用法律地获得执照、授权、批准等,常见于英国法意见书。

9. 其他

主要是一些主权豁免(如涉及国有企业、政府部门等)、预提税(Withholding Tax)等。

(六)限制条件

限制条件(Qualifications,在某些法律意见书中可能称为"Reservations")

如前所述,法律意见书的意见受限于多种条件,其中最主要的就是 qualifications 和 assumptions 这两类,两者的区别主要在于,qualifications 主要是意见在法律上的限制,而 assumptions 则是法律意见书对某些相关事实的假设。

1. 可执行的含义

法律意见书中所称的可执行(Enforceable)。是指一般意义上可得到法院等裁判机构的执行,但并不意味着现实中所有情况都能得到执行。之所以存在此类限制,是因为现实情况千差万别,法律的规则及适用在不同情况下会有不同的取舍。比如(包括但不限于):一是在债务人破产的时候,所有普通债权人的权利都会受到相应影响;二是英美法中法院有权根据"衡平法"规则对争议的权利义务关系进行调整或补救,而此类调整补救可能并未约定在协议中;三是不同法律管辖区的法院可能会以违反当地公共利益/政策等原因而拒绝适用其他管辖区的法律;四是相关方行使其权利受到一般性的诚实信用、善意、合理、公平等一般法律原则的约束;五是协议的执行可能会受到协议签署后发生的事件的影响,包括不可抗力、未预期的其他事件导致合同目的无法达成等变更情况;六是超过诉讼时效,相互抵消等情况的存在;七是对中国香港法来说,仅仅在协议中声明放弃主权豁免可能效力存疑,根据香港法的判例,享有主权豁免的一方可在诉讼发生时再当庭确认或放弃其主权豁免。

2. 适用法律及管辖

关于适用法律,如果协议的主要内容与适用法律外的其他一个国家有联系,那么约定适用的法律不能排除该另一个国家法律的适用。如果损害发生在另一个国家,那么协议中约定的适用法律也不能排除损害发生地法律的适用。

关于管辖,如果另一个司法管辖区的法院已受理了相应的诉讼,则协议约定的管辖法院可能会终止或暂停在其处开展的诉讼,以避免"平行诉讼"导致的冲突。

3. 罚金

如果协议中关于损失赔偿、违约支付额外的金额等约定过高,即有可能会被法院认定为是惩罚性金额而不予执行(其背后的理由是合同法的"填平"原则及一般的法律公平性原则,即违约等损失赔偿的金额应等于受损害方损失的金额)。

4. 可分性

一般情况下,协议中均会约定部分条款的无效、不执行等不影响其他不相关条款的效力,但如果这样与公共政策不一致,或法院认为或导致其为协议各方重新制定一份合同,则法院可能会不认可此类条款的效力。

5. 费用

某些协议中约定的诉讼费用分担约定可能不被法院承认。

(七)假设条件

假设条件(Assumptions)主要包括:

(1)真实性。

提交审查文件上的签字、盖章等的真实性,文件本身的真实、准确、完整均为律所出具意见的假设。

对此,一方面律所作此假设是其确实不掌握相关情况,另一方面是在发达国家,社会信用体系比较健全,虚假陈述及欺诈等均是较为严重的罪名,故此类风险一般可控。

另外,某些银团会采用签字会的方式,召集所有参贷行授权签字人在同一时间和地点当面签署协议正本,尽可能避免此类风险,但成本较高,特别是目前参贷行分布地区各不相同,协调不便,似乎已较少见到。

(2)副本。

提交给律所审阅的文件一般均为 pdf 副本,故律所均假设副本与正本完全一致。

(3)合法有效设立。

对于某些设立在法律意见书出具地以外的债务人,律师均是假设其是合法有效设立和存续。当然,在这种情况下,相应设立地的律师会再单独出具当地的法律意见书。

此类假设还包括债务人的签约能力、批准,协议在其他法下的有效性,是否需要在其他法下获得批准、登记、注册等,此类事项均须相应地区律所另行出具法律意见书。

(4) 未附有条件。

未附有条件(No Escrow)，即送审的文件不存在附条件生效等情况。

(5) 无修改。

无修改，即送审的文件没有被修改、撤销、终止或替代等。

(6) 不知晓的事实。

不知晓的事实，即不存在律师不知晓的、无法从文件表面获知的、未向律师披露的、可能影响文件或义务的有效性、可执行性等事实或情况。

该假设主要是要求相关方要向律师尽可能完整、全面披露相关信息。

(7) 公平交易条款。

公平交易条款(Arm's Length Term)，即文件是基于真实的商业原因及公平的交易条款签订，不存在关联交易等不正常的特殊情况。

(8) 无恶意、欺诈、胁迫。

协议相关方及其董事、雇员、代表等不存在恶意、违反责任和信托、胁迫、不当影响等。

(9) 陈述的真实性。

相应各方在协议中所做的陈述与保证在过去与现在均是真实的，并且协议条款在将来也都会得到遵守。

(10) 不存在反恐、洗钱、反垄断等情况。

(11) 其他。

以上只是列举了一些部分的限制条件及假设条件，在具体的法律意见书中，根据不同的情况，这些条件也会不同。另外，不同的律所对限制条件及假设条件也有不同的撰写风格，有的律所倾向于尽可能地多列举限制和假设条件，从而尽可能地规避风险；但也有律所只写主要的、关键的、相关的限制和假设条件，以避免法律意见书过于冗长。

此外，在部分法律意见书中除了限制条件和假设条件之外，还会有一段评论意见(Observations)，该部分主要是解释法律意见的适用性，特别是说明关于何种事项，意见书中没有涉及，不发表意见。其中有些内容实际上已经在限制条件或假设条件中有所提及，主要是法律意见书不对事实陈述、当地法律之外的其他法律、将来的法律变化、其他税务情况、协议中的计算公式和现金流测算模型的准确性等情形发表意见。

(八) 意见受益方

(1) 意见受益方是指法律意见书的发送对象，即谁有权依赖该份意见书。对于律所来说，有权依赖方越少越好，这样其对外承担的责任范围就越小。因此，律所一般均会在该段明确限制可依赖的接收方，对于银团贷款来说，一般指牵头行、代理行、各原始参贷行等。

如果我行作为原始参贷行，此处应该注意，在法律意见书的开头及本段受益方的描述中，是否已包含了我行，以确保我行对该份法律意见书的依赖权利。

(2) 对于一笔银团贷款业务来说，法律意见书可能至少还需向两大类群体披露：一是如果参贷行拟通过二级市场转让贷款份额，则此时法律意见书需向潜在的受让方披露；二是根据内部业务操作需要、监管法律法规、法庭要求等而向接收方的雇员、审计员、法律及其他专业顾问，向监管人员、向根据法律法规、交易所信息披露规则、司法机关命令等要求的对象进行披露。

而这两大类披露性质上都是非依赖性的披露，律所都会注明"for information purpose only"，即接收方只能参考审阅，但如有什么问题是不能直接向律所追究责任的。

此外，律所在此段会声明此类披露均是在保密的基础上进行，未经其允许，不得公开。

(九) 适用法律及管辖

法律意见书末尾（有些可能是在前言或其他部分）一般都会写明意见书本身适用的法律及管辖法院。

(十) 其他

1. 法律意见书的签署

正式的法律意见书均有出具律所的签名,但是,目前常见的惯例是都是律所的签名,而非具体经办的律师的签名。

2. 法律意见书的出具时间

一般在银团合同等交易文件基本定稿后,律所会先出具一份法律意见书的初稿,传递给参贷行等相关方阅提意见。

而正式的法律意见书一般都是在交易文件实际签署后,在该涉及的交易文件签署日同一天,或者签署日之后一段时间内出具。

三、其他类型法律意见书

以上提及的主要是律所就贷款协议等交易文件出具的法律意见书的基本格式和条款,但在实际业务中,往往存在交易文件项下的债务人注册地与交易文件选用的适用法律地不一致的情况,这时就需要再请债务人注册地当地的律所就债务人的主体资格等情况另行出具法律意见书(如一致,相应意见可出具在同一份法律意见书中)。

此类法律意见书与上述提及的法律意见书格式大同小异,但意见内容略有不同。此类意见书的主要内容一般包括以下几个方面:

(一)审阅文件类型

因此类法律意见书是针对借款人主体资格等出具,故审阅的文件类型与针对贷款协议等交易文件的法律意见书不同,主要包括:

(1)公司章程(Memorandum and Articles)。
(2)董事会等有权机构决议(Resolutions)。
(3)良好信誉证书(Certificate of Good Standing)。
(4)董事在职证书(Certificate of Incumbency)。
(5)贷款协议等交易文件(Facility Agreement,etc.)。

(二)主要意见

1. 合法有效设立存续

主要内容是某公司在某地合法有效设立,目前有效存续,信誉良好,有能力进行诉讼和被诉。

2. 权限

根据其公司章程,该公司具备所有必要的权力和授权去签署、履行贷款协议等交易文件项下的义务。该公司已获得了董事会决议的相关授权。

3. 签署生效

交易文件已被该公司签署妥当,根据其条款,将构成该公司合法、有效、有约束力的义务。

4. 不违反相关规定

文件的签署、交付、履行等不违反:(1)当地的法律、监管规定、公共政策等;(2)该公司自身的公司章程等。

5. 无须批准

文件的签署、履行等不需要当地政府、监管、司法机关等的批准、同意、通知、登记等。

6. 税费

主要指文件的签署、履行、执行、作为证据采信、协议项下的款项支付不需要支付相应的税款、费用等。当地无所得税、资本利得税、预提税、登记税、不动产税、继承税、礼品税、预提税、印花税等税费(具体需根据法律意见书的表述确定)。

7. 适用法律和管辖

文件约定的适用法律会得到当地的法院承认和支持。

文件由其他地区法院管辖的约定是合法、有效、可执行的。

8. 当地无诉讼

当地法院不存在以该公司作为被告或第三人的诉讼、裁决、申请等。

9. 其他管辖区判决的承认和执行

在其他司法管辖区获得的判决会在当地法院得到承认和执行,不过此类承认和执行都是有条件的,一般包括:

(1)该判决是由外国有资格的法院做出。

(2)该判决是关于支付一定的现金。

(3)该判决已经是终审判决。

(4)该判决不是关于税收、罚金、罚款等。

(5)不违反自然正义、公道或当地的公共政策。

(6)其他还包括是否需要两个管辖区之间对等的承认、是否必须在其他地区裁决做出多少年内提交等,具体根据意见书中的表述确认。

10. 同等地位

同等地位(Pari Passu)是指除法律规定的一些优先权外,债务人在相关交易文件项下的义务将至少与债务人其他现在或将来非担保的义务处于同一受偿位阶。

11. 豁免

债务人是否存在主权豁免或其他类型的豁免等。

12. 外汇管制

当地是否有外汇管制的要求(一般都没有)。

13. 银行执照

银行签署、交付、履行交易文件,以及执行相应权利等,无须获得当地的执照或者其他开展业务的资格。

14. 当地主体

除债务人外的其他各方,不会因为协商、准备、签署交易文件而被视为当地的居民,或被视为在当地开展业务。此类情况主要是因为一个主体的住所等会影响到其纳税认定等问题。

15. 高利贷或利息限制

高利贷或利息限制,即当地是否存在影响银行根据贷款协议等交易文件从债务人收取支付款项的高利贷或利息限制的法律。要求律所对该事项发表意见的原因是,在贷款协议中会规定一些违约条款,相应的违约利率都会比正常利率更高,因此需要确认相关管辖区的法律是否有对利息的限制。一般来说,各离岸注册地都是没有此类限制的,但是,如前所述,如果此类罚息被约定的过高,可能会被法院视为惩罚性的(Penalty),从而不予承认或削减调整。当然,一般贷款协议中约定的违约利率还是较为合理的,上述只是理论上需注意的问题。

以上即是一些根据工作中接触到的各类法律意见书所做的一个简单整理,实际中还有很多条款没有涉及,故仅供大家参考。

附录二　沃尔夫斯堡防止代理银行清洗黑钱原则

(一)绪言

由多家国际金融机构组成的沃尔夫斯堡组织[①]已同意以《沃尔夫斯堡防止代理银行清洗黑钱原则》(以

---

① 沃尔夫斯堡组织由以下具领先地位的金融机构组成:荷兰银行、Banco Santander Central Hispano S. A.、东京三菱银行、柏克莱银行、花旗集团、瑞士信贷集团、德意志银行、高盛、汇丰、摩根大通、法国兴业银行、瑞士银行。

下简称"本原则")作为建立及维持代理银行业务关系的指引,在全球适用。沃尔夫斯堡组织相信,参与机构奉行本原则,可有效加强风险管理,并就客户关系做出稳妥的商业判断。此外,奉行本原则,有助沃尔夫斯堡组织各成员防止本身在全球的业务被用作犯罪途径。

(二)代理银行业务

本原则适用于参与机构与代理银行客户[①]建立或维持的一切代理银行业务关系。代理银行业务即是参与机构向另一家金融机构提供往来户口或其他负债账户及相关服务,以配合该金融机构进行现金结算、流动资金管理及短期借贷或投资活动所需。参与机构可自行决定将本原则扩大应用于本身与其他金融机构之间的一切业务关系。

(三)责任与监督

参与机构须制定适当政策和程序,规定由指定人员确保内部遵守本原则。所制定的政策和程序须规定由至少一名人员审批代理银行业务关系,而审批人的职级须高于处理该业务关系的人员,或者彼此并无从属关系。所制定政策和程序亦须规定由适当人员进行独立审查,以确保有关的业务关系贯彻遵守该参与机构的政策、程序以及本原则。

(四)以风险评估为基础的尽职审查

本原则提倡以风险评估作为审查基础。对于风险较高的代理银行客户,应进行更严格的尽职审查。本原则列出各类风险指引,参与机构在建立业务关系时应予参考,以及判断应进行哪些合理尽职审查或更严格的尽职审查。具体而言,参与机构须参考以下的风险指引:

1. 代理银行客户的所在地

代理银行客户所在及/或其最终母公司总部所在的司法管辖地区,可以显示风险是否较高。某些地区已被国际公认为防止清洗黑钱措施不足,监督规管不力,或存在较大的犯罪、贪污或资助恐怖主义活动风险。反之,另一些地区,例如打击清洗黑钱财务行动特别组织(FATF)的成员则设有强力监管,故风险较低。参与机构须查阅监管机构或 FATF 等国际组织的公告,以评估代理银行客户所在及/或其最终母公司总部所在地区的风险水平。

2. 代理银行客户的拥有权及管理架构

拥有者的所在地、其法定组成形式,以及拥有权结构的透明度,均可以显示风险是否较高。同样,管理层所在地及其经验,也可能需要额外关注。

3. 代理银行客户本身的业务及客户基础

代理银行客户从事的业务种类及其服务的市场种类,均可以显示风险是否较高。如客户参与某些国际公认为特别容易招致清洗黑钱、贪污或资助恐怖主义活动的业务类别,尤需倍加关注。同样,如果代理银行客户的大部分经营收入来自高风险客户,其风险也相应提高。高风险客户是可能参与一些活动或与某些司法管辖地区有联系,而这些活动或地区已被可靠资料来源认定为特别容易涉及清洗黑钱活动者。

各参与机构可视情况需要而决定每个风险因素的重要性。

(五)尽职审查水平

参与机构须对所有代理银行客户进行适当的尽职审查,确保参与机构充分了解客户的风险状况,以及是否可放心与客户进行交易。参与机构应考虑客户必须在国际公认为能够充分打击清洗黑钱活动的监管环境下经营业务或受到此种监管约束。在这些方面,参与机构也可依赖已公开的资料,包括由代理银行客户提供,以及从可靠第三者(监管机构、交易所等)取得的资料进行尽职审查。对任何代理银行客户进行尽职审查时,须适当考虑以下各项因素:

[①] 代理银行客户是参与机构的客户。该客户本身亦是金融服务公司,在参与机构开立代理银行服务账户,并使用此账户为本身的客户结算交易。此名称包括(但不限于)银行、经纪商、互惠基金、单位信托基金、投资服务公司、对冲基金、介绍经纪、货币服务公司、退休基金、信用卡发卡机构、商业信贷公司、家庭财务公司、按揭银行、房屋协会及租赁公司。

1. 客户所在地及其组织架构

代理银行客户的最终母公司注册及/或总部所在的司法管辖地区、有意与参与机构建立代理银行业务关系的营运部门所在的司法管辖地区,以及代理银行客户的法定组成形式。

2. 客户拥有权及其行政管理层

代理银行客户是公众或私营公司。如属公众公司,其股份是否在交易所挂牌买卖,而该交易所是否设于充分公认为监管有力的司法管辖地区,以及任何主要控制权益持有人的身份。行政管理层的架构和经验。他们是负责公司日常营运的最高层行政人员,可包括代理银行客户的董事会、监督委员会或执行委员会的成员,也包括其执行委员会和同等地位人士,视代理银行客户的实际情况而定。行政管理层或拥有权的架构是否有政治人物在内。

3. 代理银行客户的业务

代理银行客户向本身客户提供的金融产品和服务种类,并根据代理银行客户的风险水平考虑其业务所覆盖的市场地域。

4. 向代理银行客户提供的产品或服务

与代理银行客户建立业务关系的商业目的,包括向代理银行客户提供的产品和服务。

5. 受监管的状况和往绩

负责监理或督导代理银行客户的主要监管机构。如有需要,参与机构应参考公开资料,以查明代理银行客户是否曾受到任何刑事或监管处分。

6. 防止清洗黑钱措施

代理银行客户所制定的防止清洗黑钱的措施及制度,以及在全球施行的幅度。

7. 没有与空壳银行进行任何业务交易

确定代理银行客户不会利用参与机构的产品和服务与空壳银行进行业务交易。

8. 访查客户

除非已经采取充分的其他措施,否则参与机构与客户建立业务关系前或在建立关系后一段合理时间内,应派代表到代理银行客户的办公地点访查,以确定代理银行客户并非空壳银行,并了解其他相关事项。

(六)更严格的尽职审查

对于风险较高的代理银行客户,参与机构必须在尽职审查以外,进行更严格的尽职审查,包括考虑以下各项因素,确保参与机构对客户有更深了解。

1. 拥有权和管理层

对于所有重大控制权益,须审查持有人的财富来源和背景,包括其市场声誉,以及拥有权近年的重大变化(如最近五年)。此外,也须更深入了解其行政管理层每名成员的经验,以及行政管理架构近年出现的重大变化(如最近两年)。

2. 政治人物参与

如有政治人物可能持有代理银行客户的权益或参与其管理层,参与机构须查明该人士在代理银行客户内部的角色。

3. 代理银行客户的防止清洗黑钱措施

参与机构须审查代理银行客户的防止清洗黑钱和识别客户身份措施质素如何,包括该等措施是否符合国际认可标准。参与机构的审查程度,视客户显示的风险而定。此外,参与机构可与代理银行客户的代表面谈,以明了客户的高层管理人员是否认同防止清洗黑钱措施的重要性。

4. 下游代理结算行

下游代理结算行是指某代理银行客户既使用参与机构的代理银行服务,同时又以本身在参与机构所设账户内的货币,向其他金融机构提供代理银行服务。参与机构向同时担任下游代理结算行的客户提供代理银行客户服务时,须采取合理步骤,以了解该客户向哪些类别的金融机构提供下游代理结算服务,并须考虑客户对该类金融机构实行防止清洗黑钱措施的程度。

(七)空壳银行

空壳银行是指:(1)并无在本身获许可从事银行业务的司法管辖地区内的固定地址经营业务;(2)并无聘用一名或多名人员在该固定地址全职经营业务;(3)并无在该地址保存营业记录;(4)并无接受向其发出银行营业牌照的银行监理机关检查。然而,在本原则范围内,任何银行如符合上述准则,但同时亦是受监管联营机构,则不视为空壳银行。受监管联营机构是指由一家金融机构直接或间接拥有,而发牌予该金融机构的司法管辖地区,并非 FATF 界定的不合作地区,同时联营机构本身亦受该司法管辖地区的银行监理机关监督。在此情况下,该联营机构不属于(视所涉情况而定)空壳银行或离岸银行。

参与机构不可向空壳银行提供产品或服务。

(八)中央银行与国际组织

本原则一般不适用于中央银行和 FATF 成员国金融管理机构等客户,也不适用于国际或地区开发银行或贸易银行客户(如欧洲复兴开发银行、国际货币基金组织、世界银行)。至少在向此等组织提供产品和服务,以配合其主要活动所需的情况下,本原则并不适用。

(九)分行、附属机构或联营机构

参与机构须先行判断该客户与其最终母公司(如有)的关系,然后才确定对代理银行客户进行尽职审查的程度和范围。一般而言,如果代理银行客户是分行、附属机构或联营机构,须在确定尽职审查的幅度时考虑其母公司的情况。如果客户不属于母公司持有重大或实质控制权的联营机构,则须同时审查客户及其母公司。但对于涉及某些特别情况的分行、附属机构或联营机构,则应进行更严格的尽职审查。

(十)向客户实施本原则

参与机构应向新的代理银行客户实施本原则。此外,由于本原则将多个先前并未在全球施行的概念统一结集成文,各参与机构须对现有的代理银行客户进行风险审查,以确定是否须对客户进行额外的尽职审查,务求对客户的了解达到本原则所要求的水平。

(十一)更新客户档案

参与机构的政策和程序应规定,须对代理银行客户资料作定期检讨和更新,或在客户风险状况有重大变化时予以检讨和更新。定期检讨代理银行客户的工作应以评估风险为基础。

(十二)监察和举报可疑活动

参与机构须对自身整体全面实施适当的政策和程序,侦测和调查不寻常或可疑的活动,并依法举报,包括制订指引说明何谓不寻常或可疑活动,并附说明例证。有关的政策和程序须包括适当地监察代理银行客户活动的措施。

(十三)完善制度设置

结合为防止清洗黑钱程序之组成部分参与机构应视本原则为其全面防止清洗黑钱程序的重要组成部分。

(十四)建议成立国际注册处

沃尔夫斯堡组织倡议设立金融机构的国际注册处,并赋予监管地位。金融机构办理注册时,须提交有用的资料,方便进行本原则所述的尽职审查,而此等资料可帮助金融机构切实奉行本原则。

附录三 1989—2010 年,国际反洗钱的工作历程

(一)FATF 成立

1989 年,FATF 在巴黎举行的七国集团首脑会议上成立。由于洗钱活动对全球银行系统和金融机构构成威胁,七国集团国家元首或政府首脑和欧洲委员会主席召集了来自七国集团成员国、欧洲委员会和其他八个国家的特别工作组。1990 年 FATF 发布 40 条建议,FATF 发布了一系列普遍建议(在 1996 年、2003 年和 2012 年进行了修订),为反洗钱工作确立了基本框架。

(二)FinCEN 成立

1990年，FinCEN是根据美国财政部第105-08号命令而下设的美国财政部办公室。1994年美国财政部授予FinCEN国际领导角色；1994年5月，美国财政部备忘录授予FinCEN打击国内和国际洗钱活动的权力。财政部助理部长将财政部执法办公室的执法职能授予FinCEN。该备忘录纳入1993年1月发布的《财政部指令27-03》，其中列明了执行助理秘书办公室的职能。

(三)埃格蒙特集团成立

1995年，FinCEN和许多其他金融情报部门(FIU)成立了埃格蒙特集团(Egmont Group)作为用于共享有关洗钱信息的非正式网络。多年来，金融情报机构不断发展，现在已成为国际社会打击洗钱和打击资助恐怖主义活动的重要组成部分。为了符合Egmont成员资格的标准，金融情报机构必须是一个国家或管辖区内的中央机构，以侦查犯罪的金融活动，并确保遵守打击金融犯罪(包括恐怖主义融资和洗钱)的法律。FinCEN担任美国的FIU，自成立以来，埃格蒙特集团取得了长足的发展，并发展成为一个自我维持，国际认可的实体。该工作小组于2007年在加拿大多伦多设立了常设秘书处。

1996年联合国发布关于消除国际恐怖主义措施的决议；12月17日，联合国大会发布了一项决议，旨在打击国际恐怖主义活动，恐怖主义资金来源包括"从事非法活动，如非法武器走私、贩毒，敲诈勒索，包括人的剥削为目的资助恐怖活动"。

1996年埃格蒙特集团发布金融情报机构定义；埃格蒙特集团于1996年提出了"金融情报部门"(FIU)的定义(在2004年对其进行了略微修订，以反映金融情报机构在打击恐怖主义融资中的作用)。

(四)Egmont Secure Web 推出

1997年，FinCEN推出了Egmont Secure Web，这是一个基于网络的系统，埃格蒙特集团成员金融情报部门使用该系统来交换敏感的案例信息。FinCEN仍维护着Egmont Secure Web。

(五)联合国大会发布反洗钱行动计划

1998年6月10日，在纽约举行的联合国大会第二十届"共同应对世界毒品问题"特别会议，通过了《反对洗钱政治宣言和行动计划》。

(六)联合国安理会第1267号决议

1999年10月，联合国安理会(United Nations Security Council)发布了第1267号决议，要求各国承担冻结恐怖分子资金的义务(金融业承担最终义务)，特别是冻结名单上的人员。2000年第1333号决议对第1267号决议进行了修正，其中要求塔利班、其他组织以及非法毒品活动停止为恐怖主义活动提供资金。

(七)20国集团成立

1999年，二十国集团(G20)成立，旨在召集工业化国家和发展中国家讨论全球经济中的关键问题。12月，二十国集团首次会议在柏林举行。

(八)沃尔夫斯堡集团成立

2000年，由11家全球性银行组成的沃尔夫斯堡集团(Wolfsberg Group)，旨在为反洗钱和反恐融资政策制定金融服务行业标准和相关产品。该集团于2000年在瑞士东北部的沃尔夫斯堡城堡(Chateau Wolfsberg)成立，旨在为私人银行业起草反洗钱指引。《沃尔夫斯堡私人银行反洗钱原则》随后于2000年10月颁布(并于2002年5月修订)。

(九)欧盟国家成立金融情报部门机构

截至2000年，所有欧盟成员国都设立其金融情报部门机构。

(十)《美国爱国者法案》颁布

2001年10月，通过了《联合和加强美国：限制、拦截和阻挠恐怖主义法》(《美国爱国者法案》)，FinCEN正式成为财政部的一个分支机构。《美国爱国者法案》通过要求政府机构之间的信息共享和金融机构之间的自愿信息共享，改进了金融机构与美国政府之间的信息共享方式。它授权财政部长对涉及"主要洗钱问题"的司法管辖区、机构或交易实施"特别措施"的权利(第311条)。它还将资助恐怖主义定为犯罪行为，并通过加强客户身份识别程序扩大了现有的《银行保密法》框架;禁止金融机构与境外空壳银行开展业务;并要求金融机构对外国代理行和私人银行账户实施并加强尽职调查程序(第312条)。

(十一)埃格蒙特集团发布信息交换原则

埃格蒙特集团于2001年6月发布了关于洗钱和恐怖主义融资案件在金融情报部门之间信息交换的原则。

(十二)FATF发布关于恐怖主义融资的8项特别建议

2001年,FATF认识到打击恐怖主义融资的重要性,并提出了8项附加建议,与40项反洗钱建议相结合,为侦查、预防和制止恐怖主义融资及相关行为确立了基本框架。

(十三)巴塞尔委员会发布客户尽职调查报告

巴塞尔银行监督委员会在2001年10月,发表了一份关于银行客户尽职调查报告。

(十四)G20建立金融情报机构

G20于2001年11月发布了一份公报,要求"各成员国迅速建立或维持一个金融情报部门,并采取措施加强彼此之间的信息共享,包括促进这些部门普遍加入埃格蒙特集团"。

(十五)FATF将恐怖主义融资问题纳入建议书中

2003年FATF酌情将恐怖主义融资问题纳入其40项反洗钱建议中。

(十六)《联合国打击跨国有组织犯罪公约》生效

2000年的《联合国打击跨国有组织犯罪公约》(巴勒莫公约)于9月29日生效,该公约通过了埃格蒙特集团对金融情报单位(FIU)的定义,并敦促各国考虑建立金融情报机构。

(十七)FATF发布第9项关于恐怖主义融资的特别建议

2004年,FATF在其关于恐怖主义融资的特别建议清单中增加了第九项关于现金递送的建议。"40+9"建议及其解释性说明为反洗钱和反恐融资工作提供了国际标准。

(十八)埃格蒙特集团发布了信息交换最佳实践

埃格蒙特集团于2004年9月发布了一份关于金融情报单位和埃格蒙特集团的信息文件。1996年,埃格蒙特集团提出了"金融情报单位"的定义,并于2004年进行了修订,以反映金融情报单位在打击恐怖主义融资方面的作用。

(十九)《2004年情报改革和防止恐怖主义法》颁布

该法案对《银行保密法》进行了修订,要求美国财政部长制定规定,要求某些金融机构报告跨境电子转账资金,前提是部长认为此类报告"合理必要"以帮助打击洗钱和恐怖主义融资。

(二十)国际货币基金组织发行关于金融情报机构的出版物

国际货币基金组织于2004年6月发布《金融情报单位:概览》,以回应对金融情报部门信息的需求。

(二十一)欧洲议会要求成员国建立金融情报机构

欧洲议会和理事会于2005年10月26日颁布的关于防止使用金融系统进行洗钱和资助恐怖主义活动的第2005/60/EC号指令 指出,每个成员国都应建立其金融情报部门,以打击洗钱和恐怖主义融资活动。

(二十二)联合国发布《犯罪全球化:跨国有组织犯罪威胁评估》

2010年联合国毒品和犯罪问题办公室发布了《犯罪全球化:跨国有组织犯罪威胁评估》,该报告分析了一系列关键的跨国犯罪威胁,包括人口贩运、偷运移民、海洛因和可卡因非法贸易、网络犯罪、海上海盗行为和贩运环境资源、枪支和假冒商品。

附录四 RegS条例与144A规则的简介

目前,债券境外发行的市场规则主要区分有Reg S条例(RegulationS或称S条例)与144A规则,它们

...是美国相关法律的一个简称,是全球范围内备受欢迎、应用最广的两个条例。一般而言,RegS 条例是美国境外投资者的认购规定,144A 规则是美国境内投资者认购的认购规定。

(一)Reg S 条例

RegS 条例:对于非美国地区和 144A 相关的投资,即离岸投资做出了相关规定。根据 RegS 条例,如果一个美国公司或外国公司的证券发行发生在美国境外,则该发行不再受美国证券法信息披露规则的管辖。

境外投资者受惠于 RegS 条例提供的豁免,可以参与美国发行商的适用 RegS 条例的债券及股权证券投资,大大降低了境外资产配置的法规问题难度,也使一些资产未达到、未认证为合格投资人的投资者有了投资美国的可能。

(二)144A 规则

144A 规则:由于美国法律对证券发行有严格的注册和信息披露要求,许多外国公司因此不愿在美国资本市场发行证券。为此美国证监会颁布实施了"144A 规则",主要目的是吸引外国企业在美国资本市场发行证券,提高美国国内私募证券市场的流动性和有效性。根据 144A 规则的规定,发行人可以发行不受美国证监会的注册和信息披露要求限制的证券,但这类债券或票据只能在私募市场向合格的机构认购者发行。业界普遍认为,除上市之外,通过 144A 规则发售是最高效、最快速的融资方式,144A 规则可一次性融资上亿甚至十亿美元,像微软、苹果这样的大公司也发行 144A 规则债券,而不是发行股票或销售额外股本。

(三)Reg S 条例与 144A 规则的共同点

两者的共同点主要包括:一是两者都是针对投资者是否合格的条款,均以非公开的形式发行。二是两者在定价方面一般不存在巨大的差异,否则就会产生市场上的套利行为。三是在信用研究规定方面,两者根据法律规定都可以进行交易前研究。

(四)Reg S 条例与 144A 规则的区别

两者的区别主要表现为:一是 144A 规则债券是由美国国内或国际公司为美国投资者创建的私募配售,而 RegS 条例债券是为国际投资者发行的债券,两者的最主要的差异在于,是否能面向美国境内合格机构投资者发行。二是 RegS 条例下的发行仅面向美国境外的机构性投资者,主要以亚洲及欧洲地区的投资者为主,在这类发行结构下,发行人不能直接向美国账户发售或出售,如不能通过美国路演的方式发行。144A 规则债券则可以向美国境内合资格机构投资者发行。

RegS 条例和 144A 规则在发行规模与投资者群体等方面均有所区别,如表附录一1 所示。

附录一1　　　　　　　　　　Reg S 条例和 144A 规则的区别

	RegS 条例	144A 规则
发行对象	美国国境之外的投资者	美国境内合格机构投资者(QIB)
规定	在美国之外发行,符合 SEC(即"美国证券交易委员会")第 S 号条例的发行方式,不能向美国投资者发行,不受 SEC 的监管	可以在美国之外发行,也可以向美国的合格机构投资者发行,符合美国证券法第 144A 规则
适用法律	可以选择英国法或中国香港法或纽约法,并按照相关的法律进行监管	美国证监会 1990 年通过的 144A 规则。使用纽约法律和 SEC 的相关监管规则,发行人可以依据 144A 规则豁免 SEC 的登记要求
识别码	ISIN	ISIN 和 CUSIP
评级	最好 1~2 个评级机构给予评级,欧洲的一些发行人可在没有评级的情况下依靠他们的品牌名称进入市场	最好 2 个评级机构给予评级
发行时间	发行时间选择上有更大的灵活性	需经过 136 天经审计或审阅的财务报告期

续表

	RegS 条例	144A 规则
交易时间	5~7 周	6~10 周
目标投资者	亚洲投资者扮演订单的关键角色,欧洲投资者角色其次;具体为:欧洲和亚洲(基金管理公司、资产管理公司、商业银行、中央银行、养老金、保险公司及散户)	美国与亚洲机构投资者起主导作用;具体为:美国机构投资者(QIBS),欧洲和亚洲(基金管理公司、资产管理公司、商业银行、中央银行、养老金、保险公司及散户)
信息披露要求	较宽松 较容易的披露要求和法律意见要求	较严格 需要根据美国 1934 年《证券交易法》10b-5 条款出具法律意见
会计报告要求	是否需 SAS 72 式①的有反面保证的安慰函可以选择	需要 SAS 72 式的有反面保证的安慰函
路演	3~5 天 一般在亚洲和欧洲进行	5~7 天 一般在美国、亚洲和欧洲进行

附录五 避免双重税收协定的介绍

(一)避免双重税收协定

避免双重税收协定(Double tax treaty)是指国家间为了避免和消除向同一纳税人、在同一所得的基础上重复征税,根据平等互惠原则而签订的双边税收协定。各国征收所得税,都不同程度地基于所得来源地原则和纳税人居住地原则行使税收管辖权。如果纳税人居住国与其取得所得的来源地国之间没有做出双方都能接受的协调安排,往往造成征税重叠,不仅会加重纳税人的负担,也不利于国与国间的经济、技术和人才交流。因此,第二次世界大战后,随着国与国间资金流动、劳务交流和贸易往来的发展,在国与国之间签订避免双重税收协定,已日益受到国际上的重视。

由于各国经济发展水平的差异,国家间资金和技术流向,在发达国家间是相互的,发展中国家则主要是吸取外资,引进技术。签订税收协定,可能减少所得来源地的税收,使发达国家得到一定程度的税收分享;但对发展中国家吸取外资、引进技术,发展本国经济还是有利的。

一般包括协定的范围,对用语定义的必要解释,对各项所得分类确定征税的处理原则和范围划分,排除双重征税的方式,实行纳税无差别待遇,双方对有关事项的协商程序,税收情报的交换以及协定的生效和终止等有关事项。国际上有两个范本供各国参照:一是经济合作与发展组织提出的文本,简称为 OECD 范本,是由发达国家税收专家起草的,侧重于居住地征税原则。二是联合国经济及社会理事会提出的文本,简称为联合国范本,是由发达国家与发展中国家的税收专家共同起草的,比较能够兼顾双方国家的税收权益,已被越来越多的国家所采用。

(二)避免双重税收协定的效力和适用范围

一般从两个方面做出规定:一是适用于哪些人;二是限于哪些税种。

1. 适用于哪些人

在人的范围方面,通常只限于缔约国一方的居民或同时为缔约国双方的居民。在没有特别规定的情况下,不适用于其他人。所谓"居民",是指按所在国法律,基于居住期、居所、总机构或管理机构所在地等负有纳税义务的自然人、法人和其他在税收上视同法人的团体,而不问其国籍。由于不同的国家对居民与

---

① SAS 72 式是一款统计分析软件。

居民的区别不尽相同,有的按居住期划分,有的按居所结合居住期划分,还有的按逗留者有无长期居住的意思,即按住所划分,从而可能出现纳税人既是缔约国一方的居民,同时又是另一方居民的情况,这就产生了在哪一方汇总纳税和已纳税额在哪一方抵免的问题。判断纳税人应归属哪一方的原则和顺序,一般首先以永久性住所所在国为准。如果在双方都有永久性住所,即以其经济上重要利益中心在哪一方为准。如果仍然无法解决,即以其习惯性住所所在国为准。若还不能解决,则归属其国籍国。如果是双重国籍或不具有任何一方的国籍,最后由缔约国双方的主管部门通过协商解决。对于公司、企业等非个人纳税人同时为双方国家居民的,则主要以其总机构或实际管理机构的所在国为准。

2. 限于哪些税种

在税种方面,一般都限于以所得为征税对象的税种,不涉及以交易或财产等为征税对象的税种。通常在概括规定按征税对象明确税种范围的同时,还具体列举适用于哪些现行的税种,即①明确以对所得的征税为协定的范围;②双方分别列出协定所适用的现行税种;③明确适用于协定签订以后,增加或代替现行税种的税收。

此外,还有两个需要商定的问题:①是否包括地方政府征收的所得税。一般认为地方所得税属于对所得的征税,应当列入协定的税种范围。②税收无差别待遇是否包括除了对所得征税以外的其他税种。一般是作为一项特别规定,允许税收无差别待遇所适用的税种,包括所得税和其他各种税收。

协调双方国家的税收管辖权也是税收协定的主要内容。大体涉及下列 3 种所得税。

(1) 企业所得税。

按照国际税收惯例,一般依循两条基本原则:一是设有常设机构的才能征税;二是只能对归属常设机构的利润进行征税。所谓"常设机构"是指一个企业进行其全部或部分营业的固定场所,主要包括管理场所、分支机构、工厂、车间、办事处以及开发自然资源的场所、建筑工地、安装工程等,还包括有权代表企业签订合同的不具有独立地位的代理人以及全部或将近全部代表某一企业行事的佣金代理人等。还有采取吸引力原则征税的,即企业总机构未经过常设机构所进行的营业活动,如果同常设机构经营的业务相同或属于同一种类,则对其所获利润视同常设机构的利润进行征税。

(2) 个人所得税。

双方需要着重商定的是对劳务所得,在坚持来源地征税原则的前提下,能够允许哪些可以作例外处理。一般来说,受益人为其居民的国家进行征税的,主要有以下几项:

①短期(中国规定为 90 天)停留者从居住国的雇主取得的报酬所得;

②从事国际运输的船舶、飞机乘务员的所得;

③政府职员被派往国外工作的所得;

④缔约国一方的教学、研究人员到对方国家讲学,为期不超过两年或几年的报酬所得。

另外,对留学生和实习人员等为学习和生活而取得的收入以及按政府间协定进行文化交流的演员所得、运动员所得等,所得来源地国一般不征税。

(3) 对投资所得征收预提所得税。

主要是商谈采取限制税率,双方分享收入。在协定中,一般都明确可以由双方征税,但所得来源地国家有优先的征税权,并相应地确定限制预提所得税的税率。OECD 范本提出,股息的税率不超过 15%,母子公司的子公司(直接握股不少于 25%)的股息税率不超过 5%;利息的税率不超过 10%。很多发展中国家的税收专家认为,这个限制税率将使所得来源地国家的收入受到很大损失。联合国范本则把税率问题留给双方谈判时解决。

对投资所得的征税直接涉及双边权益,往往成为谈判的核心。尽管发达国家宣称无意通过签订税收协定,把发展中国家的税收转移到发达国家,但对发展中国家来说,最重要的是降低税率的措施,能够切实有效地起到鼓励投资、引进技术的作用,不致发生权益外溢,使旨在鼓励投资而减少的收入流入资本输出国的金库。

①免税方式。

免税方式,即对来源于对方国家的所得不再征税。这常被认为是最好的方式。它能给资本输出国的企业在发展中国家经营业务提供必要条件,使其与当地企业处于同等的竞争地位。但只有南斯拉夫、法国、荷兰、比利时等少数国家采用。

②抵免方式。

抵免方式,即对在来源地国家缴纳的税额,可以在本国汇总计算的应纳税额中减除。大多数国家采用抵免方式,中国税法上也规定采用这一方式。采用抵免方式,投资所得的利润最后都要在资本输出国按高税率被征税,结果发展中国家的低税率不能使投资者得到实惠,从而对资本输出国的企业没有很大吸引力,不能有效地发挥鼓励国际投资的作用。同时也不利于投资企业扩展业务。但也有人认为采用抵免方式能够产生一种负担公平的效果,使发达国家的企业不致因经营业务的所在地不同而负担有所不同。

对税收抵免方式的缺陷,很多人主张用视同已征税额抵免的方法予以适当弥补,即来源地国家给予的减免税优惠在居住国计算征税时,要视同已征税额予以扣除,以有利于鼓励国际投资。发展中国家如新加坡、印度、巴基斯坦、斯里兰卡、泰国、马来西亚、赞比亚等,以及比利时、爱尔兰、西班牙等国都在税收协定中采用了这一方法。但是有的发达国家不赞同采用视同已征税额抵免,有的只同意对预提所得税的减免给予视同已征税额抵免,不同意适用于企业所得税。

③无差别待遇。

无差别待遇,即避免税收歧视,是国际税收关系中的一项重要原则,也是谈判税收协定需要重点明确的问题之一。通常在税收协定中列入无差别待遇条款,以保证缔约国一方的纳税人在另一国所负担的纳税义务,不比另一国的纳税人在相同的情况下,所受待遇不同或负担更重。主要包括4个方面:一是国籍无差别,即不因纳税人的国籍不同,而在纳税上受到差别待遇;二是常设机构无差别,即不使常设机构和本国企业的纳税有差别;三是支付无差别,即不因支付对象不同而有差别;四是资本无差别,即不因其资本为对方国家的企业或个人所拥有或控制,而比本国企业的负担不同或更重。

但是,这种税收无差别待遇,不能影响国内财政经济政策的贯彻执行,即不应包括基于公民地位或家庭负担和国内政策等原因,给予本国居民、企业的减免税照顾以及其他特案减免税优惠。

④防止逃税条款。

近年来越来越多的税收协定列入这一条款。因为各国经济的相互关系日益密切,跨国公司日益增多,加以各国税收制度和负担水平存在着差异,利用法律漏洞逃漏税收的方法也日益诡秘,由此而在发达国家与发展中国家都造成相当大的损失。各国税务行政部门难以防止发生在其领土管辖之外的各种逃税、漏税,也就愈加注重加强国际的税务合作。因此防止国际逃税、漏税的税务合作,正在向条约化的方向发展。

(三)《关于发达国家与发展中国家间避免双重课税的协定范本》

《关于发达国家与发展中国家间避免双重课税的协定范本》(Model Double Taxation Convention between Developed and Developin Countries)是联合国拟定的协调各国相互间税收关系,为国际签订税收双边协定提供使用的示范文本。简称联合国税收协定范本。

1921年国际联盟根据布鲁塞尔国际金融会议发出的消除双重课税的呼吁,邀请意大利、荷兰、英国和美国的四位经济学家组成工作小组,写出了一份关于国际重复课税对经济影响的研究报告;1922年,由国联金融委员会邀请比利时、捷克斯洛伐克、法国、意大利、荷兰、瑞士和英国的七位税务官员,研究国际重复课税和国际偷漏税的行政管理和实务。后来阿根廷、德国、日本、波兰、委内瑞拉和美国的税务官员也参加了这一工作经过1923—1927年期间的多次会议讨论,起草了《关于避免对直接税重复课税的双边协定》《关于避免对财产继承重复课税的双边协定》《关于课税的行政管理援助的双边协定》和《关于课税的司法援助的双边协定》。这些协定及其注释文本,被提交给国联成员国和非成员国政府,经1928年10月在日内瓦召开的27国政府专家会议审议,形成了1928年税收协定范本。国联理事会财政委员会,又于1933年写成《国与国间分配营业收入协定草案》,1935年6月修订,形成1935年税收协定范本。此后不久,国联财政委员会着手将1928年与1935年的两个税收协定范本合并,于1940年6月和1943年7月先后两次在墨西哥城举行会议,通过了《避免对收入重复课税的双边协定范本》《避免对遗产重复课税的双边协定范本》

和《建立对征收直接税的行政管理相互援助制度的双边协定范本》以及上述协定的附加议定书。这些文本一并称为"墨西哥城税收协定范本"。1946年3月国联财政委员会在伦敦举行第十次会议,重新审议墨西哥城税收协定范本,对股息利息、租金、年金和养老金征税的条款作了较大修改,并且取消了某些条款,拟成"伦敦税收协定范本"。1946年4月国际联盟解散,以后的一段时期有关国际税务工作,主要由欧洲经济合作组织承担,1961年改为经济合作与发展组织后于1963年提出《关于对所得和财产避免双重课税的协定草案》,几经修改补充,1977年产生了《关于对所得和财产避免双重课税的协定范本》。这个范本主要适用于发达国家之间签订税收协定。为了考虑发展中国家的税收权益,促进发达国家与发展中国家签订税收协定,联合国秘书长根据联合国经济和社会理事会的决定,于1968年成立起草关于发达国家与发展中国家税收协定的特设专家小组,由阿根廷、智利、法国、联邦德国、加纳、印度、日本、英国、美国等国家和联合国的税务官员与专家组成。专家小组经过七次会议讨论,制定了一些适用于发达国家与发展中国家为签订双边税收协定进行谈判的基本原则。联合国秘书处国际经济和社会事务部的财政金融局,根据专家小组制定的基本原则,参照经济合作与发展组织1977年修订的《关于对所得和财产避免双重课税的协定范本》,起草了一份联合国税收协定范本草案。复经专家小组于1979年12月在日内瓦召开第八次会议讨论,通过了该范本草案文本和条文注释,最终形成了这一联合国税收协定范本。

1. 范本结构及其内容

联合国税收协定范本的结构分为:协定范围、定义、对所得的课税、对财产的课税、消除双重课税的方法、特别规定和最后规定七章,共二十九条。其主要内容有避免和消除双重课税、避免和防止税收歧视以及情报交换防止跨国偷税漏税等。

2. 范本的作用

它的形成,标志着国际税收关系的调整进入成熟阶段。它比OECD范本更注重地域管辖权,易于为发展中国家所接受,同时由于某些条款具有足够的伸缩性,有助于缔约双方结合各自国家情况,具体商定协定条文。因此,也易于为条件不同的国家接受。联合国税收协定范本的产生,促进了发达国家与发展中国家签订越来越多的双边税收协定和这类税收协定条文的标准化。

(四)《关于对所得和财产避免双重课税的协定范本》

《关于对所得和财产避免双重课税的协定范本》(Model Convention for the Avoidance of Double Taxation with Respect to Taxeson Income and on Capital)是经济合作与发展组织拟定的协调各国相互间税收关系,签订国际税收双边协定的示范文本,是当代具有广泛影响的国际税收协定范本之一。1955年2月25日,欧洲经济合作组织理事会首次通过一项关于避免重复征税的建议,并于次年3月设立财政委员会。1958年7月财政委员会根据理事会的决定,着手草拟关于避免对所得和财产双重课税的协定范本以及执行的具体意见。1958—1961年,该组织的财政委员会以"消除双重课税"为题,先后发表了4份报告,共列出25项有关消除双重课税的条文。1961年欧洲经济合作组织改组为经济合作与发展组织,其成员国有澳大利亚、奥地利、加拿大、法国、联邦德国、日本、卢森堡等24个国家。财政委员会继续进行工作,以后又提出了一些新的条文,连同以前的条文一并编入1963年颁布的《关于对所得和财产避免双重课税的协定草案》。

该草案为此后签订的20多个发达国家间的双边税收协定,提供了基本模式。1967年以后经过延续10年的修订,最终形成了于1977年发表的这一国际组织税收协定范本。

该协定范本7章共30条,比联合国《关于发达国家与发展中国家间避免双重课税的协定范本》多了"区域的扩大"一条。主要内容有:避免和消除双重征税,避免和防止税收歧视和防止跨国偷漏税等几个方面。由于其结构严谨,概括性强,所以这个协定范本的基本框架、章节安排和绝大部分条文,均被联合国税收协定范本所采用。该范本主要是从发达国家的情况出发,对发展中国家的税收权益考虑不够,因此,发展中国家在签订双边税收协定时较多地参照能够适当照顾地域管辖权的联合国税收协定范本。

参考文献

[1] Feldman, D. N. Dresner. 反向并购[M]. 上海：上海人民出版社. 2007.
[2] Feldman. 生活经济学[M]. 北京：中信人民出版社. 2006.
[3] Leo. Gough. 走向离岸[M]. 北京：经济科学出版社 2000.
[4] Milton Friedman. 货币的祸害[M]. 北京：商务印书馆. 2006.
[5] Roy. Rohatgi. 国际税收基础[M]. 北京：北京大学出版社. 2006.
[6] 巴曙松,郭云钊. 离岸金融市场发展研究[M]. 北京：北京大学出版社. 2008.
[7] 白钦先,郭翠荣. 各国金融比较[M]. 北京：中国金融出版社. 2001.
[8] 包立杰,王辉,孙志强. 离岸信托选择的"双城记"[J]. 金融市场研究,2018. 12 VOL. 79 See Lack of Regulation Turning London into a Haven for Money Launders，Financial Times，29 October 2004.
[9] 保罗·M. 霍维慈. 美国货币政策与金融制度[M]. 北京：中国财政经济出版社. 1980.
[10] 崔凡. 原产地累积规则辨析[J]. 上海对外经贸大学学报,2021(7).
[11] 崔威. 论我国商业银行离岸金融业务的发展[D]. 湖南：湖南大学. 2002.
[12] 弗雷德里克·S. 米什金. 货币银行学[M]. 北京：中国人民大学出版社. 2006.
[13] 格雷德. 美联储[M]. 北京：中国友谊出版社. 2013.
[14] 国家税务总局. 外国税制概览[M]. 北京：中国税务出版社. 2004.
[15] 韩龙. 国际金融法[M]. 北京：法律出版社，2007.
[16] 黄兰民. 香港银行管理细节[M]. 北京：经济管理出版社. 2006.
[17] 黄嵩,李昕旸. 兼并与收购[M]. 北京：中国发展出版社. 2008.
[18] 景建国,邓志超. 自贸试验区应重在"试验"和"引智"[N]. 文汇报,2020-01-21.
[19] 景建国,汪竹松. 商业银行离岸业务精析[M]. 北京：中国金融出版社. 2014.
[20] 景建国,邓志超. 我国自贸试验区急需解决的三大问题[N]. 人民日报(内参),2020-03.
[21] 景建国,邓志超. 发展中资离岸银行业务[J]. 中国金融,2017(13).
[22] 景建国. 关于推动雄安新区高质量发展的思考[N]. 上海第一财经,2021-11-9.
[23] 景建国. 积极发展离岸银行业务 有效防止外储过快下降[N]. 二十一世纪经济报道,2017-02-07.
[24] 景建国. 积极发展离岸银行业务 促进国际金融中心建设[N]. 上海第一财经,2018-10-17.
[25] 景建国. 上海自贸区应成为上海国际金融中心建设助推器[N]. 上海第一财经,2020-09-13.
[26] 景建国. 重视自贸试验区"试验"和"引智"功能 做好离岸贸易[N]. 上海第一财经,2020-06-08.
[27] 景建国. 建议自由贸易试验区允许开办离岸人民币业务[N]. 二十一世纪经济报道,2015-07-01.
[28] 景建国. 中国建立"离岸金融中心"的几点建议[J]. 新金融,2009(2).
[29] 李金泽. 跨国银行市场准入法律制度[M]. 北京：法律出版社,2003.
[30] 李磊. 英国脱欧的法律分析及其对中国的影响[J]. 广西社会科学,2018(1).
[31] 连平. 离岸金融研究[M]. 北京：中国金融出版社. 2002.
[32] 刘天永. 中国企业境外投资纳税指南[M]. 北京：中国税务出版社. 2011.
[33] 刘叶琳. 为离岸贸易发展提供可预期环境[N]. 国际商报,2022-01-11.
[34] 鲁文·S. 阿维-约纳. 国际法视角下的跨国征收[M]. 北京：法律出版社. 2008.

[35] 罗国强. 离岸金融法研究[M]. 北京:法律出版社. 2008.

[36] 吕江涛. 青山依旧在,"镍王"应反思[J]. 中国经济周刊,2022(7).

[37] 曼昆. 经济学原理[M]. 北京:北京大学出版社. 2009.

[38] 欧阳梦雪. 神秘家族信托:富豪财富传承[N]. 理财周报,2012-06.

[39] 邱力生,曾一昕. IT经济学[M]. 武汉:武汉出版社. 2003.

[40] 荣旭娟. 出口信用保险简[OL]. 深蓝保,2021-03.

[41] 上海社会科学界联合会. 全球化与中国经济[M]. 上海:上海人民出版社. 2006.

[42] 谭明珠. 跨境资金池哪家强?一文看懂其中玄机[OL]. 跨境金融研究院,2021-01.

[43] 唐波. 新编金融法学[M]. 北京:北京大学出版社. 2005.

[44] 王方宏. 离岸金融税收安排的国际经验和海南探索[J]. 自贸金融,2022(2).

[45] 王立军. 国际贸易融资及风险控制[M]. 北京:对外经贸大学出版社. 2006.

[46] 王胜,王磊,张东东,韩佳,钟辛,王晓栋,郑亦倩,齐静. 德国汉堡自由港转型发展对海南的启示[J]. 今日海南,2018(8).

[47] 王巍,张金杰. 国家风险[M]. 南京:江苏人民出版社. 2007.

[48] 王志军. 国际银行学.[M]. 北京:科学出版社. 2007.

[49] 吴清扬. 深度研究美国储贷危机及商业银行并购史资产配置[OL]. 雪球网,2019-08.

[50] 希尔顿·麦卡恩. 离岸金融[M]. 北京:中国金融出版社. 2013.

[51] 杨小强. 税收筹划[M]. 北京:北京大学出版社. 2008.

[52] 于军,程春华. 中国的海外利益[M]. 北京:人民出版社. 2015.

[53] 袁泽沛,陈珉. 企业战略管理[M]. 北京:科学出版社. 2008.

[54] 张庆麟. 欧元法律问题研究[M]. 武汉:武汉大学出版社. 2002.

[55] 张素华. 网络银行风险监管[M]. 武汉:武汉大学出版社. 2004.

[56] 张晓冬. 离岸业务操作指引[M]. 武汉:武汉大学出版社. 2006.

[57] 张学安,张玉龙. 论金融危机背景下离岸金融的监管[J]. 北华大学学报(社会科学版),2009,6(10/3).

[58] 张学安. 国际金融法中的抵消理论与实践[M]. 北京:法律出版社. 2008.

[59] 赵文刚. 国际合作阻逃路天罗地网追贪腐[OL]. 中国新闻网,2009-06-16.

[60] 郑强,杨瑞. 加勒比海地区离岸金融业的发展与趋势分析[J]. 北方经济,2010(9).

[61] 朱崇实. 资产证券化的法律制度[M]. 武汉:厦门大学出版社. 2009.

[62] Sun, Z. X. Offshore Financial Havens:Their Role in International Capital Flows[D]. Singapore City:Singapore Management University. 2008.

后　记

　　景建国是本书的主要作者之一，承担了全书的主要编写工作。景建国，硕士毕业于武汉大学，1993年加入交通银行，2000年获高级经济师职称，现任交通银行河北省分行跨境业务顾问；同时，他还是上海首席经济学家金融发展中心离岸金融研究所所长，雄安新区离岸金融创新实验室主任，上海经济学会会员，上海金融开放研究员副主任，上海金融学会理事，商业银行专业研究部副主任，上海财经大学上海国际银行金融专修学院的客座教授、金融学院硕士研究生指导教师。

　　景建国具有较强的宏观政策决策、调研能力、综合管理和统筹协调能力，对我国监管部门的宏观决策有着深刻的理解、观察，思考问题的视野比较开阔。他是雄安新区"十四五"规划离岸金融子课题的执笔人，还是南沙自贸区"离岸贸易"课题的主执笔人。基于他在境外并购、税务筹划、固定收益和规避境外各种风险等方面的研究上取得的成果，他是监管部门、政府机关及国内商业银行公认的离岸业务和境外并购方面的专家。1996年至今，景建国先后在诸多学术期刊和杂志上公开发表文章一百二十余篇：包括在《上海金融》杂志上发表学术论文3篇，在《中国金融》杂志上发表论文1篇，在《新金融》学术杂志上发表论文8篇，在《中国信用卡》杂志上发表论文5篇和《新民晚报》上发表金融评论类文章近100篇。他，发表于《新金融》1996年第三期的文章《互相代理是推动金卡工程五卡联网的催化剂》，受到中国人民银行高层的高度重视，为"我国金卡工程"设想提供了最初的思路；2006—2007年，在《上海金融》上发表的《防范对公资产业务风险的几点认识》和《关于防范个人贷款业务风险的几点思考》，得到了社会各界较高的评价；2008年发表文章《中国建立离岸金融中心的几点建议》，被收录于《2008年度上海金融学会论文集》；2009年，在《新金融》第一期发表的《有关我国建立离岸金融中心的建议》，为推动离岸金融理论提供重要理论见解；2010年至今，在《21世纪经济报道》先后发表《建议自贸试验区允许开办离岸人民币业务》《容忍浮亏、对汇率波动进行避险对冲》《积极发展离岸银行业务　有效防止外储过快下降》等系列文章，其中《尊重国际惯例、加快我国人民币国际化的进程》一文被人民日报海外网转载；在《中国金融》2017年11期上发表《发展中资离岸银行业务》一文，受到业内高度认可；2020年1月21日《文汇报》上发表的《自贸试验区应重在试验和引智》一文，被《学习强国》转载，《我国自贸试验区急需解决的三大问题》被《人民日报》3月的内参录用；2020年6月18日在《第一财经日报》上发表的《重视自贸试验区试验和引智功能，做好离岸贸易》一文，被新华社内参收录和商务部列为部委文件下发；2021年11月10日在《第一财经日报》上发表的《关于推动雄安新区高质量发展的思考》一文，受到雄安新区管委会领导的肯定。同时，他还以第一作者的身份写作了《商业银行离岸业务精析》一书,并于 2014 年 11 月由中国金融出版社正式出版,成为离岸金融业界公认的"教科书"。

景建国是我国的离岸金融专家,曾参与国家外汇管理局"浦九条"项目,是全国多个自贸区开展离岸金融业务等课题组特邀顾问,经常参加金融监管部门召开的专题会议,并对"离岸业务"领域进行专题发言,获得业界的广泛认可。同时,景建国主笔撰写的《中资离岸银行对〈国家外汇管理局关于境外机构境内外汇账户管理有关问题的通知(征求意见稿)〉的有关建议》,得到了国家外汇管理总局的表扬和采纳。

祝宇航是本书的主要作者之一,承担了全书的主要编写工作,他为本书的编写做出了很大的贡献,提供了大量的参考资料,对全书进行了多次的详细审阅,提出了很好的修改意见。祝宇航,硕士毕业于上海财经大学,2011 年加入交通银行,现任交通银行总行国际部/离岸中心的高级客户经理,经济师职称。他于 2014 年在《金融 & 贸易》上发表了《拒付通知与'REFUSE'》,2020 年 4 月 28 日在《国际金融报》上发表了《上海自贸区建设,如何打好临港新片区这张'王牌'》,2020 年在《金融观察与评论》上发表了《临港新片区自由化研究》等文章。他还多次代表交通银行参加上海银保监局、临港管委会举办的研讨会议并进行发言。他对离岸金融有着较为深入的研究和理解。

两位作者密切配合,对离岸金融的理论与实务进行了多年的研究,广泛收集了相关资料信息,对国内外离岸金融市场的特点、演变过程及其成因、经验与教训进行了探索。本书观点仅代表作者个人,与其供职单位无关。

在本书出版过程中,上海财经大学金融学院的朱小能教授和谈儒勇教授与上海财经大学出版社的王芳主任及有关同志付出了心血,提出了大量宝贵意见和修改建议,对此表示衷心感谢。我国著名离岸金融业务专家连平教授为本书撰写了序言,并对本书提出了宝贵的改进意见,在此表示敬意和感谢。最后,感谢我们的家人,是他们的厚爱和支持,才能使我们能够集中精力来完成本书的写作。

谨以此书献给所有关心、帮助我们的人,祝愿你们永远幸福快乐!

景建国　祝宇航

2023 年 4 月 18 日